慧保天下精选集

保险新时代 2022

慧保天下　编

中国财经出版传媒集团
中国财政经济出版社

图书在版编目（CIP）数据

保险新时代.2022／慧保天下编. --北京：中国财政经济出版社，2023.1

（慧保天下精选集）

ISBN 978-7-5223-1623-9

Ⅰ.①保… Ⅱ.①慧… Ⅲ.①保险业-中国-文集 Ⅳ.①F842-53

中国版本图书馆 CIP 数据核字（2022）第 255419 号

责任编辑：翁晓红　　责任校对：徐艳丽

封面设计：孙俪铭　　责任印制：刘春年

保险新时代 2022

BAOXIAN XINSHIDAI 2022

中国财政经济出版社 出版

URL：http：//www.cfeph.cn

E-mail：cfeph@cfeph.cn

社址：北京市海淀区阜成路甲 28 号　邮政编码：100142

营销中心电话：010-88191522　编辑部门电话：010-88190670

天猫网店：中国财政经济出版社旗舰店

网址：https：//zgczjjcbs.tmall.com

北京时捷印刷有限公司印刷　各地新华书店经销

成品尺寸：185mm×260mm　16 开　27.5 印张　452 000 字

2023 年 1 月第 1 版　2023 年 1 月北京第 1 次印刷

定价：108.00 元

ISBN 978-7-5223-1623-9

（图书出现印装问题，本社负责调换，电话：010-88190548）

本社质量投诉电话：010-88190744

打击盗版举报热线：010-88191661　QQ：2242791300

没有一个冬天不可逾越，

没有一个春天不会来临。

谨以此书献给我们共同的保险2022！

序

XU

2022年岁末，“慧保天下”精选集如约而至，第七次写序言，提笔却觉得不轻松。

确实，2022年对每一个人来说都不轻松。新冠疫情已经在全球肆虐三年，像一片飘在天边的黑云，是一场流感虚惊顺利闯关，还是狂风暴雨不停歇？百年未有之大变局不期而至，经济转型期各方面压力汇聚，每个人工作上生活上都扛着不少的担子，岗位与阶层的奋斗压力实实在在如影随形。

保险业当然也不轻松。朝阳行业的定位还在，但没有了整体划一的保费增长步伐，保费、利润、策略、道路分化愈发严重，协同共进分享市场红利早已不在；创新模式的余威还有，但许多成型的经验和做法已经被打破：信仰地产神话的等来了巨额的亏损计提，相信营销转型的被迫放慢脚步甚至重拾银保业务这把利器。大多数保险人还在坚守，但面对日益复杂困难的局面，一些人心态上更加焦虑和无助，一些人对前景更加迷茫和彷徨，原有的经验和设想不再适应今天，何去何从却无锦囊妙计。

作为行业观察者，“慧保天下”对保险业的“难”感触颇深，一年下来，采访的对象、访谈的公司、交流的朋友……虽然有着不同的境遇、多样的思维，但不免家家有本难念的经。

“难”字之下，信念却不可少。2022年，“慧保天下”一如既往地在观察、研判、思索保险业，把“难”的情况、对“难”的思索以及行业战“难”斗“难”的坚毅和劲头写进了文章里，用一次次的思想碰撞来寻找行业发展的真经，用一篇篇的文章解析为保险业发展冲关来注脚。

又到岁末年关，又到总结之时，不变的是，“慧保天下”依照惯例出版新一年精选集，以此记录并纪念2022年的行业事件和奋斗心力；变化的是，2022年的合集文章更加精炼，观点更加积极，不做虚谈，但求实务。

我们更加注重对业务转型的研究和探讨，这是行业发展的未来。比如我们探讨了带病体投保的健康险新蓝海、重疾型长护险的大前景、养老金融的方向与路径、新能源车险的真机会与伪命题，研讨未来，是为了低谷之后的反弹积蓄力量。

我们更加注重对监管政策的解读和辨析，这是行业发展的规矩。2022年是监管由整到治的一年，多方面的政策纷纷出台，在为监管制度补短板的同时，引领行业发展方向的作用愈发凸显。当然不管市场环境如何变幻，强监管严监管的态势已成，这是行业发展的最重要逻辑。能否深刻理解监管政策，能否提前做好前瞻布局，已经成为保险公司经营管理的一个关键能力。

我们更加注重对发展创新标杆的介绍褒扬，更加乐于展示长期主义的理念和方法以及对行业发展引领性、激励性的大事件、大趋势。信心比黄金还要珍贵，变局之时更要倡导深刻洞察下的变革创新或坚定不移：既有坚信传统模式在一定条件下仍有市场机会的“按兵不动”者，也有认为触礁在即必须转大弯且转急弯的“休克疗法”者；既有横向扩张版图，通过构建健康养老服务生态反哺保险主业，也有深耕渠道价值，通过产品渠道的重新定位重塑营销体系……

越是艰难处，越要有迎难而上的勇气！12月15日至16日刚刚举行的中央经济工作会议定调了2023年的经济工作，提出“不断增强经济社会发展的动力和活力”，努力、有力、着力、潜力……连用42个“力”表征了发展经济的决心。

伴随着中国式现代化提上日程，坚守政治性、人民性、专业性的保险业发展之路也愈发明晰。从服务中国式现代化的视角看，面向未来，保险业的增长驱动力将来自两个方面：一是行业转型“换挡”的内在需要带来的驱动力；二是高质量发展下个人、社会、产业三者背后新动能带来的驱动力。

“沉舟侧畔千帆过，病树前头万木春。”我们注定面对的将是一个百年未有之大变局下的大变革、大转型、大动荡、大有可为的大时代。没有一个冬天不可逾越，没有一个春天不会来临。

在春天等你！

目·录

MU LU

第一部分 财产险·分化收缩

第二部分 人身险·换挡续航

第三部分 全渠道·蜕变重塑

第四部分 公司志·筑底鼎新

第五部分 严监管·分级分类

第六部分 大事件·小趋势

第一部分

财产险·分化收缩

2022年无疑是财产险业的“大年”，在疫情减少出行、灾害少发等因素影响下，行业综合成本率显著下降，承保盈利改善明显。但马太效应持续，行业加速分化，头部机构顺风顺水，多数中小机构却仍以“收缩”为主基调，缩减人力、缩减业务、缩减分支机构。

“偿二代”二期落地造成的偿付能力充足率下滑等问题倒逼行业进一步提升管理效能，资本实力决定经营方向，市场过度竞争也开始得到更多反思，充分依托股东资源优势，有所为有所不为，围绕实体经济创新产品和服务……财产险业转型依旧在继续。

特斯拉保费“暴涨”后，没人关心的事实与真相

慧保天下　2022 年 1 月 5 日

每次车险费改之后，总会有人惊呼“贵了”，无一例外，新能源车险专属条款、费率上线后，也是如此，“特斯拉车主怒了，一夜之间保费暴增 80%”的话题立即引发舆论高度关注。

相关讨论还不仅局限于车险保费本身，蔚来就发布声明，表示正在评估设立蔚来汽车专属保险产品的可能性。甚至行业组织相关负责人也发声了。1 月 4 日，乘联会秘书长崔东树发文称：“新能源车保险的推出是很好的事情。但成本增加偏高，可能新能源车省下的油钱要去交保险，导致新能源车似乎不划算，形成买得起用不起的现象，不利于新能源车推广。”同时，他还建议，“车企要建立自己的保险品种”。

信息爆炸的时代，取胜的往往是声量和情绪，而非事实与真相。就这个话题，“慧保天下”认为保险业应当积极发声，毕竟，在新能源汽车已经提升至国家战略的情况下，“不利于新能源车推广”的大帽子太沉重，保险业担不起，也不该担。

新能源汽车商业车险保费究竟是涨了还是降了，为什么涨为什么降，是非常复杂的话题，背后凝结了大量专业人士的海量工作，最准确的方式是一车一议，但是时间有限、篇幅有限，“慧保天下”还是从一些基本的理念入手。

一、保费的依据是风险，新能源汽车整体风险确实偏高，但不同类型车辆差异大

据业内人士介绍，新能源汽车与传统燃油汽车在构造上有着显著不同，风险特征也差异巨大，但整体来看，无论是“三者险”还是车损险，其赔付率都要显著高于传统燃油汽车，这也是之前很多保险公司不愿意承保新能源汽车的根本原因所在。

例如，传统上认为风险较低的家用车，如果换成新能源汽车，则“三者险”出险概率显著增加，一个重要因素在于：新能源汽车噪音小，不利于行人及时避让。

导致新能源汽车赔付率高的另一个重要原因还在于车主习惯，很多车主一开始并不习惯驾驶新能源汽车。统计数据表明，随着使用时间的延长，驾驶新能源汽车的风险发生概率将逐渐与驾驶燃油车的风险概率持平。

这意味着，随着新能源汽车使用时间的增加，其车险保费很有可能是下降的，而现在新能源汽车正处于高速发展期，新车占比高企，这也是导致整体赔付率高于传统汽车的重要原因之一。

当然，不同新能源汽车之间，风险特征也差异巨大，这导致其费率厘定要更加复杂。

保费厘定的基础一定是风险，一些车型保费上涨，根本原因还在于其风险本身就高。有业内人士透露在部分地区，特斯拉的赔付率高达150%，这种情况下，保费上涨几乎就是一定的。

二、从基准纯风险保费看，新能源专属车险目标是80%不涨费甚至下调

依据中国精算师协会发布的《关于新能源汽车商业保险专属产品基准纯风险保费表测算调整说明》，相对现行综改基准纯风险保费，“三者险”和车损险整体下降0.8%，相比上轮测算结果均有提升（上轮结果相对现行综改，“三者险”和车损险整体下降6.2%）。整体涨费保单占比由原方案的18.3%上升为20.7%，上升2.4个百分点。

这也就意味着，现有存量新能源汽车的车损险和“三者险”基准纯风险保费，将有20.7%面临涨费；剩余将近80%的基准纯风险保费持平或下降。

注意：这里提及的是“基准纯风险保费”，其并不等于消费者实际投保的花费，实际投保费用还要经过一系列的计算。保费计算公式如下：

商业车险保费 = 基准保费 × 费率调整系数

基准保费 = 基准纯风险保费/（1 - 附加费用率）

其中，基准纯风险保费为投保各主险与附加险基准纯风险保费之和

费率调整系数 = 无赔款优待系数 × 交通违法系数 × 自主定价系数

具体到每一辆车，上一年度有无赔款、有无交通违法记录、投保公司的自主定价系数，所在地域，乃至保险销售人员有无返佣等，都会直接影响消费者的实际保

费支出。

这其中，有些因素取决于新能源汽车本身、消费者本身，并不完全是由保险公司决定的。

三、专属车险保障内容大扩充，抛开保障范围谈价格是没有意义的

新能源汽车专属车险，之所以被称为“专属”，就是因为充分考虑到了新能源汽车自身的特点，保障范围与传统车险是有显著不同的。

在专属车险出现之前，保险公司一般都按照传统车险承保新能源汽车，为规避风险，新能源汽车最核心的“三电”（电驱动、电池和电控）系统往往是被排除在保障范围之外的。而新能源汽车专属车险条款，明确“三电”为必保项目，不仅将硬件纳入保障，就连软件“控制系统”部分也被纳入必保范围。甚至消费者如果担心充电桩相关风险，还可以投保附加险，为充电桩等辅助设备自身损失以及设备本身可能引起的财产损失及人身伤害提供保障。

可以说，针对新能源汽车自身特点，专属示范条款保障范围相较传统车险已经大为扩充，且更符合实际需求。

说起来都是商业车险，但保障内容却已经大不相同，价格上已经没有可比性。

四、促进新能源汽车发展本身就是制定专属车险条款的主要目的之一

“支持新能源汽车战略”一直是行业拟定新能源汽车专属条款、费率的主要目标之一。

例如，按照车险综改条款，传统燃油车的附加费用率为25%，而新能源汽车的附加费用率进一步降低至15%，就是要倒逼保险公司改革、提升效率，最大化压缩中间费用，以尽可能让消费者受益。

而且，为了安抚大量车价在25万元以下的车主，根据中国精算师协会此前的说明，25万元以下车价新能源汽车投保车损险，其基准纯风险保费一律不涨费，同时收窄费率涨降幅限制阈值。

如果由于保险公司长期亏损，纷纷拒保新能源汽车，导致大量新能源汽车无法

上路，那么，这才是真的不利于新能源汽车发展。

五、关于汽车厂商布局保险业务

最后再来谈一谈另外一个备受关注的话题，即很多汽车厂商有意进军保险业的问题。

实际上，汽车厂商的这种念头并不是近期才产生的，保险，作为汽车后市场的重要环节，早已经被汽车厂商盯上。

国内的汽车厂商也早就进场。据“慧保天下”不完全统计，国内主流汽车制造商中，东风、上汽、广汽、一汽、吉利、长城等，都已经发起设立或参股保险类企业，包括保险公司以及保险中介公司等。

特斯拉的保险业务在美国已经经营数年，2020 年还在我国香港申请设立了一家保险经纪公司。

但汽车厂商布局保险业务也不是轻而易举的事。

首先，经营保险业务的相关资质要经过监管审批，保险业务不是想做就能做。

其次，即便获得了保险牌照，也必须遵守监管部门的相关制度，不是想怎么设计产品就怎么设计产品，想怎么拟定费率就怎么拟定费率的，中国车险市场尚不是一个充分市场化的市场。

即便一切顺利，经营一家车险公司，依然面临重重挑战。车险一直被认为是一个服务业，而非金融业，原因在于其服务属性太强，卖出保单只是一切服务的开始，如何布局机构，搭建服务团队，提升服务质效，同时防范风险，是需要长时间探索的。

而且，由于市场竞争激烈，除头部公司外，大多数财险公司的车险业务都是长期处于承保亏损状态的，很多公司经营车险的主要目的甚至不是赚钱，而是做大营收，摊薄固定成本，亏本赚吆喝而已。

当然，还有一个方式是，汽车厂商绕过保险业，自行发展类保险业务，例如车辆统筹。但统筹与保险是存在本质区别的，保险构建了一套相对完备的风险管控机制，成本虽然较高，但确实达到了更保险的效果，统筹成本低，与之对应的就是高风险。就在近期，据媒体报道，河北的车辆统筹业务已经发生了“爆雷”。

人保、平安策略大分化：人保服务国家战略，平安深耕个人车险

慧保天下　2022 年 3 月 31 日

2021 年，财产险业依然在深度变革中前行。车险持续受到综改影响，保费先降后升，非车险维持高增长态势，但随着竞争加剧，部分险企的承保亏损已经无法忽视。业绩承压之下，摆脱同质化竞争，实现差异化发展的意识愈发强烈。

财险业两大巨头人保财险、平安产险近期发布的年报也透露了这一点，二者的策略重点正不可避免地走向分化。金融央企人保财险选择向左走，在服务国家战略的基础上，深入细分市场，大力发展各类非车业务；民营龙头平安产险则选择向右走，利用技术、服务、生态优势，持续加码优质个人车险业务。

一、人保财险：服务国家战略，加码非车业务

从人保财险公布的数据来看，其非车业务占比已经显著高于主要竞争对手。

2021 年，人保财险非车业务原保险保费收入 1931.09 亿元，同比增长 16.1%，占比继续提升 4.6 个百分点至 43.1%。同期，太保产险非车业务原保险保费收入 608.44 亿元，占比 40.6%，而平安产险非车业务占比更低，仅为 32%。

服务国家战略、发力非车业务，是“卓越保险战略”下人保财险的主动选择之一。

在人保集团的年报发布会上，董事长罗熹就明确表示：“国家大局是‘卓越保险战略’的前提、背景和基础，中国人保实施‘卓越保险战略’，根本目的是落实中央关于加快建设世界一流企业的要求，提升服务国家战略的水平和能力。”基于该定位，人保财险非车业务呈现出政策性业务占比高，服务国家战略、重大项目多，

以及参与各种创新、试点多的特征。

从人保非车业务的主要险种来看，包括政策性的社保、大病医保等业务在内的意外伤害及健康险业务保费收入最高，且增速最快，保费收入高达806.92亿元，同比增速达到21.9%；其次，是同属政策性险种的农险，保费收入高达426.54亿元，同比增速则达到了19.3%。

当然，快速扩张也是有代价的，人保财险的非车业务在2021年出现了显著的承保亏损——综合成本率达到101.09%，承保亏损达到-48.62亿元。

相较于人保财险，平安产险非车业务结构明显不同，农险、健康险等常见政策性业务，并未在年报中给出详细数据。其与他险企相比，责任险、保证险等市场化属性强的非车险业务占据主导。

在分析市场现状时，罗熹则表示“我国保险业依然处于重要的战略机遇期”，他举例说，在乡村振兴过程中，保险可以更好地保障粮食安全，加强种业保护，将农业保险从保成本向保产量、保收入转变。同时，在公共服务、社会治理方面，很多政府职能可以通过保险来承接，社会治理保险也是未来重要的发展防线，潜力巨大。

在谈及如何在未来做大增量时，罗熹则指出，目前险企的险种结构还不均衡，责任险、巨灾险和新兴险种的发展较为滞后。针对这种情况，他也表示：“中国人保正在构建全面风险管理平台，分析研究各行业风险。通过险种机构的完善，新兴产品的开发，深化保险供给侧结构性改革，在服务国家经济发展大局中，做大保险增量市场。”

很显然，非车险业务仍然是重点。

人保财险、平安产险、太保产险非车业务保费、承保利润及综合成本率对比见表1。

二、平安产险：深耕个人车险，发力生态圈建设

与身为央企的人保财险更倾向于非车业务不同，平安产险仍是更注重车险业务。

数据显示，2021年，平安车险的车险业务占比仍旧高达68%，远高于人保财险的56.9%，乃至太保产险的59.4%，以及行业整体的56.93%。

表 1　　　财险“老三家”非车业务保费、承保利润及综合成本率对比

公司	主要非车险种	保费收入(亿元)	同比增速（%）	承保利润(亿元)	综合成本率（%）
人保财险	意外伤害及健康险	806.92	21.9	-19.52	102.6
	农险	426.54	19.3	-1.36	100.4
	责任险	331.32	16.4	-16.44	107.3
	信用保证险	28.4	-46.2	17.62	66.7
	企业财产险	149.23	4.7	-24.43	130
	货运险	48.14	26.5	2.6	91.2
	其他险种	140.54	11.4	-7.09	109.4
	合计	**1931.09**	**16.07**	**-48.62**	**101.09**
平安产险	责任保险	198.75	29.81	-8.2	105.1
	保证保险	180.98	-51.65	28.1	91.2
	意外伤害保险	172.04	20.21	10.12	93.8
	企财险	76.91	87.17	3.22	92.9
	其他	183.34	—	5.89	—
	合计	**812.02**	**—**	**30.89**	**—**
太保产险	健康险	121.98	37.3	-1.99	101.9
	责任险	109.48	24.6	1.04	98.5
	农险	103.63	19.8	0.28	99.6
	保证险	72.53	8.5	2.66	95.1
	其他	200.82	5.3	—	—
	合计	**608.44**	**16.8**	**3.18**	**99.5**

2021 年，在商车综改影响下，“老三家”车险业务呈现出清一色的负增长，但从下滑的速度来看，平安产险表现也优于其他两家险企：2021 年平安产险车险保费收入 1888.38 亿元，同比下滑 3.7%，而同期人保财险下滑 3.9%，太保产险下滑 4.0%，行业整体下滑 3.87%。

与人保财险非车业务综合成本率高类似，平安产险的优势业务车险的综合成本率也要高于其他两家险企：平安产险为 98.9%，人保财险为 97.3%，太保产险则为 98.7%。

实际上，个人车险业务一直都是支撑平安产险保费增长的最重要来源，也是平安产险的优势所在。重压之下，车险业务的转型也已经开始提速，从头部险企给出的车险发展策略来看，除了巩固、优化和强化科技应用外，在战略方向上，也出现了如下不同的选择。人保财险，坚持提升“渠道化”建设，提出优化车险经营模式，提升渠道效能。而平安产险，则更强调汽车服务生态圈搭建——通过完善用户数据体系，覆盖定价、营销、服务、理赔、平台运营等多个方面，并联动各销售平台端推进数据模型全面应用，实现数据驱动客户经营线上化，助力汽车服务生态圈搭建。

车险业务的发展，对于中国平安积累个人客户起到了巨大的作用。数据显示，截至2021年末，中国平安个人客户数量超2.27亿人，较年初增长4.1%，其中车险个人客户累计达到5650万人，较年初增长6.4%，寿险方面，2021年底的累计个人客户数量为6352万人，相较2020年末减少2.7%。

三家公司车险保费、承保利润、综合成本率等指标对比见表2。

表2　财险“老三家”车险保费、承保利润、综合成本率等指标对比

公司	车险保费收入（亿元）	同比增速（%）	综合费用率（%）	综合赔付率（%）	综合成本率（%）	承保利润（亿元）	同比增速（%）
人保财险	2552.75	-3.9	27.2	70.1	97.3	66.72	24.3
平安产险	1888.38	-3.7	—	—	98.9	20.47	-37.38
太保产险	917.99	-4.0	27.6	71.1	98.7	10.77	-41.75
合计/平均	5359.12	-3.87	18.27	47.07	98.27	97.96	-13.26

三、财产险业持续承压，策略加速分化，或许是时候向“股神”巴菲特看齐了

在车险、非车险持续承压下，财产险公司经营策略加速分化。其实，早在《财险旧模式已死　一个时代的结束》一文中，“慧保天下”就已经指出，“无论我们是否愿意，对于保险业而言，一个时代已经结束了”。

更重要的标志之一在于，保险业正逐渐告别过去的高增长，原来快速发展所掩盖的一些问题竞相涌现，到了需要彻底解决的时刻，保险业一些模式和玩法面临被改写。

即便是位居头部的人保财险和平安产险，也正用自己的实际行动，证明在开拓增量市场的路上，必须放弃赢家通吃的思路，利用各自优势，强化市场地位。

人保财险作为央企，良好的政府关系是优势，相对更侧重非车业务；平安产险

作为民营企业，商业性逻辑更加纯粹，利用技术生态优势，深耕个人车险业务，也是其在目前条件下的最佳选择。

头部公司尚且如此，广大中小险企，也早就到了必须抉择的时刻。从2021年的偿付能力报告来看（详见“慧保天下”公众号文章《2021非上市财险公司：业务收入增10%，利润下滑逾30%》），成长情况良好的非上市险企，要么规模大，凭借体量赢得优势（如国寿财险、中华联合、阳光产险等）；要么特色鲜明，凭借股东或者某类业务建立优势（如鼎和财险、英大泰和、中石油专属等）。

新车销量增速下滑、车险综改、疫情、新能源车险占比提高等，都在不断加剧行业困顿。近年来，有关财险行业关停三、四线机构及裁撤人员，大量从业者跳槽的信息屡屡见诸报端，而从行业整体来看，大量机构亏损仍是常态。2021年纳入统计的74家非上市财险公司中，23家财险公司净利润为负，占比31%，累计亏损达35.04亿元。

即便是盈利的非上市财险公司，盈利水平也普遍低下。盈利的51家非上市财险公司中，32家公司净利润都在1亿元以下，占比60%。

财险业过低的投资回报率正影响着股东们的信心，财险业已经到了旧模式已死、新模式当立的阶段，这是新常态下新一代财险企业职业经理人都必须面对的现实，简单粗暴的发展模式已经走到尽头，迫切需要走出舒适区，谋求商业模式创新。

值得注意的是，在国内财险业叫苦不迭的同时，美国主营财产险以及再保险业务的伯克希尔公司创始人、“股神”巴菲特仍旧在持续买入财产险以及再保险公司，就在近期，其斥巨资收购了有“迷你伯克希尔”之称的美国保险公司Alleghany，后者发展轨迹与伯克希尔类似，财产险、再保险也是其主营业务之一（详见“慧保天下”公众号文章《巴菲特737亿收购“迷你版伯克希尔”》）。

而巴菲特持续加码财产险以及再保险的理念很简单，经营财产险以及再保险业务，严控风险，就能获得源源不断的低成本，甚至是“负成本”浮存金，而这些“浮存金”正是支撑巴菲特宏大的投资事业的关键所在。

巴菲特成功的原理不难理解，实际操作却很难，关键一点在于，要想让财产险成为一门好生意，并不是一件容易的事情，至少需要满足两项充分条件“承保盈利”以及“投资收益达到一定水平”。对于当下的财险业而言，困顿之下，或许是时候向“股神”巴菲特学习了。

财险公司多位高管相继被查，唯有高质量发展才能扭转乱象

慧保天下　2022年5月9日

5月8日晚间，贵州省纪委监委网站发布一则重磅消息，又一保险业高管落马。

消息称大地保险原党委副书记、副董事长、总裁陈勇涉嫌严重违纪违法，接受中央纪委国家监委驻中国投资有限责任公司纪检监察组纪律审查和贵州省监察委员会监察调查。

在金融领域反腐逐步深入背景之下，自2021年至今，保险业已经有多位高管落马，一个值得关注的现象是，落马的保险公司高管中，财险公司高管要远多于人身险公司高管。

一、2021年至今第7个财险公司高管落马

在陈勇落马之前的两个多月之前，大地保险已经有一位高管落马。2月22日，大地保险宁夏分公司原总经理邵永平被查消息曝光，根据当地权威媒体消息，其涉嫌严重违纪违法，目前正在接受纪律审查和监察调查，并被采取留置措施。

除大地保险之外，其余公司也有多名高管落马。最近的是4月28日，陕西省纪委监委对5起违反中央八项规定精神典型问题进行公开通报，其中之一是，永安财险原党委书记、董事长陶光强违规收受礼金礼品、借用管理和服务对象车辆问题。由于陶光强还存在其他严重违纪违法问题，3月，其已经受到开除党籍、政务撤职处分，按管理序列六级确定其职务，违纪违法所得被收缴。

4月26日，山东省纪委监委网站发布消息，宣布太平财险内蒙古分公司原党委

副书记、副总经理（主持工作）邵立涉嫌严重违纪违法，目前正接受中央纪委国家监委驻中国太平保险集团有限责任公司纪检监察组纪律审查和山东省淄博市监察委员会监察调查。

更早之前的1月4日，高检网公告，出口信保公司福建分公司原党委书记、总经理徐敦鹏涉嫌受贿、贪污一案，已经由福建省监察委员会调查终结，移送检察机关审查起诉。福州市人民检察院依法以涉嫌受贿罪、贪污罪对徐敦鹏作出逮捕决定。

同样是1月，国寿集团原董事长王滨因涉嫌严重违纪违法，接受中央纪委国家监委纪律审查和监察调查。

2021年，也有多名保险业高管落马，2021年12月3日，据中央纪委国家监委网站消息，人保财险原党委委员、副总裁沈东涉嫌严重违纪违法，正接受中央纪委国家监委驻中国人民保险集团股份有限公司纪检监察组纪律审查和山东省济南市监察委员会监察调查。

另据福州市检察院，该院第三检察部在2021年办理了最高检交办的中国人保广东分公司原总经理郭文革受贿、贪污案和中国人保广东分公司原总经理助理罗冰贪污案。

中国裁判文书网2022年3月公布的一则刑事判决书显示，华夏保险安徽分公司原总经理助理邓迎春因向安徽省农村信用社联合社原党委书记、理事长陈鹏行贿6160余万元被判刑。

自2021年以来，落马的保险业9位高管中，可以看到，除个别集团高管以及人身险公司外，大部分都是财险公司高管。

一个问题出现了：财险公司为什么成了反贪腐的重灾区？

二、财险公司高管为何成贪腐高危人群

国内保险业自20世纪70年代末复业，财险业在很长一段时间内都占据垄断地位，且以团体业务为主，个人业务微乎其微。

直到1992年，个人代理人模式被引入国内，形势才略微发生变化，后来伴随个人人身险业务的高速发展，到1997年，人身险保费规模才首度超越财产险保费规模，且二者的差距越来越大。

截至 2021 年第四季度末，保险公司总资产 24.9 万亿元，其中，人身险公司独占 21.4 万亿元，财产险公司仅 2.5 万亿元，二者资产规模已经接近 9 倍。

财产险业规模远小于人身险业，为何高管涉贪腐的案例却远高于人身险公司？

分析人士认为，这主要是由于国内财产险业有很多机构客户，且过去发展过于简单、粗放导致的。高度同质化的市场竞争下，不同险企之间为争夺市场份额，比拼的不是专业能力，而是价格、费用，以“返佣”等方式“利诱”渠道、客户。为获得更多的费用，在市场竞争中优势，衍生出了各种套利、利益输送行为，以及财务数据造假等。

一个典型的案例是 2021 年 9 月，新华社报道的江泰保险经纪涉嫌在宁夏石嘴山市垄断经营安责险，按一定比例计提“事故预防费”，并转至石嘴山市应急管理局指定账户。

有对外输送利益的，也有对外获取利益的。

在徐敦鹏涉嫌受贿罪、贪污罪一案中，福州市人民检察院指控徐敦鹏利用职务上的便利，为他人谋取利益，非法收受他人财物，数额特别巨大；采取欺骗手段，非法占有公共财物，数额较大，依法应当以受贿罪、贪污罪追究其刑事责任。

原人保财险广东分公司的班子成员郭文革、罗冰也是因为涉及受贿、贪污锒铛入狱。

相较之下，人身险公司的经营逻辑要远远比财产险复杂，且以个人业务为主，因此其乱象更多产生于与客户、渠道接触的过程中，包括销售误导、返佣、“飞单”等，在银保渠道，利用小账给予银保渠道销售人员额外激励等现象也一度比较常见。

三、高质量发展是扭转乱象的唯一出路

通过分析上述案例，不难发现，多数案件都有着很长的时间跨度，属于历史遗留问题。当保险市场逐渐从增量逻辑转向存量逻辑，从高速度发展转向高质量发展已经成为财产险市场共识，一场深层次的转型正在逐步推进中。

一方面，监管制度近年来不断健全，对各种市场乱象加大监管处罚力度，倒逼险企合规经营水平不断提升。典型如信保业务，前几年多家保险企业“踩雷”，在这之后，银保监会先后发布修订多项制度，严控信保业务发展，最典型如《信用保

险和保证保险业务监管办法》，从经营规则、内控管理、监督管理等方面对信用保证保险业务提出明确要求。

另一方面，针对行业普遍存在的“返利”以及由此导致的部分中介公司沦为“出单公司”“财务数据造假”等问题，则采用开展车险综合改革的方式，从根本上压降费用空间，从原来的35%降至25%，倒逼险企彻底摆脱费用依赖，更注重精细化经营管理，着力提升经营效能。

与此同时，监管还大力引导行业提升数字化水平，先后发布《关于银行业保险业数字化转型的指导意见》《关于推进财产保险业务线上化发展的指导意见》等，明确到2022年，车险、农险、意外险、短期健康险、家财险等业务领域线上化率达到80%以上，其他领域线上化水平显著提高。

当然，更重要的是，险企自身也已经深感转型的重要性。在持续的严监管、车险综合改革倒逼下，过去发展所依赖的高举高打的发展方式已经难以为继，亟待险企转变发展方式，向着以客户为中心，更精细、更现代化的方向发展。

国内首创普惠家财险上市！ 复制惠民保奇迹，敲开千亿元蓝海市场大门

慧保天下　2022 年 7 月 21 日

继爆发式发展、快速覆盖全国主要区域的惠民保之后，又一款普惠性保险产品诞生了，发展理念、模式充分借鉴惠民保经验，在不少业界人士看来，这或许就是下一款“惠民保”。

7 月 12 日，成都市新型家财险发展论坛在蓉举办，会上推出了新型城市家财险“蓉家保”。该项目采用全国首创的保险行业主体共保家财险模式，打造了“蓉家保”保险联盟，人保财险、太平财险等财险龙头共同参与其中，并创新“保险 + 服务”模式。

家财险作为服务民生发展的重要险种，数十年来，其在国内的发展却一直不温不火，投保率长期徘徊在 10% 以内，保费市场份额更是不足 1%。这与国外发达保险市场，尤其是美国市场，家财险规模仅次于车险，系第二大财产险种的事实形成鲜明对照。

此前，不少业内人士试图通过创新在国内家财险市场有所破局，但收效甚微，而“蓉家保”的出现，为真正打开这一市场开辟了新的思路。

一、“蓉家保”在川首发，全国首款新型家财险再造业务流程和服务场景

2022 年 7 月 12 日，成都市新型家财险发展论坛在蓉举办，会议推出全国首款集行业之力开发的新型城市家财险“蓉家保”。

以家庭为场景，围绕家庭常见风险，“蓉家保”提供包括住房及室内财产损失、

水暖管爆裂、高坠伤害、雇佣人员伤害、银行卡盗刷、临时住宿补偿、公共交通意外等一揽子保障责任，以及开锁、疏通等高频普适居家服务。

具体而言，针对家庭风险保障重点，“蓉家保”引入城市定制服务，通过保险产品赋能，为成都市民提供“5 个到家”保障服务。

一是低价高额，惠民到家秉承惠民原则，“蓉家保”有普惠版和尊享版两种方案可选。其中，普惠版保费 99 元/年，最高提供 278 万元保障；尊享版保费 169 元/年，保障升至 600 万元。2022 年度“蓉家保”保障期限为 1 年，统一保障时间为 2022 年 9 月 1 日—2023 年 8 月 31 日（见表 1）。

表 1　“蓉家保”普惠版及尊享版保障内容对比

险种分类	保险责任	保险标的	保额（万元）	
			普惠版	尊享版
主险	火灾、爆炸、非地震自然灾害导致房屋损失	房屋主体	100	200
		室内装修	10	15
		室内财产	10	15
附加险	水暖管爆裂导致承保房屋及第三者房屋损失费用补偿	承保房屋主体、装修、室内财产	3	5
		第三者房屋主体、装修、室内财产		
	因承保标的火灾爆炸导致所有人员人身伤害及三者房屋损失	身故、残疾	20	30
		他人房屋主体、装修、室内财产	10	10
	高空坠物导致第三者人身伤害	非被保险人及家庭成员身故、残疾	20	30
	雇佣人员服务过程中发生的意外人身伤害	雇佣人员意外身故、残疾	—	20
	银行卡盗刷	家庭成员名下所有银行	—	30
	因主险事故导致房屋受损的外出住宿费用补偿	临时住宿费用补偿	—	0.05
	乘坐飞机、火车、轮船意外伤害身故、残疾	家庭成员共享	100	200
	乘坐公共汽车意外身故残疾	家庭成员共享	5	10
特色服务	居家开锁服务	—	—	1 次/年
	马桶蹲便器疏通服务	—	—	1 次/年

二是责任丰富，保障到家。损失类型涵盖家财损失、水暖管爆裂、高坠伤害、雇佣人员伤害、银行卡盗刷、临时住宿补偿、交通工具意外等，补偿对象涵盖家庭

成员及受损三者。

三是承保理赔，一键到家。支持移动端扫码投保，输入关键信息即可手机支付，完成快速投保；支持微信一键理赔，手机拍照上传理赔资料，完成全流程理赔跟踪与赔付。

四是疏通开锁，服务到家。在全面保障方案上附加开锁服务、疏通服务，全方位提升居家幸福指数。

五是联盟运营，品质到家。多家保险公司形成保险联盟，由保险联盟共同经营产品，保障承保理赔服务质量。

整体来看，区别于传统家财险，“蓉家保”的创新主要体现在产品形态和运营模式两个方面。

在产品形态上，“蓉家保”采用“保险 + 服务”的模式，将家庭成员高度关切的责任纳入保障范围，并联合专业运营维修服务商，为参投人提供标准化、使用率高、有温度的居家服务保障。

在运营模式上，“蓉家保”是全国范围第一款由保险联盟进行产品设计、共同搭建技术平台、共同承担承保风险、共同参与推广销售、共同承接理赔服务的家财险产品。

据悉，该项目是在四川银保监局具体指导和四川省保险行业协会的统筹协调下，由人保财险、太平财险、平安产险、太保产险等 10 家公司组成的“蓉家保”保险联盟开发运作，由 58 集团、重庆啄木鸟网络科技提供居家服务。

“蓉家保”是四川保险行业充分发挥行业优势和专业机构风险管理职能、主动适应社会对金融保险的新需要、参与社区治理体系现代化建设的创新尝试，其借助互联网手段和第三方增值服务，再造家财险业务流程和服务场景，为成都市 700 万家庭安全保驾护航。

二、6.8 亿套城镇房屋对比不足 10%的普及率，家财险，一个千亿元规模的蓝海市场

家财险是我国财产保险传统的“老三险”（即企财险、车险、家财险）之一，自 20 世纪 80 年代初期国内保险业务恢复以来一直开办至今。经过 40 余年的发展，

家财险在化解个人和家庭面临的财产损失风险、维护城乡居民生活安定等方面发挥了积极作用。

但是，相对于车险、企财险的持续快速发展，我国家财险一直是一个小险种，投保率数十年来长期徘徊在10%以内，与发达国家的家财险普及率均在70%以上相比，差距甚大。

且公开数据显示，近10年来，家财险在财险市场中的占比一直在0.45%—0.72%，远远不如规模庞大的车险和发展迅速的农险，和其他险种相比，也几乎没有“存在感”（见表2）。以2021年为例，家财险保费收入98亿元，业务规模尚不足百亿元，在国内财险保费收入中市场份额为0.72%，尚不足1%。

表2 2011—2021年我国家财险保费收入、同比增速及业务占比

年份	家财险保费收入（亿元）	产险保费收入（亿元）	家财险增长率（%）	产险增长率（%）	家财险占比（%）
2011	23.3	4779.06	20.73	18.68	0.49
2012	28.47	5529.88	22.19	15.71	0.51
2013	37.86	6481.16	33.00	17.20	0.58
2014	33.68	7544.4	-11.06	16.41	0.45
2015	41.69	8423.26	23.80	11.65	0.49
2016	52.15	9266.17	25.06	10.01	0.56
2017	62.94	10541.38	20.70	13.76	0.60
2018	76.77	11755.69	21.97	11.52	0.65
2019	91	13016	18.82	10.70	0.70
2020	91	13584	-0.23	4.36	0.70
2021	98	13676	8.12	0.68	0.72

值得注意的是，虽然业务规模较小，但是从近10年业务增速来看，在大多数年份，家财险增长率显著高于产险，但波动较大，有的年份甚至出现负增长。

借助历史数据，可以看到，家财险发展与我国住宅商品房保有量、家庭数目等指标呈现密切关联性，家财险增长率随着住宅商品房销售额增长上下波动。

例如，2014年，我国商品房销售额76292亿元，同比下降6.3%。其中，住宅销售额下降7.8%。同年，我国家财险保费收入33.68亿元，同比负增长11.06%（见图1）。

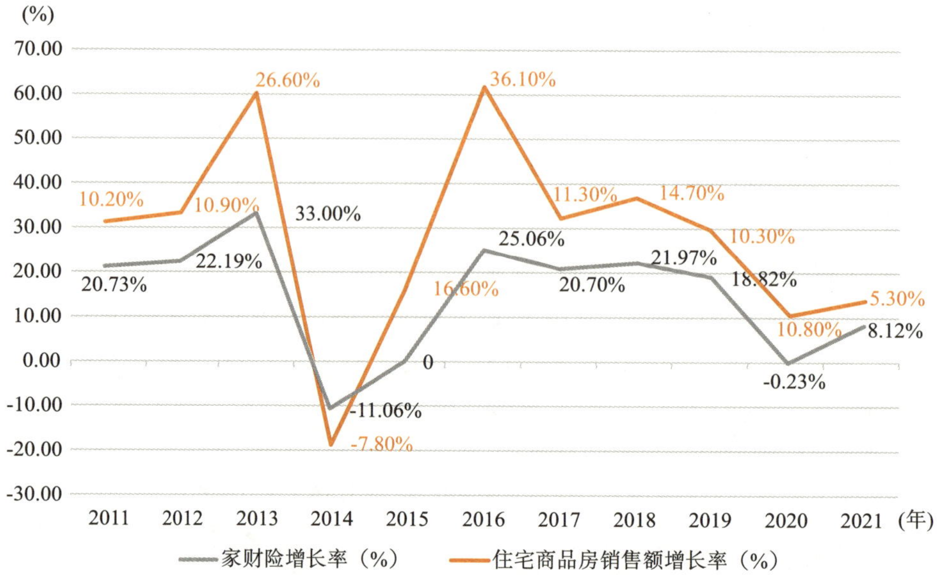

图 1　家财险与我国住宅商品房关联性

第七次人口普查数据显示，截至 2021 年，我国拥有超过 14 亿的人口和 4. 94 亿户家庭，我国城镇拥有的房子达 6. 8 亿套，可见家财险保源十分丰富。

另据央行调查统计司城镇居民家庭资产负债调查，2019 年，我国城镇居民家庭户均总资产为 318 万元，住房占比近 7 成，是城市居民最为重要的有形财产。通过保险工具，对居民住房风险进行管理与转移，对维护居民利益、防范社会风险具有重要意义。

假设城镇房屋家财险投保率超过 50%，意味着将有 3. 4 亿套房子投保，按照现在投保率不足 10%，保费规模不足 100 亿元推算，届时市场规模或达 500 亿元左右，且随着人们财产的增加、保额的提高，家财险市场规模还会进一步扩大。

再以美国为参照，当前美国财险行业形成了以车险为主，家财险、责任险等为重要组成的多元化市场格局。2020 年，美国个人车险、家财险收入比例分别为 34. 9%、14. 9%。假设国内家财险在财产险保费收入中的占比也达到 15% 左右，按照 2021 年国内财产险保费收入 11671 亿元计算，届时家财险保费规模将有望突破 1750 亿元。

三、创新产品形态，政府监管背书，效仿惠民保模式的家财险或迎来破局时刻

与发达保险市场相比，我国家财险覆盖率长期处于低位，是居民投保意识不足、

产品同质化难以适应市场需求、营销成本高等诸多问题共同导致的。

由于长期缺乏市场教育，国内居民对于投保家财险的意识远远不足。而在国外，尤其是美国，投保家财险已经是人们租房或者买房之后的必然选择。意识上的巨大差异，导致了家财险市场需求上的巨大差距。

从居民角度看，家财险产品同质化且难以满足市场需求，是其对家财险失去兴趣的重要原因之一。从产品设计来看，过往家财险产品保额存在严重不足，城区房子价值上涨幅度较快，但是很多家财险还只是几十万元保额，让居民觉得可有可无。

从保险公司角度看，传统营销模式发展家财险成本过高。传统的家财险以直销模式为主，形式过于单一，且相比车险，家财险件均保费较低，销售员的展业动力不足。

而在许多发达国家和市场，银行出于风险管控的考虑，会强制要求贷款人在申请房贷时为其抵押房产投保住房保险，这是银行出于风险管理考量的商业行为，此举大大促进了住房保险的覆盖，有效降低了居民的巨灾保障缺口。但在国内，该举动存在“强制捆绑销售保险”的嫌疑。

需求和供给的两头遇冷，造成了家财险长期“叫好不叫座”的尴尬境况。“蓉家保”的出现无疑是为家财险发展打开了全新的思路。

其在设计思路上充分借鉴惠民保经验，当地政府以及监管部门给予指导，产品保障范围依据现实痛点进行拓展，价格尽可能压低，多家保险公司组成联盟联合承保，借助互联网技术以及第三方平台提供实体服务。

其中，当地政府以及监管部门给予指导，在很大程度上解决了普及教育乃至增信的问题，可在一定程度上解决居民投保意识不足的问题；降低价格、拓宽保障范围乃至引入第三方实体服务机构等产品形态上的创新则有助于增强居民投保意愿；此外，政府以及监管部门的指导，互联网技术的充分运用，也有助于大幅降低营销价格。

“蓉家保”能否复制惠民保奇迹？不妨拭目以待。

上半年财产险保费“U”形大反转，资本饥渴倒逼管理升维：必须放弃单一费用视角

慧保天下　2022 年 7 月 29 日

2022 年上半年，国内经济所经受的挑战不亚于 2020 年。

稳经济、稳就业、稳预期，重磅政策频频落地生效。

看似车水马龙的财产险行业表现如何?

上半年，财产险公司实现保费收入 8034 亿元，按可比口径计算增速为 9.4%；这是在国内疫情多点散发、GDP 同比增长 2.5% 的大背景下实现的。综合财产险行业典型的顺周期属性来看，也算交上了一份令人满意的发展答卷。

不过，在保费恢复较快增长的同时，财产险公司偿付能力充足率普遍下滑，因此导致的资本吃紧问题开始凸显，在外源性补充难度加大、内生性改善短期难以奏效的情况下，财产险公司管理模式开始升级，在进行资源管理时，必须考虑放弃单一的费用投放视角，加入资本约束的视角。

这意味着，此后，财产险公司制定发展策略，不仅要看自己的经营管理能力，更多地要看看自己的家底儿，资本实力决定了其经营方向，财产险公司经营逻辑演变逐渐深化。

一、上半年财产险保费走势是“U”形的

同很多行业一样，财产险行业上半年也经历了“U”形发展，1—2 月，一改 2021 年颓势，实现两位数强势复苏，引来一片拐点已至的欢呼；3—4 月，疫情、防疫政策、产业链断供，增速出现断崖式下降，冰点至 -2.0%；5—6 月，陆续走出疫情阴霾，增速反弹至 19.1% 的高点（见图 1）。

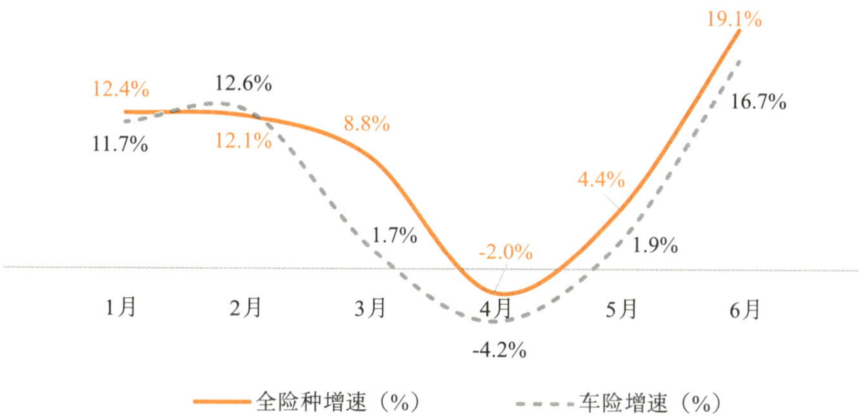

图1　2022年上半年财产险保费走势

车险业务占比跌破50%，上半年，车险业务增速6.2%，非车险增速为12.7%。车险业务占比49.5%，同比下降1.5个百分点，看似行业大力发展非车险卓有成效，当然也有车险自我萎缩的原因。

车险的复苏势头强劲，但节奏被疫情打乱，吉林和上海等汽车产业链重镇相继受困疫情，上半年，国内汽车产销分别完成1211.7万辆和1205.7万辆，同比分别负增长3.7%和6.6%，导致车险增长主力的新车业务断崖式滑落，进而阶段性打断了车险发展复苏节奏。

从非车险内部来看，受冲击较小的是农险和家财险。农业保险的增速高达30%，是近年来的最好水平，与2021年同期增速相比几乎翻倍。国际地缘冲突迭起，欧美国家通胀已经奔两位数而去，保险在粮食安全战略中发挥的作用不可小觑，但终究还是少数财险公司能分得一杯羹。

大风口的医养健康增速回落，健康险增速仅为15%，意外险甚至出现了负增长，有疫情的影响，当然成本可能是制约发展的重要因素。

在“经济稳增长”的大背景下，对于下半年的增长情况，大体还是乐观的，全年的增速应该回升至两位数：一方面基数不高，另一方面稳经济的政策频频出台，可以深入挖掘发展红利。基建投资频频上马、汽车产业链持续修复、新能源汽车下乡等政策推动，预计汽车消费将回暖，非车险保源也将不断拓展。

二、综合成本率下降 2.3 个百分点，承保效益大幅好转

行业综合成本率97.3%，同比下降2.3个百分点，如果全行业按照6300亿元的已赚保费估算，那就是释放出约150亿元的承保利润。

大家嫌弃的车险是拉动成本率下行的主力，车险综合成本率96.7%，同比下降了3.2个百分点。如果剔除老三家的强劲盈利能力，其他主体平均下来基本也可以打平了，与2021年上半年全行业微利相比，那是完全不同的境况。

分地区看，绝大部分区域的综合成本率都在同比下降，其中，上海的全险种综合成本率甚至跌破了90%；车险领域，上海、吉林、青海的综合成本率跌破90%……大幅减亏可别欢欣鼓舞，还是要进行归因分析，到底是内因还是外因导致成本改善。

对于下半年的效益情况，预期并不乐观，一看老天，二看车险。极端自然天气频频出现，高温高湿、雨情汛情，第三季度对于财险行业并不妙；下半年随着疫情的缓解和防疫政策日趋科学化，预计社会交通、物流将快速向疫情前正常状况恢复，车险的综合成本率能不能守住？

三、全行业资本饥渴加剧，增资额度近乎翻倍

2022年，“偿二代”二期规则开始实施。第一季度末，七成的财险公司出现偿付能力充足率下滑，“老三家”也难逃资本问题，平安产险、人保财险、太保产险，这“老三家”核心偿付能力充足率较上年末均下滑超过50个百分点。

改善偿付能力的手段有诸多，总体是内生性改善和外源性补充相结合。内生性改善是长久之计，是解决问题的根本手段，但通常远水难解近渴；外源性补充是“速效救心丸”，可以快速缓解资本压力。

上半年，全行业增资发债轮番上场，近360亿元的增资金额，近乎是2021年同期的两倍；还有近300亿元的资本补充债发行规模；此外，仅人保和新华保险就有380亿元的拟发债规模待审批，一大批发债需求也依然在路上。险企资本需求如此旺盛，监管发债审批面临很大压力。

增资规模高于发债规模，一方面是险企股东落实了增资的义务，大部分是原有股东增资，股东对保持公司稳健发展的初心不改；另一方面是自我造血的良性循环已经建立，个别公司可以用未分配利润、盈余公积转增资本股本。

四、偿付压力倒逼险企管理模式升维，资本实力决定经营方向

“偿二代”二期规则引导保险行业建立全面风险管理理念，同时也是保险行业经营的指挥棒。简单地从保险风险最低资本计量来看，暂且不谈特征因子，就单纯看基础因子，各险种经营风险高低立现，该做哪个，一目了然（见表 1）。

表 1　各险种经营风险

险种	保费风险基础因子	准备金风险基础因子
车险	0. 103	0. 123
财产险	0. 391	0. 561
船货特险	0. 232	0. 604
责任险	0. 203	0. 433
农业险	0. 326	0. 441
非融资信用保证险	0. 467	0. 605
短期意外险	0. 122	0. 251
短期健康险	0. 115	0. 269
短期寿险	0. 085	0. 193
其他险	0. 098	0. 17

保险公司到底应该发展什么业务，怎么发展，除了要看自己的经营管理能力外，更多的要看看自己的家底儿，资本实力决定经营方向。对于资本充足、股东有实力的，那大可随意冲；对于那种资本比较紧张，股东也不太给力，还要经营非车险，这操作就不太好理解了，稳稳地做点车险不是更好吗？

财险行业的管理模式需要增加一个资本维度了。此前的资源管理大概就是指市场费用的投放规则，此后要加入资本约束，某个分支机构年度计划是在一定的资本消耗内进行险种组合。这对管理提出了更高的要求，给稳定经营上了防护锁。

五、“70 后”走上领导岗位，让专业的人做专业的事

保险是传承了几百年的古老行业，有其特殊的专业属性。但不知道从什么时候起，财险行业底线越来越低，经营者的敬畏之心更无从谈起，就剩下一根筋的业务规模和无底洞的费用投入。

有感于近期国寿换帅、阳光添将，欣喜地看到有精算背景的、具有专业管理能力的、格局视野俱佳的、年轻的“70 后”们正陆续走上重要领导岗位。

毫无疑问，行业是需要一代新人的，注入一股新鲜血液，吹一股新风，让那些陈旧落后的管理理念、人才理念都随风去吧。

让专业的人做专业的事，在专业的领域深耕细作，把属于保险的专业性捡回来，以全新的姿态回归专业风险保障。

又一款“假保险”遭叫停！保费飙涨数十倍引监管关注，财险公司为了规模竟然这么拼

慧保天下　2022 年 8 月 9 日

2022 年 8 月 9 日，中国银保监会下发的《关于部分财险公司短期健康保险业务中存在问题及相关风险的通报》（以下简称《通报》）在业界广泛流传，全面叫停某些“特定药品团体医疗保险”，揭开又一款“假保险”的真面目。

一些有关创新保险业务的故事无法继续了——传闻部分第三方平台此类业务占比高达 90% 以上，这些平台如何转换赛道重新赢得资本方青睐值得关注。

一些保险机构短期健康险保费暴涨的神话也难以继续——按照业界人士的说法，被监管叫停的那些“特定药品团体医疗保险”，本质就是保险公司与第三方平台合谋，将特定药品消费者的药费转化成为保费，其结果是药店客源更加稳定，消费者获得一定购药补贴，第三方平台获得技术服务费并做大业务规模。而保险机构，除了亏损，以及虚假繁荣的保费数据，一无所获。

痼疾难除，保险业的规模焦虑症依然时不时发作，在“一切为了规模”的指引下，甚至不惜牺牲公司利益。

一、财险部喊停“药转保”，揭开又一款“假保险”的真面目

《通报》的下发，揭开了又一款假保险的真面目。

按照《通报》的表述，在对部分公司短期健康险业务开展日常监管和非现场监测过程中，银保监会财险部及相关银保监局发现部分公司短期健康险业务急速增长，且基本集中于同类业务模式。

具体来说，部分公司与拥有互联网医院、健康科技公司、保险经纪公司关联公司的相关业务集群开展合作过程中，用特定药品团体医疗保险方式承保客户因已确诊疾病发生的后期药品治疗费用。并且在实际业务承保中，公司通过将等待期设置为0天、将保险责任终止条件设置为给付一次等方式迎合业务模式需求，保费收入与药品价格相近，从收取保费到支付赔款间隔时间较短，且公司未参与掌握核心风险管理环节，业务持续亏损。

《通报》指出，在上述业务中，公司通过与有关机构合作，使用短期健康险产品实际承担已确诊客户发生频次确定、损失程度确定的医疗费用支出，异化了保险业务，使保险或然事件成为必然事件，既不符合基本保险原理、无法通过重大风险测试，也无法体现保险经营管理风险的基本功能作用。

据此，《通报》表示，针对上述问题，银保监会财险部将会同相关银保监局对相关公司采取监管措施，同时严令各财险公司及时排查短期健康险业务，“不得开展任何类似的、不符合保险原理、失去保险或然性的短期健康险业务”，并要求各公司在8月19日前提交自查整改报告。

此外，《通报》还要求各银保监局持续关注此类业务情况，强化风险监测和监督检查力度，对发现的问题及时采取相关监管措施或予以行政处罚。

二、“亏损我一个，幸福千万家”：险企表面做业务实际“做慈善”，“药费变保费”究竟骗了谁

事实上，《通报》中所禁止的“特定药品团体医疗保险”与允许带病投保的商业医疗保险有着本质区别。根据《通知》的描述，所禁止的产品涵盖以下特征：

（1）用特定药品团体医疗保险方式承保客户因已确诊疾病发生的后期药品治疗费用；

（2）公司将等待期设置为0天，将保险责任终止条件设置为给付一次等方式；

（3）保费收入与药品价格相近；

（4）从收取保费到支付赔款间隔时间较短；

（5）公司未参与掌握核心风险管理环节；

（6）业务持续亏损。

业界人士表示，这种所谓“特定药品团体医疗保险”，是针对一些罹患特定疾病、需要服用某类特药的消费者推出的“保险产品”，其被保险人往往本身就是该类特药的消费者，通过投保这类医疗保险产品，消费者可以在实际购药中享受一定的优惠。

问题的关键在于，消费者的优惠不是因为医疗保险的“团购”议价功能，而是因为保险公司补贴。

据介绍，消费者之所以通过投保“特定团体医疗保险”能获得一定优惠，本质是因为保险公司的主动补贴，其补贴的钱部分给到消费者用以购药，部分以技术服务费的形式给到了第三方平台，而保险公司借此所获得的，是一定的亏损以及数字漂亮的“保费规模”。

按照《通报》所概括的，该类产品的问题在于“异化了保险业务，使保险或然事件成为必然事件”，既不符合保险基本原理，也无法体现保险公司风险管控的基本功能。

公司通过与有关机构合作，使用短期健康险产品实际承担已确诊客户发生频次确定、损失程度确定的医疗费用支出，异化了保险业务，使保险或然事件成为必然事件，主要存在以下问题和风险：一是公司承保的是确定发生的医疗费用支出，不符合大数法则、射幸原则等基本保险原理，且无法通过重大风险测试。二是公司风险管控缺失，前端承保和后端理赔等核心环节均由相关机构掌握，保险公司不掌握自主定价权，也未实质参与风险管理，无法体现保险经营管理风险的基本功能作用。

业界人士透露，一些保险公司分支机构因为此类业务，保费规模飙升，迅速从数千万元量级提升至数亿元量级，这种异乎寻常的增长，最终引起了监管的高度关注。据了解，此前，有关监管局已经约谈了涉事机构，并喊停此类业务。此次银保监会财险部发文明确叫停此类业务，则显示了监管部门对于该类“假保险”业务的高度警惕。

三、心病还须心药医：根治“假保险”，关键是根治“规模焦虑”

通过产品归集大量客户，通过“团购”的方式，提高自身面向医药厂家、经销商、医疗机构时的议价权，同时通过引导消费者行为等风控手段，达到既提升患者生存质量，又赚取一定费用目标，一直被认为是商业医疗保险的根本价值所在。而研发针对带病人群的健康险，也是监管所一直倡导的。

从这些角度出发，“特定药品团体医疗保险”很容易被理解为是符合商业医疗保险的价值导向的，却因为急功近利，最终彻底异化了保险，导致其成为个别保险机构制造虚假繁荣、骗取公司或股东嘉奖的工具。

而这种急功近利的心态背后，仍是保险业的痼疾——规模焦虑症。而这是市场发展初级阶段，简单粗暴的发展理念下所难以避免的。

近年来，随着新车销量下滑、车险综改推进导致车险保费收入下滑，财产险公司纷纷加大力度开拓非车险市场，而高速发展的短期健康险，更是成为财产险公司的兵家必争之地。

实际上，在健康险领域，财产险公司往往比人身险公司表现得更激进，在很多创新型险种发展中，如近年的百万元的医疗险、特药险以及惠民保等产品的发展中，往往都是财险公司冲在一线。

银保监会最新发布的统计数据也显示，2022 年上半年，财险公司的健康险保费收入达 1156 亿元，同比增长 15.4%，明显高于财险公司整体业务增速（9.4%），也高于全行业整体健康险保费增速（4%）。

财产险公司之所以热衷短期健康险，是因为这是一个利润颇丰的险种。近期，各家险企相继披露 2022 年上半年的短期健康险经营数据，根据“慧保天下”的统计，大多数公司综合赔付率是低于 50% 的。

而财产险公司在短期健康险领域之所以表现得比人身险还激进，则是因为相对于习惯了经营长期保险、习惯了复杂经营逻辑的人身险公司，财产险公司由于经营的都是短期业务，业务逻辑相对也比较简单，在过去漫长的岁月中已经养成了拼费用、抢市场的惯性，面对短期健康险这一人身险种，也不例外。

所以，根治类似于“特定药品团体医疗保险”这类“假保险”乱象，归根结底还是要根治财产险公司的规模冲动。

事实上，业界一直有观点认为，财产险公司不应该参与健康险业务的经营，因为健康险的经营逻辑与财产险的经营逻辑截然不同，以财产险公司思维经营健康险业务，一定会出现问题。

背靠强大的股东，这些财险公司连年盈利，赚钱能力超同业

慧保天下　2022 年 8 月 16 日

8 月，上市险企纷纷发布上半年净利润预减公告，下跌幅度之大，超乎人们想象。头部险企尚且如此，小新险企的日子注定会更加难过，尤其是马太效应明显的财险领域的小新险企。

华农保险原总裁张宗韬曾形象总结当下中国财险业盈利公司的三大模式：靠“大”、靠“天”及靠“爹”。所谓靠“大”，是指规模要做到 100 亿元以上才能有规模效应；所谓靠“天”，是指当经济形势不错，国家政策积极扶持时，有些保险公司依靠阶段性红利盈利；所谓靠“爹”，即实力雄厚的企业所控股的保险公司，或者自保公司，凭借强大的股东业务优势，可快速实现盈利。

人保、平安、太保长期占据财险市场前三之位，这是时代所造就的，是所谓靠“天”；及至今日，三家公司市场地位稳固，规模优势明显，其他险企想要超越愈发困难，是所谓靠“大”。与之形成鲜明对照的是一些小新险企，马太效应之下，它们似乎愈发无路可走。

不过，也有一批中小险企活得相当滋润，即前文所提及的“富二代”险企，他们依托“爹”（股东）的力量，往往增速、利润俱佳，轻轻松松赢在起跑线上。

在本文中，“慧保天下”就梳理了 7 家“富二代”险企的发展现状，他们的控股股东多为能源类、交通运输类大型国企，股东庞大的布局以及保险需求，成为他们最重要的业务以及利润来源。

需要说明的是，所谓“富二代”险企基本集中于财产险领域，因为财产险领域 2B 业务占据相当比例，而寿险领域，占据绝对主导地位的是 2C 业务，这从根本上就决定了寿险公司需要面向更广泛的个人客户开展业务，单纯依赖股东并不可取。

此外，值得注意的是，银保监会成立以来，获批牌照的财险公司基本都是含着金汤匙出生的“富二代”：依托财政部的中国农业再保险，依托巨无霸央企融通集团的融通财险，依托中国渔业互保协会的中国渔业互助保险社……或许，在经历了多年的高度同质化竞争，并持续目睹由此造成的市场乱象后，在市场主体准入退出方面，监管思路已经开始发生质变化。

一、市场化公司

（一）英大财险——背靠国家电网，关联交易保费占比近六成，净资产收益率接近10%

英大财险是一家典型的“富二代”险企，其成立于2008年，注册资本31亿元，背靠国家电网有限公司，国家电网通过控制国网英大国际控股集团、中国电力财务等26家股东间接持有英大财险99.43%股权。

资料显示，国家电网是关系国民经济命脉和国家能源安全的特大型国有重点骨干企业，以建设运营电网为核心业务，注册资本金8295亿元，资产总额4.35万亿元，经营区域覆盖26个省（自治区、直辖市），供电范围占国土面积88%，供电人口超过11亿人，2022年，在《财富》世界500强中排名第3位。

英大财险背靠大树，主要围绕国家网电系统开展业务，形成以涉电非车险为主、市场车险为辅的险种格局。

作为一家电力系险企，英大财险自2008年成立以来，一直过得十分“滋润”，连续实现了13年盈利，累计实现利润总额高达80.57亿元，凭借出色的盈利能力，成为第二梯队财险公司中的佼佼者。

以2021年为例，英大财险2021年实现保险业务收入106.82亿元，净利润高达10.23亿元。

英大财险排名前五的险种分别为企财险、车险、责任险、工程险、保证险。其中，企财险保费收入41.53亿元，占比高达39%，反观车险，作为行业第一大险种，在英大财险的业务占比仅为34.57%。

2021年年报显示，英大财险共发生关联交易总额72.51亿元，主要包括保费收入、手续费支出、委托投资管理费、固定资产租赁等类别，其中保费收入63.22亿元，占比59.64%，手续费支出7.44亿元。

不过从2019年开始，英大财险也开始寻求引入社会资本，因为根据《保险公司股权管理办法》“单一股东持股比例不得超过保险公司注册资本的三分之一”的相关规定，国家电网公司无法再单独增资并扩大股份占比。

（二）永诚财险——依托中国华能，收缩车险发力非车险，关联交易业务占比超四成

永诚财险由中国华能等大型电力企业集团和产业投资集团共同发起组建，成立于2004年，也是一家典型的“电力系”险企。

中国华能总资产达1.2万亿元，主营业务包括电源开发、投资、建设、经营和管理，电力（热力）生产和销售等。目前，公司58家二级单位、480余家三级企业，2021年，公司可控装机超2亿千瓦，低碳清洁能源装机占比37.2%。

虽然背靠股东资源优势，但永诚财险早期并未深度布局，而是一直以发展车险业务为主，数据显示，2014—2018年，永诚财险车险业务占营业收入比例分别为70.08%、66.78%、66.01%、64.70%、54.22%，但车险业务却不尽如人意，2014—2018年，永诚财险车险业务持续亏损，分别亏损3.87亿元、5.07亿元、2.17亿元、1.84亿元、2亿元。

永诚财险在2018年开启转型，大力缩减车险业务，聚焦布局具有股东优势的电力能源保险。依靠庞大的股东资源，永诚财险转型飞快，成功承保各类发电企业，客户包括华能集团、大唐集团、华电集团、国电集团等国内主要发电集团。

数据显示，2019—2021年，永诚财险保险业务收入分别为65.78亿元、73.78亿元、76.65亿元，业务结构优化明显，车险业务占比逐渐下降，到2021年，车险保费降至18.47亿元，占比仅24.9%。

随着转型深入，从2019年开始，永诚财险开始持续盈利，2019—2021年分别实现净利润1.09亿元、1.49亿元、1.09亿元。

据2021年年报显示，当年永诚财险共发生关联交易保险业务31.59亿元，占比达41.22%。其中包括保费收入22.61亿元、赔款支出8.98亿元、保险代理业务1.45亿元。

（三）鼎和财险——依托南方电网，2021 年关联交易保费占比近 50%

与英大财险、永诚财险一样，鼎和财险也是一家电力系险企，其成立于 2008 年，共有 7 家股东，其中南方电网持股 20% 为第一大股东，其余 6 家股东广东电网、广西电网、云南电网、贵州电网、海南电网、南方电网财务也均为南方电网全资子公司。

公开资料显示，南方电网覆盖五省区，并与我国香港、澳门地区以及东南亚国家的电网相连，供电面积 100 万平方公里，供电人口 2.54 亿人，供电客户 1.07 亿户；此外，网内拥有水、煤、核、气、风力、太阳能、生物质能、抽水蓄能和新型储能等多种电源。

自成立以来，鼎和财险业务持续增长，2010 年其保险业务收入 7.02 亿元，到 2021 年保险已经提升至 54.9 亿元。

随着公司业务持续增长，公司盈利能力也在不断提升，2020 年实现净利润 8.06 亿元，2021 年实现净利润 10.3 亿元，同比增长 27.2%。

作为“电力系”财险公司，鼎和财险与股东间的关联交易成为其业务发展的重要组成部分。据年报信息显示，鼎和财险 2021 年有关联方 21 家，其中包括母公司南方电网，以及同一母公司且为股东的企业 6 家、同一母公司的企业 10 家、同受最终控制方控制的企业 4 家。

2018—2020 年，鼎和保险与各关联方的一般关联交易金额分别为 21.86 亿元、23.15 亿元和 22.86 亿元，2021 年，公司关联交易进一步提升，达 25.93 亿元，同比增长 13.3%，占总保险业务收入的 47.2%。

（四）国泰财险——阿里系险企，互联网巨头入股前，11 年亏损 10 亿元；入股后，3 年累计盈利 1.78 亿元

国泰财险成立于 2008 年 8 月，是大陆首家台资财产保险公司，最初股东方为国泰人寿和国泰金控，2016 年 7 月，国泰产险引进蚂蚁金服为战略投资人。增资后，蚂蚁金服成为控股股东，持股 51%。

在蚂蚁金服接手后，国泰财险受到了不少的“偏爱”。经过转型后，国泰财险主要聚焦互联网场景，结合阿里系资源，主要发力退货运费险，2017 年，国泰财险

责任险业务取代车险业务成为第一大险种。

在蚂蚁金服接手之前，2008—2017 年，国泰财险近 10 年时间亏损超 9 亿元，转身蚂蚁金服后，国泰财险依赖股东业务才进入盈利通道，2018—2021 年，净利润分别为 -0.5 亿元、0.05 亿元、0.62 亿元、1.11 亿元；保险业务收入增速也开始加速，分别为 38.38 亿元、48.23 亿元、60.32 亿元、48.86 亿元。

据 2021 年年报显示，2021 年 10 月 1 日，国泰财险与蚂蚁集团签订统一交易协议，协议主要交易类型为提供服务类、保险业务类关联交易。当时，协议期间发生的关联交易金额预计为 40 亿元。

二、自保公司

（一）中石油专属自保——成立 10 年，年年盈利

公开资料显示，中石油专属自保公司股东由中国石油天然气集团有限公司、中国石油天然气股份有限公司、中国石油集团资本 3 家组成，主要为中石油集团及其关联企业提供财险、责任险、信用保证保险等保险保障业务。

作为国内首家自保公司，依附于股东，中石油专属自保公司自成立以来业绩十分亮眼。在成立首年其实现盈利 1.73 亿元。随后，其保费规模逐渐扩大，从 2014 年的 1.56 亿元提升至 2018 年的 8.58 亿元，其盈利也连年实现，从 2015 年至 2018 年，其净利润分别为 2.86 亿元、2.83 亿元、3.64 亿元、3.15 亿元。

2019 年、2020 年、2021 年其业务规模持续攀升，分别为 9.31 亿元、11.87 亿元、15.99 亿元，2022 年上半年达到 7.71 亿元。盈利状态也依然持续，三年间净利润分别为 3.46 亿元、3.89 亿元、4.24 亿元，2022 年上半年净利润达到 1.09 亿元。

从其净资产收益率来看，2019—2021 年，中石油专属自保公司净资产收益率分别为 5.36%、5.81%、6.09%，高于大部分财险公司。

（二）中铁自保——成立 6 年连续盈利，净资产收益率保持在 5%—10%

另一家自保公司为中铁自保，于 2015 年 7 月开业，注册资本金为 20 亿元，由中国铁路总公司持股 51%，中国铁路投资有限公司持股 49%。

据国铁集团披露数据显示，2021 年，国家铁路发送旅客 25.3 亿人次，同比增长 16.9%，发送货物 37.2 亿吨，同比增长 4%。

背靠国铁集团，中铁自保保费规模最大的险种为意外险，正是有了如此庞大的渠道流量，中铁自保的乘意险销售快速增长。2021 年年报显示，其意外险保费收入 1.65 亿元，占总保费近 30%，承保利润 0.29 亿元。

中铁自保自 2015 年开业以来，连续 6 年实现盈利，合计盈利达到 8.64 亿元。具体来看，2016—2021 年净利润分别为 0.93 亿元、1.35 亿元、2.07 亿元、2.63 亿元、1.51 亿元、1.95 亿元。2022 年上半年，中铁自保净利润也实现 0.46 亿元。

从其净资产收益率来看，2017—2021 年，中铁自保净资产收益率为 6.03%、8.56%、9.88%、5.29%、6.45%，也高于一般财产险公司。

（三）中远海运自保——6 年累计净利润 4.73 亿元

中远海运自保公司由中国远洋海运集团有限公司于 2017 年 2 月 8 日在上海自由贸易试验区独资设立，是国内唯一的航运自保公司，目前注册资本金 20 亿元。

其股东中远海运集团实力也非常强大，被称为“海运之王”。该集团主要以航运、港口、物流等为基础和核心产业，以航运金融、装备制造、增值服务、数字化创新为赋能和增值产业。截至 2022 年 5 月末，中远海运集团经营船队综合运力 11346 万载重吨/1408 艘，排名世界第一。其中，集装箱船队规模 304 万 TEU/511 艘；干散货船队运力 4445 万载重吨/437 艘，杂货特种船队 545 万载重吨/166 艘。

从业绩来看，2017—2021 年，中远海运自保保险业务收入分别为 2.01 亿元、4.31 亿元、5.49 亿元、6.32 亿元、6.07 亿元。与其他自保公司一样，自成立以来，中远海运持续实现盈利，2017—2021 年，其净利润分别为 0.47 亿元、0.97 亿元、1.01 亿元、1.13 亿元、1.15 亿元。

从其净资产收益率来看，2017—2021 年，中远海运自保净资产收益率分别为 2.29%、4.49%、4.51%、4.88%、4.84%。

从险种来看，2021 年，中远海运自保保费收入居前五的保险险种分别是船舶保险、责任保险、企业财产保险、货物运输保险及意外伤害保险。其中，船舶保险和责任保险分别为该司带来 6232 万元及 7348 万元的承保利润，而企业财产保险和货物运输保险的承保利润则为负数。

（四）广东能源自保——成立 4 年持续盈利，2022 年上半年净利润 0.21 亿元，超越历年表现

广东能源自保原为广东粤电财险，于 2017 年 11 月正式开业，由广东能源集团和广东电力发展按 51% 和 49% 的比例共同出资筹建，成为国内第四家自保公司。

公开资料显示，股东广东能源集团注册资本金 230 亿元，核心产业涉及火电、水电、风电、太阳能发电、生物质发电、核电、天然气等，上下游产业涉及煤矿、航运、港口、金融业、综合能源服务等，遍布广东全境并延伸至省外和海外。截至 2021 年底，公司资产总额超 1900 亿元，可控装机容量超 4000 万千瓦，可控航运运力近 220 万载重吨。

从经营情况来看，广东能源自保 2018—2021 年保险业务收入稳健提升，分别为 0.59 亿元、0.61 亿元、0.78 亿元、0.77 亿元；成立 4 年一直盈利，历年净利润分别为 0.19 亿元、0.11 亿元、0.13 亿元、0.19 亿元。2022 年上半年，广东能源自保保险业务收入 0.48 亿元，净利润 0.21 亿元，已超过不少财险公司。

不过其净资产收益率低于其他几家自保公司，2018—2021 年，分别为 3.69%、2.09%、2.44%、3.49%。

第二部分

人身险·换挡续航

新旧两种动能的切换在2022年的人身险业体现得是如此地淋漓尽致。

在负债端承压之下，旧动能依旧发挥着主导作用，但弊端已尽显，银保渠道保费占比进一步提升，增额终身寿依然如火如荼，重疾险新单保费持续下滑，成为其中最鲜活的写照。

与此同时，新动能已悄然开启。个人养老金相关政策制度相继落地，向所有符合条件的主体打开了一个超级赛道。有关惠民保的讨论也依旧火热，由此衍生的医疗保险乃至重疾险的再进化问题成为行业重要的思考方向。

惠民保终极命运推演：政府的意志、险企的抉择、平台的追求

陈明东[*]　2022 年 5 月 20 日

任何新生事物的诞生都是一个历经萌芽和成长的过程，需要支持和鼓励。惠民保本身已经起步，在政府支持、市场主体（险企、服务平台）合力的环境下，在两年之内被快速普及，覆盖上亿人口，已深刻改变了中国商业保险的发展进程。

中国的基本医疗保障改革也在逐步深化和拓宽。惠民保作为与基本医保紧密融合的商业健康险模式，很难预判其未来将走向何方。但有一点可以明确，即惠民保已经为中国商业保险的发展开辟了一条新的道路，这条路以后有多宽，未来价值有多深，需要充分的空间和时间去发展，并值得所有保险人为之探索。

本文从剖析惠民保的特质、模式入手，深入分析政府、险企、平台三方力量在其发展中所发挥的作用，以及当下面临的问题，以此试图推演出惠民保的未来发展走向。

一、惠民保的本质属性：一个与社会保险高度衔接的新型商业保险体系，弥合社会保险与商业保险之间的断层

中国基本医保体系经过长期的发展，已经形成一套完整的保障体系，并成为医疗卫生支出最大的支付方。

人口覆盖率：截至 2021 年末，全国医疗保险参保人数 13.6 亿，覆盖率稳定在 95% 以上，基本实现人员全覆盖。

---

* 本文作者为思派健康副总经理。

人数增速：全国医疗保险参保人数从2013的5.7亿至2021年13.6亿，翻了一倍以上。

筹资支出规模：2021基本医保基金收入28710亿元，支出24011亿元。

对比基本医保，按银保监会的统计数据，2021年商业健康险保费收入8804亿元，赔付支出4085亿元，扣除政策性商保业务转移的赔付支出（约1500亿元）后，真正的商业健康保险支出为2500亿元。

对比2万亿元以上的基本医保支出，商业健康保险的支付占比超10%，从支付体量来看，商业保险未来仍存在非常大的发展空间。

同时，在国家政策方面，2020年银保监会等13部委联合发布的《关于促进社会服务领域商业保险发展的意见》提出，健康险市场规模力争5年后超过2万亿元，肯定了商业健康保险持续发展的趋势。

2020年3月，《中共中央 国务院关于深化医疗保障制度改革的意见》（中发〔2020〕5号）也提出，要求到2030年全面建立以基本医疗保险为主体，医疗救助为托底，补充医疗保险、商业健康保险、慈善捐赠、医疗互助共同发展的多层次医疗保障制度体系，明确了商业健康保险的系统定位（见图1）。

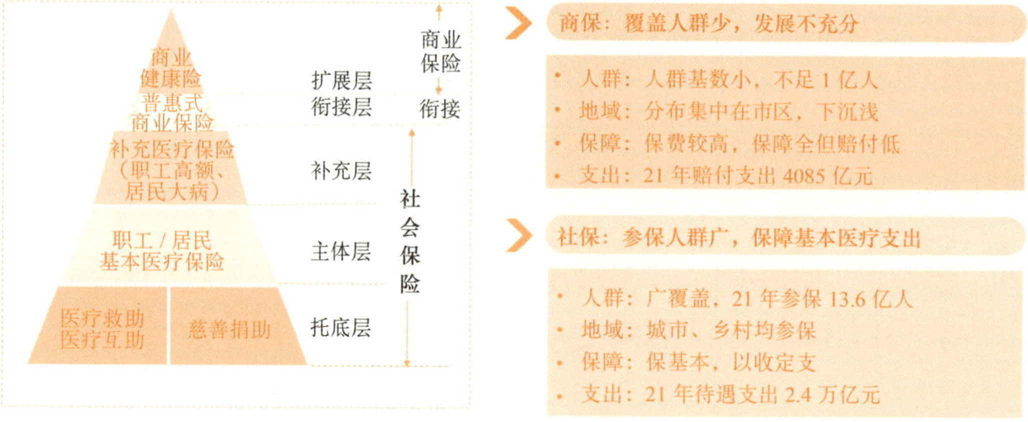

图1　我国医疗保障制度体系

社会保险与商业保险关联度不高，基于这一现实，惠民保被设计为一个与社会保险高度衔接的新型商业保险体系，以弥合社会保险与商业保险之间的断层（见图2）。

图 2　惠民保衔接社会保险与商业保险

其兼具政策性和市场性双重属性的惠民保，在产品设计和运作模式上，较多地借鉴了基本医保体系的经验和习惯，但同时也保留了商业保险的运作制度。

借助国家级政策的顶层设计以及各地政府部门的积极参与，惠民保成为 2020 年保险市场最大的风口。截至 2022 年 2 月，国内已经诞生 150 个以上的城市级产品，覆盖 120 个城市，另外还有 25 个省级产品，整体参保人数超过 1.2 亿，年度保费规模超过 140 亿元。市场预期 5 年后有望覆盖 5 亿人以上，人均保费达到 150 元以上，年度保费规模接近 1000 亿元。

二、“铁三角”的运行模式趋于成型：市场自然选择，政府、险企、平台各司其职

各地惠民保的基本运作模式可以总结为“铁三角”模式。

政府负责指导保障设计，设计基本运行规则，定期监督项目运行，同时提供相应的宣传、数据、医保个账等资源，对项目提供支持。

市场主体各有分工：保险公司以共保联合体形式参与项目，共同承担赔付风险，通过自有的销售渠道进行联合推广，并借助线下网点提供线下服务。

服务平台为整个项目提供服务和技术支持，主要侧重保障产品设计、系统建设、宣传推广、客户服务、药品服务等的组合输出。

在原有的政策性商业保险运作模式下，只存在政府和险企两个主体，即使有服务商，也是以险企供应商的身份出现，并不会成为业务主体，直接参与业务规则制

定、业务销售等核心环节。

惠民保的运作模式很重要的一个特点就是，第一次在业务前端出现了独立于政府、险企的服务平台。

之所以会出现“服务平台”这一新角色，本质上是与惠民保“社商融合型商业保险”的定位有关。

作为社商融合型商业保险，政府必然在形式上成为一种适度但不过度参与的存在，即在项目的目的、运作上体现出政府的诉求，又通过市场化机制来体现效率。

完全委托保险公司是否可行？在实践上，参与惠民保的保险公司以共保体形式出现，委托其中一家处理各种事务，难免出现协调沟通、利益冲突等方面的问题；而委托多家运作效率又明显较低。同时，保险公司和政府天然存在立场不一致的情况，也因此会在具体事务上产生不同的意见。

服务平台所具有的独立性，恰好可以成为信息中枢，协调各方利益，平衡多方诉求。同时，服务平台自身也需要具备相应的技术和服务能力，通过创新技术、专业知识的运用，发挥自身在成本、效率方面的优势，与保险公司共同完成项目的稳定运作。

在某些意义上，服务平台也成为政府决策执行的重要抓手（见图3）。

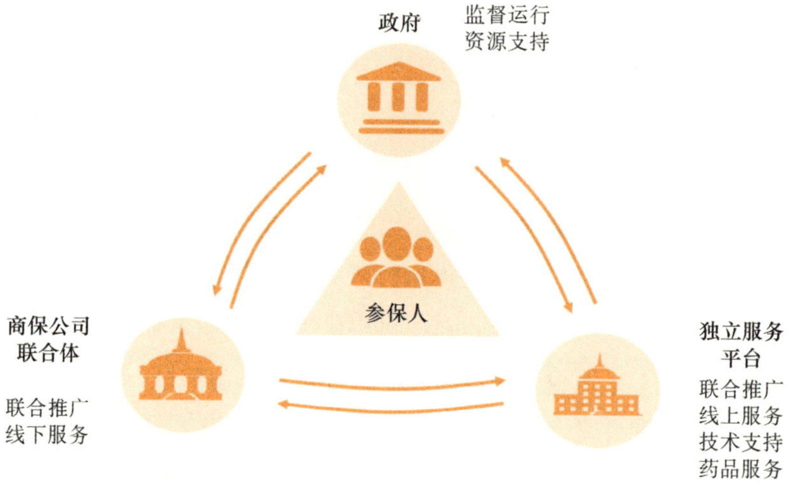

图3　服务平台

三、政府在惠民保发展中起核心作用：支持程度从浅支持，到适度支持，再到强支持

惠民保区别于普通商业保险和政策性保险的最大特征是“政府指导、市场运作、个人自愿参加”。惠民保被定性为商业健康保险，不可能强制个人缴费，也不应该由政府出资，因此采用的是个人自愿参加、自主缴费的模式。

从最早的“广州惠民保”到全国遍地开花的项目，惠民保本身的运作模式也在不断的变化中。变化中体现的是，各地对“政府指导、市场运作”这八个字的不同理解以及对应的制度安排和实施方案。

“政府指导、市场运作”指的是行政权力与市场两种资源如何衔接，行政权力的职责边界在哪里，市场主体的价值体现在哪里。这是运作模式中最核心的问题。

围绕这个核心问题，立足当地的实际情况，各地给出各具特色的解答——解答没有对错之分，因地制宜、多样化的道路选择是中国创新实践中常见的情况。

从保险的运作上看，可以粗略地划分为以下三个主要模块：资金筹集（保障设计、保费收缴等），赔付结算（待遇结算、资金对账、资金支付等），支付管理（支付审核、医药管理等）。

基本医疗保险基于自身庞大的体量，早已形成了信息化支撑的全流程管理体系，且不断扩大自身的管理边界以及深化管理的精细化程度。但在惠民保的发展中，因为行政职责边界约束、运作方式差异、数据共享缺乏明确规定等政策、法规等原因，各地政府无法将自身丰富的资源直接用于支持商业保险的发展。

各地政府主要在资金筹集以及赔付结算两方面为惠民保发展提供资源支持。

在资金筹集方面，各地政府普遍采用非资金资源支持（保障设计、政府形象、宣传渠道）为主的方式。

政府医保管理的人群范围远远大于商保行业，并且险企一般仅有健康体的数据，缺乏疾病体的医疗数据。基本医保数据则包含疾病体数据，对保险产品设计具有较高价值。同时，医保局是医疗保障的主管部门，熟悉本地的医疗保障待遇缺口，对保障设计有较高的专业认知。

另外，政府在民众中的信誉度显著高于保险行业，政府的支持和隐形背书自然

提升了民众对惠民保的信心。

最后，政府也会给予多方面的宣传支持，比如：政府领导出席产品发布会、官方网站/微信号宣传产品、医保服务网点提供咨询服务等。

除了以上非资金的支持外，部分地区也适当动用医保资金给予支撑。部分城市在符合政策条件的基础上，开放了医保个人账户购买惠民保。还有极少数城市走得更远，动用政府行政手段去实施半强制的筹资。

在赔付结算方面，医保局与保险公司在原有政策性商保合作时，采用事后数据处理的方案，并没有实时数据对接的模式。之所以是这样，主要是在于原有合作业务的保障设计、待遇结算、基金稽核等服务工作与基本医保是完全一体化的，无法单独拆分，实际上也不需要险企参与管理，也就不存在数据即时共享的需求。

但对于惠民保业务，责任主体是市场主体而非政府部门，服务必须由市场主体自行完成。但商业保险的结算体系在医药机构覆盖、数据时效性、数据质量上的局限，导致根本无法达到基本医保的时效和准确度水平，因此，地区采用医保数据共享或者一站式结算，部分免除了客户在赔付中的烦琐步骤，让参保人体验到远优于传统商保的服务。

政府的惠民保支持模式大致呈三种形态：浅支持，适度支持，强支持（见表1）。

表1　　典型政府支持方式对比

政府支持模式		浅支持	适度支持	强支持
典型城市		广州	成都	杭州
产品名称		广州惠民保	惠蓉保	西湖益联保
开始时间		2019年12月	2020年5月	2021年1月
风险承担机制		商保公司自担	商保公司自担	商保公司自担，政府通过招投标或其他形式隐形背书
政府部门参与工作	产品设计指导	有	有	有
	政府形象支持	有	有	有
	宣传推广支持	无	有支持，但没有动用行政资源	有支持，动用行政资源
	医保个账使用	无	无	有
	理赔结算支持	无	数据共享	一站式结算
	资金收缴	无	无	有
参保覆盖率		10%（首年）	20%（首年）	45%（首年）

政府对惠民保的支持模式存在非常明显的渐进演化过程。

早期的项目均是浅支持模式，原因在于是否支持商保发展，政府还没有明确顶层政策指导，同时也缺乏相关的实践样本，对于如何使用医保资源支持商保缺少经验。

这个阶段的落地项目主要由市场主体（服务平台、险企）去推动，政府以配合的心态为主，参与态度并不积极主动，参与程度也相应地比较浅层。

“广州惠民保”是这个阶段的典型代表。作为全国第一个惠民保项目，政府除参加产品发布会外，但并未动用任何政府资源给予实质支持。但政府看似一小步的前进，已经在中国商保发展历史上开创了一个时代。

随着中央级医保政策的支持以及全国城市的逐步开展，各地政府逐步意识到商业保险对医疗保障体系的价值，各级医保管理部门对商保的支持态度也越来越清晰，各地的问题也从“为什么要做”转变为“如何去做”。

各地医保部门的参与程度因此不断加深，从仅提供产品指导、形象支持的浅支持模式转向协助产品测算、宣传推广、理赔结算的适度支持模式。

以成都为典型，开创了适度支持模式的先河，“成都模式”一时成为全国效仿的新样本。成都政府首次以“社商融合型健康保险”来定义惠民保这种新型的保障形态，政策文件中非常具体地提出要采用数据、宣传、结算网络等非资金要素来支持商保发展。

在“成都模式”的基础上，不少地区开放医保个人账户资金用于支持惠民保发展。在原有政策允许范围内，个账可以有条件地用于支付商保保费，因此，部分地区将政策延续至惠民保产品。

需要各地考量的是，惠民保的购买人群覆盖较广、覆盖率较高，特别是开放家庭共同使用后，个账资金消耗速度加快，可能会显著降低个账对个人未来医疗支出的支付能力。

对于是否应该动用行政资源宣传惠民保，各地政府存在非常显著的认识差异。基本医保的收缴体系依托于政府的行政组织，经过长达二十余年的不断发展完善，已经非常成熟，这也是基本医保能够覆盖全国95%以上人口的原因。如果动用行政力量去帮助宣传推广惠民保，可以远超一般商业保险的人群覆盖能力。

但只有极少部分城市选用政府强支持模式，利用行政资源去开展本地惠民保的收缴工作。从首年参保率上来看，强支持模式确实可以实现比较高的人群覆盖率（见表2）。

表2　　政府支持力度

政府支持模式		城市数（个）	参保率	平均参保率
医保局	强支持	12	高	>30%
	适度支持	78	较高	<15%
	浅支持	22	较低	<5%
其他政府部门参与		22	较低	<3%
无政府部门参与		56	低	1%
合计		190		

注：统计2022年2月底前开始投保的项目。

凡事有利必有弊。强支持模式不仅容易引发本地社会舆论对于公共权力的关注，也容易引发全国范围的争议。主要争议在于：

（1）基本医保缴费渠道属于公共资源，是否可以用于商业用途？

（2）公共资源的使用存在成本，这种成本在基本医保征缴时没有显性体现出来。对于动用公共资源销售商保的成本如何评估？如何支付？

（3）公共资源的使用限定于某些商业险企是否合理？是否会产生由行政权力造成的市场垄断？

（4）基本医保与惠民保在保障范围、待遇结算、续期缴费条件上的差异，是否被清晰地宣传给了民众？

（5）是否会模糊了基本医保与商业保险的边界，导致民众误认为是强制征缴，是基本保险的一部分？

（6）赔付过度导致基金不可持续后，政府的隐形背书是否会导致政府作为最终兜底方？

（7）在政府可以包办一切的情况下，商业保险公司是否还有存在价值？

四、险企对惠民保态度从观望到积极：商保联合体可避免过度竞争，但究竟是共保还是联保尚待明确

商业保险公司是赔付责任的承担方，自然在整个项目中占据重要位置。险企目

前在整个项目中的重点工作在推广、服务两端。

商保联合体作为一个整体而言，主要借助自身销售团队推广，与服务平台的线上推广互为补充。险企服务本地多年，在本地配有专营的服务网点以及专业的销售团队，具备良好的本地客户基础，可以直接将已有客户转化。这一点可以与互联网推广形成互补，真正实现线上和线下融合推广，实现推广方式上立体化、全方位的场景覆盖。同时，对于部分互联网不够发达的区域，险企的线下网点也是重要的服务资源，可以实现对民众的线下咨询和赔付服务。

从独立承保到成立联合体承保，险企从观望到疑惑，再到积极。

2019 年底至 2020 年上半年，惠民保初现，各家险企对于惠民保处于观望状态，头部险企几乎没有参与。彼时的承保公司均为独家承保，且险企都为中小型险企。

独家承保的险企要么采取自行运作模式，推广上力量有限，运作上经验不足。即便是依托服务平台的能力和经验去运作，由于险企与服务平台的合作方式还处在探索阶段，双方优势并没有充分发挥。

在这一阶段的惠民保项目参保量均未破百万人（参保量较大的项目——广州惠民保 70 万人）。

2020 年中期，成都惠民保（“惠蓉保”）上线，险企首次以商保联合体的形式出现。仅用 7 天即突破 100 万人，点燃了保险行业的信心。在销售足月之后，商保联合体激增至 10 家，头部险企纷纷加入，最终首年参保量突破 300 万人。

自此，商保联合体成为惠民保项目运作的标准模式。承保模式的变化反映出险企对惠民保态度的转变，即从观望到疑惑，再到积极。

从此开始，商保联合体出现两大特色（见图 4）。

特色一：头部险企全面参与，地方性险企在优势地区积极主导，联合体模式避免过度竞争。

一是几乎每个项目都至少有一个全国性的头部险企主导。代表公司：人保财险、中国人寿，其中人保财险无论是参与项目数还是承保人数，都遥遥领先。二是地方性险企积极加入甚至主导项目。

两种不同性质的险企在体量上存在明显差异，但都积极共同参与，反映出市场的另一特点：惠民保业务属于“准政策型”业务，对头部险企，参与的广度和深度意味着与当地政府合作关系的深化，也代表着头部险企对本地市场的话语权。

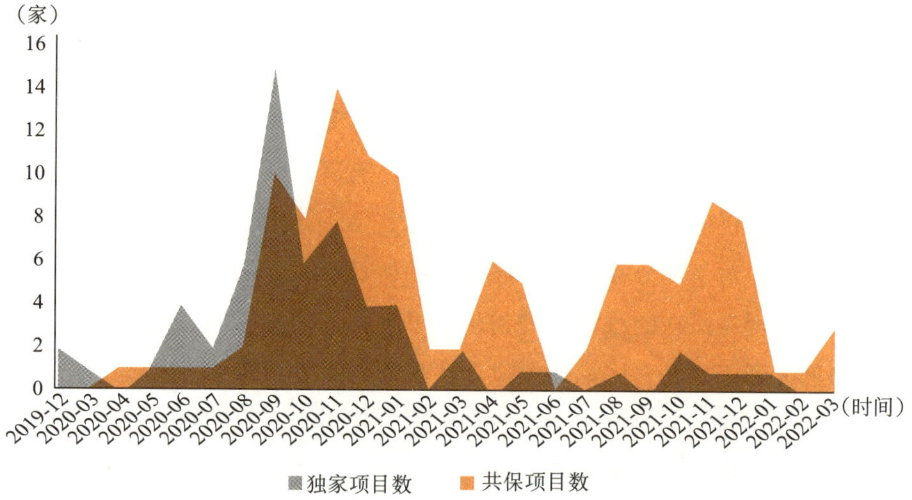

图 4　独家承保模式与共保模式的项目数量

而地方性险企参与，不外乎地方性险企基本是当地国资控股企业，当地政府也支持本地险企的发展。

在最终合作方式上，地方性险企受制于销售团队规模、服务能力、利润等多方面考量，即使具备关系上的优势，也不得不与头部险企组成联合体。

惠民保中需要面对个人进行营销的业务特点，也使各家险企必须携手合作，相对形成目标的一致性，不会出现政策性项目中的过度竞争。2021 年项目保险公司类型分布情况见表 3。

表 3　　2021 年项目保险公司类型分布

保险公司类型	参与项目数（个）	项目数占比（%）
财险	367	59
寿险	146	23
养老险	86	14
健康险	16	3
农险	6	1
责任险	4	1

特色二：财险公司比寿险公司更加积极。

在惠民保的发展方面，财险公司参与最多，寿险公司次之。这也反映出保险市场的变化。

2020 年车险综改之后，财险公司车险业务受到巨大冲击，各家险企都在积极探索未来的业务发展方向。惠民保这类短期健康险，既符合财险公司的经营范围，也契合了财险公司向“车险 + 非车”双支柱模式的转型方向。

同时，借助惠民保的销售，财险公司可以提升健康险的互联网销售与运营能力，从主攻 B 端用户向 C 端用户转变。

而寿险公司虽然本身销售队伍庞大，但均是依托佣金激励去开拓客户，惠民保低廉的保费以及佣金难以调动销售团队，加上寿险公司本身健康险业务基数大，惠民保在保费规模和盈利能力方面还难与重疾险相比，也担心会影响固有产品的销售，故寿险公司参与的积极性普遍不足。

险企面临新难题：共保还是联保？

惠民保商保联合体的模式虽然解决了行业过度竞争的问题，但也引出几个新问题：

（1）一个项目中是否参与的险企越多越好？毕竟险企越多，协调沟通难度越大。惠民保项目最佳的险企参与数量是多少？

（2）随着险企数量增加，目前都会选择由一家险企牵头协调对接，这家险企的能力决定了联合体的组织协调效率，进而影响项目的整体效果和未来方向。每家险企都有各自的特点和不同的能力谱系，哪类险企最适合成为主导险企？

（3）险企联合体采用共保模式还是联保模式？每家险企的健康风险都存在不均等的情况，在联保模式中，自家推广的客户由各自独立承保，险企间的风险独立，在一定程度上可以不受其他险企的影响；但同时，因为不存在牵头险企，协调上需要政府出面。承保体量小的公司年度间的赔付波动大，且会与整体项目不一致。

共保体模式，则正好相反，客户全部进入一个风险池，由各家险企按事前约定的比例承担。

从目前实践看，除个别例外，惠民保项目基本均采用共保模式运作。但最终是联保模式还是共保模式是最优选择，还需要深度探索。

五、服务平台长期价值仍在探索中：或应兼具三重角色，包括协调者、技术专家、链接平台

服务平台在惠民保项目中是一个非常突出的角色，之所以突出，是因为在以往

各类保险业务的前端参与方中，从来没有出现过服务平台这个角色。

惠民保的快速发展也就是这两年的事情，险企和政府首次接触纯互联网化的保险业务，难免有些运作经验不足，这就催生了外部专业的服务平台的快速发展。

服务平台呈现两种运作模式，从参保率上考量，全流程模式相比分拆型模式更有优势。

当前市场上的独立服务平台可简单归为两大类型。

第一类是有能力独立承接项目的服务平台。这类平台一般具有产品精算、系统建设、宣传推广、客户服务、特药服务等多个专业服务能力。这类平台相对起步较早，专业团队配备完善；经过多年项目的磨合，团队间配合也更加高效；同时因为运作全国各地不同类型的项目，项目经验可以有效地延续和传承。

第二类是只承接某一业务模块（如系统建设、特药服务等）的平台。这类平台相对介入惠民保的时间起步比较晚，一般来说主业并不涉及惠民保，因此只是把保险服务作为一个附加的业务模块，并不作为重点的发展方向。由于以上不同类型服务商的特点，项目上出现了两种运作模式。第一种是将核心实施工作委托给一家第三方服务公司，由单一的第三方去承担（全流程模式）；第二种是将核心服务工作拆分给不同的第三方，由商保联合体自行协调（分拆型模式）。

除在一些大型城市（上海、北京）外，全国基本都采用全流程模式。

在政府信用背书的背景下，险企基于赔付率控制希望参保量达到预设的精算水平，政府部门希望自己的指导背书真正取信于民，所以双方都迫切希望好事做好。

衡量一个项目有多个维度：参保人数覆盖率、基金可持续能力、服务质量、客户便捷度等。在前期，最容易做量化和比较的是参保覆盖率。因此，目前对于惠民保项目的评价都主要集中在比较参保人数和覆盖率上。而从运作的参保率上考量，全流程模式相比分拆型模式有着明显的优势。

这种结果也在意料之中。主要原因是利益一致性以及项目经验的问题。只负责某一模块的服务平台，利益只与某一服务数量挂钩，无法与项目整体结果挂钩，各模块之间无法形成合力。所有的服务实施压力，实质上均集中在联合体本身，主导险企更直接承压。在险企团队普遍缺乏运作经验的情况下，项目结果必然存在不如意的地方。

对比之下，在全流程服务模式下，第三方服务公司挂钩项目结果，这样就牢牢地把平台公司和保险公司捆绑在一起，风险共担，利益共享。

服务平台通过输出自身技术能力、协调组织的能力、线上宣推能力等对项目形成贡献。

服务平台通过自身的数据积累，深度参与项目运作方案的规划，包含产品设计、投保流程、理赔方案等，以及通过自身的科技能力建设项目定制化的系统。同时，服务平台也会总结各地项目运作的最优实践，协助政府、主牵头险企去建立系统化的项目运作、管理制度体系，建立内外部激励机制，帮助项目稳定持续运行。最后，在线下宣推方面，险企具有绝对的优势，但在线上宣传方面，险企地方机构普遍缺乏经验和专业人员，并限于财务制度的约束，无法提供前期宣传投入，服务平台宣推方面与险企形成优势互补。

从实际运作结果看，服务平台的公开引入，确实显著降低了项目的销售成本。一般商业医疗保险的赔付率为30%—40%，费用支出大部分为销售费用。在惠民保业务上，通过服务平台的引入，结合政府支持、险企线下推广力量，非常显著地降低了销售费用，可以用于提升对客户的赔付。这也达到了惠民保业务的初衷（见表4）。

表4　　惠民保项目不同服务模式的参保率对比

第三方服务方式	项目数量（个）	平均参保率（%）
全流程模式	83	6
分拆型模式	54	2

注：统计2022年2月底前开始投保的城市级项目（去除政府强支持项目）。

平台须考虑未来发展方向：成为协调者、技术专家、链接平台。

随着各地政府部门对惠民保业务的认知加深，险企运作多年之后经验逐渐加强，平台公司原本积累的经验优势会逐渐降低，平台公司的未来发展方向是个值得思考的问题。

那个时候，第三方服务公司的定位和价值在哪里？哪些是短期价值，哪些是长期价值？这就需要市场的不断探索和实践。

个人认为服务平台的定位为三位一体的综合：协调者、技术专家、链接平台。

什么是协调者？政府在追求规则，以实现社会公平；市场在追求效率，以获取正当的商业利益。双方在目的上存在巨大的鸿沟，当政府与市场的力量结合时，双方必然会出现目标冲突、实施方案矛盾、沟通方式不同等问题。除了政府与险企间容易产生不合拍，联合体中的险企也存在不和谐的步调和声音。这时就需要服务平台充当协调者，确保项目稳健运营。

技术专家解决什么问题？虽然互联网的普及程度非常高，但是保险公司对于互联网技术的吸收程度还远远落后于时代。主要的薄弱点可以归结为 4 个方面：互联网化的保险销售和运营体系；从 G 端（政府）和 B 端（法人）客户到 C 端（个人）的客户深度开拓；产品的减法和加法（简化产品、组合销售）；以客户为中心的持续经营。而第三方平台则可解决以上技术能力、运作体系的问题。

但是，无论是协调者还是技术专家的角色，都只具有短期上的价值，可以由险企在熟悉后承接或替代。长期、深度的价值趋向还在于，构建健康保险中必要的医疗服务（对有实际医疗需求的人群）和健康服务（对有健康风险但尚无实际医疗需求的人群）这两类需求。这些服务未必一定是平台公司自有的能力，以满足客户的需求为前提，可以通过自有能力去整合市面上的资源供应方，为保险客户提供向匹配的服务，即发挥链接平台的功能。

储蓄型保险的盛世危言：前5月重疾险新单下滑超30%，但仍是行业立命之本*

王明彦** 2022年6月14日

2021年，我国健康险市场保费收入为8803亿元，相比2020年8172亿元仅上涨7.8%，这改变了健康险历年来保持高速增长的形象。此外，从市场上来看，2021年健康险产品供给相比历年显得气氛有些压抑，市场对于健康险的研究和讨论明显减少，除了惠民保能保持一定市场热度外，其他健康险产品的活跃度明显下降。

这表面上，是健康险这一小领域的情况，本质上却是整个寿险行业产品体系的变化，是销售渠道发展趋势的变化，是行业进入转型期的体现之一。

因此，笔者从中国寿险行业产品体系和渠道发展的视角，分析健康险对于寿险公司而言到底意味着什么，从公司经营的角度该如何定位健康险产品。

一、寿险公司产品结构偏移：重疾险没落，储蓄险扛起稳定基本盘大旗

讨论健康险对于寿险公司的意义，不能脱离整个产品体系。在寿险公司产品体系中，主要险种是长期储蓄险和健康险，而当下寿险市场正呈现出两类险种此消彼长的状态。

（一）储蓄型保险新单保费占比上涨

从6家上市公司（国寿、平安、太保、太平、新华、人保）年报中披露的新单

* 本文原题为：《产品体系分析、渠道发展推演、健康险定位》，略有删改。

** 作者：王明彦，目前供职于中再寿险产品精算部。

保费收入总和看，从 2019 年到 2021 年，个险渠道两年的平均复合增长率是 -8.8%，而银保渠道是 31%，说明银保产品的新单占比增加，个险产品的新单占比降低。

这是因为 2020 年在疫情冲击下行业矛盾快速爆发，各家公司为了稳定保费大盘，开始投入更多资源进入银保渠道。反映到健康险和储蓄险之间的结构关系上，主要表现为：

一方面，由于银保渠道销售的绝对主力产品是储蓄型产品，银保渠道占比的提升意味着储蓄型产品占比的提升；另一方面，即使只看个险渠道，近两年重疾险新单保费年均降幅大概在 40%，对应到 8.8% 的总体降幅上，意味着在个险渠道中，储蓄型保险也在替代和挤占健康险的份额。

这个结论反映到微观的保险营销层面，对于保险销售人员而言，过去几年他们的销售逻辑是围绕重疾险这个核心来构建，因为重疾险足够好卖，能提供足够的佣金回报，这就导致重疾险是寿险行业最热门的险种。

产品加速迭代升级，产品营销宣传铺天盖地，市场被快速教育，年轻人开始主动了解重疾，这又反向倒逼产品的升级和营销技能的升级，营造出整个健康险欣欣向荣的局面。

而现在的寿险市场，销售逻辑开始逐步向“围绕储蓄型保险为核心”进行偏移。比如明亚大童这类头部经代公司，过去几年曾力推重疾险，对于加速重疾险市场的内卷起到了引领作用，但现在已经开始向主推增额终身寿险和养老年金转型。很多“老七家”的保险代理人也开始意识到，过去几年积累的重疾险销售技能已经过时，正在抓紧补课，学习年金险的销售技能。

（二）重疾险不好卖了

重疾险为什么不好卖了？笔者 2021 年专门写过文章《重疾险繁荣与衰退》解释过原因。最核心的原因是中国人口红利的消失。

中国人口金字塔中，占比最大的一群人是现在 35—55 岁的这群人，即“65 后”到“85 后”。在 2015 年之前，重疾险在中国保险市场卖得并不成功，重疾险并没有在“65 后”到“85 后”这群人中被大范围营销，但随着代理人资格考试取消，保司开始大玩人海战术，几千万人都从事过保险销售，这些人给自己买重疾险，给身边的人推荐重疾险，把重疾险的覆盖人口在短短几年间迅速推高到4亿人。

当重疾险在中国最庞大的一群人中广泛被洗刷和覆盖的时候，也就是重疾险流量枯竭的时候。

此外，最不容忽视的原因是客户群的变迁，“90后”和“00后”开始变成今天重疾险市场的主力客户群，这群人虽然数量不如“65后”“85后”大，但是它代表重疾险增量市场的全部。

这些人更加理性、聪明，具备较强的信息获取能力。互联网打破了信息壁垒，他们懂保险，他们也更难被营销。如果代理人的能力跟不上客户的理性程度，那就意味着这是一个极其内卷的市场。

上述两个原因导致保险销售的从业难度极大增加，不是每个人都能在这种环境中生存下来，所以代理人快速脱落，代理人的脱落又会导致产品营销幅度的降低，进一步加速重疾险销量下滑。

据笔者统计，2022年前5个月，重疾险新单继续沿袭2021年的下滑之势，同比下降30%—40%。

（三）储蓄型产品扛起稳定基本盘大旗

重疾险是保司的价值贡献主力，从保司角度虽然仍想坚持以重疾险为核心的销售逻辑，但力不从心，业绩急转直下，这让管理层不得不转变思路，先以稳住保费基本盘作为首要任务，先保住规模和市场地位，再谈价值创造。因此，规模贡献型产品即储蓄型产品就开始变成经营重点。

但保险销售是供需双方共同作用的结果，供给发力，需求疲软，也不能实现稳住大盘的目的，因此我们需要探讨的是，为什么储蓄型产品可以在近两年担起稳定大盘的重任。

1. 资管新规打破了资管产品的刚性兑付

《关于规范金融机构资产管理业务的指导意见》自2022年1月1日起正式执行，其规定金融机构开展资产管理业务时不得承诺保本保收益，打破了资管产品的刚性兑付。

这个文件让储蓄型保险和其他金融产品（比如银行理财、信托等产品）产生了本质性的差异。其他金融产品更强调的是投资收益，而储蓄型保险更强调的是通过生存保险金的设计，对于客户长期储蓄和养老需求的确定性的满足。

2. 保险预定利率的监管具有稳定性

由于保险是跨经济周期的行业，因此保险的预定利率不像市场利率一样频繁浮动，这会给储蓄型保险带来阶段性的发展机会。

当前中国的市场利率仍然保持低位运行，市场上常见的投资理财工具收益率水平均表现不佳，而保险产品3.5%的预定利率水平给与了消费者一个能够锁定长期利率水平，且利率水平有吸引力的金融工具。

3. 理财产品的客户群还未发生大幅度的代际迁移

和重疾险不同的是，储蓄型保险的消费人群不会在短短今年间就从从“65后”“85后”迁移到“90后”“00后”。因为重疾险是普世产品，它适合20—55岁的所有客户；而储蓄型保险是富裕客户的产品，它只适合财富积累到一定程度的中年人。

此外，重疾险可能买一份就够用了，但储蓄型保险却可以叠加购买，这就会导致储蓄型保险的客户群会在相当一段时间内稳定在那些积累了足够家庭财富的客户上。

笔者多次在行业内呼吁，一定要重视保险客户的代际迁移，因为“65后”“85后”这些客户和“90后”“00后”这些客户完全呈现了两种不同特质的消费习惯。

好在，“90后”“00后”还没有成为储蓄型保险的主力客群，行业还有时间去转型，适应客群的代际变化。换句话说，储蓄型保险的内卷时代还未到来，产品的信息壁垒还没被完全摧毁，像重疾险在知乎、小红书上铺面而来的营销信息还没有在储蓄型保险上得以体现，行业还可以继续在单利和复利、绝对数水平和收益率、长期和短期、保额增长率和收益率、预定利率和客户收益率这些概念上做文章。

二、储蓄型保险存在致命“缺陷”：具有较强可替代性，无法构筑寿险公司“护城河”

（一）储蓄型保险是外部环境依赖型产品

经济环境和监管环境的变化都会导致储蓄型产品的销量不稳定。例如，2018年行业粗放发展的后果已经开始初步显现，“开门红不红”成为行业主旋律，其中一个重要原因是利率环境的变化，从2016年到2018年，中国进入一段升息通道，导致储蓄型保险在当时的利率环境下吸引力不足。

再例如，4.025%年金产品是2013年费改的产物，但是在2019年的利率环境下会给保险公司带来较大的利差损风险，因此，银保监会在2019年下半年开始通过下调评估利率等方式逐步引导行业撤出4.025%的产品。

此外，《中国保监会关于规范人身保险公司产品开发设计行为的通知》（保监人身险〔2017〕134号），将年金保险首次生存金给付推后到生效满5年，降低了储蓄型产品的流动性，导致销售难度增加，行业通过个险产品银保化的方式，即缩短年金的释放期（从终身年金到10—15年年金，2022年甚至出现了7—8年期的年金保险），来提高产品吸引力。

当前国内利率环境在疫情大背景下处于低位，保险预定利率是否会跟随市场利率进行下调，还要取决于监管部门对于利率水平走势的预判，保险公司须针对各种情况做好相应的应对措施。

（二）主流的储蓄型保险产品并不具备长期稳定性

纵观两种市场主流的储蓄型保险产品，它们也并不具备产品供给或者客户需求满足的稳定性。

1. X年期年金+万能险账户

客户因万能险结算利率投保，但万能险无法养活代理人团队。保险产品永远是在和人性做对抗，比如人的投资观念往往是短视的，而保险却是长期的。X年期年金这类险种之所以会在今天的代理人渠道出现，是寿险公司在134号文之后，向客户需求妥协的产物。

134号文将首次生存金的返还时点后推到生效满五年，产品的销售逻辑相比既往的即期年金发生重大变化，既然不能让客户过分关注第一笔生存金的发放时间，那就要尽量缩短生存金的发放周期。

但发放周期缩短是有边界的，越缩短就意味着资产久期和投资收益的减少，而投资收益不仅要支付客户足够的生存利益，还要支付足够的销售费用，以维持寿险公司庞大的代理人队伍。

这类产品最后的演进路径是，X年期年金险本身会变成一个维持代理人销售费用的工具，而真正的客户收益则通过万能险账户来体现。

换句话说，万能险账户是一种稀缺的金融产品（有保证利率，有浮动的结算利率，初始扣费低），但既然稀缺，客户投保就要付出代价，代价就是购买一个 X 年期的年金保险。由于年金保险不像万能账户这么透明，精算师就可以把销售费用做到年金险的定价中，让客户无感地付出一个较高的费用水平。

既然客户是冲着万能账户购买的，那这类产品会彻底进化为万能保险吗？笔者认为短期内不会，一是万能险不能做太高的初始扣费，那么它养活不了现在的代理人；二是万能险的保费收入不能依据现行会计准则计入保费收入，保险公司也没有动力供给此类产品。

当“90 后”和“00 后”成为储蓄型产品的主力客户群，这类产品还能卖出去吗？由于这些客户是从大学就开始炒股买基金的人，他们到时会像今天购买重疾险所表现出的理性一样，依靠投资和理财经验和知识，去挑选储蓄型保险。

2. 增额终身寿险存在逻辑悖论

产品优势源于定价模型，实际利润或与定价时产生较大差异。笔者需要强调一个观点，增额终身寿险绝不是因为“是保额递增的终身寿险”而在一些渠道销售火爆，而是因为它提供了较高的客户收益。

目前经代、银保和个险三个渠道都有销售增额终身寿险，但三个渠道的产品几乎可以被视为三种完全不同的产品。

经代渠道的增额终身寿险是客户利益最为激进的产品，保险公司承担了费差损（销售费用高于定价预订费用），也承担了退保率风险（后文解释）。也正因为产品激进，该类产品在客户端受到追捧。

银保渠道是增额终身寿险的发源渠道，也是贡献保费规模最大的渠道。银保渠道的长期期交业务几乎都是增额终身寿险贡献的。对于大型险企而言，在期交为主的业务策略和严格的价值考核下，增额终身寿险成为他们攻占银保渠道的最优解。在银保渠道激进的增额终身寿险产品的利益可以和经代渠道媲美，但大部分产品的客户利益低于经代渠道。但由于银保渠道还存在大量的趸交业务和定期期交业务，增额终身寿险在银保渠道的保费占比不如头部经代公司集中。

个险渠道的增额终身寿险是最尴尬的存在，其客户利益较低，并没有取得较大的市场份额。这是因为个险渠道的战略定位是价值渠道，价值渠道的产品利益势必无法和规模渠道（银保、经代）相比，只是仿照了其形态设计，没有引入其灵魂

（高客户利益），就无法成为一个成功的产品。

为什么增额终身寿险比年金险更具市场吸引力，这里有一个逻辑悖论。其实买这两类产品的客户诉求是一样的，都是获得相对长期稳定的生存利益，只不过实现的方式不同：增额终身寿险是通过现金价值来实现，而年金保险是通过逐年的生存金返还来实现。

但从精算定价的处理上，由于年金保险有确定性的生存金支出，所以其资产久期更短，产品能够创造的投资收益总额更少；而增额终身寿险的退保是或有的，甚至可以在定价模型层面不体现客户的退保，因此模型账面上其资产久期可以是终身的，其创造的投资收益高于年金保险。投资收益贡献客户利益和销售费用，投资收益做高，客户利益就可以做高，销售费用就可以给高。

笔者将这种现象称为“模型利润”，相似的现象还有重疾险定价中虚高的退保差。正因为此，监管对于增额终身寿险一直处于趋严状态，在产品设计上不允许把这类产品做得过分灵活（比如保费追加、比如部分退保）。

当保司通过经营发现，产品的实际利润表现和定价时有极大差异，认定了模型利润确实是虚构的，给公司带来了损失，公司管理层才会开始关注并叫停。

（三）大养老战略下，保险行业未必是受益者

中国正在加速老龄化，养老市场一定是一个大市场，但保险并不是唯一参与方。2018 年《关于开展个人税收递延型商业养老保险试点的通知》下发，个税递延型商业养老保险开启试点；证监会出台的《养老目标证券投资基金指引》，开启养老 FOF 的序幕。2021 年 9 月，银保监会发布《关于开展养老理财产品试点的通知》，12 月养老理财热卖；12 月 17 日，《关于推动个人养老金发展的意见》审议通过，个人养老金资金账户资金可用于购买符合规定的银行理财、储蓄存款、商业养老保险、公募基金等，个人养老产品框架正式建立。

上述信息整合起来，意味着在未来的养老金市场上，银行和基金是保险业的两大竞争对手，这种竞争本质上是客户资源和专业能力的竞争。

遗憾的是，保险行业目前积累的渠道资源和专业能力难以和银行、基金抗衡，他们的客户是财富积累最多的客户，他们的销售人员是最专业的金融产品销售人员，他们的销售场景是最匹配储蓄和财富管理的场景。

目前公募养老FOF已经多达168只，管理总规模达到1298.5亿元，持有人户数约为300万户；养老理财产品问世已满半年，截至2022年第一季度末，4家试点机构共发售16只养老理财产品，超过16.5万投资者累计认购约420亿元。

这就是我们保险业竞争对手的实力。

三、寿险公司为什么要始终重视健康险：无法被替代，这才是险企的根生立命之本

（一）保障功能是保险产品与其他金融产品的本质差异所在，健康险是保险公司特有的产品

保障功能是保险产品区别于其他金融商品甚至一切商品的本质属性，健康险的经营权也是保险公司牌照赋予保险公司的排他权限。

如果保险公司过分关注储蓄型保险，就会把自己的竞争对手扩大到整个金融行业，而健康保险的对手只有社会医疗保险，当商业健康保险和基本医保形成补充关系，竞争则只局限在保险行业内。

健康保险的这种排他属性意味着："客户可以去买基金、银行理财，但他必须得有健康险，所以他得给保险销售人员一个建立关系的机会，然后保险销售渠道利用这个机会，卖点储蓄型保险。"换句话说，保险公司要想获得和银行、基金抢占市场份额的机会，前提是要做好健康险。

（二）医疗需求叠加护理需求，预计2030年健康险需求将达2.6万亿元，仍具备较大增长潜力

健康险未来保费增长空间如何预测呢，笔者建议把健康险需求划分为医疗需求和护理需求，两者加总即为健康险增长空间。

从医疗需求看，一个国家的医疗卫生支出和GDP水平呈现正相关（和老龄化相关性较小）。根据相关学者对于未来GDP增速的预测，预计到2030年，中国医疗卫生支出总额将增长到17万亿元，其中个人现金支付要下降到25%（健康中国2030的目标），假设政府卫生支出占比不变，意味着社会卫生支出占比要从当前的41%

上涨到45%左右。

社会卫生支出主要的融资来源是基本医保和商业健康险，而目前商业健康险在社会卫生支出中的占比为27%。假设到2030年商业健康险占比能提升到30%，则从医疗需求看，商业健康险到2030年的保费规模为2.295万亿元（=17万亿元×45%×30%）。

从护理需求来看，人口老龄化会助推这一市场的发展，不同学者应用的预测方法不同，但量级差异不大，到2030年护理需求预计为3万亿元左右。目前社保长护险还处于试点阶段，社保在3万亿元中的贡献还不明确，我们假设商业保险支出的贡献占比为10%，则商业护理险的保费规模可达到3000亿元。

两类需求相加，2030年商业健康险合计规模约为2.6万亿元。与之相对应的，中金证券对于个人养老金市场在2030年的预测规模为2.3万亿元。

（三）健康险具有三重盈利来源，对于险企而言比储蓄险更稳健

与储蓄型保险仅依靠投资这一单一利润来源不同，健康险拥有三大盈利来源：投资、共济杠杆、支付杠杆。

投资，健康险的投资收益往往比储蓄型保险更容易获得。以重疾险为例（它代表了长期定额给付型健康险），这类产品的首要利润来源往往是投资收益。长期保险产品犹豫期提前融资的特性，往往会积累一定水平的可投资资产（准备金），包含身故责任的终身健康险更是这样，这会导致这类产品往往具备一定的长期储蓄内涵，其体现就是这类产品在保单年度后期的现金价值往往能超过已交保费。

但同样是长期储蓄，重疾险和年金保险或增额终身寿险显著不同，这个不同体现在客户购买目的上：客户购买健康险的目的是保障，而购买储蓄型保险的目的是投资和储蓄，前者客户更关注保障内涵而会忽略储蓄内涵，尤其会忽略储蓄内涵带给客户的收益率水平，但客户购买储蓄型保险时会将其和其他储蓄投资工具相对比。这种差异使得带有储蓄内涵的健康险产品往往能为保险公司带来丰厚的投资收益。

此外，即使是医疗险，从保费支付到赔款支付有一定的时间差，也能带来至多一年的投资收益，而这个收益并不需要和客户进行分享。

共济杠杆，就是健康险传统意义上的风险分散，少数出险人的成本被广大参保人分摊。共济杠杆为保险公司创造了发生率差。保险在经营风险上的垄断地位就使

其在经营共济杠杆上获取超额利润。共济杠杆是低频赔付类健康险的主要利润来源。

支付杠杆，是健康保险区别于其他保险特有的杠杆，它是指由于保险金的赔付提高了消费者在购买医疗养护商品（服务）时的支付意愿和支付能力，为社会创造了额外的医疗养护商品（服务）的有效需求和消费量。这种杠杆使医疗养护商品的提供方愿意将营销成本或者超额利润让渡给保险公司，形成利润来源。

支付杠杆是高频赔付类健康险的主要利润来源。比如齿科保险，它的保险杠杆由共济杠杆和支付杠杆共同作用，且支付杠杆的作用超过共济杠杆。海外市场药企和保险公司也尝试了不同形式的创新支付模式，其本质上是由于保险为创新药的有效需求提供了支付能力，药企愿意将利润让渡给保险公司。

（四）健康险能够为渠道提供稳定的销售收入

储蓄型产品带给保险销售人员的收入频次较低，因为并不是每个客户都有储蓄型产品的购买需求，即便是有需求的客户，其财富的积累需要相当长的时间，虽然高收入客户可以在一生中多次购买，但每次购买间隔的时间较长，这就导致保险销售人员在销售储蓄型产品上获取的佣金收入是不稳定的。

而健康险更普惠，它适用于更广泛的客户基础，同时健康险的交费期也更长，如果佣金结构更偏向平准，则销售人员能够通过积累一定量的健康险客户基数后在续期保费中获取稳定的销售收入，使保险销售变成终身事业，而不是短期职业。

但我国保险市场由于太注重短期增长，佣金结构向首年聚集，去吸引大量的代理人进入保险行业，但不考虑行业新单放缓甚至衰退后代理人长期生存的问题，这些人快速脱落，这样的结果是透支了那些真正有能力在行业内长期留存的代理人可变现的资源（因为大量的客户资源被那些短期从业者浪费掉了）。

四、健康险、个险渠道走向终极推演：健康险保底，储蓄险创造额外收入，助力代理人成长为风险管理专家

笔者认为，寿险公司、个险渠道和健康险这三者是无法割裂开的。

（一）寿险公司和个险渠道不能解绑：银保渠道难以创造价值

寿险公司和个险渠道是不能解绑的。

笔者认为，银保渠道只不过是寿险公司在发展中必然要借力的渠道。因为银行的发展通常早于寿险业的发展，中国的银行业发展的成熟度高于寿险公司，民众对于银行的信赖度高于保险，银行掌握的客户资源优于寿险公司，寿险公司为了发展，不得不借用银行的网点和销售力量，代价是支付高昂的手续费，以至于让渡了利润。

但银保渠道不必然存在，比如美国和英国，通过构建强大的代理人和经纪人队伍，足以支持寿险业的发展，银保渠道在寿险营销中贡献极小。

银保渠道在某些市场占据了一席之地，也是因为某些深层次原因，比如法国市场。作为银保渠道的发源地，法国银保渠道是在各种政府红利的支持下才得以发展壮大的，比如法国政府（政府既控股了银行，也控股了保险公司）给予某些特定保险产品（和银行储蓄类似）税收优惠政策，使其吸引力强于银行储蓄，为法国银行保险巩固了地位。

如果中国市场的保险产品相比银行能够销售的其他金融产品更具吸引力，银行保险是具备商业逻辑的销售渠道，否则银行和保险的结合只能是保费和利润的互换。

保险目前的优势在于超长期的养老储蓄，但这个优势在国民缺乏养老意识的今天并没有被凸显出来，此外，税收优惠政策也没有仅给保险开放，在这种环境下保险和银行的结合恐怕难以为保司创造价值。

寿险公司无法摆脱银保渠道的原因是个险代理人的能力还不具备垄断性。如果中国市场存在这么一支营销队伍，他们精通投资、养老金、保险及其相关的税收和法律知识，他们在营销金融工具或者养老工具上比银行的理财经理更加专业，那银保渠道的价值将不复存在。

（二）个险渠道和健康险不能解绑：健康保障专家是中国个险代理人的最优发展目标

上文所提到的，和银行进行销售力量建设的赛跑，难度无疑是巨大的，尤其在当前保险代理人或经纪人的现阶段的初始禀赋下更难实现。那只能和银保和解，承认它就是用利润换规模的渠道，就是要通过手续费和其他金融产品竞争这个大渠道。在这种情况下，更是要注重代理人渠道，因为它守住了创造价值的最后一块阵地。

让我们回到前文中的那一段话：“客户可以去买基金、银行理财，但他必须得有健康险，所以他得给保险销售人员一个建立关系的机会，然后保险销售渠道利用这个机会，卖点储蓄型保险。”

在这个渠道定位下，个险代理人就不要贪心于成为养老专家或者财务管理专家，但是一定要成为健康保障专家甚至健康管理专家。如果我们把个险代理人抽象成一个销售职业，理财产品、金融产品甚至养老产品可以被很多领域的销售人员所销售，但健康险只能由个险销售人员销售，因为要么不具备销售资质，要么不具备销售场景（银行虽然可以销售健康险，但这样一个储蓄和理财的场景并不适合销售健康险产品）。因此，健康保障专家是个险渠道在中国市场环境下最优的发展路径。

（三）个险渠道演进方向：代理人成长为基于健康保障和财富管理的风险管理专家

推演的起点是当前市场现状，重疾险销量持续下滑——2022 年重疾险销量大概率萎缩到高峰年份的一半以下——保司更加关注银保渠道，个险渠道的销售逻辑以储蓄型产品为核心进行构建，但由于重疾险销量急速萎缩，而储蓄型产品对于代理人能力素养有更高的要求，两者合力加速代理人的淘汰。

代理人人数的减少使得优秀代理人留存下来，每个代理人服务的客户数量提高，200 万名代理人服务着大概 4 亿个客户，每个人服务 200 个客户，这使即使是件均较低的健康险（比如医疗险和一些拉长交费期、平准佣金的消费型健康险）也能为代理人每年提供一个保底并且稳定的收入。

而代理人能够聚集这 200 个客户的前提是他是一名健康保障专家，他具备丰富的健康险销售技能和专业的健康医疗知识储备。

几百张健康险保单给代理人带来巨大的运营压力，比如续保和理赔，但保险公司给代理人提供了一个高效运营平台，使保险代理人能够基于这个平台成为专家。

除了保险产品外，保险代理人还销售或者赠送一些有价值的健康管理服务，比如提供慢病管理的私人医生或健康管家。代理人可以经常性地询问客户对于这些服务的满意度，以及客户的身体状况，以和客户保持高频的互动。

保险公司有丰富的健康险储备，足以应对代理人服务的这些家庭在不同生命周期的保障需求。

基于健康险这个不可替代的触点，代理人开始和客户谈论长期储蓄、养老和资产配置的需求，最终成为基于健康保障和财富管理的风险管理专家。

一个新的亿万元保险大市场正在兴起，现在就下注重疾型长护险*

陈佳　邹亮**　2022 年 6 月 24 日

我国“老龄化”快速演进背景，叠加“家庭小型化”趋势，使传统的“代际互惠型”护理模式难以为继。随着失能失智人群规模的持续扩大，社会化护理需求将迅速增长。根据《中国养老服务蓝皮书（2012—2021）》预计，到 2025 年我国失能总人口将上升到 7279.22 万人，2030 年将达 1 亿人。

长期护理保险（以下简称“长护险”）作为防范长期护理风险、减轻失能失智人群家庭负担、保障失能失智人群尊严生存和质量生存的有效有段，已成为我国应对“老龄化”和构建多层次社会保障体系的关键一环。

面对快速演进的“老龄化”趋势和迅速增长的护理需求，我国自 2016 年启动政策性长护险试点，定位“广覆盖，保基本”。根据国家医保局数据，2021 年，49 个试点城市参与人数共 14460.7 万人，享受待遇人数 108.7 万人，基金支出 168.4 亿元。“待遇率”（享受待遇人数/参与人数）0.75%，人均支出 1291 元/月，“待遇率”及支付水平整体偏低。

面对迅速增长的失能人群及多层次、多样化的护理需求，商业长护险作为我国多层次长期护理保障制度的重要一环，必将迎来巨大的发展机遇。但受到经验数据不充分、护理市场不成熟等限制，当前商业长护险的发展仍面临诸多阻碍。

在此背景下，既能解决上述痛点，又符合当下市场需求的重疾型长护险有望迎来发展机遇，成为商业长护险的突破点。

* 本文原题为:《重疾型长护险有望成为我国商业长护险突破点》,有删改。

** 作者：陈佳，圆心惠保首席战略官；邹亮，圆心惠保战略企划经理。

一、商业长护险起势，一系列利好政策相继出炉，市场开始升温

据国家卫健委数据，截至2021年底，我国2.6亿老年人中约1.9亿患有慢性病，占比超70%；此外还有约4500万失能老人，占比超15%。据上文数据，2030年我国失能总人口预计将达1亿人，在“老龄化”快速演进和慢病率持续提升背景下，我国失能人群数量快速增加。同时，在医疗技术进步推动下，一方面重疾患者生存率提高，带病生存时间延长；另一方面失能人群生存周期延长，平均失能周期持续增长。

随着失能失智人群规模持续增长，在“家庭小型化”趋势影响下，家庭护理需求提升而护理能力下降，社会化护理需求将快速增长。面对护理期限长、护理服务市场复杂度高、护理成本高的局面，购买长护险转移长期护理风险成为重要选项。

而在政策性长护险“保基本”的定位下，商业性长护险作为满足消费者多样化、多层次长护护理保障需求的重要手段，面临广阔的潜在市场，未来发展空间巨大。

（一）政策端：顶层设计明确定位，系列政策引导发展

近年来，中央及国家层面通过系列高规格文件，明确了多层次长期护理保障制度建设目标，多次强调和重申了对商业长护险的鼓励、支持和引导，确立了商业长护险满足公众多样化、多层次长期护理保障需求的功能及定位。

2016年7月发布的《关于开展长期护理保险制度试点的指导意见》（人社厅发〔2016〕80号）中提出，鼓励商业保险公司开发适销对路的保险产品和服务，发展与长期护理社会保险相衔接的商业护理保险，满足多样化、多层次的长期护理保障需求；同年10月，中共中央、国务院印发《“健康中国2030”规划纲要》，明确提出建立多层次长期护理保障制度。

2020年10月发布的《“十四五”规划和2035年远景目标建议》中要求，稳步建立长期护理保险制度，实施积极应对人口老龄化国家战略；2021年9月发布的《“十四五”全民医疗保障规划》中提出，鼓励商业保险机构开发商业长期护理保险

产品；2022 年 2 月发布的《“十四五”国家老龄事业发展和养老服务体系规划》再次明确，引导商业保险机构加快研究开发适合居家护理、社区护理、机构护理等多样化护理需求的产品；2022 年 5 月发布的《“十四五”国民健康规划》再次要求，进一步完善商业长期护理保险支持政策，鼓励保险机构提供健康保险、健康管理、医疗服务、长期照护等服务。

（二）供给端：市场热度渐起，产品仍在探索

纵观商业长护险在国内的发展历程，颇为曲折。

2005 年，国泰人寿推出我国首个商业长护险，标志着我国商业长护险进入市场培育期。到 2012 年，以和谐健康为代表的部分保司，推出高现价、高收益的理财型长护险，推动商业长护险进入理财型功能为主的狂飙突进期。2016 年巅峰时期年度保费超千亿元。

随着 2017 年原保监会“134 号文”的发布，理财型商业长护险被严格限制，基本退出市场，狂飙突进期结束。

自 2018 年起，商业长护险进入以保障功能为主、多种形态并存的规范发展期，太保、昆仑健康等公司开始在当年推出的重疾险中增加额外护理保险金给付责任。2019 年，华夏人寿更是推出以 3/6ADL 作为给付条件的重疾型长护险。

尽管已经发展数年，但从目前商业长护险的产品供给来看，仍存在数量有限、特色不足的特点。

从参与的市场主体来看，截至 2022 年 6 月 14 日，共有 41 家保险公司正在销售商业长护险产品共 114 款，其中 32 家寿险公司推出 42 款产品、6 家健康险公司推出 66 款产品、3 家养老险公司推出 6 款产品，可见当前长护险市场主要是健康险公司参与度最高。

从产品类型看，主要是个险（占比 73%）、长期险（占比 77%）、主险（占比 72%）和传统型（占比 86%）。虽然近年来商业长护险市场参与主体增多，持续探索产品创新，但总体来看，在当前整个健康险市场近 5000 款产品中，商业护理保险占比不足 2%，产品数量仍较少；同时，当前绝大多数产品仅提供护理金给付责任，未能提供更能彰显产品价值和特色且更符合失能失智人群需求的护理服务，可替代性较强。

从保费规模看，商业长护险保费仍存在占比较小、以理财为主的特征。在 2016 年理财型长护险火爆市场阶段，商业长护险年度保费一度突破千亿元。进入保障型产品为主的规范发展阶段后，保费规模急速萎缩。随着近几年的稳步发展，保费规模再破百亿元，但从商业健康险整体来看，长护险并未随健康险一道持续高速增长，自 2017 年以来，长护险占健康险比重稳定在 1% 上下，占比较小。

同时根据行业交流数据，近几年部分健康险公司在银保渠道销售的理财型长护险规模持续增长，2021 年规模已超百亿元。换言之，在当前商业长护险保费中，仍以理财型产品为主（见图 1）。

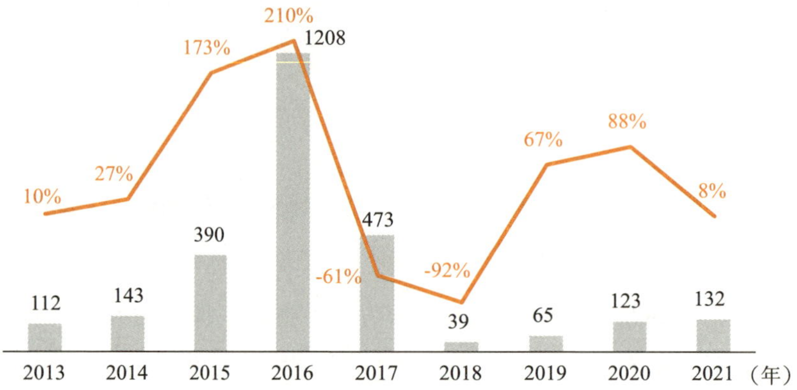

图 1　我国商业长护险保费规模（亿元）及增速（%）

资料来源：银保监会，行业交流数据。

二、万事开头难，没数据、少经验、市场认知不足……商业长护险发展仍面临诸多挑战

整体来看，当下国内保险市场在发展重疾型长护险方面仍存在诸多挑战。

（一）缺乏规范性制度及税收支持政策

从国外商业长护险发展经验来看，对缺乏公众认知基础和行业发展经验积累的新险种而言，政策端的支持至关重要，而目前商业长护险发展就面临缺少规范性制度及税收支持政策的局面。

一是缺乏操作性和规范性制度文件。目前，监管机构在《健康保险管理办法》

等部分文件中对长护险提出了部分宽泛的框架性要求，但尚无商业长护险相关专门文件出台，行业缺乏明确指导和业务规范，包括商业长护险领域标准体系、商业长护险经营规范等。

二是缺少税收支持政策。从国外经验来看，税收支持政策对商业长护险的发展至关重要，目前我国尚无相关政策。

（二）缺乏经验数据，制约产品开发

由于我国长护险起步较晚，经验数据积累不足，包括失能失智发生率及持续时间、康复或加重概率、死亡率，长期护理费用通胀率、保单继续率等，精算定价和风险测算难度较大，加之美国长护险定价假设失误教训，导致目前我国商业长护险整体定价偏谨慎，保费较高，产品责任以保险金给付为主。

（三）长护风险认知不足，市场需求尚待培育

一是公众对长护风险认知不足。受“养儿防老”等传统家庭观念及“孝”文化影响，我国当前仍以代际家庭养老和家庭护理模式为主，同时由于“老龄化”速度较快，公众对长期护理风险认识不足、感受度较低。

二是老年群体购险意愿及能力不足。护理需求最强和长护风险最高的老年群体，由于支付能力、“代际护理”传统观念等因素影响，购险意愿及能力不足。

三是我国长护险制度尚未建成。政策性长护险尚未全国推广，社会公众缺乏对长护险的认知，商业长护险需求尚待培育。

（四）护理服务市场发展不成熟，制约长期护理保障供给

一是护理服务供给存在较大缺口。据国家卫健委数据，我国目前约有4500万失能老年人，对养老护理员的需求多达600多万名，但目前仅有50多万名养老护理服务人员，供需缺口巨大。

二是缺乏失能等级评定标准。目前，我国仅有2021年8月国家医保局发布的适用于政策性长护险的《长期护理失能等级评估标准（试行）》，而该试行标准是否适用商业长护险领域尚无定论。

三是缺乏护理服务项目及质量评估标准。目前各试点地区护理服务项目数量及

护理服务质量评估标准不一，国内尚无权威标准。

（五）给付方式单一，可替代性较强

受到经验数据缺乏、产品设计谨慎、服务市场不成熟等限制，目前我国商业长护险的保险责任以现金给付形式为主，但单一的现金给付无法满足失能失智群体更迫切和实际的长期护理服务需求。

且现金给付责任无法体现长护险独特优势和特点，相较于更成熟和更具市场认知度的年金险及储蓄型寿险等传统产品、万能及分红等新型产品，并无竞争优势，可替代性较强。

同时，如商业长护险陷入与理财型保险产品竞争收益率的境地，则失去了险种的本质和政策推动初衷。

三、另辟蹊径发力商业长护险，从客户认知度、接受度更高的重疾型长护险开始

通过对我国商业长护险发展现状的分析，可以看到，商业长护险作为我国多层次长期护理保障制度中的重要一环，必将取得长足发展，但由于当前规范性制度文件、税收支持政策、等级评定及服务标准缺位，经验数据积累及护理服务供给不足，公众长护风险感知不充分，给付方式单一等因素制约，短期内商业长护险发展仍面临诸多阻碍。针对上述制约因素，结合当下市场特点以及保司、渠道、客户等多方实际需求，我们认为，重疾型长护险有望在我国商业长护险市场率先取得突破。

（一）重疾型长护险解决长护险发展中面临的两大痛点，可满足 80% 长护风险保障需求

一是规避长护数据缺失制约。由于缺乏长期护理相关经验数据，我国商业长护险精算定价和风险测算缺乏数据支撑，制约了产品开发和创新。重疾型长护险将因重疾引发的失能失智作为保障责任，以重疾发生率作为风险测算和定价基础，规避了失能失智发生率等长期护理相关数据缺失的制约。

二是提升客户认知和接受度。相较于长护险在我国尚处起步阶段、公众认知不

足的现状，重疾险作为当前我国健康险第一大险种，据银保监会 2021 年 12 月披露数据，有效保单件数已达 6.36 亿件，覆盖人数 3.91 亿人。经过 20 余年发展，公众已接受充分的市场教育，对重疾险具备基本的认知和了解，将重疾保障和护理保障相结合，公众更易理解和接受。

三是满足 80% 长护风险保障需求。根据 Genworth 2015 年理赔的数据，有超过 1/3的理赔来自阿尔茨海默症和其他老年痴呆，理赔金额超过所有理赔的 50%。根据瑞士再保险研究数据，以色列长护险市场中由肌肉骨骼损伤、认知障碍、癌症等 16 种疾病引发的理赔占长护险整体赔案的 80% 左右。换言之，重疾型长护险一定程度上可以满足 80% 左右的长护风险保障需求（见表 1）。

表 1　　以色列长期护理理赔数据

类型	肌肉骨骼损伤	认知障碍	癌症	其他疾病	神经系统损伤	脑中风
病种	难修复的股骨或骨盆骨折	痴呆	四期癌症（终末期）	慢性阻塞性肺疾病	进展性多发性硬化	严重脑中风
	瘫痪	阿尔兹海默症		肝功能衰竭	肌萎缩脊髓侧索硬化	
	严重类风湿性关节炎	帕金森病		慢性心脏病		
占比	23%	22%	21%	20%	9%	5%

资料来源：瑞士再保险。

（二）拓展了重疾险的保障责任

根据中国精算师协会发布的《中国人身保险业重大疾病经验发生率表（2020）编制报告》统计，截至 2018 年末，重疾险产品的件均保额只有 10.8 万元；梳理 80 余家保险公司 2021 年年度理赔报告，超过 80% 的重疾险赔案理赔金额不足 10 万元。这与当前动辄几十万元的重疾治疗费用相比，保障严重不足。

在治疗费用之外，患者康复期所需康复护理费用同样不菲，且需家庭成员的长期照护对家庭造成沉重负担，而当前主流重疾险并无对康复护理费用的保障责任。

重疾型长护险将拓展重疾险责任，覆盖对患者康复期护理费用的风险保障，对提升保险产品的重疾风险保障能力、减轻患者家庭长期护理负担、提高患者及家庭对保险的体验感和认可度，均有较大助益。

（三）发展重疾型长护险符合保险公司及渠道需求

我国寿险公司对保费收入及新业务价值均较为看重，重疾险及长护险均是保费较高、新业务价值较高的业务类型，重疾型长护险价格介于重疾险及长护险之间，保费及新业务价值均不低于当前市场主流重疾险。在当前重疾险乃至健康险市场均陷入增长瓶颈的背景下，既能推动产品创新和保费增长，又蕴含较高新业务价值，保司将有动力推动此类产品创新和发展。

借助重疾险销售经验及可观费率，渠道端有推广销售动力。重疾型长护险产品形态较复杂，需主要依托个人代理人及经纪渠道推广销售。作为重疾险的重要渠道，个代及经纪均已积累了丰富的重疾险销售经验，且两类渠道对高保费、高费率的复杂型产品同样有较高需求。如重疾型长护险具备较高的件均保费和有吸引力的费用水平，相信上述两类渠道会乐于推广销售。

四、结语

在人口老龄化持续加剧的情况下，商业长护险前景可期，但一款新产品要想赢得市场欢迎，注定要付出多方面的努力。除了上文提及的多种行业规范以及税收支持政策外，对于保险公司而言，尤其需要注意积累经验及数据，加强创新与合作，包括积极参与政策性长护险经办服务，培养专业人才队伍，精准定位客群及需求、提升产品创新开发能力，建设长期护理服务能力，加强与第三方服务机构合作等。

面对商业长护险广阔的潜在市场空间，保险科技平台、健康管理机构及专业护理机构等第三方服务机构也应积极参与、科学谋划，抓住长护险市场发展机遇，助力保司产品创新，提供“健康管理＋护理服务”综合解决方案，提供优质护理服务等。

为万能险正名

慧保天下　2022 年 6 月 30 日

始自 2015 年“宝万之争”的万能险恐惧症，迄今依然在行业蔓延，“万能险/投连险 = 理财 = 保险不姓保 = 高风险”的观念在很多人头脑中扎根。

但现在，这个市场利率逐渐下行的时刻，是时候为万能险正名了。保险人谈理财，合情合理。

一、寿险业谈万能险色变，但在很多消费者眼中，保险就是理财产品的一种

2015 年，是万能险最风光，也是最无奈的一年。短短数月，十数家保险公司连续举牌几十家国内上市公司，这让社会见证了一幕幕资本大戏，也认识了一种名为“万能险”的保险产品。尤其是在“宝万之争”后，万能险日渐“被妖魔化”，甚至被冠以“洗钱”和“非法集资”的名号。

一系列旨在抑制高现价产品的制度发布后，曾经风头无两的万能险，乃至投连险彻底走向了边缘化。

迄今，始自 2015 年“宝万之争”的万能险恐惧症，依然在行业蔓延，“万能险/投连险 = 理财 = 保险不姓保 = 高风险”的观念在很多人头脑中扎根。

在一些业内人士看来，好像回避保险的理财功能，就是“保险姓保”，这多少有些“掩耳盗铃”了。

例如，现在的险企尽量避免大张旗鼓销售万能险，更多将其视为一个单纯的增值账户，与年金险进行捆绑销售，美其名曰“保障型产品”，但实际上，大家都很清楚，相对较高的万能险结算利率才是消费者投保“年金险 + 万能险”产品组合最

主要的理由。

再例如，消费者不是保险专业人士，他们对于保险的认知也与专业人士有着显著不同。央视财经频道曾多次发布《关于投资理财的国人选择和未来趋势报告》，数据显示，大多数受访者更倾向于稳健型的投资品，而保险更是连续数年蝉联投资意向榜首。是的，极力避讳“理财”字眼的保险产品在广大消费者眼中，很多时候不过就是理财产品的一种罢了。

不必讳言，保险天然带有理财的功能，甚至在某些情况下，代客理财就是为客户提供保障。最典型的，养老险，其经营实质就是帮助消费者强制储蓄，同时帮助其实现资产的保值增值，在达到一定年限或条件之后，用账户上积累的资金保障被保人的养老生活。

所以，养老险是保障类产品？是理财类产品？

还有一种常见的说法是，高净值客户的保险需求与其他客户有着显著不同，因为其财力雄厚，很多风险完全可以自留，因此其对于风险保障的需求较低，投保保险更多是对于财富管理、财富传承等有需求。

财富管理、财富传承，这是风险保障，还是代客理财？

二、万能险的故事：从创新险种，到金融妖孽

一切都还要从万能险本身说起。

万能险，英文是“Universal Life Insurance”，直译即是万能的人寿保险，是具备保费缴付灵活性与身故给付可调整性的保险产品。说得更准确些，是可变的寿险产品，客户在一定范围内可自行调整保费、保障额度、资金提取时间。

公开资料显示，在英美等保险发达之地，万能险是在20世纪70年代利率大幅提高的环境中为提高保单灵活性和投资属性而出现的。1971年首推的就叫可调整缴费的寿险，1979年才演变为保费保额都可调，而且是利率与市场水平挂钩的万能险。

由于缴费灵活与保障可调等特点，万能险一经推出就受到了市场的青睐。美国寿险协会统计显示，美国市场1985年万能险占比为38%，其后一直保持在25%左右。

万能险是在1999年左右被引入国内的。在这之前很长一段时间，银行利率高企，保险公司销售了大量的高预定利率普通型寿险产品，结果1999年形势突变，央行连续大幅下调银行利率，保险公司投资收益率随之锐减，前期的高预定利率产品给险企造成了大量的利差损，甚至威胁到了险企的生存。

经此一役，监管部门快速将传统寿险预定利率统一下调到2.5%，以防止险企再盲目销售高预定利率产品，但这样一来，又导致寿险产品收益率过低，缺乏市场竞争力，行业一度陷入萧条。

为了突围，当时的寿险公司纷纷参照国外市场推出新型寿险产品。其中，平安人寿率先推出无保底收益的投连险，太保寿险在2000年推出具有保底收益的万能险，中国人寿推出的则是分红险。自此万能险正式进入中国，且主要是通过银行渠道销售。

据了解，初到中国的万能险颇受欢迎，2003—2007年，万能险保持了两位数以上的增长，2007年在股市暴涨的推动下更是实现了113%的增长。但2008年，美国次贷危机引发的金融海啸席卷全球，致使中国资本市场走“熊”，寿险公司利差水平呈现恶化趋势，万能险、投连险再度步入低谷。

到2012年，保监会开始推出一系列保险投资新政，进一步放宽投资渠道，使得保险资金更便于捕捉短期投资机会。在此背景下，一种保障与投资功能彻底分离的万能险产品出现了，并成为中小型保险公司的吸金利器，且出现了一个新词——高现金价值万能险产品。

高现价产品是相对于低现价产品而言的，其本身并无好坏之分，但伴随越来越多的公司利用高现价产品介入现金流的争夺战，其中领头的几家公司更是纷纷利用获取的保费大肆举牌上市险企，在多个蓝筹股中夺取重要话语权，触犯了其他股东的权益，被扣上了“破坏实体经济”的大帽子。

此后，随着各种调查的深入，人们发现这些激进的险企背后其实有着更多“猫腻”，一些公司已经沦为实际控制人、资本大鳄的“提款机”，不仅危及客户利益、危及公司自身，更对整个市场秩序构成巨大隐患。

万能险也由此被彻底污名化，“万能险/投连险 = 理财 = 保险不姓保 = 高风险”的观念开始在很多人心中生根。

三、拧巴的保险业：市场利率下行加剧利差损风险，却只能力推“高收益”的增额终身寿

伴随着万能险的污名化，保险产品的理财功能开始被人们选择性地忽视，普通型产品、重疾险快速发展。

但从 2021 年开始，由于多重原因，重疾险卖不动了，为维持业务规模，保险公司不得不大举销售储蓄型产品，增额终身寿更成了其中的香饽饽。

《储蓄型保险的盛世危言：前 5 月重疾险新单下滑超 30%，但仍是行业立命之本》（详见本书第 55 页）一文曾指出，（保险市场）销售逻辑开始逐步向“围绕储蓄型保险为核心”进行偏移。

增额终身寿之所以受欢迎，表面看是因为其是“保额递增的终身寿险”，但核心原因还是因为消费者普遍“认为”其收益率相对较高，有投资价值。

但也有观点犀利地指出，增额终身寿的对于客户、对于险企的种种好处，很有可能只是一种理想状态下的推论。且增额终身寿险概念相对复杂，很多消费者实际上是基于一种错误的认知才投保的。

更值得警惕的是，当下的市场环境与 1999 年的寿险市场有类似之处，即都处于利率下行通道中，而且从长期来看，利率下行，乃至降为 0 利率、负利率都是大概率事件。处于利率下行通道中的保险公司，特别需要警惕利差损风险：市场利率不断下行，影响险企投资收益率，前期销售的所谓“收益率”相对较高的产品该如何兑现？

在这样的情况下，发展万能险、投连险反而能在帮助消费者获得投资收益的同时，帮助险企减少利差损风险。且万能险有其独特的市场竞争力，例如险企推出的专属商业养老保险，实际上都采用了万能险的形式，其利用万能险锁定保证收益，在大资管时代，银行理财等的刚兑都被打破的情形下，凸显了保险产品刚兑的属性；其以浮动收益进一步加大对客户的吸引力度，但投资收益降低时，其可通过降低结算利率的方式来减少险企的利差损风险。

另一个关于万能险、投连险的认知误区是：二者只有理财功能，没有保障功能，不符合“保险姓保”的主流趋势。实际上，万能险之所以被称为万能险，不是因为

其什么都保，而是因为其保额、保费可以根据实际需求进行调节。是的，在一般情况下，万能险也有保障功能，且其保额可以调整，即便是更像基金的投连险，也完全可以通过附加险的形式补足风险保障。

很多时候，人们选择性忽略保险的理财属性，好像谈理财、谈投资就是在亵渎保险一样，实际上，保险公司投资收益率越高，产品价格才有可能越低，险企投资收益率高，不仅是为险企自身创造价值，也是为消费者创造价值。

四、坏的不是万能险，而是人心

多年过去，对于很多业内人士而言，万能险的风波依然历历在目，对于万能险依然讳莫如深。

但必须搞清楚的一点是，万能险只是一种保险产品，其本身并不能给行业造成任何破坏，真正给行业造成威胁的，是那些长袖善舞的资本大鳄。他们暗中操纵大量企业，突破监管底线，实际控制多家险企；利用保费循环注资，得以源源不断地增加注册资本金，销售天量理财型产品；销售所得保费，又通过关联交易、违规投资等方式，彻底将险企变为“提款机”，并为保险业埋下巨大隐患……

解决问题的关键不是解决万能险或者投连险，而是解决隐藏在保险公司背后的那些视法规如无物的实际控制人，是违规的关联交易，是疯狂的资金运用……归根结底，还是解决公司治理问题。最坏的不是产品，而是人心。

所以，在市场利率下行的今天，有必要重温1999年的行业历史，险企是否发展某类产品需要考虑多种实际情况，但至少应该从现在开始，正视保险的理财功能。

是时候为万能险正名了。

敢问寿险业“底”在何方

慧保天下　2022 年 7 月 28 日

受供需错配、疫情暴发等因素影响，2022 年上半年的寿险业负债端、资产端双重承压。

7 月，银保监会发布上半年保险业运行数据，2022 年上半年全行业原保费收入 28481.4 亿元，按可比口径同比增长 5.1%，其中，人身险公司原保费收入 20447.83 亿元，按可比口径同比增长 3.5%，远逊于同期的财险业。

与此同时，个险改革成效尚不显著，重疾险需求依然疲软，上半年上市险企内含价值预计大幅负增长等负面因素依然困扰着行业。有券商预计，中期累计新业务价值（Net Book Value，NBV）增速为中国人寿 -15%、平安寿险及健康险 -28%、太保寿险 -45% 和新华保险 -55%——仍是高达两位数以上的同比负增长。

进入第三季度，疫情影响因素淡化，国内经济企稳回升，保险业也有所升温，转型持续之下，行业的最低谷已经过去了吗？

先看一组来自券商的分析。

长城证券：当前保险行业面临诸多发展考验，寿险处于深度转型期，受到疫情持续影响及新单销售压力，目前保费增速呈企稳态势。随着各险企“产品 + 渠道”供给不断深入，负债端有望迎来边际改善。

东吴证券：整体来看，2022 年下半年结合低基数以及队伍产能的逐步恢复，2022 年第三季度至第四季度或将出现新单和队伍的“L”形底部。

一、上半年寿险业总保费微增，新单单月保费逐渐企稳

根据银保监会发布的数据，2022 年上半年全行业原保费收入 28481.4 亿元，按

可比口径同比增长 5.1%；共计赔付支出 7767.86 亿元，按可比口径同比增长3.14%。

其中，人身险公司原保费收入 20447.83 亿元，按可比口径同比增长 3.5%，远逊于同期的财产险公司——财险公司原保费收入 8033.56 亿元，按可比口径同比增长9.40%。

从上市险企来看，5 家上市寿险公司上半年实现原保费收入 1.03 万亿元，同比增长0.77%，尚不及行业整体。其中，中国人寿、平安人寿、太保寿险、新华保险、人保寿险同比增速分别为 -0.66%、-2.51%、5.43%、1.96%、12.33%，差异也较大。

不过上市险企单月保费整体有所改善：6 月，中国人寿增长 7.7%；太保寿险增长 7.4%；平安人寿下滑 1.7%，降幅有所收窄；新华保险 6 月增速转跌，同比下滑11.9%；人保寿险同比下滑 25.8%。

二、个险人力企稳，但产能提升尚不显著，寿险业新业务价值依然承压

从价值和投入的比值来看，险企投入不断加大，投产比其实在恶化，结果就是，人力在 2018 年、2019 年虽然在增长，但新业务价值却在下滑。到 2020 年，“人力上涨”也不复存在了，个险渠道的困境彻底暴露。保险中介监管信息系统执业登记数据显示，截至 2021 年 12 月 31 日，执业登记的销售人员 642 万人，同比下降近 30%。

各个公司都开始直面人力发展的瓶颈问题，人们彻底意识到，原有的通过人海战术快速扩张业务的方式已经难以为继，人身险公司纷纷将重点转向提升人均产能。

不过，从目前来看，个险转型的成效尚难言显著。

从人力角度来看，5 月疫情因素渐渐淡化之后，上市险企增员呈现企稳迹象，一方面，部分寿险公司仍认为当下市场根本逻辑没有发生根本性变化，传统的人海模式在大多数地区依然适用，所以仍坚持增员，只是在策略上有所优化；另一方面，经过前期的大规模出清虚假人力，个人代理人队伍的脱落率也有所下降；此外，很多险企将增额终身寿等储蓄型产品扩展到了个险渠道，并积极推动培训，也在一定

程度上提升了队伍产能。

不过，在重疾险需求回暖之前，在市场供需错配彻底解决之前，个人代理人队伍的价值贡献依然承压。有券商预计，中期累计 NBV 增速为中国人寿 -15%、平安寿险及健康险 -28%、太保寿险 -45% 和新华保险 -55%——仍是高达两位数以上的同比负增长。

三、重疾险需求依然疲软，影响险企内含价值增速

根据银保监会披露的数据，分险种来看，上半年寿险原保费收入 15976 亿元，同比增长 4.41%；健康险 4184 亿元，同比增长 1.21%；意外险 288 亿元，同比下滑 10.28%。在三大类人身险产品中，以重疾险为代表的健康险在过往续期保费的强力拉动下，只是实现了微增。

从新单保费来看，重疾险的表现不尽如人意，根据行业交流数据，其同比下滑超过三成，延续了 2021 年的态势。

以重疾险为代表的期交健康险是保险公司最主要的内涵价值来源，近年来，重疾险新单保费收入的快速下滑，也正是人身险公司新业务价值萎靡甚至负增长的“元凶”。

更值得忧虑的是，在市场初步普及基本已经完成，市场从增量转入存量模式，疫情影响导致居民消费意愿降低、储蓄意愿上升，以及百万医疗险、惠民保等新型健康险大发展的冲击下，重疾险需求端回暖依然尚需时日。

四、规模不够，增额终身寿来凑

上半年，行业虽然实现了总保费的正增长，但在重疾险需求不振的情况下，是保险公司纷纷利用增额终身寿推动了规模的做大。

增额终身寿具备刚兑属性，保障期限较长，且在利率下行期，其收益率在理财市场还具备相当的竞争力，正迎合了当下消费者储蓄意愿增强的趋势，这是增额终身寿得以快速发展最根本的因素。中国人民银行 2022 年第二季度城镇储户的调查问卷结果显示，倾向于“更多消费”的居民占 23.8%，基本与上季度持平；倾向于

“更多储蓄”的居民占58.3%，比上季度增加3.6个百分点。

同时，对于险企而言，增额终身寿作为期交产品，满足了银保渠道转型的诉求。对于代理人队伍而言，其佣金水平较具竞争力，能够较好地激发销售队伍的积极性。

不过，增额终身寿虽好，但是从长期视角出发，其通常高达3.5%左右的收益率能否长期持续，会否造成险企利差损危机，也始终面临一定的质疑。

五、不能忽视的因素：美联储频繁加息，中国市场利率何去何从

2022年7月27日，美联储又双叒宣布加息了，而且放言，9月或有更大幅度的加息。为应对美国国内高企的通胀，美联储一再加息，引导全世界美元回流美国市场，影响全球经济发展走势。在这种情况下，会对中国利率产生何种影响值得关注。

与此同时，资产端承压，也是上半年保险业最大的特点之一。在“慧保天下”《153家险企投资收益大揭秘，七成为负数，负债端还能卖啥产品》一文中，“慧保天下”统计显示，第一季度，153家产寿险公司中，101家保险公司综合投资收益率都为负值，占比达到66%。

资产端承压，直接影响了险企的投资收益率表现，也直接对险企的净利润表现造成负面影响。不能忽视的一个问题是，投资收益率持续低迷势必会对负债端形成挤压，一些高预定利率、高结算利率的产品或将陆续退出市场。当某一天收益率不能成为储蓄类产品的最大卖点，保险公司还应该怎么卖产品？

警惕自保件退保潮！ 保险销售人员两年半锐减400万人后，最荒诞的一幕出现了

慧保天下　2022年9月21日

根据银保监会最新披露的《关于2022年上半年保险公司销售从业人员执业登记情况的通报》（以下简称《通报》），保险公司销售从业人员数量仍在快速下滑之中，仅上半年就减少了70余万人，距离2019年末的“巅峰时期”更是减少了402万人之多。

根据《通报》，截至2022年6月30日，全国保险公司在保险中介监管信息系统（以下简称“中介系统”）执业登记的销售人员570.7万人。其中，94家人身险公司执业登记销售人员401.4万人，占比70.3%；90家财产险公司执业登记销售人员169.3万人，占比29.7%。从销售人员合同类型看，代理制销售人员521.7万人，占比91.5%；员工制销售人员39.6万人，占比6.9%；其他合同类型销售人员9.4万人，占比1.6%。

对比2021年底的数据，半年时间，在中介系统执业登记的销售人员数量减少了71.2万人，其中，人身险公司减少71.4万人，财产险公司保持稳定。代理制销售人员减少69万人，员工制销售人员减少1.8万人，其他合同类型销售人员减少0.4万人。

另据此前的通报，全国保险公司在中介系统执业登记的销售人员2020年底为842.8万人，2019年巅峰时期更高达973万人（其中代理制为912万人）。

这意味着，从2019年底到2022年中，两年半的时间，保险公司进行了执业登记的销售人员已锐减402万人。

当然，这些还只是各家保险公司在中介系统登记的数据，实际的活动人力一定远远少于这一数据，很多业内人士据经验推测，寿险公司的实动人力或许只有登记人数的1/2，也就是200万人左右。

自2015年取消代理人资格考试以来，吃尽人口红利的保险行业在经历了数年高

歌猛进的“辉煌”之后，不可避免地出现了销售人力的快速滑落，尤以寿险公司最为突出。虽然随着基数的降低及保险公司各种增强培训手段的升级，保险销售人员数量的下滑速度有所减缓，但整体态势尚未扭转。

人力的快速滑落已经带来一系列副作用：保费收入承压、新业务价值锐减、行业利润下滑……更深层次的副作用也来了，自保件、互保件退保开始增长了……

当然，对于很多人而言，这一切乱象或许都在意料之中，因为“大跃进”之后，总是难免一地鸡毛。

一、保险业最荒诞的一幕出现了：我投诉我自己

某公司的中介业务负责人最近接到了一些客户全额退保的要求，凭借多年的职业敏感性，他隐隐约约觉得这些事情并不简单。

首先，这些人基本都是原来合作中介公司的经纪人或者代理人，目前均已脱落，其中有人也曾具有较高的职级。

其次，他们要求退保的产品不仅仅涉及储蓄型产品，也涉及一些保障类产品，有的人甚至是申请要退掉之前投保的所有保单。

再次，他们申请退保的保单基本都是原来的自保件、互保件，且理由基本都是“受到了保险公司误导”。由于这些保单的代理人就是他们自己或者同伴，这意味着，保险业最荒诞的一幕出现了：自己投诉自己销售误导，以达到退保的目的。

最后，如果是正常的退保，保险公司完全可以走正常的流程，按照合同约定，退还其现金价值。但让保险公司警觉的是，这些人要求的是全额退保；纠纷产生后，保险公司退而求其次，提出可以全额退保，但前提是必须返还此前因为该保单获得的佣金以及其他各类奖励，这些人基本都进行了拒绝。很明显，他们的目标不是维权，而是利益。全额退保等于没有任何成本损失，保险公司给予的高额奖励，则成为实打实的收益。

该负责人的遭遇并非偶发，在与其他险企、保险中介负责人交谈的过程，他们也表示遇到过类似情况，不过尚未出现集中爆发的情况。

上述保险公司中介业务负责人凭借多年工作经验初步判断，这是保险代理人、经纪人等大量脱落之后，自保件、互保件退保高峰行将到来的征兆。

不过，这与以往行业关注的自保件、互保件套利问题显著不同：套利往往是利用了公司激励机制的规则漏洞，而这些明显是想通过恶意投诉的方式来要挟险企全额退保，从而实现获利，手法上更接近于退保黑产。

二、人海战术式微，自保件、互保件套利游戏走向终结

自保件、互保件是保险行业普遍存在的一种现象，甚至可以说是“人海战术”的重要内容之一。

保险公司大量招募保险代理人，这些新人一开始开单艰难，在公司的明示、暗示之下，往往会选择给自己或者家人投保，或者与其他代理人之间达成默契，互相投保，这就形成了大量的自保件、互保件。

当这些保险代理人最终退出保险行业，此前为了冲业绩非理性投保的一些保单就会成为累赘，退保因而成为很多人的选择。

还有一种情况是，保险公司为了冲刺业绩的主动选择——通过设计条件较好的激励方案，暗中鼓励代理人给自己或者家人投保，或者代理人之间进行互保。当代理人发现所得佣金加上退保后获得的产品现金价值高于实际成本，且收益率较高时，往往就会选择投保，并适时退保，来实现短期利益的最大化。

人海战术在人身险行业盛行，自保件、互保件也因此成为保险行业的一种“业务模式”，人力高增长的时代，身处其中的人们似乎都各得其所：代理人获得了佣金、奖励，得到了留存甚至晋升；保险公司获得了期望的保费收入、市场地位；整个行业也因此获得了高速度发展。

但问题在于，人力并非永远都是持续增加的，一旦代理人人力下滑，这种“业务模式”就难免暴露出其致命缺陷——当脱落的代理人满怀失望重新整理保单的时候，当支出保费成为其生活负担的时候，当其发现佣金加退保后所得能获得不错收益的时候，退保就成了大概率事件。原来多方获益的正循环就被彻底打破，演变为多方利益受损的负循环：代理人脱落、退保；保险公司负债压力增加，现金流吃紧；整个行业陷入低迷时期；某些不法分子也开始蠢蠢欲动。

而如今，无疑是正处于一个代理人数量仍在快速下滑的时代，简单、粗放的人海战术不再适用于新的市场环境。自 2019 年底至今不足 3 年时间内，代理人数量近

乎腰斩，重新回到代理人资格考试取消之前的市场水平，与之相伴随的是，自保件互保件保费大幅减少，退保激增，险企负债端严重承压……

三、业务过程留痕重要性凸显，险企中介主动拥抱“双录”“回访”，强化合规经营

上述险企中介业务负责人表示，在被拒绝了全额退保同时全额返还佣金奖金的提议后，目前他们与一些全额退保申请人的谈判已经陷入僵局，接下来对方会否向监管部门投诉，以及最终结果如何尚不得而知，但他依然认为公司“胜券在握”：“因为做了‘双录’以及电话回访，业务过程全部留痕。”

从目前检索到的公开信息来看，曾经有大量金融机构乃至个人因为未按照监管要求严格进行“双录”，或者“双录”工作不到位，而遭到监管处罚。

例如在8月，就有8家银行分支机构因种种违规行为被监管机构合计罚款112.4万元，所涉事由中除“保单客户信息不真实”“欺骗投保人”等常见理由外，“‘双录’未完整或未准确记录销售过程关键环节，‘双录’质检结果未按规定反馈至承保保险公司”也被纳入其中。

而从零星的法院判决来看，一旦客户接受了“双录”，即便后续辩称是受到了代理人的误导，只要无法提供有效证据，法院基本会判定客户是知情的，没有受到销售误导。

有业内人士表示，现在保险业界对于“双录”的态度已经发生了显著的变化，从原来的抵触，认为给销售保险增加了难度，到现在积极主动拥抱“双录”推广“双录”，甚至于主动加码，除了保险公司对客户进行电话回访外，某些保险中介公司自己也会对客户进行电话回访，确保做好销售留痕工作，尽可能消除风险隐患。

“这或许会误伤一部分真实遭遇误导但无法证明的消费者，但这也会给所有人提一个醒：成年人要对自己所有行为承担法律责任，不能轻易签署任何文件，供需双方都将在这些并不美好的经历之后走向更加理性的未来。”

从高速度时代看起来多方和谐的正循环，到人口红利消退彻底打破传统业务模式、多方利益纠纷加深，再到共同成长成熟后的建立新市场秩序，这或许就是保险业从高速度发展向高质量发展转型的必经之路。

重塑“带病体”保险，这一事关 4 亿人的健康险蓝海市场不容错过*

陈佳　邹亮**　2022 年 9 月 22 日

我国传统健康险产品最大的特点是“保健康人”，“非标体”基本被“拒之门外”，通过投保端的筛选，降低理赔端的支出，以此获得经营收益。但随着行业发展，此种模式的弊病逐渐暴露。

一是低赔付率降低了参保人群中健康体的获得感和体验感，易引发“逆选择”进而陷入“死亡螺旋”，这从近两年健康险保费低增速与理赔高增速的“背离”中已得到初步验证；

二是产品同质化背景下，保司为获取更多保单而向渠道端支付高费用，最终健康险产品的收益更多留存在渠道端，供给端的保司及需求端的客户均未获得满意的“回报”；

三是大量“非标体”被简单地拒之门外，既导致“非标体”人群的健康风险保障需求无法得到满足，也使健康险客户池无法得到拓展，限制了健康险的进一步发展。

旧模式亟须打破，新模式已在探索。近年来，我国健康险发展模式正在从“保健康人”向“保人健康”转变。而“带病体”（因“带病体”主要为慢病人群，故本文所研究“带病体”保险主要指“慢病保险”）作为“非标体”的主要组成部分，已成为重要的突破方向。

面对超 4 亿背负沉重支付压力而难以获得传统健康险保障的“带病体”人群，

* 本文原题为:《从慢病看我国“带病体”保险发展》，目前标题为编者所加。

** 作者：陈佳，圆心惠保首席战略官；邹亮，圆心惠保战略企划经理。

以保险公司、第三方服务商（TPA）、药企为代表的健康险产业链各参与方均在积极探索，试图在“带病体”健康保障领域寻得一条可行路径。

一、回溯“带病体”保险国内发展历程：始自 2015 年“百糖大战”，政策推动下的一系列健康险创新实践

（一）1.0 阶段（2015—2019 年）：慢病管理 + 并发症保险，聚焦糖尿病人群

1. 政策推动引发慢病管理行业混战

2015 年 9 月，国务院办公厅印发《关于推进分级诊疗制度建设的指导意见》，提出以高血压、糖尿病等慢病为切入口，逐步推进分级诊疗。在慢病管理中，强调借助互联网技术，实时远程监控健康、远程慢病管理，医疗机构间网络会诊、转诊等。

2016 年 10 月，中共中央、国务院印发《“健康中国 2030”规划纲要》，其中明确指出，实施慢性病综合防控战略，强化慢性病筛查和早期发现，基本实现高血压、糖尿病患者管理干预全覆盖，到 2030 年，实现全人群、全生命周期的慢性病健康管理。

2017 年初，国务院印发的《中国防治慢性病中长期规划（2017—2025 年）》中提出，鼓励商业保险机构参与慢性病高危人群风险评估、健康咨询和健康管理，鼓励、引导、支持商业保险机构参与所在区域医疗服务、健康管理与促进、健康保险以及相关慢性病防治服务。

在系列政策推动下，慢病管理以其极富想象力的市场空间和较高的社会价值吸引了众多机构入场。2015 年的“百糖大战”、2016 年的血压混战，无不昭示着这一领域的火热。在众多机构中，保险公司同样是一股重要力量。

2. “慢病管理服务 + 并发症保险”模式起航

最初，人们纷纷将目光对准了数量庞大的糖尿病人群。

2015 年 8 月 6 日，泰康人寿携旗下健康管理子公司与糖护士合作推出“泰康甜蜜人生 A 款”糖尿病患者专属健康险，提供糖尿病严重并发症保险，并提供了从“防”到“治”的整体健康管理解决方案。

同年11月12日，大特保与太平财险及慕尼黑再保险联合推出“退糖鼓”糖尿病保险，为糖尿病患者提供4种并发症保障，并与掌上糖医、血糖高管、微糖合作为患者提供血糖风险评估、血糖健康重建、医生问答等慢病管理服务。

在“慢病管理服务+并发症保险”的基础上，硬件监测又被引入。2015年11月19日，众安在线携手腾讯糖大夫、丁香园联合推出了糖尿病并发症保险——糖小贝1.0，并于次年4月推出了升级版糖小贝2.0。糖小贝2.0通过连接腾讯糖大夫智能血糖仪和丁香园的血糖管理服务，实现了“血糖检测+血糖管理+保险保障”的闭环；同时基于得到的血糖数据，给予用户相应的浮动保额激励，激励和帮助用户更主动地管理血糖，从而实现了“检测+管理+保险”及“软件+硬件+服务”的双重结合，大幅提升了慢病管理的精细化程度和有效性。通过慢病管理平台的建设及慢病患者的病程管理，相关方积累全病程管理数据，为后续保险产品责任升级及设计优化提供数据基础，初步构建起“慢病管理+保险保障”的闭环。

在众安之外，泰康、平安、太保等保险公司也陆续推出了多款结合硬件监测及慢病管理服务的慢病并发症保险产品，为火热的慢病管理赛道及广大慢病人群提供了保险解决方案。

3. 慢病保险市场随慢病管理热潮退却陷入低潮期

由于C端客户缺乏付费意愿，在补贴褪去后，各大慢病管理App用户及月活快速下降，“百糖大战”随之退潮。曾在2016年携糖大夫智能血糖仪高调进入慢病管理领域的腾讯腾爱医生于2019年3月10日正式关闭服务，宣告慢病管理市场归于沉寂。

主要面向C端用户的慢病管理并未取得突破，幸存者们各自向不同的方向继续探索，慢病管理1.0阶段正式结束。

与之相对应的，在1.0阶段，并发症保险更多的是基于慢病管理企业构建差异化竞争优势及寻找服务支付方的需求而开发和推出，多数保险公司均以探索及尝试的心态参与其中。而随着“百糖大战”的退潮和众多慢病管理初创公司的关停，慢病并发症保险主要参与方退出；同时C端客户仍缺乏单独购买慢病保险的意愿，保险公司在慢病保险领域的参与意愿及投入随之逐步降低，慢病保险市场陷入低潮期。

（二）2.0 阶段（2020 年至 2022 年 7 月）：慢病管理 + 综合保险保障，覆盖多病种人群

1. 系列利好政策推动"带病体"保险再起航

2020 年 1 月，银保监会、发改委、医保局等十三部门联合发布《关于促进社会服务领域商业保险发展的意见》，明确指出支持商业保险机构积极参与健康中国行动，创新完善健康促进、疾病预防、慢病管理等健康类服务，推动健康保险与健康管理融合发展。

银保监会于 2021 年 4 月面向行业征求意见并于同年 10 月正式发布的《关于进一步丰富人身保险产品供给的指导意见》（以下简称《指导意见》）中，进一步提出适当放宽投保条件，对有既往症和慢性病的老年人群给予合理保障。

2022 年 5 月国务院办公厅印发的《"十四五"国民健康规划》中提出，为群众提供全方位全周期健康服务，推动"互联网 + 慢性病（糖尿病、高血压）管理"，实现慢性病在线复诊、处方流转、医保结算和药品配送。

在监管机构及多重政策的鼓励和推动下，保险行业迅速行动，自 2020 年开始即推出了多款创新"带病体"保险产品。如平安健康险在 2020 年 5 月推出的"平安 i 康保 · 百万医疗（慢病版）"，"三高"、甲状腺结节、结石等常见"带病体"符合条件可投保；国寿在同年 11 月联合蛮牛健康推出"国寿长三角糖安宝医疗保险"，蛮牛健康还专门为每一位购买"糖安宝"的客户提供专属配套服务包，用户可在一年内享受一次预约专家及陪诊服务、一次住院安排服务。

在政策方及监管层大力推动的同时，健康险行业由于多重因素影响陷入增长瓶颈，亟须开辟新的增长通道。"带病体"人群由于此前被健康险"拒之门外"，因此健康险渗透率极低 ，可拓展空间巨大。

由此，在政策推动及行业自身发展需要双重驱动下，"带病体"保险市场重新起航。

2.《指导意见》推动"带病体"保险市场迅速升温

2021 年 10 月银保监会《指导意见》正式发布后，为险企开发"带病体"保险指明了方向，推动"带病体"保险市场迅速升温，同时极大激发了供给端的创新。一方面是从 1.0 阶段的并发症保险保障延伸到并发症及重症、医疗及药品、门诊及

住院等责任，另一方面是从主要聚焦糖尿病拓展到200余种慢病。

如从2021年开始众安保险联合阿里健康推出的“好药保”慢病系列保险，陆续推出“三高”等慢病人群可投保的“安心保”百万医疗、全国首个面向乙肝患者的百万医疗“乙肝保”（2021年6月）、行业内首款癫痫人群可购的百万医疗险“癫痫保”（2022年2月）等产品，有效满足了慢病患者的健康风险保障需求；又如2022年4月人保健康面向肺结节人群推出的“欣e保医疗保险”（肺结节版），为客户配备保险管家及健康管理师，建立健康管理档案，进行随访管理等肺结节病程管理服务；太保集团旗下太保寿、太保健康及杉泰健康在2022年5月联合推出保险期间3年的慢病百万医疗险“家安芯”，可覆盖高血压、2型糖尿病、甲状腺结节、乳腺结节和肺结节五大带病人群，同时为用户提供专属家庭医生及针对性健康管理服务。

自2021年以来，保险公司、药企、慢病管理企业及第三方服务商（TPA）纷纷进场，推出了数十款产品；进入2022年后，市场热度有增无减，多家保险公司均推出了“旧款”升级版，更有大型保险公司聚合旗下健康险及慢病管理服务相关主体，推出首款“带病体”保险。

由此，头部大型保险集团、中型寿险及产险保险公司、专业健康险及创新型互联网险企，均积极投身于慢病保险市场创新大潮，持续推动“带病体”保险市场创新发展。

（三）3.0阶段（2022年8月至今）：“带病体”保险规范发展新阶段

2022年8月9日银保监会财险部下发《关于部分财险公司短期健康保险业务中存在问题及相关风险的通报》，叫停“药转保”。

在大力发展“带病体”保险成为行业共识的背景下，本次监管叫停“药转保”，为“带病体”保险行业的健康可持续发展打下了坚实基础，同时也为真正的“带病体”保险发展铺好了道路。

行业对“带病体”保险的投入和创新也必将转向和更加聚焦保险产品自身的保障责任，通过提升产品保障责任、拓展可保人群、链接慢病管理服务、做好精准定价及智能风控等，推动符合保险原理的真正“带病体”保险产品加速创新。

二、“带病体”保险现状：仍处发展初期，但政策端、供给端、需求端、服务端、协同端已经达成共识

据麦肯锡分析，2020 年我国“带病体”保险保费约 500 亿元，仅占当年健康险保费约 6%，对应保险产品主要为惠民保、团险性质的企业补充医疗险和高端医疗险等。

相较于“带病体”人群 2.5 万亿—3 万亿元的医疗支出以及约 60% 的医疗支出占比，“带病体”人群保障缺口明显，“带病体”保险市场仍在发展初期，但各方的热情显然已被点燃。

（一）政策端：推动“带病体”保险发展，应对老龄化趋势下医保支付压力

国家卫生健康委老龄健康司司长王海东在 2021 年 12 月 9 日国新办举行的《关于加强新时代老龄工作的意见》发布会上表示，我国大致有 1.9 亿老年人有慢性病。按照 2021 年底 2.67 亿基数测算，我国老年人中慢病人群占比已超 70%，随着“老龄化”的快速演进，老年慢病人群规模仍将持续提升。同时，据统计，我国慢性病导致的疾病负担占总疾病负担的近 70%，而医保基金作为疾病治疗费用最主要的支付方，承担了巨大压力。为缓解“老龄化”趋势下的医保慢病负担，同时减轻慢病患者自费压力，近年来政府出台了系列政策推动“带病体”保险发展，以期发挥商业保险杠杆作用，提升“带病体”人群保障水平。

2020 年 1 月银保监会等十三部门联合发布的《关于促进社会服务领域商业保险发展的意见》中，明确指出支持商业保险机构创新完善慢病管理等健康类服务，推动健康保险与健康管理融合发展；

2020 年 3 月印发的《中共中央 国务院关于深化医疗保障制度改革的意见》，提出加快发展商业健康保险，丰富健康保险产品供给，提高健康保障服务能力；

2021 年 9 月国务院印发的《“十四五”全民医疗保障规划》中，再次指出要更加注重发挥商业医疗保险作用，引导商业保险机构创新完善保障内容，提高保障水平和服务能力；

2021 年 10 月银保监会发布的《关于进一步丰富人身保险产品供给的指导意见》

中，明确要求保险公司适当放宽投保条件，对有既往症和慢性病的老年人群给予合理保障；

2022 年 5 月国务院印发的《深化医药卫生体制改革 2022 年重点工作任务》中，再次提出支持商业保险机构开发与基本医疗保险相衔接的商业健康保险产品，更好地覆盖基本医保不予支付的费用。

在上述包括国家级重大政策、多部门联合政策及监管部门指导意见等多个重要文件中，持续提出鼓励、支持、引导商业保险机构持续丰富、创新、完善健康险产品供给，推动健康险与慢病管理等健康管理服务融合，提升对“带病体”人群保障水平。

（二）供给端：保险公司参与意愿渐升，市场逐渐升温、产品加速推陈出新

自 2015 年“百糖大战”期间联合慢病管理企业推出糖尿病等慢病并发症保险产品以来，“带病体”保险已发展多年，但在 1.0 阶段后期陷入沉寂。随着近两年政策端对“带病体”保险、“健康险 + 健康管理”及“互联网 + 慢病管理”的持续推动，“带病体”保险市场逐渐升温，尤其是在 2021 年 10 月银保监会《指导意见》发布后，有越来越多的保险公司推出“带病体”保险相关产品，大型保险公司也开始入场，“带病体”保险产品加速创新。

我们梳理了 2021 年至 2022 上半年各大保险公司推出的 30 余款“带病体”保险产品，以期发现当前市场中主流产品的共性及个性之处。

从险种看，以报销型医疗险为主（70%），以给付型医疗险及重疾险为辅；

从产品责任看，以住院医疗费用报销为主，部分产品提供质子重离子、特药、门急诊等医疗费用报销，部分创新产品包含手术意外保障、“确诊即赔”的“给付型”医疗保障、“报销 + 给付”的融合型医疗保障等责任；

从保障病种看，可覆盖高血压、糖尿病、甲状腺/乳腺结节、慢性肾病/肝病等多病种的综合型“慢病版”医疗险已成为主流，另有针对糖尿病、乳腺/甲状腺疾病的“专病险”持续深耕特定病种保障；

从保障期限看，主要为一年期产品；

从可保年龄看，目前主要覆盖 18—60 岁，少数产品可突破到 70—75 岁；

从增值服务看，当前患教、在线问诊、重疾绿色通道、住院陪同、健康档案、

健康管理等服务已成为“标配”，部分产品更创新提供包括早筛、住院垫付、多学科会诊、家庭护理、保险管家、家庭医生及健康管理师等个性化服务；

从上线时间看，2021 年、2022 年上半年上线产品各占约 50%，2022 年产品供给力度明显提升。

从近两年“带病体”保险供给端的发展可以看出，保险公司参与“带病体”保险的积极性正在快速提升，产品创新能力持续增强，“带病体”保险供给端正快速演进，为“带病体”人群提供更丰富、多元的产品选择。

（三）需求端：“带病体”人群规模持续增长，千亿级市场空间静待挖掘

据 2018 年《全国第六次卫生服务统计调查专题报告》数据，全国慢病人群数量已超 4 亿人，15 岁以上人群发病率超 34%，65 岁以上人群发病率超 60%。在“老龄化”快速演进、慢病“年轻化”以及医疗技术进步提高带病生存年限等因素共同推动下，我国“带病体”人群规模仍将持续增长。

根据《中国卫生健康统计年鉴》（2020 年），2019 年我国心脑血管疾病、癌症、慢性呼吸系统疾病、糖尿病等慢性非传染性疾病导致的死亡人数占总死亡人数的 88%，导致的疾病负担占疾病总负担的 70% 以上。可以说，慢性病已经成为危害我国居民健康的头号杀手。

与此同时，慢病医疗费用支出占比高、增长快，为医保基金带来巨大压力的同时，也为慢病人群带来了沉重的经济压力。

但与之相对的，最需要风险分担与健康保障的以慢病人群为主的“带病体”人群却一直难以获得健康险产品投保资格。

随着保险行业与医疗、医药行业融合加深，慢病相关数据持续积累，智能核保及风控等科技能力不断提升，此前不可保的“带病体”已迎来转变，供给端已开始主动承接“带病体”人群的健康保障需求。

如按照 4 亿“带病体”人群，年度人均保费 1000 元测算，未来可待挖掘的“带病体”健康险市场年度保费空间将超 4000 亿元。

（四）服务端：慢病管理能力持续提升，“带病体保险 + 慢病管理”已成共识

2016 年发布的《“健康中国 2030”规划纲要》中提出，实施慢性病综合防控战

略，到 2030 年实现全人群、全生命周期的慢性病健康管理。

2022 年公布的《“十四五”国民健康规划》中再次重点提及要实施慢性病综合防控策略，并明确提出推动互联网在慢病管理、医疗服务等方面的应用。

随着行业的持续发展和不断创新，我国慢病管理行业已经取得长足进步。尤其是近年来在慢病管理机构与检测机构、医疗机构、医药企业、保险公司等主体持续深入的合作下，慢病管理服务使用人群规模持续增长，相关病种的检测、诊疗、用药及病程进展等数据得以积累和留存，这进一步为慢病管理行业的迭代升级打下了坚实基础。

随着使用人群规模的提升、产业链合作的加深以及患者数据的积累沉淀，慢病管理模型持续优化，慢病管理工具对管控慢性病发展进程、降低慢病患者并发症及重症发生率、提升慢病患者健康水平将发挥更大的效用。

随着慢病管理能力及效用的持续提升，慢病管理与健康保险的结合也越发紧密，在“保险 + 服务”成为行业共识的当下，“带病体”保险产品叠加慢病管理服务已成大势。同时，在传统的在线问诊、电子档案、体检等“被动式”（需客户主动发起）服务之外，当前部分创新产品已开始提供保险管家及健康管理师等线下服务团队的“主动式”服务（由保险公司/服务端主动发起）。

如 2022 年 4 月人保健康推出的“欣 e 保医疗保险”（肺结节版），为客户配备保险管家及健康管理师，健康管理师还将按照肺结节大小、形态、性质等情况对被保险人进行随访管理。

（五）协同端：产业协同共建健康生态，优势互补助力各方增长

在“带病体”保险近年来的发展实践中，各参与方逐渐发现仅靠单点发力和单项突破无法满足慢病患者管控疾病进程、减轻支付压力及提升风险保障水平的多元需求。因此，医、药、险及慢病管理领域中各参与方开始逐步探索相互链接及合作，联合推出包含医疗责任、药品责任及慢病管理的综合风险保障产品，发挥各自专业优势，共同满足“带病体”人群多元需求。

对协同各方而言，通过优势互补，集合产业链优势打造更优质高效的综合保障服务的同时，也提升了各自的服务边界及服务能力。医疗机构提升了对慢病患者的管理能力及效率，药企提升了相关药品的患者依从性并利用积累数据进行真实性的

研究，险企拓展了健康险客户群并提升了“带病体”保险的保障水平和客户感知，慢病管理企业拓展了支付方及用户群并获得患者数据沉淀。各方通过协同赋能均实现了客户拓展、业务扩张及业绩增长。

2022 年 7 月泰康在线联合圆心惠保推出的肺结节人群专属医疗保险产品——“‘肺’常完美”即是一款产业协同下的创新“带病体”保险产品。“‘肺’常完美”在为肺结节人群提供医保费用保障之外，同时提供肺癌专属特药保障、肺部疾病常用药折扣购买福利，以及视频医生、重疾早筛、全球找药、癌症基因检测优惠及健康科普等专属健康管理服务，将医疗保障、用药保障、风险评估、健康咨询、健康管理等保险保障、药品服务及健康管理服务相结合。

通过对我国“带病体”保险发展现状的分析，可以看到政策层面的支持鼓励，保险公司近年来的积极布局与创新供给，亿级“带病体”人群减轻支付压力和提升健康保障水平驱动下的巨大潜在需求，慢病管理能力提升背景下“带病体”保险融合慢病管理的创新探索，以及医、药、健、险等大健康产业链协同正在为“带病体”人群提供全面、多元保障的实践。

不过在“带病体”保险持续创新和探索实践的同时，我们也观察到当前发展中仍面临诸多痛点，对产品的迭代创新、与基本医保的紧密衔接、对“带病体”人群的精准触达、服务和保障能力的进一步提升以及业务的可持续发展等带来制约。

三、国内“带病体”保险探索呈现五大趋势

尽管仍存在诸多痛点，但在政策积极推动和行业主动转型背景下，尤其在拓展“非标体”健康险市场成为行业共识，医药健康产业链与保险协同及衔接取得明显进展，“老龄化”加速演进叠加“带病体”年轻化趋势下潜在需求空间持续增长，以及“带病体”医疗支出对医保负担愈发沉重等多重因素共同影响下，“带病体”保险近两年发展热度明显提升，发展进程明显加快。

在多方参与主体的共同努力和推动下，“带病体”保险正在多个方向积极探索尝试，寻求创新突破。在我们梳理、观察以及与部分行业主体的交流探讨中，多个维度的新发展趋势正逐步显现。

（一）趋势一：扩面提质，拓展覆盖人群，提升保障水平

1. 拓展覆盖人群

“扩面”，即拓展“带病体”产品覆盖人群，真正实现4亿“带病体”人群中多数人“有险可保”。具体而言，包括拓宽投保年龄，尤其是对60岁以上老年人的保障覆盖；拓展覆盖病种、职业及区域限制等。同时可探索针对特定区域（地方病）、特定职业（职业病）等人群的专属“带病体”保险。

在我们梳理的2021年至2022年上半年各大保险公司推出的30余款产品中，约80%投保年龄上限为60岁；但在2022年上半年推出的产品中，已有近40%的产品将投保年龄拓展至65岁至75岁。进入2022年，我们观察到越来越多的产品持续拓展投保年龄和覆盖病种，提升单一产品覆盖群体，让保险惠及更多“带病体”人群。

2. 提升保障水平

“提质”，即拓展保障范围，提升保障程度，切实降低“带病体”人群疾病负担。包括增加和提高既往症责任、门诊责任、特药责任、器械责任等，以及降低产品免赔额、增加慢病管理服务等。

2022年上半年我们已经看到有产品增加包括特需医疗、海外医疗、门急诊医疗、救护车费用、手术意外保障、药品不良反应保障、特药等责任，且提供更加全面、可及和精细化的健康管理服务。尤其是部分产品提供的家庭医生、健康管家等实体医疗团队专业服务，进一步提升投保人群的体验感和获得感。通过产品责任的拓展和提升为客户提供更全面的保障，通过更精细化的健康管理服务提升客户体验感及疾病管理能力，进而降低并发症及重症风险，一升一降间，凸显保险的温度。

（二）趋势二：融合创新，医药健险融合满足多元需求，产业协同赋能助力产品创新

1. 医药健险融合满足多元需求

糖尿病、高血压等“带病体”人群需长期用药，对病程管控类药物有高频和持续需求；随着检测技术进步，微型甚至植入式检测设备将更好地满足“带病体”人群的高频和持续检测需求；

医疗机构作为医疗服务供给方，承接“带病体”人群诊疗需求，且随着年龄增长，并发症风险升高，对医疗机构需求度将同步提升；

随着慢病管理技术进步带来慢病管理效用提升，“带病体”人群对慢病管理等健康管理服务需求将持续提升；

作为解决并发症及重症引发的大额医疗费用风险的重要工具，“带病体”保险持续迭代优化，将有效满足巨大的、必将持续释放的“带病体”人群风险保障需求。

从“带病体”人群实际需求角度，其对药品、检测、医疗、慢病管理、保险的需求不是割裂的，如上述需求对应多个供给主体，将极大地增加获取成本，影响获取体验；同时，药品、检测、医疗、慢病管理、保险是相互衔接的，前四者相互配合共同实现对“带病体”的疾病管控和健康维护，保险解决支付问题并促进前四者的融合衔接；最后，从以客户为中心视角出发，降低“带病体”人群负担及整体风险，需要从其就医、用药、检测、病程管理及支付等多环节入手，链接医－药－检－险及慢病管理五方，打通数据、场景、产品、服务等多要素，融合五方优势能力，满足“带病体”人群合理用药、精准便捷检测、加强病程管理、管控并发症风险、降低医疗支出负担等多元需求，协同发力做好“带病体”人群综合保障。

保险作为支付方，无疑是最佳也是最适合的服务整合方。未来“带病体”保险一定是融合医疗、药品、检测、慢病管理等多项服务的综合保障产品，通过一款产品，一站式满足“带病体”多元需求。

2. 产业协同赋能助力产品创新

当前“带病体”保险市场仍在初级发展阶段，“带病体”人群对“带病体”保险认知及感知度较低。因此，虽然面对巨大的潜在需求，但当前阶段推动市场发展仍需要首先从供给端发力，通过产品创新提升产品吸引力和消费者感知度，通过供给激发和牵引需求，推动市场发展。

而仅通过保险公司一方的努力和风险保障单一责任的创新难以实现上述目标，需要同医疗机构、检测设备制造商、药企、慢病管理服务商等产业链伙伴做好协同，深入洞察“带病体”人群核心需求以及当前“带病体”保险核心痛点，发挥各方优势，在风险保障基础上匹配产业链伙伴的医疗服务、检测服务、药品服务及慢病管理服务，打造“保险＋服务”产品生态，协同推进产品创新。

（三）趋势三：互联互通，医保商保互联互通，“带病体”多层次保障体系持续构建

对我国多层次保障体系建设而言，医保与商保的衔接至关重要，而医保数据与商保数据的互联互通便是其中关键。2020年国家医保局就曾透露，“将积极探索建立信息共享交换机制，在保障信息安全和个人隐私保护的前提下，依托国家政务信息共享交换平台实现医保、医疗有关信息在相关部门与商保机构等单位之间的信息共享”，给出了医保与商保信息共享的具体路径。

2021年8月26日，国家医保局同银保监会就基本医疗保险与商业健康保险信息互联互通、共同构建多层次医疗保障体系等问题进行座谈交流，并明确提出“国家医保局将与中国银保监会加强协作，积极推动医保、商保间信息共享、互联互通”。

2022年5月国务院办公厅印发的《深化医药卫生体制改革2022年重点工作任务》中再次提出，“探索推进医保信息平台按规定与商业健康保险信息平台信息共享”，从国家层面明确了医保与商保信息共享及互联互通的顶层设计。

对“带病体”保险而言，商保端经营发展时间尚短，经验及数据积累不足，需要医保及医疗体系的数据支持；而在“带病体”医疗支出对医保基金负担快速提升的背景下，医保端也需要商保在慢病经办领域发挥精算及风控优势，并提供紧密衔接医保的“带病体”商业补充保险，助力医保慢病管理能力、基金效用及风控能力提升，缓解医保支出压力。

因此，在双方相互需求牵引及国家层面和双方主管部门的大力推动下，医保与商保的信息共享及互联互通已成定势，并将快速推进。同时，医保慢病经办及商保“带病体”保险在数据互联互通的基础上，可以做到更好的保障衔接，构建“带病体”多层次保障体系，切实减轻“带病体”人群及医保基金压力，同时提升“带病体”人群风险保障水平。

（四）趋势四：多维风控，数据、经验、健康管理多维助力，“带病体”保险风控能力持续提升

因“带病体”保险主要面向传统健康险不保障的“带病体”人群，且当前阶段

受到数据缺乏、经验不足等影响，故面临较高的经营风险，尤其是理赔风险。因此，“带病体”保险可持续发展的关键在于能否做好风控，精准、合理、有效地管控赔付风险，进而控制好整体经营风险。在保障“带病体”人群疾病风险的同时，确保经营端的可持续。

做好“带病体”保险的风控，需多维度发力。

一是数据端的积累。包括医保体系的医疗及理赔数据，商保体系的理赔数据，药企、药店、医院等主体的用药及诊疗数据，公立医院及私立体检机构的体检数据，以及血糖血压等智能检测设备商的高频检测数据等。

二是经验及能力的积累。包括医保慢病经办及商保“带病体”保险的经验积累，以及当前保险科技领域在“带病体”保险产品设计及智能核保、风控的探索与实践。

三是慢病管理的介入。通过提前介入“带病体”人群病程周期，管控病程进展，降低并发症及重症发生率，进而降低理赔风险。

1. “带病体”数据加速积累，夯实风控基础

我们预计，随着国家层面对医保及商保互联互通的推动力度持续加大，医、药、检、险、慢病管理各行业各环节信息化程度和数据收集分析能力提升，“带病体”数据持续积累，产业链条间协同性持续增强及数据的打通，数据端的积累及突破将加速来临。

2. 经验积累叠加保险科技赋能，提升风控能力

在保险公司积极参与医保慢病经办和探索商业“带病体”保险，以此积累经验及能力的同时，保险科技在“带病体”人群风险识别、风险监测、风险管理及“带病体”保险智能核保、智能风控等领域持续创新开拓。随着数据的积累、模型的完善和保险科技的赋能，商保“带病体”保险产品风控能力将得到持续提升。

3. 慢病管理能力持续提升，降低理赔风险

我国慢病管理行业从 2015 年的“百糖大战”到如今已经历了多个发展阶段，从发展历程来看，慢病管理已从当初直接面向 C 端，转向主要为医疗机构、保司、企业等 H 及 B 端客户服务，而通过与医、药、检、保等产业链伙伴的协同，慢病管理机构得以更深入地融入医药险产业链，同时通过 H 及 B 端伙伴场景和网络服务更大量级 C 端客户，进而实现不同场景下的数据及经验积累，促进慢病管理工具及模型的持续验证及优化，使慢病管理能力及有效性得到持续提升。

未来慢病管理将成为“带病体”保险的标配，为保险公司“带病体”保险产品赋能，为已投保人群提供慢病管理服务；同时，保险公司将持续深化与慢病管理机构合作，为不同产品、不同类型、不同需求的投保人提供个性化慢病管理服务，在提升投保人群体验感和获得感的同时，降低疾病风险，管控赔付风险。

未来在数据持续积累和丰富、经验及能力持续增强、慢病管理能力持续提升三方面助力下，“带病体”保险赔付风险将得到更好的管控，整体风控能力将持续提升，推动“带病体”保险业务可持续发展。

（五）趋势五：精准触达，多元场景叠加精准营销，实现精准触达及需求激发

高达4亿的“带病体”人群规模为我国“带病体”保险市场发展奠定了坚实的需求基础，但由于保险的射幸性、复杂性及非必需性等特点，客户从潜在需求向显性需求的转变难度较大、主动性不强。

因此，在加大产品创新、增强产品对潜在需求的牵引力之外，需要增强对目标客户的精准触达及需求激发能力，以此更高效地链接供需两端，将最合适的产品匹配给最需要的“带病体”患者，同时有效激发“带病体”人群风险保障需求，促进产品销售，推动市场发展。

精准触达及需求激发已成为影响“带病体”保险产品销售及市场发展的关键要素，增强这两方面能力，需要从场景及营销两个维度发力。

1. 依托“四高”场景实现精准触达及需求激发

对“带病体”保险产品而言，最优场景即“带病体”患者有高频需求、高信任度、高依赖度、高感知度的“四高”场景，包括实体医院、药店，以及高日活的互联网医院、购药平台、健管平台等。“带病体”患者最高频的需求为用药及病情检测。当前对多数“带病体”患者而言，信任度最高的仍为实体医院，仍会定期前往医院检查及问诊；而在处方外流趋势下，定期拿药需求基本可在药店满足。

展望未来，随着互联网医疗普及率的提升及互联网购药平台渗透率的提升，“带病体”年轻化趋势的演进，以及居家检测技术的进步和接受度的提升，会有越来越多“带病体”人群依托互联网医院及购药平台完成基本问诊及购药需求。

因此，短期来看，“带病体”保险的销售可加大与实体医院及药店的合作，依

托医、药场景精准触达更多“带病体”患者，借助“带病体”人群对医院及药店工作人员的信任推进消费者教育及需求激发；中长期来看，除实体医院及药店外，可加强与高日活的优质互联网医院、购药平台及健管平台的合作，发挥互联网平台智能化、数据化优势，借助高频场景精准触达“带病体”患者，精准识别“带病体”患者病种、病程及其他就医用药行为数据，高效完成需求激发及产品推荐。

2. 依托基于场景的多层筛选和精准匹配，实现精准营销

“带病体”保险产品的营销，首先是基于场景的营销。

在上文分析的实体医院、药店及互联网医、药、健康管理等平台场景下，发挥场景的需求聚合优势，将“带病体”人群聚合到同一场景下，实现从粗放式营销到精准营销的第一层筛选；

在借助场景实现需求聚合和从广谱人群到“带病体”人群的筛选后，发挥保险科技近年来在互联网保险、惠民保等领域积累的精准营销经验及模型，实现场景内“带病体”人群的进一步细分，包括不同病种、疾病阶段、风险等级等分组，依据不同分组匹配不同类型产品；

更进一步，可根据同组内人群不同特点，包括年龄性别、生理条件、职业、地域、收入水平等，精准推荐同类型产品内最匹配的具体产品，实现“千人千品”。

四、不可回避的五大痛点

通过对我国“带病体”保险发展现状的分析，可以看到政策层面的支持鼓励，保险公司近年来的积极布局与创新供给，亿级“带病体”人群减轻支付压力和提升健康保障水平驱动下的巨大潜在需求，慢病管理能力提升背景下“带病体”保险融合慢病管理的创新探索，以及医、药、健、险等大健康产业链协同为“带病体”人群提供全面、多元保障的实践。

但在“带病体”保险持续创新和探索实践的同时，我们也观察到当前发展中仍面临诸多痛点，为产品的迭代创新、与基本医保的紧密衔接、对“带病体”人群的精准触达、服务和保障能力的进一步提升以及业务的可持续发展等带来制约。

（一）缺乏数据及经验支撑，产品开发及创新能力不足

一是缺乏数据支撑。从美国“带病体”保险发展经验来看，掌握“带病体”人

群检测、诊疗、用药等全病程数据至关重要。由于美国商保为主的医保体系以及商保对医疗系统的支付方优势地位，美国商保公司有能力获取上述数据，支撑产品开发、定价及迭代创新。

而我国是以社保为主的保障体系，是以公立医疗为主体的医疗体系，商保在医疗支付中占比较低（约6%），对公立医疗体系缺乏“话语权”；同时当前商保及社保数据并未打通，因此，商保公司难以获取“带病体”医疗及病程等相关数据；另外，商业“带病体”保险由于规模较小，保单量较低，尚未积累起足够数据。

二是缺乏经验支撑。相较于海外发达市场，我国商业健康险市场仍处于较初级发展阶段，商业“带病体”保险发展时间尚短，保险公司参与社保领域的慢病经办业务同样处在起步期，商保公司在“带病体”保险领域的经验积累仍显不足。

受制于数据及经验积累的不足，保险公司及“带病体”保险领域相关保险科技公司的产品模型缺乏足够真实的数据验证，无法完成真实环境下的市场检验及迭代优化。多重因素的共同影响，进一步制约了“带病体”保险产品的开发及创新。

（二）风险认知及产品感知较弱，需求触达及激发难度较大

受中老年人占比高、体检率低及疾病认知水平有限等因素影响，我国“带病体”人群对慢病风险普遍认知不足。

据麦肯锡统计，2020年我国45岁以上中老年群体中带病人群规模已达3.3亿，据此可知，我国4亿慢病人群中主要为中老年人，占比超80%。而中老年人尤其是老年人受知识水平、疾病检测条件等因素影响，普遍对疾病风险认知不足。根据中国疾病预防控制中心数据，我国糖尿病患者知晓率只有38%，治疗率34%，控制率仅33%。

由于“带病体”人群中多数早期及轻型患者日常治疗费用（主要为药品）尚在可接受程度，同时公众尤其是中老年群体对保险尤其是“带病体”保险这类创新型产品了解较少，对通过购买保险降低长期用药负担，以及应对未来严重并发症及重症风险的产品感知和接受度不足。

以我国最主要的慢性病——糖尿病为例，截至2021年底，我国糖尿病患者约为1.3亿人，其中2型糖尿病患者约占90%。2型糖尿病是典型的慢性病，可通过长期用药控制血糖及并发症的发生。

根据我们对部分2型糖尿病患者的调研，一年用药及挂号、检查等花费在医保报销后自费部分多在1000—2000元范围内，对多数工薪阶层而言并无太大压力。而据权威数据统计，糖尿病并发症支出约占糖尿病总支出的85%，糖尿病患者如发生并发症则支出负担会急速提升，此时再购买保险已难以获得投保资格；但在未发生并发症阶段，由于支出负担较小，对未来风险感知不足，因此，多数患者对“带病体”保险产品购买意愿较低，需求激发难度较大。

由于中老年群体占比高、对慢病风险认知及保险产品感知度较低，因此，依托线上互联网平台进行“带病体”保险销售推广的触达率和转化率较低；而经代、个人代理人等线下渠道成本较高，且此类渠道更适合高保费、高佣金产品，不利于“带病体”保险早期的推广；团险渠道无法聚拢大量“带病体”，而专门的“带病体”保险无法直接销售给普通企业客户。多重因素制约下，“带病体”保险的营销推广和需求触达难度较大。

（三）“带病体保险＋慢病管理”融合不深，医药健险产业链协同不强

首先，“带病体”人群面临的重要风险之一是因缺乏病程管理或管理失效导致的疾病恶化，进而引发并发症甚至演化为癌症等重症。而随着“带病体”人群年龄增长，身体机能下降，并发症发生率会自然提升，如不能进行有效的病程管理，重症发生率也会同步提高；同时，在并发症治疗中，将医疗治疗手段与慢病管理手段相结合，能够达到更好的治疗、康复及长期带病生存效果。

因此，有效的慢病管理对降低“带病体”人群并发症及重症风险、提升治疗效果及健康水平有重要价值。但当前慢病管理与“带病体”保险融合仍不深入，多数“带病体”保险产品虽提供相关服务，但对服务质量及效果重视和管控不足，叠加参保客户对服务使用频率低、主动性差等因素，导致慢病管理并未真正发挥预期价值。

同时，目前多数保险公司尤其是中小保险公司在医疗、药品服务及慢病管理等领域投入有限，围绕健康险的医药健康产业链生态建设仍处于初级阶段。甚至部分健康险保费占比较低、重视不足的保险公司仍未有相关布局及投入。

另外，由于保险业务经营逻辑与医疗、药品服务及慢病管理等行业经营逻辑差异较大，部分积极投入产业链构建的大中型保险公司多仅重于投资布局，而轻于医

疗、药品服务、慢病管理与“带病体”保险的相互融合与赋能；部分保险公司更是将慢病管理作为保险产品宣传和销售的“噱头”，低成本采购相关服务后简单外包，缺乏服务质量管控，极大地影响客户体验。

其次，当前活跃于保险市场的部分所谓专业健康管理及慢病管理服务商，更多的是作为服务整合商或中间商，将各类相关服务采购后依托资源优势打包销售给保险公司，而自身缺乏专业服务能力及服务质量管控能力，无法保证后续对购险客户的服务质量，制约了保险产品和慢病管理服务的融合以及服务对产品价值的提升。

保险与医疗、药品服务、慢病管理的衔接和融合不足，进一步制约了对“带病体”人群在疾病风险经济补偿之外，在病程管理、健康促进等更能提升客户体验感及健康水平环节的价值贡献。

最后，“带病体”人群大多需要长期用药及定期检测进行疾病管控，如发生并发症及重症则需在医疗机构进行治疗，因此药企、药店、检测及医疗机构与“带病体”人群的触点多、接触频次高，在“带病体”人群病程管理及“带病体”保险产业链中扮演重要角色。但由于一方面保险公司及慢病管理机构缺乏对医疗机构的“议价能力”及“管控能力”；另一方面药企、药店、慢病管理、检测及医疗机构与保险公司之间各方利益诉求存在差异，且各方利益调和及平衡难度较大，当前的产业协同仍在探索阶段，“带病体”保险实现产业协同赋能仍有很长一段路要走。

（四）指导政策及落地支撑不足，业务边界及产品定位不清

从美国、德国等国家发展经验看，政策及法律对“带病体”保险发展产生重要影响，当前我国尚缺乏相关强力推动政策。国家、医保及监管不同层面的多个重要文件中均提出鼓励支持保险机构加大产品创新，积极研发老年人及“带病体”人群可投保的商业健康险产品，但目前在“带病体”保险层面仅有上述各文件中相关支持鼓励性质内容，尚缺乏较为具体的指导文件及专项推动政策。如“带病体”保险发展意见、税收优惠政策、医疗及医保数据与商保互联互通的落地、行业协会等自律组织的“带病体”保险行业规范等。

同时，当前“带病体”保险存在边界及产品定位不清的问题。

一是突破保险边界。目前，我国“带病体”保险处在探索发展的初级阶段，在众多参与方的“创新突破”下，难免出现不当创新甚至违规行为，侵害消费者权

益，损害保险行业声誉。如监管部门发文叫停的“药转保”模式，并不利于行业良性发展。

二是产品定位不清。根据我们的梳理，目前多数“带病体”保险产品责任主要覆盖医保内责任，对医保外责任覆盖范围及保障力度有限，无法为“带病体”人群提供更全面的风险保障；同时，当前很多相关产品仅在普通医疗险的基础上，放宽投保条件，收紧理赔条件，缺乏针对“带病体”人群的个性化、差异化、专业化保障责任。

（五）行业资源投入不足，制约业务发展进程

从行业视角看，受规模导向制约及短期增长压力影响，保险公司整体对“带病体”保险业务资源投入有限。

从寿险公司来看，健康险业务中主要投入和推动的是长期重疾险，其保费高、期限长、新业务价值贡献大，而对短期健康险重视和投入较低。“带病体”保险目前主要集中在短期医疗险形态，且作为仍处探索期的创新型业务，规模小、风险大、不确定性高，因此，多数寿险保险公司发展动力小，资源投入不足。

从财险公司看，近年来在车险承压背景下，其对短期健康险业务重视及投入较大，尤其是部分互联网财险公司，将“带病体”保险作为重要的创新突破方向，投入较多；但大型财险公司发力重点仍在百万医疗险、一年期重疾等成熟短期健康险，对创新性较强、规模贡献较小的“带病体”保险投入有限。

健康险公司对“带病体”保险重视及投入尚可，但整体规模较小，在行业大盘中占比较低。

综合来看，寿险公司及大型财险公司对“带病体”保险重视及投入有限，互联网财险及部分健康险公司虽然较为重视并相对积极投入，但受规模及资源所限，对行业整体而言占比及影响较低。因此，从行业整体看，“带病体”保险资源投入不足，制约了其发展进程。

IRR 3.5%增额终身寿“炒停售”，这些人身险大格局变动趋势更值得关注

慧保天下　2022 年 12 月 7 日

银保监会《关于近期人身保险产品问题的通报》（人身险部函〔2022〕501号）（以下简称《通报》）下发后，已经开始对增额终身寿市场产生显著影响，首先到来的，仍是一波“炒停售”：

“就像 4.025% 的年金险一样，有效保额递增利率为 3.5% 的增额终身寿也将成为历史绝唱”；

“终身 3.5% 复利，3.5% 的终身寿险或成历史”；

……

近段时间以来，多款增额终身寿险陆续宣布下架，更是将这一波“炒停售”推向了高潮。

该如何理性看待这波“炒停售”？更重要的是，该如何看待《通报》给行业带来的深远影响？随着时间的推移，业界人士对此更多的思考已经出炉：

一、“炒停售”风再起，实际上监管并未全面叫停 IRR（内部收益率）3.5%增额终身寿

目前来看，《通报》下发后，确实有保险公司公开宣布将停售个别产品，一些保险销售人员再度开启“炒停售”模式。

据“慧保天下”不完全统计，目前各险企已停售增额终身寿险产品已多达 40余款，包括华夏人寿、君康人寿、小康人寿、国华人寿、渤海人寿、招商仁和人寿、长城人寿、复星保德信人寿、瑞泰人寿、幸福人寿、中英人寿等险企。

例如，瑞泰人寿瑞享福盈/瑞享福盈尊享版，于11月20日停售；

招商仁和人寿金盈卫增额终身寿险，宣布将于11月30日停售；

国联人寿国联益力多2.0也于12月4日停售；

国联人寿国联金满意足青春版于12月4日停售；

恒大人寿恒大万年禧两全险、万年禧增额寿于12月4日停售；

海保人寿鑫满意于12月1日停售；

生命人寿康乾2号祥瑞人寿于12月1日停售；

和泰人寿增多多3号（泰山版）于12月1日停售；

……

基于此而兴起的各种“炒停售”，其核心内容几乎一致：以前错过了4.025%，现在还要错过3.5%吗？以后再也没有这么好的产品了；再不买就晚了……还是熟悉的配方，还是熟悉的味道。

不少业界人士对这类说法表示明确反对：这是对《通报》的误读，《通报》并未针对IRR3.5%的增额终身寿产品全面叫停，满足条件的险企，按照监管要求开发的合规产品依然可以正常销售。例如某些大公司开发的IRR3.5%的产品不会下架。受影响较大的主要是一些中小险企，其个别产品开发过于激进，违背了有关监管要求。

根据《通报》，监管要求险企自收到通报之日起，立即开展增额终身寿险产品专项风险排查工作，排查重点包括但不限于：增额比例超过产品定价利率、利润测试的投资收益假设超过公司近5年平均投资收益率水平、产品定价的附加费用率假设明显低于实际销售费用等。且监管明确，针对排查发现存在上述问题的产品，应当立即停止销售，并于2022年12月5日前报送产品停售报告。

一些中小险企增额终身寿产品之所以需要停售，主要是因为第二项和第三项条件——投资收益假设过高，附加费用率假设过低。一些险企之所以如此操作，主要就是为了将产品设计得更加激进，在市场上更有竞争力。但如此策略在带来漂亮的保费增速数据的同时，也给险企未来发展埋下长久隐患，不啻饮鸩止渴。

二、跟风须谨慎，激进公司激进产品往往也意味着更多风险

停售的产品，均为IRR等于或大于3.5%的产品，对于客户来说，某些产品确实是“一旦错过就不再”，但不少业界人士认为，这并不可惜——监管之所以叫停

这些产品，不是因为其“收益率太高”，而是因为“产品激进程度与企业实力不成比例，导致未来损害客户合法权益的可能性加大”。

在《通报》中，监管直接喊停了弘康人寿、中华联合人寿以及小康人寿的 4 款增额终身寿险产品。无一例外，这些都是实力相对薄弱的中小型险企。

在现实经营中，产品设计激进的几乎都是一些中小型险企，且其中个别险企已经在公司治理、偿付能力等方面暴露出一些问题，如果任由其激进下去，一旦风险集中暴露，维护客户合法权益的难度将大大增加。

这种担忧并非杞人忧天。保险保障基金被视为保险行业维护消费者合法权益的一道重要屏障，但其规模终究有限，无法做到随时随地救风险机构于水火，近几年的事实已经证明了这一点。

尤其值得注意的是，在个别保险销售人员“炒停售”的同时，还伴随着不少销售误导。最典型的，“增额终身寿险复利 3.5%”并不是指保费的投资收益率，而是保额增长率，但不少客户对此产生错误认知，进而高估了增额终身寿的价值。

三、12 月 5 日后首批新增额终身寿产品出炉：只比旧产品低了一点点

根据《通报》，险企须最晚在 12 月 5 日进行情况上报。如今，12 月 5 日的期限一过，一些反应快的公司新备案或审批的增额终身寿产品已经上架，整体来看，这些产品的 IRR 多集中于 3.46%—3.49%，确实比 3.5% 低，但只低了一点点。如图 1 所示。

图 1　12 月 5 日后上架的险企产品

注：图片来源于网络。

四、留给中小公司转型的时间已经不多了，亟待改变激进产品依赖症

对于一些习惯了以激进产品打市场的中小公司而言，其眼下的日子并不好过，个别险企甚至会面临无产品可卖的境地；即便新产品快速上市，也须考虑相对竞争力下降带来的影响。

更重要的是，监管部门针对险企进行分级分类监管的思路愈发明确，开始针对越来越多的业务设定更高准入门槛。例如互联网人身险业务方面、个人养老金业务经营方面都是如此，核心目标就是实现险企“有多大能力做多大业务”，防止与自身实力不相称的盲目扩张，进而酿成风险事故。

随着分级分类监管的不断深入，部分实力薄弱的中小险企发展空间势必遭遇进一步挤压，加快业务转型迫在眉睫。

中小险企的另一个发展思路是，增资扩股，提升能力，从根本上增强自身实力，打开发展局面。

总而言之，留给中小险企转型的时间已经不多了，部分险企亟待改变过往的激进产品依赖症，逐渐转向差异化竞争。

五、专业中介、第三方平台或受挤压，个险渠道将迎一波新机遇

部分中小险企产品激进的产品设计遭监管叫停，最先受到影响的或许是中介渠道，包括不少第三方平台以及部分传统中介——产品激进一直是这些机构销售产品最重要的推动力。随着产品 IRR 的下降，其相对竞争力势必也受到一定抑制。

也是因此，一些业内人士认为，个险渠道或因此迎来一波行情。理由是：长期以来个险渠道产品的竞争力常常为中介或第三方平台所“碾压”，一方面“收益率”较低，另一方面，给到销售人员的佣金不足，这是导致其销售低迷的主要原因之一。

为提振个险渠道业绩，近年来不少公司个险产品已经逐渐银保化。如今，伴随中介以及第三方平台产品竞争力的相对下滑，个险渠道产品与中介、第三方平台产品之间的差距将进一步缩小，这有利于个险渠道发展。

甚至有业界人士表示，已经开始计划在 2023 年加大个险渠道扩展力度……

佣金率不超2%！ 专属商业养老险试点扩容，倒逼代理人加速转型

慧保天下　2022 年 2 月 21 日

试点近 5 年的税延养老险政策迟迟没有扩大试点，试点不足 1 年的专属商业养老险却要“捷足先登”了。

2 月 21 日，中国银保监会官网发布《中国银保监会办公厅关于扩大专属商业养老保险试点范围的通知》（银保监办发〔2022〕13 号）（以下简称《通知》），宣布自 3 月 1 日起，将专属商业养老险试点范围扩大至全国，参与试点的主体则由原来的 6 家头部寿险公司，进一步扩展至全部的 10 家专业养老险公司。

为什么扩大试点的是没有税优政策的专属商业养老险，而非税延养老险？此次扩大试点，又向保险业透露了什么样的信号？

值得注意的是，专属商业养老险费用透明，为提升竞争优势，产品的初始费用都很低，佣金率最高也不超 2%，对于代理人而言，这是继“惠民保”之后，又一款“不赚钱”产品。但无论是对于险企而言，还是对于代理人而言，都已经没有太多时间犹豫。

一、专属商业养老险试点区域扩展至全国

根据《通知》要求，专属商业养老险的试点区域、参与试点的市场主体都将得到极大程度扩张。

首先在试点区域上，自 2022 年 3 月 1 日起，扩大到全国范围。而根据《中国银保监会办公厅关于开展专属商业养老保险试点的通知》（银保监办发〔2021〕57 号）（以下简称“2021 年 57 号文件”）规定，原有的试点区域很少，只包括浙江省

（含宁波市）和重庆市两地。

其次在参与试点的市场主体上，数量也有显著增加，除最早参与试点的6家头部寿险公司（人保寿险、中国人寿、太平人寿、太平洋寿险、泰康人寿、新华人寿）外，专业养老险公司也将被纳入试点范围中来。

截至目前，国内共有10家专业养老险公司，包括国寿养老、长江养老、平安养老、太平养老、大家养老、泰康养老、新华养老、人保养老、恒安标准养老、国民养老。

不过，可以看到，监管对于参与专属商业养老险试点的市场主体选择整体还是非常谨慎的，要么是头部机构，要么是专业养老险机构，而专业养老险机构大多有着强大的股东背景、集团背景，进一步利好大型险企。

试点范围扩大后，银保监会要求继续适用（2021年57号文件）的有关规定，要求试点公司应当秉持长期经营理念，合理制定业务发展规划，有序推进各项工作。在坚决守住风险底线的前提下，持续创新产品，增强养老保障功能。要服务民生大局，积极探索满足新产业、新业态从业人员和灵活就业人员多样化需求。

《通知》同时要求，各银保监局要加强与当地相关部门和单位的沟通协调，做好政策解读，营造试点发展的良好氛围。要持续加强监管，规范市场秩序，坚决查处各类损害消费者权益的行为。对试点过程中发现的问题，及时向银保监会报告。

二、险企卡位养老金融，长期、保底收益成特色

2021年57号文件是银保监会为贯彻落实党中央、国务院关于规范发展第三支柱养老保险的重要部署，推动商业养老保险加快发展而下发的，决定开展专属商业养老保险试点。其于2021年5月8日正式印发，同年6月1日起开始在浙江省、重庆市两地进行试点。

根据银保监会披露的数据，专属商业养老险自2021年6月1日起开始试点，截至2022年1月底，即试点8个月时间，6家试点公司累计承保保单近5万件，累计保费4亿元，其中快递员、网约车司机等新产业、新业态从业人员投保近1万人。

从这一数据来看，专属商业养老险明显要优于税延养老险。自2018年5月1日起，监管部门开始推动险企在上海市、福建省（含厦门市）、苏州工业园区三地试

点实施个人税收递延型商业养老保险（税延养老险），有关统计显示，这一被寄予厚望的险种发展情况并不好。截至2018年底——同样是试点8个月后，试点三地税延养老险累计实现保费仅7160万元，承保件数不足4万件；截至2019年底，参保人数仅4.7万人，保费收入也只有2.45亿元。

可以看到，在试点区域更小、参与试点公司更少，且没有税收优惠政策的情况下，专属商业养老险无论是在承保件数还是在保费收入上，都明显取得了比税延养老险更好的效果，而这或许就是专属商业养老险得以更快扩大试点的原因之一。

税延养老险的弊端，此前“慧保天下”已分析过多次，简而言之就是门槛高、税收优惠力度有限、领取期税率太高、代理人佣金过低等。

相较之下，专属商业养老险产品无疑更具优势。根据参与试点的6家险企披露的资料，商业专属养老险具有以下三大优势：

一是收益稳健。专属商业养老险是基于万能险开发的一种新型产品，具备万能险“保底收益”的优势，均采取“保底＋浮动”的收益模式。相对于非保底、非刚兑的基金、银行理财等，这一优势相当明显。

二是收益透明。专属养老险的结算利率会按时公布，便于消费者查看，并与其他理财产品进行收益率的横向对比。

三是收益率相对较高。针对不同的风险偏好，专属养老险均设置了稳健型以及进取型两类投资账户，以满足不同风险偏好的消费者需求，但无论哪种账户，目前的结算利率都远高于其设定的保底收益率。

纵然专属商业养老险的结算利率只是暂时的，未来存在很大的变动可能性，但在诸多非刚兑养老金融产品中，专属商业养老险无疑是帮助险企成功建立了差异化的产品定位：长期、保底＋浮动收益。这种长期、稳健的产品风格，为消费者进行养老理财提供了更多元化的选择。

三、普惠险种大行其道，微薄佣金倒逼代理人加速转型

当然，无论如何，对于贡献了中国寿险业大部分保费的六大头部寿险公司来说，8个月时间，专属商业养老险创造的区区4亿元保费，实在是“微不足道”。

主要原因在于代理人动力不足。专属商业养老险也与税延养老险一样面临一个

根本性的问题——佣金率太低。据了解，目前各家寿险公司销售专属商业养老险佣金率至多也不会超过2%。

但尽管佣金率不足2%，对于一款养老金融产品而言，也已经是相当之高，对比同样以养老为目标的银行理财产品以及基金，初始费用率基本只有1%。

对于险企自身而言，专属商业养老险的佣金率每上升一个百分点，其压力也都是巨大的：一方面，要保持产品的竞争力，其结算利率必须要相对较高；另一方面，为实现保底收益，其投资势必面临严格的约束，不能随意扩大投资范围。

双重压力之下，谁能进一步提升效率，降低销售费用及中后台成本，谁无疑就能在专属商业养老险的竞争中获得优势。

对于险企而言，利润，永远是发展业务最直接的动力；对于代理人而言，佣金，也永远是发展业务最直接的动力。但无论是对于当下的险企而言，还是代理人而言，面对养老金融市场巨大的市场想象空间、空前激烈的市场竞争，可能已经没有更多犹豫的时间了。

2015年，税优健康险开始试点，险企参与意愿明显不足，原因有很多：代理人佣金率低、产品设计不合理、允许带病投保导致险企亏损风险显著增加等。结果若干年后，允许带病投保、亏损可能性很高的惠民保已经是星火燎原。

2018年，税延养老险开始试点，效果同样不佳，原因也是多种多样的：代理人佣金率低、产品设计复杂、优惠力度不明显等。业界人士呼吁提高税延限额、扩大试点范围，但此后再无下文，等来的是没有税收优惠政策的专属商业养老险。

即便是在没有税收优惠的养老金融领域，银行、基金等金融机构也都在急忙卡位，银行的养老理财、基金公司的养老目标基金都方兴未艾，无论是保险公司还是代理人都已经没有讨价还价的余地，一旦选择放弃，可能就永远失去了这些市场。

现在压力来到了保险公司以及代理人的面前，转型成为唯一出路。

对于险企而言，面对其他金融业态的来势汹汹，要想降低成本、提升利润，则必须寻找成本更加低廉的方式。

对于代理人群体而言，面对险企降本增效的大趋势，面对一些健康险、养老险逐渐“普惠化”的现状，提升高价值、保障型产品的销售能力也已经刻不容缓。

个人养老金开启保险业新思维：一个账号+多种金融产品+封闭运营，每年最多缴纳1.2万元

慧保天下　2022年4月21日

千呼万唤的个人养老金制度终于来了。

国务院办公厅《关于推动个人养老金发展的意见》（以下简称《意见》）于4月正式下发，养老三支柱建设再进一步。

整体来看，个人养老金制度实现了“个人缴费”，“一个账户+多种金融产品”，这符合此前的判断，意味着，进入个人养老金账户的资金不仅能够购买商业保险产品，还能购买银行理财、储蓄存款、公募基金等金融产品，在养老三支柱建设方面，保险业与其他多种类型的金融产品展开激烈角逐。

《意见》同时明确将针对个人养老金予以税收优惠政策支持，不过，其也规定每年的缴纳额封顶线为1.2万元，意味着个人养老金每个月可享受的税优力度与此前的税延养老险一致，或将出现由于优惠力度较小，吸引力不足，难以快速做大规模的问题。

一、《意见》的主要内容

（一）明确个人养老金发展原则：政府政策支持、个人自愿参加、市场化运营，将选择部分城市先行试点

《意见》明确了个人养老金制度的发展原则，即“政府政策支持、个人自愿参

加、市场化运营”，其与基本养老保险、企业（职业）年金相衔接，以健全多层次、多支柱的养老保险体系。

《意见》明确了哪些人可以参与个人养老金，即“在中国境内参加城镇职工基本养老保险或者城乡居民基本养老保险的劳动者”，理论上来看，覆盖面相当广。

在运营和监管方面，《意见》也作出规定，明确人力资源社会保障部、财政部对个人养老金发展进行宏观指导，根据职责对个人养老金的账户设置、缴费上限、待遇领取、税收优惠等制定具体政策并进行运行监管，定期向社会披露相关信息。

税务部门依法对个人养老金实施税收征管。

相关金融监管部门根据各自职责，依法依规对参与个人养老金运行金融机构的经营活动进行监管，督促相关金融机构优化产品和服务，做好产品风险提示，对产品的风险性进行监管，加强对投资者的教育。

根据《意见》的安排，个人养老金制度将结合实际分步实施，选择部分城市先试行 1 年，再逐步推开。

（二）明确个人养老金制度模式：一个账户 + 多种金融产品 + 封闭运营

此前就有消息称，个人养老金制度将采用“一个账户 + 多种金融产品”的方式，即进入个人养老账户的资金不仅可投保商业保险，还能购买其他理财产品。从《意见》来看，这一理念确实得到了贯彻。

根据《意见》，个人养老金实行个人账户制度，缴费完全由参加人个人承担，实行完全积累。这与第一、第二支柱中，企业与个人共同缴费的模式截然不同。

个人养老金参加人，需要通过个人养老金信息管理服务平台（以下简称“信息平台”），建立个人养老金账户——这是参加个人养老金制度、享受税收优惠政策的基础。

之后，参加人可以用缴纳的个人养老金在符合规定的金融机构或者其依法合规委托的销售渠道购买金融产品，并承担相应的风险。

根据《意见》，参加人应当指定或者开立一个本人唯一的个人养老金资金账户，用于个人养老金缴费、归集收益、支付和缴纳个人所得税。而这一账户，可以由参加人在符合规定的商业银行指定或者开立，也可以通过其他符合规定的金融产品销售机构指定。

根据《意见》，参加人可以变更个人养老金资金账户的开户银行，但须在经过信息平台核验后，才能将原个人养老金资金账户内的资金转移至新的个人养老金资金账户并注销原资金账户。

此外，《意见》还规定，个人养老金资金账户实行封闭运行，其权益归参加人所有，除另有规定外不得提前支取。

（三）个人养老金可购买的产品除商业养老保险外，还包括银行理财、储蓄存款、公募基金等

“慧保天下”一直在强调，在养老第三支柱的建设方面，一定不会是商业保险机构一家独享，面对如此巨大的市场，一定是多种金融机构并存。这样做一方面是平衡各类金融机构的利益，另一方面也是能更好地满足消费者不同的投资偏好。

“一个账号+多种金融产品”恰恰是《意见》最核心的规定之一。根据《意见》，个人养老金资金账户资金用于购买符合规定的银行理财、储蓄存款、商业养老保险、公募基金等运作安全、成熟稳定、标的规范、侧重长期保值的满足不同投资者偏好的金融产品。

参加人可自主选择购买哪种类型的金融产品，但参与个人养老金运行的金融机构和金融产品须由相关金融监管部门确定，并通过信息平台和金融行业平台向社会发布。

（四）不得随意支取：达到领取基本养老金年龄、完全丧失劳动能力、出国（境）定居等方可领取；账户资金可继承

前文提及，“个人养老金资金账户实行封闭运行……除另有规定外不得提前支取”。到底是哪些情况才可以提前支取，《意见》对此也进行了明确：“参加人达到领取基本养老金年龄、完全丧失劳动能力、出国（境）定居，或者具有其他符合国家规定的情形，经信息平台核验领取条件后……”可以领取个人养老金。

就领取的方式而言，有多种方式可供灵活选择：“可以按月、分次或者一次性领取个人养老金”；同时也明确“领取方式一经确定不得更改”，“领取时，应将个人养老金由个人养老金资金账户转入本人社会保障卡银行账户”。

此外，个人养老金是可以继承的，《意见》明确，“参加人死亡后，其个人养老金资金账户中的资产可以继承”。

（五）税优力度低于预期，每人每年缴纳上限仅 1.2 万元

个人养老金制度最受人关注之处，一是“一个账户 + 多种金融产品 + 封闭运营”的制度模式，这意味着，能享受税收优惠政策的将不只是商业保险，还包括其他类型金融产品，保险业必须与其他金融机构进行正面竞争。二是税收优惠的政策支持力度。此前，无论是税优健康险，还是税延养老险，发展情况都有不尽如人意之处，原因之一就是人们普遍认为税收优惠力度不够。例如 2018 年试点的税延养老险，其税前扣除限额为当月工资的 6%，最高 1000 元封顶；税优健康险额度更低，每月最高 200 元，每年最高 2400 元。

如果个人养老年金能够突破这一限制，在更大程度上给予税收优惠支持，才能从更大程度上激发人们的参加意愿。但目前来看，个人养老金制度的税优力度仍与此前的税延养老险持平，即每月最高 1000 元，每年最多 12000 元。这与此前人们的预期有一定差距。

当然，《意见》也明确，缴费上限是可以调整的：“人力资源社会保障部、财政部根据经济社会发展水平和多层次、多支柱养老保险体系发展情况等因素适时调整缴费上限。”

（六）人力资源社会保障部组织建设信息平台，与财政、税务等部门共享相关信息

在税优健康险以及税延养老险的运营过程中，系统对接运行的问题一直是值得关注的大问题。例如，投保税延养老险后，人们不能直接从个人所得税客户端进行税前扣除操作，而是需要在中国银保信平台打印税延养老扣除凭证，再交给公司进行抵扣，领取时，则由保险公司进行代扣。这在一定程度上影响了消费者的体验，而主要原因则在于是保险业主导，统筹层次相对较低。

个人养老金则不同，作为国务院力推的一项政策，其统筹层次将明显高于税延养老险，这将直接体现在系统的开放、对接、运营等方方面面。

根据《意见》，个人养老金的信息平台由人力资源社会保障部组织建设，该平台将与符合规定的商业银行以及相关金融行业平台对接，归集相关信息；还会与财政、税务等部门共享相关信息；为参加人提供个人养老金账户管理、缴费管理、信息查询等服务，支持参加人享受税收优惠政策。

二、原则性规定之外，一连串细节问题仍有待明确

通过前面的分析可以看到，《意见》依然是原则性的规定，对于各类金融机构以及广大消费者而言，仍有诸多细节、疑问有待进一步明确：

领取期是否缴税？事实上，税延养老险缴费期可税前扣除，领取期却是需要缴税的。

“个人养老金资金账户资金用于购买符合规定的银行理财、储蓄存款、商业养老保险、公募基金等……”，但“符合规定”的内涵是什么？

“参与个人养老金运行的金融机构和金融产品由相关金融监管部门确定”，金融机构的选择标准究竟是什么？

目前只规定了“领取时，应将个人养老金由个人养老金资金账户转入本人社会保障卡银行账户”，这意味着三支柱间的壁垒尚未完全打通，资金依然没有办法灵活流动，什么时候，允许将第一、第二支柱个人账户中的资金转移至第三支柱以获取更高收益？

三、个人养老金制度框架下的保险业，是喜还是悲

个人养老金制度首度被提及，还是在2021年，彼时也是快速登上了各大平台的热搜榜单——事关民生大计，自然不容小觑。

虽然说税优力度不及预期，或将影响人们的参加意愿，但在国家信用背书、媒体大力宣传以及税务等部门的积极配合之下，其力度一定是远超保险业自己主导的税延养老险以及专属商业养老保险的。

假设目前国内缴纳个税的数千万人中，最终有3000万人选择参加个人养老金，且用足每月1000元的额度，则意味着个人养老金一年可累积3600亿元的资金规模；假设5000万人投保，则这一数字将扩大至6000亿元。

数字看起来相当诱人，而保险业注定要在其中分一杯羹。由于目前尚不清楚“符合规定”的产品究竟是何种形态，其市场竞争力也无法判断，但对于保险业而言，长期资产的配置经验将是其区别于其他金融业态的一项重要优势。

需要注意的是，税优力度不及预期，一方面或将影响个人养老金的发展速度，进而波及其中的保险产品，但从另一方面来看，人们的参加意愿不足，意味着会给保险业以及其他金融行业留下更大的想象空间，保险业完全可以在此基础上继续发展补充型养老保险产品。

个人养老金制度更深远的意义在于将唤起人们对于养老金融产品进一步的关注，强化消费者教育，这对于保险业也将大有裨益。

所以面对不及预期的“个人养老金”制度，保险业最好的态度或许不是狂喜，也不是悲观，而是放弃幻想，更清醒地意识到，随着养老第三支柱这一大市场开始吸引越来越多的金融行业关注，各种金融业态同台竞技不可避免，充分发挥过去在第二、第三支柱建设当中的经验、优势，随时随地准备投入战斗才是最好的姿态。

养老金融方向与路径，近期一系列新规都说清楚了

慧保天下　2022 年 5 月 23 日

2022 年以来，银保监会密集出炉养老金融相关新政，既有对养老金融统一作出原则性规定的《关于规范和促进商业养老金融业务发展的通知》，也有关于具体业务类型的规定，包括制定个人养老金业务框架的《关于推动个人养老金发展的意见》《关于扩大专属商业养老保险试点范围的通知》《关于扩大养老理财产品试点范围的通知》等；此外，银保监会还释放了开展养老储蓄试点、商业养老金管理业务试点的重要信息。

可以看到，解决老龄化问题并非空谈，由此衍生的各种金融机遇，正在逐渐变为现实，这是保险业不容错过的战略机遇。

但同时也应看到，“多元化”已经成为监管部门发展养老金融的基本原则之一，这意味着除商业保险公司之外，各类符合规定的金融主体都能从事相关业务，目的就是提升养老金融市场的供给丰富度，满足不同客户需求。

这些密集发布的政策，也体现出了监管部门在养老金融方面坚持“两条腿走路”的方针，按照银保监会副主席梁涛 2020 年的说法，就是：一方面，坚持正本清源，研究明确养老金融产品的标准，按照“名实相符”的原则，对不符合标准各类带有“养老”字样的短期金融产品坚决予以清理；另一方面，稳步推进创新试点，选择少数符合条件的金融机构和专营机构先行开展养老金融试点，支持相关机构发展体现长期性、安全性和领取约束性，真正具备养老功能的养老金融产品，包括养老储蓄存款、养老理财、专属养老保险、商业养老金等，力争通过示范引领，为养老金融全面发展探索出一条新路。

一、清理规范市场、制定基础游戏规则，银保监会密集出台养老金融新规

作为监管发力养老金融的“两条腿”之一，养老金融系列新规正本清源，明确规则、标准，清理市场乱象，以便为今后发展奠定制度基础。

银保监会近期出台的一则新规值得高度关注。

5 月 10 日消息，银保监会于近日印发《关于规范和促进商业养老金融业务发展的通知》（以下简称《通知》），对商业养老金融的业务规则作出原则性规定，确切地回答了几个市场上的重点问题：

（一）明确“三支柱”范畴，定调多元化，险企注定只是养老金融市场的参与者之一

根据《通知》：“符合银保监会规定的银行理财、储蓄存款、商业养老保险等运作安全、成熟稳定、标的规范、侧重长期保值的满足不同投资者偏好的金融产品可纳入个人养老金投资范围，享受国家规定的税收优惠政策。”

这意味着，只要符合“运作安全、成熟稳定、标的规范、侧重长期保值”等条件，无论是银行理财、储蓄存款还是商业养老保险都可视为“三支柱”产品，享受税收优惠政策。保险公司注定不是养老“三支柱”的唯一供给者，要想在其中有所斩获，必须直面与银行、基金公司、理财公司等的竞争。

《通知》的规划很明确，支持和鼓励银行保险机构依法合规发展商业养老储蓄、商业养老理财、商业养老保险、商业养老金等养老金融业务，向客户提供养老财务规划、资金管理、风险保障等服务，逐步形成多元主体参与、多类产品供给、满足多样化需求的发展格局。

（二）规范市场，不是所有产品都可以称为养老金融产品

根据《通知》，银行保险机构开展商业养老金融业务应体现养老属性，产品期限符合客户长期养老需求和生命周期特点，并对资金领取设置相应的约束性要求。

同时，《通知》还规定，对于符合规定的商业养老金融产品，银行保险机构可

在产品名称和营销宣传中使用"养老"字样。其他金融产品不得在名称和营销宣传中使用"养老"或其他可能造成混淆的字样。

这些规定实际是给养老金融产品划定了范围，也给市场上很多顶着"养老"名义，实际上只是短期理财的产品进行了彻底否定。

（三）明确银行保险机构职责，持续开展客户教育，有效管控投资风险

《通知》要求，银行保险机构应当持续开展客户教育，提高社会公众对商业养老金融产品的认知度和接受度，逐步培育成熟的养老金融理念和长期投资理念，引导客户合理规划、持续投入、长期持有、长期领取，切实提高养老保障水平。

此外，《通知》还明确，银行保险机构应当加强商业养老资金投资管理，采用成熟稳健的资产配置策略，有效管控商业养老资金投资风险。鼓励积极投向符合国家战略和产业政策的领域，为资本市场和科技创新提供支持。

这些内容实际上是对银行保险机构从事养老金融工作制定了工作方向：客户教育，以普及科学的养老金融观念；制定规划，纳入考核，以引起机构上下更高度的关注；有效管控投资风险——养老金融产品最重要的比拼点就在于长期收益，这将对险企的资金运用能力提出更高的要求，尤其是在国内长期资产匮乏、资产负债错配严重且资本市场下滑的阶段，险企更须慎之又慎。

二、各类产品全面开花，多元化发展成定局，保险业面临这些机遇和竞争

在明确基础规则的同时，国务院、银保监会还在2022年出台了一系列新规，对于多种具体的养老金融产品进行了规范，体现的正是"两条腿"走路中的"稳步推进创新试点，选择少数符合条件的金融机构和专营机构先行开展养老金融试点……力争通过示范引领，为养老金融全面发展探索出一条新路"的发展思路。

例如，2月，银保监会印发《关于扩大专属商业养老保险试点范围的通知》，明确自2022年3月1日起，将专属商业养老保险试点区域扩大到全国范围。同时，在原有6家试点公司基础上，允许养老保险公司参与专属商业养老保险试点。

4月21日，国务院办公厅印发了《关于推动个人养老金发展的意见》，明确个

人养老金实行个人账户制度，缴费完全由参加个人承担，实行完全积累。个人养老金资金账户资金用于购买符合规定的银行理财、储蓄存款、商业养老保险、公募基金等运作安全、成熟稳定、标的规范、侧重长期保值的满足不同投资者偏好的金融产品，参加人可自主选择。

除了允许专属商业保险扩大试点之外，针对银行、理财公司等的养老金融产品试点也开始稳步扩大。

同样是在2月，银保监会还下发了《关于扩大养老理财产品试点范围的通知》，确定在前期“四地四机构试点”基础上，将试点范围扩展至“十地十机构”。试点地区扩大至“北京、沈阳、长春、上海、武汉、广州、重庆、成都、青岛、深圳”十地；试点机构扩大至“工银理财、建信理财、交银理财、中银理财、农银理财、中邮理财、光大理财、招银理财、兴银理财和信银理财”十家理财公司。

试点规模方面，前期已开展试点的4家理财公司，单家机构养老理财产品募集资金总规模上限由100亿元人民币提高至500亿元人民币；新增的6家理财公司，上限仍为100亿元人民币。

到5月，银保监会又明确将由工、农、中、建四家大型银行在部分城市开展养老储蓄试点，单家银行试点规模初步考虑为100亿元，试点期限暂定一年。根据规定，特定养老储蓄产品包括整存整取、零存整取和整存零取三种类型，产品期限分为5年、10年、15年和20年四档。

除上述产品外，5月13日，银保监会有关部门负责人在市场运行情况通气会上还表示，银保监会将借鉴国内外经验，筹备创新推出具有鲜明养老属性的商业养老金管理业务。

这也引起了市场的广泛关注，因为“商业养老金管理”是此前保险业并未从事过的一种业务类型。

按照银保监会有关负责人的解释，这类业务就是指，“为个人提供养老财务规划和长期资金管理服务，将养老规划、账户管理和金融产品相结合，为客户提供专业化养老顾问服务和金融解决方案”。

试点机构也已经明确，银保监会负责人称“力争尽快由部分养老保险公司开展试点”。

而据坊间消息，银行系的“国民养老”以及规模最大的“国寿养老”，可能将率先开展相关试点。

除了上述内容之外，对于保险业而言，还有另外一项业务值得关注，即长期护理保险。自2016年6月27日人社部印发《关于开展长期护理保险制度试点的指导意见》正式启动长期护理保险试点工作，又于2020年9月进一步扩大试点以来，长期护理保险试点已经进入第6个年头。虽然这类业务覆盖范围依然有限，且属于社保范畴，甚至不在银保监会的监管范围之内，但其在客户教育、基础设施普及等方面发挥的作用不可小觑。这给商业保险公司发展商业护理保险、失能保险等都奠定了基础。

随着制度落地，各项试点逐步推进，属于养老金融的时代正在到来，这是所有保险机构都不容错过的重大战略机遇。2月22日，国务院印发的《"十四五"国家老龄事业发展和养老服务体系规划》，实际已经给保险业划定了方向——其内容包括促进和规范发展第三支柱养老保险、构建长期护理保险制度政策框架、不断扩大基本养老保险覆盖面、推动助餐机构投保食品安全责任保险、引导商业保险机构加快研究开发适合居家护理、社区护理、机构护理等多样化护理需求的产品等。在这些方面，保险业无疑均大有可为。

重磅！险企参与个人养老金细则征求意见，满足条件产品均可享受税优政策，目前仅28家公司有资格

慧保天下　2022年9月29日

保险业心心念念的税优政策范围扩容终于来了。

9月29日，银保监会人身险部向各银保监局、人身险公司、中国银保信公司下发《关于促进保险公司参与个人养老金制度有关事项的通知（征求意见稿）》（以下简称《征求意见稿》），人身保险公司参与个人养老金制度建设的制度细则得以大致明确。

而在9月27日，国务院常务会议才刚刚确定个人养老金制度税收优惠政策框架，明确：对缴费者按每年12000元的限额予以税前扣除；投资收益暂不征税；领取收入的实际税负由7.5%降为3%。政策实施追溯到2022年1月1日。

税优政策框架甫一落地，银保监会的保险业参与细则就开始征求意见，反应速度不可谓不快。

更重要的，根据《征求意见稿》，此前业界呼吁的扩大税优政策惠及范围，将具有同样功能的产品都纳入其中，以满足消费者多元化需求，在此次的《征求意见稿》中得到了确认。

根据《征求意见稿》，满足一定条件的保险公司都可以参与个人养老金制度建设，只要符合一定条件的保险产品（主要是年金保险、两全保险）都可以成为个人养老金产品，都可以享受税优政策。

这意味着，更多类型的保险产品将可享受税优政策，这对于推动保险产品销售无疑大有裨益。

但需要注意的是，个人养老金产品在享受税优这一利好政策的同时，也须履行一定义务，即产品到期后的资金不能随意领取，只有参加人达到领取年龄，或者满足其他领取条件时才能开始领取。

更重要的，依据分层分类监管理念，不是所有人身险公司都可以销售该类产品，依据“慧保天下”粗略计算，目前只有28家险企符合条件。

以下是关于《征求意见稿》的详细解读。

一、贯彻分层分类监管理念，只要满足一定条件的人身保险公司均可参与个人养老金业务，不过目前只有约28家险企符合条件

此前，无论是税延养老险，还是专属商业养老保险，都采取了监管直接划定试点范围的方式，都是先选择部分机构、区域进行试点，然后逐步扩大试点范围，最后机制理顺后推广至全部机构、所有区域。

保险业参与个人养老金采用的则是完全不同的方式，更强调了分层分类监管，根据《征求意见稿》，只要满足一定条件的人身保险公司都可以参加该项业务，具体条件如下：

“二、符合以下条件的保险公司可经营个人养老金相关业务：

（一）上季度末所有者权益不低于50亿元且不低于公司股本（实收资本）的75%；

（二）上季度末的综合偿付能力充足率不低于150%、核心偿付能力充足率不低于75%；

（三）上季度末责任准备金覆盖率不低于100%；

（四）最近3年未受到金融监管部门重大行政处罚；

（五）具备完善的信息管理系统，与保险行业个人养老金信息平台（以下简称保险行业平台）实现系统连接并按相关要求进行信息登记和交互；

（六）银保监会规定的其他条件。”

但《征求意见稿》划定的门槛并不低，“慧保天下”重点考察了前两个条件，发现如果按照2022年第二季度末的数据来粗略计算，目前或只有28家机构满足这两项条件，具体见表1。

表 1　　2022 年第二季度末，满足《征求意见稿》第一条要求的险企

机构	核心偿付能力充足率（%）	综合偿付能力充足率（%）	净资产（亿元）	注册资本（亿元）
中国人寿	169.05	235.56	4803.27	282.65
平安人寿	137.61	245.30	2794.49	388
新华保险	146.25	240.90	1020.24	31.2
太保寿险	151.00	248.00	1005.91	84.2
泰康人寿	118.61	235.87	698.95	30
太平人寿	123.55	247.10	570.83	100.3
人保寿险	145.20	232.62	456.54	257.61
阳光人寿	120.46	171.85	361.41	183.42
中邮人寿	119.00	182.00	351.27	287
国华人寿	123.30	175.07	277.59	48.46
工银安盛	123.00	185.00	189.53	125.05
友邦人寿	220.41	374.26	182.29	37.77
民生人寿	230.00	298.00	156.62	60
中信保诚	147.47	242.04	146.75	23.6
国民养老	1551.52	1551.52	111.83	111.5
招商信诺	153.43	242.37	108.37	28
中宏人寿	162.73	251.68	91.39	16
中意人寿	134.85	181.68	90.25	37
农银人寿	99.52	175.46	89.71	29.49
交银人寿	119.85	207.43	78.76	51
泰康养老	84.00	168.00	75.3	50
中英人寿	156.82	258.05	75.12	29.46
人保健康	109.64	219.27	72.65	85.68
中美联泰	265.27	493.00	70.92	27.2
平安健康	234.33	277.08	65.62	46.17
幸福人寿	90.17	156.12	58.44	101.3
利安人寿	103.60	181.12	57.94	45.79
长城人寿	103.05	163.26	51.89	55

分层分类的方式无疑是一种更灵活开放的方式，其划定红线，给“好公司”以直接利好，同时也鼓励那些暂时达不到条件的公司以鼓励：只要再努努力，就可以开展相关业务啦！

二、税优产品范围大扩容！满足一定条件的年金保险、两全保险均可纳入个人养老金产品范畴，享受税优政策

最关键的来了！根据《征求意见稿》，个人养老金将是一个非常宽泛的范畴，满足一定条件的保险产品都可以成为“个人养老金产品”，享受税延政策——就保险业而言，税延再也不是税延养老险的专属利好了。

“三、保险公司提供的商业养老保险包括年金保险、两全保险，以及银保监会认定的其他产品（以下统称个人养老金产品），并符合以下要求：

（一）保险期间不短于 5 年；

（二）保险责任限于生存保险金给付、满期给付、死亡、全残、达到失能或护理状态；

（三）能够满足个人养老金制度参加人（以下简称‘参加人’）交费灵活性要求。

（四）银保监会规定的其他要求。”

根据上面的规定不难发现，满足上面 4 个条件的年金保险、两全保险，以及银保监会认定的其他产品都可以成为个人养老金产品。

且从《征求意见稿》的表述来看，这些产品可以是已经存在的产品，也可以是新设计的产品，只要公司满足条件、产品满足条件即可。

这意味着，个人养老金制度的税延政策惠及范围将大大拓宽，将极大提升保险产品的吸引力，这对于提升保险业在养老金融中的地位将发挥重要作用；而对于通过其他途径参加个人养老金的参加人来说，其可选的金融产品范围也将极大拓宽，可满足其更多元的养老金融产品需求。

此前，无论是税优健康险、税延养老险，还是专属商业养老保险，其所限定的产品类型都是单一的。彼时业界就有呼声，希望能扩大产品范围，将有同样保障功能的产品纳入税优政策范围，以更灵活的产品形式满足客户需求，如今，这一呼吁显然得到体现了。

三、纳入个人养老金账户的资金只有退休或者达到一定条件才能领取，保险赔偿金可以直接领取

乍看《征求意见稿》很多业内人士或许会感觉非常兴奋：符合条件的年金保险、两全保险都可以纳入个人养老金范畴，都可以享受税收优惠政策的话，无疑可以大大促进保险产品的销售。

但是，《征求意见稿》之前，还有一个《国务院办公厅关于推动个人养老金发展的意见》（国办发〔2022〕7 号，以下简称《意见》），保险业所有纳入个人养老金范畴的产品也必须遵循《意见》的相关规定。在高兴之前，不妨来重温下其中的关键内容，以便更好地理解《征求意见稿》。

（一）只有参加了基本养老保险的人才能参加个人养老金

《意见》规定，在中国境内参加城镇职工基本养老保险或者城乡居民基本养老保险的劳动者，可以参加个人养老金制度。

（二）重中之重的，个人养老金账户资金不能提前支取

《意见》规定，个人养老金资金账户实行封闭运行，其权益归参加人所有，除另有规定外不得提前支取。

（三）只有达到领取基本养老金年龄、完全丧失劳动能力、出国（境）定居等情形才能领取，死亡后可继承

《意见》规定，参加人达到领取基本养老金年龄、完全丧失劳动能力、出国（境）定居，或者具有其他符合国家规定的情形，经信息平台核验领取条件后，可以按月、分次或者一次性领取个人养老金，领取方式一经确定不得更改。领取时，应将个人养老金由个人养老金资金账户转入本人社会保障卡银行账户。

参加人死亡后，其个人养老金资金账户中的资产可以继承。

（四）个人养老金资金可以用来购买多种金融产品，不仅仅是保险产品一种

《意见》明确，个人养老金资金账户资金用于购买符合规定的银行理财、储蓄

存款、商业养老保险、公募基金等运作安全、成熟稳定、标的规范、侧重长期保值的满足不同投资者偏好的金融产品，参加人可自主选择。

理解了上述《意见》中的规定，就可以得出结论了：

一是符合条件的保险公司设计的符合条件的保险产品，的确可以纳入个人养老金范畴，享受税优政策，但这些产品到期却无法像其他非个人养老金保险产品一样可以任意支配，只要参加人未达到领取条件，这些资金就只能留在账户上，不能随意处置。

二是也有例外情况，按照《征求意见稿》，在符合资金账户封闭管理要求之外，“保险公司按照合同约定的因参加人死亡、全残、达到失能或护理状态而支付的保险赔款不返回参加人资金账户”。

三是好消息是，产品到期后，参加人可以继续购买金融产品，可以是纳入个人养老金范畴的银行理财、基金产品等，当然，也可以继续投保保险产品。

四、产品备案或审批时，须增加相应证明材料

根据《征求意见稿》，相应产品申请成为个人养老金产品，在备案或者审批时，需要提交的资料也将相应有所变化：

“四、保险公司申请个人养老金产品保险条款和费率（变更）审批或备案的，除规定材料外还应提交以下材料：

（一）对上季度末所有者权益、偿付能力充足率、责任准备金充足率的说明；

（二）最近 3 年未受到金融监管部门重大行政处罚的说明；

（三）对与保险行业平台对接情况的说明。

（四）对已有个人养老金产品的保险条款和费率使用情况的说明。”

五、强化告知，杜绝销售误导：签约时，险企须说明个人养老金制度及其税收政策，以及资金管理要求

个人养老金制度，作为一项旨在解决养老筹资难题、资本市场长期资金匮乏等难题的重要制度设计，涉及多个部门，横跨多个行业，除了各行业的监管部门会严

格监管外，也势必会受到全社会的严格舆论监督，一旦发生舆情危机，其不但会对涉事人员、产品、机构产生影响，也一定会波及整个行业，乃至整个个人养老金制度。强力维护参加人合法权益，坚决杜绝销售误导，对于每一家参与的保险公司来说都至关重要。

也因此，《征求意见稿》对于保险公司与参加人签订合同时需要进行的说明，以及需要提供的相关服务，进行了明确的规定：

“六、保险公司与参加人签订保险合同时，应就以下事项专门做出说明：

（一）个人养老金制度及其税收政策；

（二）个人养老金资金账户（以下简称‘资金账户’）管理要求；

（三）保险行业平台信息管理要求。

七、经参加人授权，保险公司可依法合规提供以下服务：

（一）协助参加人在人力资源社会保障部个人养老金信息管理服务平台开立个人养老金账户；

（二）协助参加人办理资金账户开立、指定或者变更；

（三）将参加人相关信息在保险行业平台登记。”

此外，《征求意见稿》还明确，保险公司“不得接受使用个人养老金为他人投保”，必须专款专用：

“八、保险公司应与参加人单独签订保险合同，并在公司相关信息系统中对该合同做出明确标识，不得接受其使用个人养老金为他人投保。”

六、强化信息披露：监管、险企均须披露，险企须建立业务专区

信息披露作为增强透明度、强化社会监督的一种手段，近年来被监管广泛运用，这在《征求意见稿》中也有体现，对银保监会、人身保险公司的信息披露义务都进行了明确：

“五、银保监会根据保险条款和费率审批或备案结果，按季度在官网、保险行业平台等公布已完成保险条款和费率审批或备案的个人养老金产品名单。”

“十、保险公司应在自营网络平台、移动客户端等为经营个人养老金相关业务建立专区，提供业务咨询、产品购买、权益查询、信息披露、消费者教育等服务。

其中，保险公司提供的权益信息包括但不限于交费情况、风险保额、现金价值等。”

“十三、保险公司应于每年1月15日前向银保监会及其派出机构报送上一年度个人养老金相关业务经营报告，包括业务经营情况、保险条款和费率备案或审批情况、资金运用情况等。”

七、明确监管手段：对于违法违规问题，可采取约谈、整改、通报、行政处罚乃至停止资质等手段

对于监管手段，《征求意见稿》明确：

“十四、银保监会将与相关部门平稳有序推进个人养老金制度与个人税收递延型商业养老保险试点政策衔接。试点保险公司应加强政策解读，做好相关服务，保持业务经营稳定。”

“十二、银保监会及其派出机构加强对保险公司经营个人养老金相关业务进行监管，对于产品管理、销售管理、投资管理、信息披露等方面发现的违法违规问题，依法依规采取风险提示、监管约谈、限期整改、通报批评、行政处罚、停止个人养老金相关业务等监管措施。对涉嫌犯罪的，移送司法机关处理。”

八、信息平台支持：中国银保信支持保险公司承保、理赔、保全等运营操作，对接人社部信息平台

根据《征求意见稿》，个人养老金的保险行业平台，将由中国银保信负责建设运营：

“十五、中国银行保险信息技术管理有限公司负责建设并运营保险行业平台，支持保险公司承保、理赔、保全等运营操作，按照规定将保险行业平台与人力资源社会保障部个人养老金信息管理服务平台、相关金融机构建立系统连接，制定保险行业平台运营管理制度，做好信息统计和数据报送。”

激辩个人养老金五大疑点：产品收益孰高，代理佣金低何解，保险一定比不过银行？

慧保天下　2022 年 11 月 28 日

11 月 25 日，个人养老金产品正式开售，各大银行、险企、基金公司等纷纷大张旗鼓地宣传。但宣传过后，很多保险人表示对于这一业务类型仍缺乏深刻理解，不知道公司未来会怎么办，更不知道自己应该怎么办，担心保险产品竞争力不足，拼不过银行、基金；佣金率低无法调动代理人积极性的观点也普遍存在。

为了回应种种疑问，“慧保天下”访问多位业内人士，试图从五大方面解答保险人应该如何看待个人养老金业务这一问题。

无论如何，个人养老金制度的出现，某种程度上释放了“养老不能只靠社保，也需要靠自己”的明确信号，其给予的税优力度目前来看似乎不大，但随着人们对于这一问题认知的加深、个税纳税人数量的增加以及未来有可能税前列支额度的调高，个人养老金业务都充满了想象空间。

而面对这一跨行业竞争的赛道，保险业需要的就是摒弃传统思路，积极创新产品服务乃至模式，不断提升自身竞争力，在注定前途远大的赛道上尽快站稳脚跟。

一、银行、保险积极性大不同？前者拼抢客户激战正酣，后者研究远远不足

个人养老金政策落地，无论是保险公司还是银行、基金公司都开始了大张旗鼓的宣传，但从动作来看，干得最起劲的还是银行，其早早开启预约模式，为争抢第一批客户资源，不少银行还都开出了诱人的开户大礼包。

根据《个人养老金实施办法》，参加个人养老金，需要先开立个人养老金账户

和个人养老金资金账户，这两个账户都是唯一的，且相互对应。客户唯有通过商业银行渠道，才可以一次性开设这两个账户，银行作为“必经节点”在个人养老金混战中一举占据优势地位。虽然目前人均12000元/年的税前列支上限或很难对银行庞大的资产规模产生显著影响，但基于对于个人养老金业务前景的高度重视，尤其是对于客户资源本身的高度重视，银行的客户争夺战激战正酣。公开信息显示，不少银行都针对个人养老金账户开立推出立减金、抽红包等活动，不少银行还派出大量员工进行线下推广，甚至制定了每天×客户的任务目标。

保险公司对于个人养老金业务也表示高度重视，个人养老业务第一单出单后，不少公司立刻发布，各种宣传推广稿件一时井喷。

但与银行的积极态度相比，保险公司明显略逊一筹，尤其是高层虽然表现出十足的重视，但基层乃至中层员工，大多却表示会深入研究，但目前尚未开始。

至于代理人层面，由于缺少宣导，对于个人养老金的认知也仍然处于模糊地带，不知道公司未来会怎么办，以下是几个例子。

某大型险企（个人养老金保险产品已获批）代理人：公司获批的产品是专属商业养老保险，此前一直在销售，因为收益确实高，不过往往是与个人产品同步销售的，未来会发生什么变化尚不清楚；

某中小型险企代理人：这种产品往往佣金很低，单独销售这一种产品的话，估计大多数代理人都意愿不足；

某中介公司代理人：个人养老金销售目前尚未开放中介渠道。

业界人士分析，由于必须在银行开设账户后才能办理个人养老金业务，有资质的银行必须第一时间抢占更多客户，保险公司也好，基金公司也好，在这个过程中确实会处于相对被动的地位，反应也会因此慢一些。

二、保险产品缺乏竞争力？产品不同，特征不同，时代会变，客户会变，保险业须保持与时俱进

根据目前的规则，所谓“个人养老金产品”实际包含四大类产品：银行推出的个人养老金储蓄产品，理财公司推出的个人养老金理财产品，基金公司推出的个人养老金基金产品，以及保险公司的个人养老金保险产品。

目前已经有6家大型银行、12家股份制银行、5家城市商业银行和11家理财公司、40家基金公司，以及6家险企获得经营个人养老金业务的资质。

其中银行的个人养老金储蓄产品，一般分为整存整取、零存整取和整存零取三种类型，产品期限分为5年、10年、15年和20年四档，产品利率略高于大型银行五年期定期存款的挂牌利率。不过目前该类产品，包括个人养老金理财产品尚未上线。

40多家基金公司最为积极，已经累计推出129款产品，主要分为两类：养老目标日期FOF（TDF）有50只，另外养老目标风险FOF（TRF）有79只。其中，50只养老目标日期基金（TDF）中，2025有3只、2030有6只、2033有1只、2035有12只、2038有1只、2040有14只、2043有1只、2045有6只、2050有6只；79只养老目标风险FOF（TRF）中，稳健养老FOF（权益资产0%—30%）有59只、平衡养老FOF（权益资产30%—60%）有18只、积极养老FOF（权益资产60%—80%）仅有2只。整体来看，追求稳健、封闭期短的产品占比最多。

另据媒体报道，近三年，有业绩数据的41只目标日期FOF均实现正收益，平均年化收益率约为7%，最高收益率超过13%，最低也在1.5%之上；有业绩数据的37只目标风险FOF中，有36只实现正收益，平均年化收益率约为5%，最高收益率接近9%。

而6家保险公司推出的7款个人养老金保险产品，均为专属商业养老保险产品，为万能型产品，分为稳健以及进取两个账户，满足不同消费者需求，绝大多数采用“保底收益+浮动收益”的设计，结算利率也具有相当的竞争力。

以2021年的数据为例，6款产品保底收益率最高2.85%，结算利率则在4%—6.1%。

与基金产品相比，保险产品的收益率似乎略逊一筹，但大多数专属商业养老保险具有保底收益，这是其他产品无法比拟的。

业内人士分析，客户风险偏好不同，目前还很难断言哪类产品更有吸引力，对于保险公司而言，需要紧盯市场动向，不断推陈出新，保持市场竞争力。客户自身也会通过不断学习加深对于各类个人养老金产品的理解，进一步调整自己的选择。

三、保险公司努力也没有用，最大赢家仍是银行？保险业无法独撑养老第三支柱，应积极寻找机遇

个人养老金业务将不同类型养老金融产品置于同一赛道进行竞争，也给了人们重新审视各类产品竞争力的一个全新机会。

由于客户购买个人养老金产品首先都需要到银行进行开户，银行成为个人养老金业务经营中不可或缺的节点，相较之下，基金公司、保险公司的重要性似乎远远不及银行，因此不少业内人士认为，面对与银行的竞争，保险公司毫无胜算，“客户一去银行开户或许就被银行截和了”，不少保险业界人士都流露出类似的担心。

但也有观点指出，一定要摒弃保险公司发展养老保险独占养老第三支柱的想法，个人养老金事关积极应对人口老龄化战略，责任重大，总资产 20 多万亿元的保险业根本无力支撑如此宏大的目标，多行业竞争是一定的，这样才能在最大限度上满足消费者不同的风险偏好、消费偏好，保险业在与其他行业同台竞争的过程中，也才能更好地发现自身的不足。

不同的产品有不同的受众，对于当下的保险行业而言，当务之急是充分捕捉各种机遇，切勿因自怨自艾错失良机。

有观点指出，当下个人养老金业务宣传力度空前，其影响力将远远超过此前保险业所有税优产品，应抓紧时间乘风而行。

四、个人养老金产品佣金率低困扰行业，但面对跨行业竞争，行业最需要的或许就是跳出思维定式

佣金率低是保险公司代理人普遍关注的话题之一，此前一些公司销售专属商业养老保险完全是将其视为万能账户来用，根本不是一个独立的产品，因为佣金率低，如果单独销售，佣金甚至不能覆盖成本。

对此，业界人士表示，个人代理人队伍习惯了利益驱动，但个人代理人的高佣金需要体现在高专业性上才能持续下去，否则迟早会被淘汰。

更重要的，保险公司一定要保持清醒，面对跨行业竞争，本身就需要打破既往

惯例，如果还是沿用传统模式，则很有可能是画地为牢。

个人养老金这一业务领域注定规模庞大，保险公司决策层面对这一市场需要更多的想象力。例如，养老产品不仅仅意味着个人养老金产品，如何利用该制度乘势而上，需要各家公司结合各自资源禀赋进行深入的研究探讨。

也有观点指出，对于个人代理人而言，目前至少可以先将个人养老金产品视为一个敲门砖产品、获客产品，虽然短期或许无法带来收益，但长期来看将有助于其积累更多的客户资源。

五、综合金融集团更具竞争优势？可销售多类产品，提供多重服务，个人养老金时代优势显现

在个人养老金业务的推广中，保险集团，尤其是拥有银行、基金牌照的保险集团，正显示出更多的优势。

例如国寿集团，个人养老金业务开办首日，其董事长白涛就走进广发银行北京金融街支行营业厅，在工作人员的指引下，通过手机银行 App 完成了个人养老金资金账户开立和缴存的全流程操作，对开闸上线后的这项业务进行了首次检验。

截至目前，据了解，国寿集团所有的个人养老金业务几乎都是通过广发银行完成的。广发银行提供账户开立以及资金缴存服务，国寿旗下其他子公司则利用网点布局、销售能力吸引客户参与这一业务，二者强强联合，相得益彰，实现在该类业务上的双方效益最大化。

再如泰康保险集团，旗下泰康基金已经于 11 月 18 日正式接手了泰康资管公募事业部管理的公募基金产品，以独立基金管理公司的身份继续服务广大投资者；目前，其 3 款产品也已经被纳入个人养老金基金产品范畴。这意味着取得相关资质的泰康销售人员不仅可以销售泰康的个人养老金保险产品，还能销售个人养老金基金产品，以满足不同客户的诉求。

第三部分

全渠道·蜕变重塑

2022年，保险业各渠道市场表现仍大相径庭。

银保渠道市场份额再上一层楼，“银保渠道+增额终身寿”成为市场上最“能打”的存在。

个险渠道继续低迷，人力仍在快速流失，人均产能提升尚不足以反降为升，监管要求、公司自发推动的代理人分级管理实践仍在艰难摸索中。

专业中介渠道，凭借低基数仍取得快速发展，但鉴于监管趋严，市场竞争加大，导致生存空间受到挤压，大批中介机构逐渐选择退出市场……

强化市场退出，推动营销员分级，2022 年保险中介监管这么干

慧保天下　2022 年 3 月 14 日

保险中介的重要性毋庸置疑，作为一种渠道，其实现的保费收入占全部保费收入的 85% 以上。

保险中介当下的转型之痛也同样毋庸置疑，个人代理人、保险专业中介、兼业代理等都承受着转型的压力，独立代理人、MGA（管理型保险专业中介机构）等创新模式也有待进一步的验证。

行业大转型之下，我们究竟需要一个什么样的保险中介市场成为每一家市场主体、每一个从业者都需要思考的问题。

《关于 2022 年全国保险中介监管工作会议暨加强深圳保险中介监管工作的通报》（以下简称《通报》）简要介绍了 2022 年全国保险中介监管工作的总体思路：以完善新型保险中介市场体系建设为主线，坚持党的领导，坚持稳字当头、稳中求进的工作总基调，加强统筹协调，坚定有力防范风险，求真务实推动提质增效，提升行业服务实体经济成效。

具体而言，包括五大方面的工作。一是加强党建；二是持续推动保险中介市场体系建设；三是规范市场秩序化解金融风险；四是引导保险中介服务实体经济；五是提升保险中介监管效能。

这其中最值得关注的无疑就是“以完善新型保险中介市场体系建设为主线”。

其实“新型保险中介市场体系”并非首次提出，早在 2020 年初，银保监会印发的《中国银保监会关于推动银行业和保险业高质量发展的指导意见》中，就首次提出要“推动构建新型保险中介市场体系”，并由此成为保险中介监管努力的方向，一直持续至今。

“新型保险中介市场体系”无疑是个宏大的概念，涵盖各种各样的保险中介机构，以及与其有业务关联的各种市场要素，覆盖准入、退出、经营等各个环节；“新型”则意味着不同于以往，或改良，或颠覆，指向的都是创新。

2022年，监管准备如何“完善新型保险中介市场体系建设”，《通报》也进行了简要介绍：

严把新机构准入关，切实做好保险中介机构市场准入工作，坚持高标准严要求，坚持程序合法规范。对存量进行“清虚提质”，强化市场退出，加强内控监管。推动保险营销体制变革，进一步发展独立个人保险代理人，进一步推动营销员销售能力资质分级建设。

虽然只有寥寥数语，但也不难发现，其中包含很多业界的焦点话题。

一、焦点一：营销体制变革与营销员销售能力资质分级建设

营销体制改革是当下保险行业的头等大事，也是保险中介领域的头等大事。如果说过去数年，传统营销模式仍有着巨大的惯性，难以停止，那么在人力规模快速下滑、产能提升不明显的当下，已经到了“非改不可”的地步。监管、市场主体对此已经形成共识，市场主体自发的改革也早已提上日程。

从以往监管的一些表述，以及《通报》透露的内容来看，针对营销员进行分级分类管理将是改革的重要方向之一。事实上，这也是业界正积极践行的方向之一，大量公司都加大了对于高端代理人队伍的培育力度，但这与监管的方向是否一致尚存疑问。

按照此前坊间广泛流传的一份征求意见稿来看，产品要分级，且与代理人分级相匹配，同时还要与目标客户风险测试结果相匹配，这与当下险企单纯的代理人分级显然是完全不同的概念。

二、焦点二：“独立个人保险代理人”模式是否能大规模复制推广

营销体制改革成效不明显，促进了险企对于独立代理人这一新兴模式的探索，尤其是在2020年12月，银保监会印发《关于发展独立个人保险代理人有关事项的

通知》后，更大大提速了试点进程。

保险公司中，大家人寿、信泰人寿等没有太多代理人历史包袱的险企，以及灵犀保代等保险专业中介都开始试水独立代理人模式。

一些地方也陆续明确相应细则，例如深圳银保监局联合深圳市市场监督管理局出台全国首份《深圳独立个人保险代理人登记注册事项工作指引》，其后，河北也宣告完成了首位保险中介独立代理人的工商注册。

目前关于独立代理人模式披露数据较多的是大家人寿，根据其2021年10月披露的数据，截至当时，其打造的独代事务所已达342个，代理人数量达到5248人，其中4084人均为2021年以来的新增代理人，整体展现出高素质、年轻化的特征。

另据其2022年1月披露的数据，截至2021年底，该公司独立代理人人均产能2.57万元/月，人均收入8427元/月，全年引进和自培养MDRT人员达到173位。

就这些数据而言，大家人寿独立代理人的探索无疑是成功的。不过对于其他市场主体而言，该模式大规模可复制性尚存疑问，因为其关键还在于招聘到高素质代理人，或者高素质、人脉资源丰富的人，并辅之以丰富的健康养老服务资源，而这不是每家公司都能复制的发展路径。

《通报》称“进一步发展独立个人保险代理人”，究竟要怎么发展，值得关注。

三、焦点三：被忽略的“银保渠道”，最重要的“银保渠道”

《通报》中提及银保渠道的只有一处，即“规范银行类兼业代理机构销售行为，促进银保业务健康发展”。但无论着墨多少，对于2022年的人身险业而言，保费收入依然要在很大程度上依赖银保渠道——营销体制改革成效不明显，银保渠道众望所归。

《关于进一步规范保险机构互联网人身保险业务有关事项的通知》由于禁止银行网销或电销保险突破“1+3”的网点限制，曾给银保渠道从业者沉重一击，但2021年最后一天，银保监会下发的《中国银保监会办公厅关于做好银行代理保险业务整改工作有关事项的通知》又给业内人士吃了一颗定心丸：给予银保业务整改期，网销或电销遵循此前规定，可不受“1+3”物理网点限制，必须“双录”，但有条件的机构可远程“双录”。

1 月的银保渠道多多少少受到影响，新单规模出现一定下滑，但新单期交实现正增长，随着政策影响逐渐消退，银保渠道有望进一步提升保费占比。

不过，不确定因素也还是存在，《关于做好银行代理保险业务整改工作有关事项的通知》给行业的整改过渡期只有一年，监管会否推出其他替代措施尚未可知，这给银保渠道的未来经营埋下了不确定性。

四、焦点四：保险中介机构市场准入与“清虚提质”

《通报》提出：

严把新机构准入关，切实做好保险中介机构市场准入工作，坚持高标准严要求，坚持程序合法规范。对存量进行“清虚提质”，强化市场退出，加强内控监管。

在准入方面，自银保监会成立以来，保险专业中介的市场准入一直没有开闸，不过银保监会下发《关于明确保险中介市场对外开放有关措施的通知》，放宽了外资保险中介机构准入条件：

一是大幅取消外资保险经纪公司的准入限制，不再要求股东经营年限、总资产等条件；

二是进一步降低外资保险中介机构的准入门槛，允许外国保险集团公司、境内外资保险集团公司投资设立的保险中介机构经营相关保险中介业务；

三是保险中介机构按照“放管服”改革要求，适用“先照后证”政策的相关规定。

2022 年，会否有外资中介崭露头角值得关注。

在“清虚提质”方面，毫无疑问，保险专业中介近年来生存空间正持续遭遇挤压。

在财险方面，随着车险综改的推进，赔付率提升，手续费率空间被大幅挤压，一大批传统车险中介遭遇困境，开始谋求转型：有的加大科技投入，希望通过拓展网销渠道、提升效率等，构筑竞争优势；也有的开始引进保险代理人团队，正式发力人身险业务。

在人身险方面，保险专业中介保费收入依旧保持快速发展态势，但在整体市场中的占比相当有限，且马太效应尤其显著。

而且，无论是对于财产险专业中介而言，还是对于人身险专业中介而言，目前的一项大考在于信息化。根据银保监会发布的《保险中介机构信息化工作监管办法的通知》，保险中介法人机构应根据业务规模和发展需要，建立相匹配的业务管理、财务管理和人员管理等信息系统，并且应与合作保险公司系统互通、业务互联、数据对接。这对于头部中介构不成挑战，但是对于大量小型中介而言，却是一道难以逾越的障碍。根据“慧保天下”的统计，已经有大量兼业代理由于信息化水平不足遭注销。

截至 2019 年末，全国共有保险专业中介机构 2669 家，保险兼业代理机构 3.2 万家，代理网点 22 万余家。“慧保天下”相信，保险中介市场的“清虚提质”还只是一个开始。

五、焦点五：MGA 到底能不能做

围绕保险专业中介，近年来兴起的一种新兴模式是 MGA，这曾受到银保监会的鼓励，但近来却也引发了不小的争议，未来这一模式将如何演变值得关注。

2021 年 11 月，河南银保监局的一份文件曾在保险中介市场引发不小轰动（详见《MGA 要团灭？河南银保监局叫停保险代理分销模式 中介市场暗流涌动》），因为其明确叫停人身险公司、保险中介机构以“管理型总代理（MGA）”方式进行合作，原因是“涉嫌虚挂保险中介业务，无法实现保险公司对合作中介渠道的有效管理”等。

虽然只是河南银保监局发文，只对河南管辖的机构有作用，但其他监管局的态度尚不明朗，但不少业界人士担忧河南银保监局的做法，只是银保监系统否定 MGA 的一个开始。

《通报》的简要概述中，MGA 并未出现在银保监会 2022 年的保险中介监管工作重点中。不过，深圳银保监局在介绍自身 2022 年的保险中介监管工作重点时却明确提及 MGA。

深圳银保监局与河南银保监局的表态全然不同，明确提出“探索 MGA 模式的监管方式，提升创新业务的管理水平”。很明显，对 MGA 呈支持态度，只是认为对这种新型模式的监管应该加以探索。

这种表态也不难理解，在保险中介领域，最典型的MGA模式的就是慧择、泛华，而其总部都在深圳。

六、焦点六："分级分类"下，北京银保监局保险专业中介"引导一批、规范一批、限制一批"会否推广至全国

如前文所述，"分级分类"正成为保险监管的一个重要风向，多个新的监管政策都在贯彻"分级分类"这一理念。在保险专业中介领域，也已经有了"分级分类"的呼声与探索。

北京银保监局于2021年12月曾发布一项新规，即《关于加强分类指导推动北京地区保险专业中介机构高质量发展的实施意见》，其目的是"促进解决辖内保险专业中介机构发展水平明显分化等突出问题，助推构建新型保险中介市场体系"。

从具体的操作手法来看，就是典型的"分级分类监管"：按照"引导一批、规范一批、限制一批"的分类指导思路，根据保险专业中介机构的合规状况、专业能力、经营质效等，分类确定有能力头部企业、一般正常经营企业和不具备经营条件企业的三类中介机构的发展路径和监管重点，对于专业领先、管理规范的中介机构在政策允许范围内支持试点创新，树立行业发展标杆；对内控管理缺失、不能依法依规落实监管要求的机构强化监管，直至市场退出。

未来，北京银保监局的探索会否推广至其他区域也值得密切关注。

七、焦点七：互联网保险何去何从

最后必须要说一说"互联网保险"。《通报》在总结2021年银保监会保险中介监管主要工作时，两处提及"互联网保险"，分别是"针对网络互助、互联网保险乱象、平台企业保险板块等重点领域稳妥实施整治""针对互联网保险监管、保险营销体制变革、第三支柱养老保险发展等重点领域，深入研究，前瞻谋划发展对策"；但在"2022年保险中介监管重点工作"中，并没有"互联网保险"的字样。

近年来，互联网保险一直是监管重拳整治的重点领域，2021年2月1日，《互联网保险业务监管办法》正式实施；2022年1月1日，《关于进一步规范保险机构

互联网人身保险业务有关事项的通知》又正式实施；而在这之前，规范“短期健康险”，叫停“首月0元”，也给互联网保险行业带来深刻影响。

其中，如果说《关于进一步规范保险机构互联网人身保险业务有关事项的通知》更多影响的是银保渠道，以及销售长期储蓄型产品的互联网保险平台；那么规范短期健康险、叫停“首月0元”则更多影响的是各类销售短期健康险的互联网保险平台——过去数年，这些平台曾凭借“首月0元”大量吸引客户投保，快速做大规模，叫停“首月0元”带来的负面影响，短期内恐怕都无法消化。

值得注意的是，伴随着美股市场中概股的暴跌，为数不多的互联网保险中介也迎来大考。低迷的资本市场环境，给了所有期待上市的互联网保险平台沉重一击。

MGA试点来了！“多散乱”的保险中介市场与割裂的监管态度

慧保天下　2022年8月8日

继深圳银保监局多次发文明确表示支持MGA（管理型保险专业中介机构）发展后，8月，北京银保监局又面向当地保险业发布《支持和规范管理型保险中介业务发展工作方案（征求意见稿）》（以下简称《工作方案》），对于MGA不仅支持，更进一步明确了试点的工作方案。

支持MGA发展的银保监局又添一员，不过，围绕MGA的争议并未因此消散，事实上，虽然是工作方案，但对于很多细节，此次北京银保监局的发文并没有作出特别详细的规定，仍留有一定的想象空间。尤其是，不同银保监局对于MGA的态度仍不相同，甚至大相径庭。就在近期，厦门银保监局下发的一则文件中就明确“全面规范保险机构的互联网转委托业务”，再度将矛头指向MGA。

更重要的，对于MGA模式能否有效改善保险中介市场的“多散乱”，业界仍莫衷一是。

一、北京拟试点MGA，仅限北京的全国性保险中介机构参与，采用行业评议制

北京银保监局《工作方案》的下发，标志着国内的MGA发展又向前迈进了一步。不过，根据《工作方案》的内容，试点仅限于北京保险市场，未来是否能面向全国推广尚是一个未知数。

根据《工作方案》，监管的目的是：“通过组织和推动北京地区一批有能力、有条件、有意愿的保险专业中介法人机构发挥专业优势、体现管理价值，规范有序开

展管理型保险中介业务，积极探索管理型保险中介业务发展方向、具体模式，支持保险业供给侧结构性改革……为综合整治保险中介机构‘多散乱’问题，引领高质量发展奠定坚实基础。”

《工作方案》明确了北京地区 MGA 试点的基本方式：

建立评议机制确定哪些机构可以参与试点——银保监局会指导北京保险中介行业协会建立行业评议机制，分批次确定若干参与管理型保险中介业务试点的保险专业中介机构，争取用 3 年时间探索形成一批可复制、可推广、高价值、高质量的管理型保险中介业务新模式。

仅限于北京的全国性保险中介机构进行申报——经营区域为全国的北京地区保险专业代理公司、保险经纪公司或保险公估公司，符合条件并有能力成为管理型保险专业中介机构的可以按要求向中介协会申报，通过中介协会组织的行业评议并公开披露结果后，视为管理型保险专业中介机构。

未通过管理型保险专业中介机构行业评议的保险专业中介机构或其他机构，可以依法依规开展与保险公司各类业务合作，但不得以管理型保险中介机构或业务、管理型总代理、MGA 等名义开展商业营销宣传活动。

MGA 机构可以辅助险企承担一项或多项管理职能——管理型保险专业中介机构在自身经营业务范围内，经保险公司委托后，可以辅助承担一项或多项保险公司经营管理职能，包括产品研发、销售管理、核保风控、查勘定损、理赔服务、风险减量管理等方面。具体委托内容由保险公司与管理型保险专业中介机构协商约定，法律法规规定不得对外委托或授权的职能除外。上述业务视为管理型保险中介业务。

保险中介可就管理职能额外收费，但须单独记账——管理型保险专业中介机构可以向保险公司收取对应的保险中介佣金或公估业务报酬。相关费用可与保费挂钩。相关收入应明确列明、单独记账、独立核算，不得与其他保险中介业务收入混合管理。

保险公司须指定专门部门负责 MGA 统一管理——而保险公司按照“谁委托、谁管理、谁负责”的原则，依法对与其合作的管理型保险专业中介机构在委托范围内开展的业务承担合规管控责任。保险公司总公司应指定专门部门负责管理型保险中介业务的统一管理，可以授权在京省级分公司落地实施。

二、各地银保监局表态MGA，区域现状不同，态度也大相径庭

MGA作为一种保险业务模式，在保险发达市场并不稀奇，但对于国内而言仍属新鲜事物，业界对此莫衷一是，不同监管部门表现出的态度也大相径庭。

银保监会中介部曾多次明确表态支持MGA发展。2017年，原保监会在官网发布2017年全国保险中介监管工作会议相关内容，其中就明确提及要“探索丰富保险中介市场主体层次、探索试点管理型总代理模式、探索团购职业责任保险模式”。

此后，在多个场合，银保监会有关负责人也表达鼓励创新之意，而MGA也屡次被提及，包括“拓展行业发展空间，研究保险专业代理、经纪机构开展管理型总代理和授权承保模式”；“坚持改革创新，通过推进从业人员能力资质分级分类、研究开展综合金融销售和管理型总代理业务模式以及建立独立个人保险代理人等推动行业发展”。

此外，2020年末发布的《互联网保险业务监管办法》对于“互联网保险业务转委托”也予以放行，明确“保险专业中介机构将互联网保险业务转委托给其他保险中介机构开展的，应征得委托人同意，并充分向消费者进行披露。受托保险中介机构应符合本办法规定的条件”。

除北京银保监局外，深圳银保监局也曾几度发文鼓励MGA这一模式发展。例如，2022年3月，《关于2022年全国保险中介监管工作会议暨加强深圳保险中介监管工作的通报》就明确提出“探索MGA模式的监管方式，提升创新业务的管理水平”。

而2022年6月，深圳银保监局下发的《关于推动构建新型保险中介市场体系的实施意见》也提及管理型总代理（MGA）模式，强调保险公司要建立权责明晰的中介渠道业务管理制度体系，加强对合作保险中介机构的管理，不断探索管理型总代理（MGA）模式的有效管理，参考公司风险状况和监管分级分类慎重选择合作对象。

不过，也有一些银保监局明确表示反对或者警惕MGA这一模式。

例如2021年11月，河南银保监局曾下发《河南银保监局办公室关于规范人身险公司与保险中介机构合作方式的通知》（以下简称《通知》），明确叫停人身险公

司、保险中介机构以“管理型总代理（MGA）”方式进行合作，原因是“涉嫌虚挂保险中介业务，无法实现保险公司对合作中介渠道的有效管理”等。

《通知》要求相关机构立刻停止上述业务合作，保险公司须全面落实对中介渠道业务合规性的管控责任，而中介公司不得以“费用包干制”“分支机构加盟”等形式开展人身险业务，杜绝“飞单”“卖单”等违规行为。

厦门局也表示要警惕。就在2022年8月，厦门金融司法协同中心、厦门市保险行业协会联合发布《关于规范保险机构互联网保险业务提示说明事项的指引》，其中，也明确提出“全面规范保险机构的互联网转委托业务”。

虽然厦门银保监局没有像河南银保监局那样直接叫停，但是也显示出对于“转委托”等MGA业务的高度警惕。

某头部保险中介公司产品相关负责人认为，不同区域监管部门对于MGA这一模式的态度不同，可以理解，归根结底，不同地域之间经济发展水平、居民的保险知识普及程度相差太大，同一模式所产生的影响也会截然不同。“诸如北上广深等一线城市，保险业主流客群普遍具备较高的保险认知水平，能够在一定程度上防控风险，所以可能更适合开展一些创新业务试点。而在另外很多地区，人们的保险认知水平尚不足以抵挡很多风险，监管部门对于新模式所可能导致的风险自然也会更加慎重。”

三、业界激辩MGA：大中介能否管住小中介，这是个问题

MGA作为一种发达保险市场常见的业务模式，在国内实际已发展多年。近年来涌现出的一批专注于互联网保险的平台，本质上都可以理解MGA，小雨伞、i云保、中融慧金等都是其中的典型代表。

这种模式的出现，解决了很多小型保险中介的现实痛点，但作为一种创新模式，其也不可避免地造成了不小的争议。

不少小型保险中介从业者都是MGA模式忠实的拥趸。从效益的角度出发，保险公司一般只愿意与大型保险中介开展深度合作，研发定制化产品，而这些产品往往相当具有市场竞争力。小型保险中介由于业务规模所限，无法承诺销量，面对保险公司也缺乏议价空间，想去定制具有市场竞争力的产品几乎是不可能的。为满足

客户需求，留住客户，其只能是通过大型保险中介“转委托”的方式获得销售相关产品的资格。

在他们看来，这种 MGA 的模式其实是双赢的：一方面，小型保险中介满足了客户的需求；另一方面，大型保险中介以及保险公司借助这种方式也得以扩大销量。

此外，在支持者看来，MGA 不仅不会增加风险，反而更有利于管控风险。一方面，小型保险中介通过这种方式可以改变以往“群龙无首”的局面，统一使用大型保险中介提供的培训资料以及宣传资料等，能更加合规地开展销售，也能有效降低销售误导风险；另一方面，通过这种方式，保险中介市场得以更加集中，改变以往“多散乱”的局面，便于保险公司以及监管部门进行风险管控。

但在反对者看来，由大型保险中介管控小型保险中介，进而减少风险，几乎是很难实现的。

从河南银保监局的表态来看，其叫停 MGA 类业务的根源在于该合作方式“涉嫌虚挂保险中介业务”。此外，从其“不得以‘费用包干制’‘分支机构加盟’等形式开展人身险业务，杜绝‘飞单’‘卖单’等违规行为，确保经营有序、队伍稳定”的表述来看，“飞单”“卖单”等违规行为也是 MGA 模式下“转委托”所容易出现的问题。

对此，上述头部保险中介公司产品相关负责人认为，MGA 模式很重要的一点就是大型保险中介需要对小型保险中介的风险管控负责，而其中会存在诸多不确定性。

此外，保险公司在与单一保险中介公司合作过程中，一般是能比较清晰地掌握该保险中介公司的业务品质的，并据此予以不同保险中介公司不同的待遇。一旦多家保险中介公司以打包的形式存在，或许业务规模能得以大幅提升，但与此同时，保险公司对于业务品质的管控能力也将产生疑问。

不仅如此，对于已经拥有成熟的营销员队伍的头部保险中介机构而言，不同渠道的利益分配问题是个很大的考验。“这些头部保险中介公司如果同时面向本公司营销员和小型保险中介开展业务，那么不同渠道间的费用机制如何约定？如果针对本公司营销员制定更高的激励标准，那么无疑会影响小型保险中介营销员的销售积极性；如果允许小型保险中介拿到更高费用标准，则来自内部营销员的压力不容小觑。”

以后保险这么卖！产品分类代理人分级，严禁搭售养老社区，人身险销售管理办法的10条解读

慧保天下　2022年4月15日

业界翘首以盼的《人身保险销售行为管理办法（征求意见稿）》（以下简称《办法》）于2022年4月15日下午正式下发至各险企，对于保险销售过程中涉及的方方面面的内容都进行了或具体或原则性的规定。

值得注意的是，相较于此前业界广为流传的一个非正式版本，新的征求意见稿改变颇多，业界关注的“首期手续费不得高于首期保费的80%”“首期佣金不得高于保单直接佣金的40%”等内容均已被删除。但与此同时，一些重磅内容一旦落地，势必将在很大程度上重塑行业的发展理念。

例如，《办法》规定，不得将健康、养老服务与人身保险产品强制搭配销售；明确产品、保险销售人员须分级管理；允许凭借自保件、互保件获得佣金，但禁止自保件和互保件参与任何形式的业绩考核和业务竞赛；投保长期人身险前必须接受相关评估等。

经过“慧保天下”仔细梳理，《办法》中，以下内容尤其值得关注。

一、要求险企强化对于中介机构的管理力度，不得与近2年内存在重大违法违规问题的机构开展新业务合作

要求保险公司切实担负起对于中介渠道的管理责任，从源头上提高中介渠道的销售合规性，是近年来人身保险监管的一大趋势，但在保险公司与中介渠道的合作

中，中介渠道，尤其是头部中介渠道往往具有更大的话语权。在二者的合作中，要求保险公司公司切实强化管理并非易事，关键是要赋予保险公司更多话语权。这一点在《办法》中得到强化。

第九条“合作机构甄选”明确：“保险公司应审慎选择拟合作的保险中介机构……对近2年内受到监管部门行政处罚或被采取行政监管措施的，不遵守行业自律准则的，应审慎合作；对近2年内存在重大违法违规问题的，不得开展新业务合作。”

而第十四条“保险中介机构协议管理”中，也对保险公司和保险中介机构签订的授权销售合作协议进行了详细的规范，要求保险公司对本公司所提供宣传、培训和销售材料出具的合规性承诺，而保险中介机构对按照保险公司所提供材料进行宣传、培训和销售出具的合规性承诺。

二、代理人不得随意在朋友圈发布招录信息，险企须对招录负最终责任

“招录保险销售人员”是保险经营的关键一环，尤其是在已经取消了代资考的前提下，保险公司招录的门槛、过程的合规性，直接影响着保险销售人员队伍的素质及其后续发展。

对此，《办法》也进行了明确，进一步强化招录的合规性，要求人身保险公司应当制定统一的保险销售人员招录管理办法，重点是明确“招录信息应由保险公司发布或授权保险销售人员发布”。

这意味着，保险代理人不能继续在朋友圈随意发布招录信息，保险公司须对保险代理人的招录工作负最终责任。

三、为保险销售人员分级制定时间规划：新增人员于2023年底前达标，现有人员于2024年底前达标

营销体制改革是当下保险行业的头等大事，也是保险中介领域的头等大事。如果说过去数年，传统营销模式仍有着巨大的惯性，难以停止，那么在人力规模快速下滑、产能提升不明显的当下，已经到了“非改不可”的地步。监管、市场主体对此已经形成共识，市场主体自发的改革也早已提上日程。

从以往监管的一些表述就可以看出，针对营销员进行分级分类管理将是改革的重要方向之一。事实上，这也是业界正积极践行的方向之一，大量公司都加大了对于高端代理人队伍的培育力度。

《办法》再度明确了“保险销售人员分级管理”的概念：

第十七条“保险销售人员分级管理”提出，保险公司、保险中介机构应按照中国保险行业协会发布的保险销售人员销售能力资质标准，建立保险销售人员分级管理机制，对保险销售人员实施分级管理。

第七十九条“保险销售人员分级调整”，又对分级管理的时间进程进行了明确：新增保险销售人员于2023年12月31日前达到要求，现有保险销售人员于2024年12月31日前全部达到本规定要求。

四、强化佣金管理，明确佣金占总保费的比例以附加费用率为上限

佣金管理机制是保险营销模式中最核心的内容，保险欺诈、虚假业务、退保套利等行业乱象几乎都与此相关，同时，其也是险企发展理念以及发展策略的外在手段。因此，保险营销模式升级，很重要的一点就是革新佣金管理机制。

针对这一问题，早在2021年3月，银保监会就曾下发《关于提供佣金制度有关材料的函》，全面摸底行业的佣金制度及其相关问题。也是从那时开始，业界一直关注监管在佣金制度方面的动向。

先前的非正式版本中，“首期手续费不得高于首期保费的80%”“首期佣金不得高于保单直接佣金的40%”的规定一度让行业深感变化巨大，但在实际发布的版本中，这些内容都已经被删除。

《办法》对于“佣金管理”仍有所提及，不过只是作出了原则性的规定，要求险企“科学确定佣金水平，真实列支并采用转账方式支付”“佣金占总保费的比例以所售产品定价时的附加费用率为上限”。

五、并未放开银保驻点销售，鼓励具备保险代理业务资质的银行建立专业化保险销售人员队伍

取消保险公司在银行的驻点销售，改为由银行员工代销保险，是2010年强化银

保渠道市场行为监管的一项重要举措，有效理顺了银保渠道的法律关系，对于减少银保乱象发挥了重要作用。

但近年来，伴随着银保合作的逐步深入，尤其是银行系险企与母公司在业务方面的深度合作，推进银保创新、允许保险公司在银行驻点销售的讨论又逐渐有所抬头。这在《办法》此前的一个版本中也明确有所提及。

但在《办法》最新版本中，这一点已经被彻底抹去，这意味着，禁止保险公司在银行驻点销售仍将是常态。

同时，《办法》还明确提出，“鼓励具备保险代理业务资质的银行建立专业化保险销售人员队伍”。

六、规范自保件、互保件，严禁自保件、互保件参与任何形式的业绩考核和业务竞赛

2021 年保险业多个舆情事件均与自保件、互保件套利问题相关，都引发了行业的高度关注。

自保件、互保件本应是代理人为提升自身保障水平以及适当获得佣金采取的一种方式，概念本身并无不合理之处，但一旦成为企业发展业务的主要手段之一，就会损害代理人的合法权益，保险机构也存在被“薅羊毛”的风险，更重要的，会为保险公司经营注入不稳定因素。

所以，可以看到，近年来，无论是银保监会还是各地银保监局，纷纷发声，严格规范自保件、互保件发展。

《办法》对此也有规定，明确“保险公司、保险中介机构应建立自保件和互保件管理机制，明确自保件和互保件范围、投保审批流程、佣金计提与考核规则、纠纷处理等内容”。

同时《办法》强调：“保险公司、保险中介机构不得以购买人身保险产品作为保险销售人员入司、转正或晋级的条件，不得允许自保件和互保件参与任何形式的业绩考核和业务竞赛。”

这意味着，自保件、互保件可以正常计提佣金，但不得参与业绩考核和业务竞赛，以防止目的跑偏。

七、将人身险产品分为三大类，并要求实施分类管理

与保险销售人员分级相对应的是产品分类。按照此前广为流传的版本，不同等级的保险销售人员只能销售相应等级的产品，新人代理人可销售的产品类型非常有限，这样将进一步加大新人招募以及留存的难度。

在《办法》中，已经取消了上述规定，但在明确保险销售人员分级的同时，也明确“产品分类”。

根据《办法》规定，保险公司应当根据人身保险产品的不同类型、复杂程度和风险水平，对人身保险产品进行分级分类管理，从低到高依次为：

第一类：意外保险，健康保险（除第二类列明险种外），普通型人寿保险；

第二类：分红型、万能型人寿保险，年金保险，税优健康保险、费率可调的长期健康保险、长期护理险，税收递延养老保险、专属商业养老保险；

第三类：投资连结型保险，变额年金保险。

未明确归属上述三类的人身保险产品，遵守监管部门有关规定。

八、购买长期人身险须进行风险承受能力与缴费能力评估，期缴保费不得超过家庭年收入50%

“哄骗同一老人借钱投保数十份保险”的新闻近期引发业内外高度关注，其所体现的就是保险销售适当性的问题。很显然，新闻中涉及的保险代理人要求老人投保的产品之多，已经远远超过老人的实际需求以及实际经济承受能力。

防止保险销售人员将不适当的保险产品销售给不适当的人，一直是保险监管的一项重要内容，这在《办法》中也有所体现。

第四十条明确提出，消费者购买长期人身保险产品时，保险公司、保险中介机构应当在投保前开展投保人保险需求分析、风险承受能力与缴费能力评估，依据分析和评估结果推介与之相适合的保险产品，使产品特点与客户需求、风险承受能力和缴费能力相匹配。

此前在投连险等理财属性强的产品的销售中，已经引入了风险偏好测试，但并

未推及所有长期人身险产品，如今《办法》显然是将范围进一步扩大。

此外，《办法》还明确，保险公司、保险中介机构应明确消费者与保险产品不具备适当性时的终止投保标准。存在下列情形的，应当建议投保人终止投保：

（一）投保人投保趸交长期人身保险产品，支付人身保险保费超过其家庭年收入5倍的；

（二）投保人投保期交长期人身保险产品，包括拟投保产品在内，每年支付人身保险保费的总额超过其家庭年收入50%的；

（三）投保人投保时年龄超过60岁，投保投资连结型及变额年金保险的；

（四）监管部门规定的其他情形。

投保人不接受终止投保建议，坚持订立保险合同的，保险公司、保险中介机构应在取得投保人确认的投保声明后方可承保。

这意味着，一旦趸交保费超过家庭年收入5倍、期缴保费超过家庭年收入的50%，就必须终止投保。需提起注意的一点是，客户的实际收入来源可能五花八门，在实际操作中，如何确定其家庭年收入，尚有待进一步规定。

九、叫停“保险强制捆绑养老社区”，明确不得将健康、养老服务与人身保险产品强制搭配销售

近年来，“保险＋养老社区”这一模式成为行业风尚，保险产品绑定高品质养老社区服务资源，以服务资源推动保险产品销售，让个别公司在行业逆境中脱颖而出，不仅核心业务指标超越主要竞争对手，高端客户资源积累、高素质代理人队伍培养也都获得快速突破。

但伴随一些预付费式养老机构“爆雷”的新闻不断出现，对于这种“保险＋养老社区”业务模式的担忧也逐渐增多，最核心的一点就在于，在长周期内，保险公司的养老社区建设能否跟上客户增长步伐，并兑现承诺的客户权益？针对这一点，银保监会也早已开展调研。

如今，《办法》中对这一点进行了明确，其第五十四条规定：

保险公司、保险中介机构、保险销售人员向客户推介保险产品以外的健康、养老服务，应与人身保险销售行为相互区分、风险隔离，并将服务提供主体、权利义

务关系明确告知消费者。健康、养老服务应由客户自主选择，保险公司、保险中介机构、保险销售人员不得将健康、养老服务与人身保险产品强制搭配销售。

监管叫停，会对保险主体等产生哪些影响，这些主体又会采用何种方式减轻影响，亟待进一步观察。

十、规范赠送行为，不得给予保费回扣，只能送体检、健康管理等保险增值服务

按照监管部门的规定，保险销售人员在销售过程中不得给予消费者除保单以外的额外利益，最核心的，就是禁止“返佣”，因为“返佣”泛滥，短期看，损害的是代理人的个人利益，长期看，损害的是整个行业的长期健康。

但在实际操作中，保险销售人员赠送客户一些礼品以拉近距离，促成交易，屡见不鲜，该如何界定这种行为，《办法》也进行了明确。

根据《办法》，保险公司、保险中介机构为降低保险损失发生率、促进客户健康管理，在销售人身保险产品时，向客户赠送健康体检、健康管理等保险增值服务，需在保单特别约定中予以明示，且应当名实相符，不得变相给予客户保费回扣。

这也就意味着，保险公司可以赠送一些健康管理类的增值服务，但给予客户保费回扣仍将严格禁止。

专业中介机构生死局？ 人身险销售新规要求佣金以附加费用率为上限

慧保天下　2022 年 4 月 28 日

《人身保险销售行为管理办法（征求意见稿）》（以下简称《征求意见稿》）下发 10 余天，作为一项可能深刻影响保险销售市场竞争格局的新规，各类市场主体竞相展开深入研究。从目前的反馈来看，最先情绪激动的竟然是专业中介机构。

相较于此前广为流传的一个版本，《征求意见稿》改动颇多，“首期手续费不得高于首期保费的 80%”“首期佣金不得高于保单直接佣金的 40%”等相关内容均被删除。

但不少业内人士发现，对于佣金直接的约束虽然减少了，但实际上，新规依然对于佣金作出了非常细致的规定。

《征求意见稿》中有关中介渠道佣金管理的核心规定有 4 条，包括第二十五条、第二十六条、第二十七条以及第六十五条。业界人士通过研究后认为，这些规定的核心意图在于如下几点。

一是防止佣金在保费收入中的占比过高，降低险企销售成本；

二是防止“套利”，要求保险公司面对各类中介机构和个人，在佣金支付方面应“一视同仁”，遵循“佣金占总保费的比例以所售产品定价时的附加费用率为上限”这一规定；

三是要求佣金真实列支并采用转账方式支付，即不得通过其他方式另行支付业务推动费用。

这些规定的详细内容如下：

第二十五条【佣金管理】保险公司向保险中介机构或个人支付佣金的，应科学确定佣金水平，真实列支并采用转账方式支付。佣金占总保费的比例以所售产品定价时的附加费用率为上限。

保险公司、保险中介机构应当将佣金管理嵌入销售品质管理流程，根据销售品质管理情况、持续服务水平和质量，合理调节佣金年度支付比例及期限，提升销售规范性和服务长期性，促进可持续发展。

第二十六条【套利防范与费用管控】保险公司、保险中介机构应当科学设定佣金水平和结构，合理制定销售激励方案，审慎评估其对销售行为和投保决策产生的影响，防范不当激励导致分支机构和保险销售人员出现业绩造假、佣金套利、销售误导、实际费用严重超支等问题。

第二十七条【防范商业贿赂】保险公司、保险中介机构应持续加强内控管理，结合人身保险产品销售特点，对分支机构和保险销售人员建立科学合理的内部激励机制，防范工作人员或保险销售人员因职务便利造成的不当竞争和商业贿赂风险。保险中介机构的工作人员或保险销售人员不得私自接受授权销售合作协议约定之外的佣金或者其他形式的劳务报酬。

第六十五条【佣金支付禁止性要求】保险公司、保险中介机构列支佣金不得出现以下行为：

（一）账外核算和经营；

（二）向不具有合法保险中介资格的机构或个人支付或变相支付佣金；

（三）向没有发生中介业务的机构或个人支付或变相支付佣金；

（四）虚构中介业务套取佣金；

（五）在保费中直接扣除佣金；

（六）在未发生保险中介业务的情况下预付佣金；

（七）以佣金为手段进行不正当竞争；

（八）银保监会规定的其他情形。

新规的意图是非常明确的，从行业现状来看，很多乱象也确实需要更好的整治，但如果这些解读没有问题，且这些新规一旦实施，其对于专业中介的影响将是巨大的。或许专业中介近年来持续高速发展所依赖的环境将不复存在，进入持续低迷的阶段。

争议一：专业中介与个人代理人“一视同仁”，佣金据实列支，且以产品附加费用率为上限，结局只有两种：一是调高附加费用率，导致中介渠道产品定价高企；二是不调附加费用率，中介机构难以获取足够成本

实际上，早在2013年原中国保监会发布的《关于普通型人身保险费率政策改革有关事项的通知》中，就对佣金问题做出过规定。其第2条第4款规定：保险公司根据代理协议向代理销售保险的个人支付佣金的，佣金占年度保费的比例以所售产品定价时的附加费用率为上限。

对比最新的《征求意见稿》，可以发现，《征求意见稿》实际上是对此前的规定进行了一定的补充，最大的变化就是将保险公司给付中介机构的费用也纳入管理范围中，要求保险公司按照支付个人代理人的佣金比例规范保险中介销售人员佣金，二者佣金均须据实列支，且上限相同——“佣金占总保费的比例以所售产品定价时的附加费用率为上限”。

该规定一旦实施，或意味着所有的中介渠道以及保险公司专属个人代理人，在保险公司面前将“一律平等”，拿到相同的佣金水平。

新规的意图是明显的，遏制由于各渠道佣金比例不同导致的销售人员“飞单”问题。从现实情况来看，其对于专业中介渠道的影响却是巨大的。

因为保险公司在与保险中介机构合作的过程中，一方面是以合同形式规定对保险中介机构的首年佣金、续期佣金、继续率考核奖金等内容，另一方面，保险公司与中介机构会再通过临时补充协议的形式另行支付临时业务推动费用。

保险公司与专业中介机构之间所以可以这样做，是因为人身险产品定价中的“附加费用率”并不能体现险企实际的经营费用水平。

险企的定价端与业务端有联系又有区别。险企定价时需要严格遵循有关规定，拟定相应的风险保费（涉及死差、利差）、附加费用率（涉及费差）等。但业务端思考问题的方式截然不同，在实际经营中，其可以根据公司策略，灵活运用死差益、费差益、利差益等对手续费进行补贴，只要保证产品整体不亏损即可，这使保险公司拥有了更多的手续费操作空间。

这意味着，要求保险中介机构与专属个人代理人一样，佣金据实列支，且以附

加费用率为上限的话，如果产品定价不改变，则意味着大量中介机构将无法维持正常经营所需成本；而中介渠道产品价格大幅度提高，又失去了专业中介机构存在的意义（专业中介渠道产品以产品性价比获得竞争优势）。

“飞单”的问题也并不能因此获得解决，很有可能会出现另一种形式的“飞单”，即中介销售人员回流保险公司专属代理人渠道，或通过专属代理人私下“飞单”获利。

争议二：保险中介机构是独立法人，经营管理水平不尽相同，保险公司不可能要求中介机构对其销售人员设置同样的首、续佣模型

业界关注中介渠道佣金问题，很重要的一个原因在于希望压低中介渠道费用水平，减轻险企压力，甚至降低消费者负担。但从中介的角度出发，每种中介渠道的形成以及发展都是市场选择的结果，有其自然合理性。

例如，不同渠道属性有所不同，侧重销售的保险产品不同，能够满足保险公司不同的战略目标，贡献的业务价值也不尽相同。而保险公司则基于自身战略，发展不同渠道，发展不同价值率的业务，并据此向不同的渠道支付不同的费用比例。

从目前的直接费用支付情况来看，费用比例从低到高依次是：专属代理人 < 银行 < 互联网 < 专业中介机构。表面看来，专业中介费用水平确实是最高的，但这是基于不同渠道特征作出的安排。

专属代理人渠道——由于保险公司经营专属代理人队伍的经营成本高，所以其向专属代理人支付的首续佣比例及基本法成本相对较低。

银行保险渠道——保险公司以签约手续费的形式向银行渠道支付销售费用，整体利益高于专属代理人的销售佣金，银行兼业渠道拿到销售费用后，再根据自身管理逐级制定业务推动费用比例。

互联网业务——互联网渠道对于销售人员依赖程度低，但其后端费用较高，这导致其并非保险公司直接费用最低的中介渠道。

专业中介机构——专业中介机构为独立经营法人，表面看来，保险公司不需要为此支付职场租赁、销售培训等一系列管理成本费用，只是以签约手续费的形式向专业中介机构支付销售费用即可，但这并不意味着专业中介自身不需要租赁职场、

进行各种培训。这些费用，包括支付给销售人员的佣金，实际最终都体现在签约手续费当中。专业中介机构要做的就是根据自身实际情况，自行设置对其销售人员的考核管理模式，在保持竞争优势的同时，通过提升管理水平降低成本，获取利润。

由于各家专业中介机构业务模式不同，管理水平不同，其业务品质、经营成本也有所不同，各保险中介机构实际给予销售人员的首佣、续佣比例也不尽相同。

基于这种现实，如各渠道产品费用列支“一刀切”，对于专属代理人和银行渠道的影响甚微，但对于专业中介机构的影响几乎是致命性的。

近年来，基于减轻消费者压力的目标，专业中介机构的生存空间被不断缩小。最典型的，是车险综合改革，其首要目标之一就是压降手续费空间，这等于直接缩减了车险中介的市场规模，导致一些业务单一的中小型车险中介难以为继。

而如今，随着《人身保险销售行为管理办法（征求意见稿）》的出炉，人身险专业中介机构也感受到了深深的凉意。在很多专业中介从业者看来，专业中介机构过去10年间的高速发展，除政策红利外，更重要的因素是市场选择的结果——原有的专属代理人产品推销模式已不能满足消费者对于保险产品性价比的追求。

专业中介机构存在的意义在于通过产品竞争，争取更高性价比的产品，同时努力提升自身经营管理水平，压降成本，获得利润空间。这种专业化分工、专业化经营符合产销分离的大势所趋。

一旦大量专业中介机构产生生存困境，难以为继，最终伤害的还是消费者利益。对于很多小新险企而言，由于无法快速做大个人代理人渠道，专业中介机构对其更是意义重大。

当然，专业中介领域确实也存在很多问题，例如“飞单”“套利”等，但解决这些问题或许有更好的办法。

例如，针对不同渠道的保险产品在产品定价时可以限制费用支付上限（同互联网保险管理办法），销售推动费用由各家保司根据实际情况灵活掌握，不同渠道产品销售费用实行差异化管理。从目前的实际业务情况来看，保险公司有能力针对不同销售渠道制定差异化的渠道管理策略。

保险中介新股东来了！新能源、大健康、国资等龙头竞逐，自有业务成最大底气

慧保天下　2022 年 6 月 20 日

当下，保险业虽然整体低迷，但保险中介领域的股权交易、新机构设立仍热度不减。

整体来看，新股东多出自一些新兴势力以及老牌国有资本，涉及新能源汽车、大健康企业等，比如以“蔚小理”为典型的造车新势力；以体检龙头美年健康为代表的大健康产业；以哈啰为代表的互联网平台；以中国电建为首的国资集团……不乏各赛道的“当红炸子鸡”。

透过这些交易不难发现，伴随行业增速下滑，保险公司及保险中介的牌照价值不复当年，选择在当下时刻逆势入场的资本或所谓金主基本都是自带保险场景，甚至现成业务的机构，在原有业务基础上发力保险顺理成章，且这类业务往往具有较高的增长确定性。

在监管清虚提质的大背景下，保险中介行业不仅面临营收净利承压，还需负担较高的合规成本，在这种情况下，保险中介发展逻辑也在转型进化，曾经粗放发展的机构转向专业化经营、精细化管理将是大势所趋，抑或深耕股东资源与其他机构同台竞技，各显其能。

一、看准保险中介业务，理想汽车、蔚来、小鹏等造车新势力跑步入场，欲夺先机

继特斯拉、比亚迪、蔚来、小鹏等新能源车企全面布局保险中介市场后，理想汽车也曲线达成了夙愿。

近期，银建保险经纪公司发生股东变更，原股东北京银建投资公司退出股东之列，改由车和家金融科技（江苏）有限公司持股100%。

据悉，银建保险经纪成立于2016年，注册资本5000万元。原股东北京银建投资公司前身为北京亚太出租汽车公司，而新入场的股东正是新能源汽车制造商理想汽车。公开信息显示，车和家金融科技（江苏）由北京车和家信息技术有限公司全资控股，北京车和家即是理想汽车公司载体。

这也意味着，通过收购银建保险经纪公司，理想汽车已经拿下保险经纪牌照。

实际上，在造车新势力中，特斯拉、比亚迪、蔚来、小鹏汽车等比理想更早盯上"卖保险"的生意。只不过与理想直接收购不同，这几家公司均是通过注册新公司申请获牌，但截至目前，均未取得银保监会的批复，仍然只是"空壳"（见表1）。

表1　　几家车企成立的保险经纪公司情况

序号	公司名称	保险经纪公司	股东变更/成立日期	注册地	持股比例（%）	注册资本（万元）
1	理想汽车	银建保险经纪有限公司	2022年4月27日	江苏	100	5000
2	比亚迪	比亚迪保险经纪有限公司	2022年3月25日	深圳	100	5000
3	蔚来	蔚来保险经纪有限公司	2022年1月19日	合肥	100	5000
4	特斯拉	特斯拉保险经纪有限公司	2020年8月6日	上海	100	5000
5	小鹏	广州小鹏汽车保险代理有限公司	2018年7月31日	广州	100	5000

在业内人士看来，新能源车企逐鹿保险业务是顺理成章的事情。

从市场空间来看，新能源保险无疑是一片广袤的蓝海。据《新能源汽车产业发展规划（2021—2035年）》，到2025年，新能源汽车新车销售量达到汽车新车销售总量的20%。预计到2035年，预计全行业新能源车险年度保费或将提升至2000亿元。另据申万宏源预测，2025年新能源车险保费规模将达1543亿元，占车险总保费比例为15.7%；预计2030年新能源车险保费规模将达1.28万亿元，占车险总保费比例31.3%。

相对于传统保险公司，新能源车企在车辆的出行数据方面优势明显，更容易对用户的用车行为进行风险监测。如果车企设立保险机构，可以节约风险管理成本和中介费用，同时可以增强与用户的连接，拓展综合服务闭环。

尽管大势所趋，新能源车布局保险经纪业务仍存诸多难点。例如，直销模式要求车企必须具备功能完善的线上系统，不仅建设成本大、时间周期长，而且与保险公司系统对接复杂。此外，车险具备属地化特征，全国范围线下服务网络是其保证用户服务的触角，需要长期积累。

二、深耕出行场景，哈啰、滴滴、美团等共享出行平台拿下经纪牌照，涉足保险业

除了造车新势力，备受市场关注的共享出行平台哈啰也全资入股了一家保险经纪公司，曲线涉足保险业务。

2022 年 5 月 31 日，四川亿安保险经纪有限公司发生工商变更，原股东全部退出，新增全资股东为上海钧丰网络科技有限公司，而后者正是共享出行平台哈啰的关联公司。不过，从共享出行平台布局保险中介业务来看，哈啰的动作并不算早，滴滴、美团等平台均已在保险领域有所布局。

2018 年，重庆金诚互诺保险经纪有限公司获批开展保险经纪业务，该公司股东天津三快科技有限公司，正是美团（北京三快科技有限公司）的子公司。

2016 年，滴滴（北京小桔科技有限公司）的全资子公司北京博通畅达科技有限公司，以控股方式将中安风尚保险代理有限公司收入囊中，曲线拿下一张保险中介牌照（见表 2）。

表 2　　几家公司成立保险经纪公司情况

序号	公司名称	保险经纪公司	股东变更/成立日期	持股比例（%）	注册资本（万元）
1	哈啰	四川亿安保险经纪有限公司	2022 年 5 月 31 日	100	5000
2	滴滴	中安风尚保险代理有限公司	2016 年	100	5000
3	美团	重庆金诚互诺保险经纪有限公司	2018 年	100	5000

不过，随着野蛮生长时代终结，互联网保险在严监管之下进入大浪淘沙时代，这些新经济企业收购保险经纪牌照的底气究竟来自何处？

业内人士介绍，出行巨头布局保险销售业务具有天然优势。一方面，出行、外卖场景天然与保险契合，共享出行交通工具本身，以及共享出行平台客户在共享出行工具过程中都面临较大的风险保障需求。另一方面，共享出行平台通过多年运营

已经积累了海量客户，而且黏性强，访问使用率高，平台进入保险业能够进一步挖掘客户资源，是其产业链的自然延伸。

三、打造“医+患+药+险”闭环，美年健康、微脉、好医生、高济医疗健康保险“两手抓”

大健康产业拥抱商业保险的热情同样高涨，奈何监管紧控保险牌照闸门，不少医疗产业资本只能曲线收购中介牌照。

近期，中国预防医学企业——美年健康就收购了广东德晟保险经纪股份有限公司。2022 年 5 月 18 日，广东德晟保险经纪进行工商变更，公司新法人和多位董事均出自美年健康。

纵观国内，尽管政府医保和公立医疗“两头大”，商业健康险和社会办医在医疗产业中占比较弱，但仍有不少医疗健康独角兽都打出了“中国版 HMO”之名。

2022 年 4 月，高瓴资本旗下全资子公司高济医疗收购嘉信保险经纪有限公司，将围绕建设“医+药+健康管理+保险”患者全生命周期服务闭环展开数字化创新。

2022 年 3 月，“互联网+全病程管理”服务平台微脉收购北京容海保险经纪有限公司，拟打造具有中国特色的管理式医疗（MCO）组织。

2022 年 1 月，大森林医药收购善康禾诺保险经纪有限公司，提出将探索“医+药+养+检+险”的模式，提供一站式的健康服务。

2021 年 4 月，好医生药业集团对外宣布，集团已完成对开源（北京）国际保险经纪有限公司的全资并购，将以 PBM（药品福利管理）和保险服务为基础，多元化创新医疗支付手段。同年 8 月，开源（北京）国际保险经纪有限公司变更为好医生（四川）保险经纪有限公司（见表 3）。

表 3　几家公司成立保险经纪公司情况

序号	公司名称	保险经纪公司	股东变更/成立日期
1	美年大健康	广东德晟保险经纪股份有限公司	2022 年 5 月
2	微脉	北京容海保险经纪有限公司	2022 年 3 月
3	大参林医药	康禾诺保险经纪有限公司	2022 年 1 月

续表

序号	公司名称	保险经纪公司	股东变更/成立日期
4	高济医疗	嘉信保险经纪有限公司	2022 年 4 月
5	好医生药业集团	好医生（四川）保险经纪有限公司	2021 年 8 月
6	正和祥健康药房	汇金永信保险销售服务	2021 年 3 月

四、依托集团资源，中国电建等大型企业进军保险经纪市场

2022 年 5 月 11 日，中国电建发布公告，宣布集团成功完成对鼎昊（北京）国际保险经纪有限公司的全资收购，历时半年的股权转让工作取得突破性进展。

据悉，鼎昊（北京）国际保险经纪有限公司成立于 2012 年，早在 2022 年 3 月，鼎昊保险经纪 100% 股权在北京联合产权交易所挂牌转让，转让底价为 3561.22 万元。

中国电建收购后，将主要为集团各成员企业等投保人拟订投保方案、选择保险人、办理投保手续，协助被保险人或受益人进行索赔，办理再保险经纪业务，以及提供防灾防损、风险管理咨询等专业服务。

早在 2018 年 7 月，南航保险经纪有限公司、诚至诚保险经纪公司接连获批开业，背后实控人分别为中国南方集团及中国烟草总公司，亦存在对主营业务进行风险保障的目的（见表 4）。

表 4　　几家公司成立保险经纪公司情况

序号	公司名称	保险经纪公司	股东变更/成立日期
1	中国电建集团	鼎昊（北京）国际保险经纪有限公司	2022 年 5 月 11 日
2	中国南方集团	南航保险经纪有限公司	2018 年 7 月 19 日
3	中国烟草	诚至诚保险经纪有限公司	2018 年 7 月

据了解，根据不同企业的战略规划，部分由大型企业全资发起设立或收购的保险经纪公司，能在对企业风险集约、专业化管理的同时，压缩中间费用支出，在自身风险管理领域深耕后，针对行业内同类型公司开展中介业务，谋取收益。相较于主要承接来自股东业务的自保公司而言，业务源更具延伸性。

1992—2022 年：跌宕 30 年，个险人力两年下滑 300 万人只是开始

慧保天下　2022 年 2 月 28 日

一则“2021 年保险个人代理人”数量下滑 250 万人的消息引发行业广泛关注。保险中介监管信息系统执业登记数据显示，截至 2021 年 12 月 31 日，执业登记的销售人员 642 万人，同比下降近 30%。

实际上，早在 2020 年，人力下滑就已经是行业普遍现象，这一年，行业整体人力下滑从 912 万人下降到了 843 万人。两年结合来看，人力下滑已经从 912 万人的高峰下降了接近 300 万人。这与 5 年前，即 2016 年 657 万人的数据接近（见图 1）。

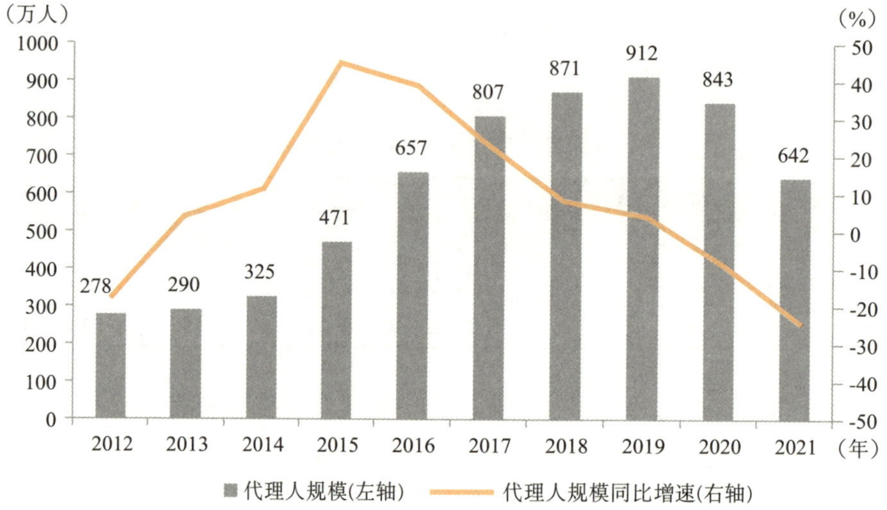

图 1　2012—2021 年我国保险个人代理人规模与增速对比

行业人力回到5年前，但几乎没有人怀疑，这样的下滑态势仍将是持续的，争论的焦点只在于中国寿险市场究竟需要多少保险代理人，即此轮下滑的终点是哪里，有人认为是200多万人，有人认为是100万人。无论哪种观点，目前642万代理人，都仍然存在很大的下降空间。

从1992年友邦将个人代理人模式引入开始，迄今，这一模式已经在国内走过整30年历程，其间几次起伏，如今更是走到了不得不转型的地步，这一过程也注定是痛苦的。或许是时候重新回溯个险代理人渠道在国内的发展历程了。在本系列文章中，“慧保天下”将重新梳理历史资料，回溯问题的根本，更重要的是挖掘一些典型转型案例，以供行业参考。

一、1992—2003年，野蛮生长，遍地黄金

谈及中国保险个人代理人渠道的发展，1992年一定是作为起点出现。在这一年，中国保险业在上海试点对外开放，而友邦人寿上海分公司于1992年9月29日正式开业，第一次将保险个人代理人这一模式带入了中国市场。

此前的中国保险市场，虽然已经复业十余年，但仍然相当封闭，以计划经济为主，市场主体数量十分有限，“老人保”在产寿险领域均占据绝对主导地位。彼时，大多数保险从业者都是毕业分配进入保险公司工作，所开展的业务多为团体险，客户也多为企事业单位，缺乏竞争，销售意识也必然不足。

1992年，友邦上海分公司将国外成熟的保险个人代理人模式引进国内后，开始广泛吸纳社会人士，彻底打破了过去保险市场的平静。

在看到这一模式的威力之后，从1994年开始，国内保险公司开始竞相效仿，平安、人保、太保等先后跟进，并开始依照渠道特点，开发面向个人的人身险产品，打破了过去团体险一统天下的局面。

不少保险公司金牌代理人，乃至高管都是在这一时期加入保险行业的。据很多人描述，彼时的保险代理人展业时，兜里往往会装一把豆子，在居民区、商业区挨个敲门推销，每拜访一个家庭，就将豆子从一个口袋转移到另一个口袋，直到全部转移完，才算完成了一天的拜访量。他们相信，成功的秘籍就是“简单、相信、听话、照做”。

在个人代理人渠道大发展的情况下，面向个人的人身险业务高速发展，到 1997 年，人身险保费首次超越财产险保费，且二者差距在之后的 20 多年中不断拉大。

1995 年出台的《保险法》规定保险公司实行分业经营，同一保险人不得同时兼营财产保险业务和人身保险业务，保险公司产寿险业务开始“分家”。彼时，行业还存在一条显而易见的“歧视链”：做财险的业务歧视做寿险业务的，认为团体财险才是正统、主流，只有“混得不好”的人才会去做寿险。但伴随着 1997 年的到来，人身险在规模、资产、利润等方面开始逐渐“碾压”财产险，“鄙视链”也才渐渐被打破。

伴随着市场的高速发展，过于粗放的发展方式所造成的弊端也开始逐渐显现。“人海战术”成为人身保险行业，尤其是个险渠道的一个经典“名词”，大量低学历、低素质的人被招募到保险代理人队伍中，接受简单培训后，先给自己投保，再给家人投保，几张保单过后，难以为继，大部分人很快脱落。这为行业招致“骗人”“乱”等骂名。保险公司依然乐此不疲，甚至将其视为“财富密码”——虽然很多人最终留不下来，但其至少可以成为保险公司的客户，脱落后，保险公司甚至连续期佣金都不用再支付了。招募代理人某种程度上异化成了招募客户，慢慢地甚至演化成为一种行业潜规则，人力虚挂、自保件占比畸高、套利多发等也为后续埋下隐患。

回溯彼时市场高速发展背后的原因，无外乎以下几个因素：市场初级，消费者缺乏保险意识；监管制度、体系不健全；当然，还有更主要的一点就是城市化率快速提升，以及人力出现冗余。

在 1995 年至 2002 年期间，全国各地政府强制推行经济体制改革，对出现亏损的国有中小型企业、集体所有制企业实行“破产”“解体”，没有亏损的企业实行“转制”，造成了全国高达千万的下岗职工失业群体。而保险公司的低门槛、高期待，给了很多人希望。彼时招募的口号就是“年薪十万不是梦”。

二、2004—2014 年，首次转型，本质仍是渠道为王

2001 年之后，中国加入 WTO，一大波外资险企开始布局国内市场，中国保监会也批设了一批民营险企，保险市场主体进一步多元化。

市场主体的增加也直接推动了竞争的提升，作为开放市场的银保渠道开始受到

险企欢迎，但个险渠道仍然占据人身险第一大渠道之位，延续的仍然是以往粗放的发展模式，增员、脱落、再增员、再脱落……连友邦等一些外资险企也未能免俗。

2004 年成为一个重要的节点，按照预定节奏，这一年末，中国保险业将结束加入世贸组织过渡期，进入全面开放阶段，这对国内人身险市场提出了更高要求。2004 年伊始，部分保险公司就开始了结构调整。

此外，一些头部机构在 2004 年前后相继上市，这也成为助推个人代理人渠道转型的一个重要诱因。

2003 年开始，中国险企迎来一波上市潮。2003 年 12 月 18 日，中国人寿于中国香港、美国纽交所上市，2007 年 1 月 9 日又登陆上海证券交易所；2004 年 6 月 24 日，中国平安在香港主板上市，2007 年 3 月 1 日回归 A 股；中国太保 2007 年 12 月 25 日 A 股上市，2009 年 12 月 23 日登陆 H 股……

上市之后，由于资本市场更看重险企个险渠道、新业务价值成长，也助推险企开始将精力更多放在个险期交业务方面。

此外，2008 年横扫全球的金融危机，第一次给了国内寿险行业一个深刻的教训，不同的企业也开始有了不同的思考，进一步加速转型步伐。

平安人寿和太保寿险成为这一轮转型中的典型，其策略有类似之处，即主攻个人代理人渠道，主攻高价值的期交业务，同时极力压缩价值较低的银保渠道。以太保寿险为例，其在“转型 1.0”阶段提出“聚焦个险、聚焦期交”，在转型完成之后，银保渠道只保留了很少的业务份额。

数据显示，2004 年全国共有人身保险公司 29 家，其中中资公司 9 家；人身险业务保费收入 3228.25 亿元，同比仅增长 7.22%，增速有所放缓，不过增长质量、效益和业务品质均得到明显提高。2004 年也因此被视为中国人身保险行业发展的一个拐点。

到 2010 年，个人代理人渠道发展中存在的种种问题也引发了原保监会的高度关注，相继下发一系列旨在推动个人代理人转型的文件，包括 2010 年 9 月的《关于改革完善保险营销员管理体制的意见》、2013 年的《关于坚定不移推进保险营销员管理体制改革的意见》等，倡导行业内高素质、职业化营销员体制的建立，并鼓励保险公司设立专业的保险中介公司。这其中，2011 年，保险代理人市场得到清理整顿，保费收入以及代理人数出现大幅下降。

回望这一时期的转型，无论是业界还是监管部门都已经认识到了发展中存在的种种问题，但行业困难都是暂时的，行业高速发展的基础仍在，市场主体缺乏彻底“革命”的动力和勇气，所有的转型本质上仍是基于销售逻辑、业务结构，而非客户逻辑、客户需求。

三、2015—2017 年，最后的狂欢

历经几年的转型之后，寿险业在 2015 年迎来又一项重磅政策。

为响应“简政放权”的号召、促进经济发展，2015 年，原保监会彻底取消了代理人资格考试——下发《中国保监会关于保险中介从业人员管理有关问题的通知》，明确保险代理人资格证书不再作为保险执业的必要条件，保险公司重新获得代理人考核录用的权利。

虽然一直以来代理人门槛并不高，但此次彻底放行之后，行业代理人仍然出现了一波高涨。

数据显示，2015 年 8 月，代理人资格考试取消之后，由于代理人准入门槛大幅降低，保险代理人快速出现一波扩容潮，2015 年初，代理人数量只有 325 万人，到 2015 年底已经增长至 471 万人，一年内净增近 150 万名代理人，到 2017 年，更是达到 807 万人。

有数据统计显示，2014—2017 年，保险代理人的年均复合增速高达 35%。

个人代理人数量飙涨的同时，是人身险新单保费以及总保费的快速增长，再加上资产驱动负债型险企的“大干快上”，保险牌照成为当时资本市场上炙手可热的金融牌照类型，排队等待批筹的险企数量最高达到了 200 多家。

身处彼时的人身险行业。感受到的是对于自身“朝阳行业”定位的进一步肯定，是各种艳羡的目光，但谁也不会想到，这就是行业最后的“高光时刻”。

几年后，人们给 2015 年的代理人大扩容定性为“行业最后一波人口红利”，由于数千万人先后从事过代理人行业，很多消费者已经拥有保单，行业快速从增量市场进入存量市场，市场逻辑彻底转换。

四、2018 年至今，客户觉醒，彻底转型的开始

资产驱动负债公司的问题曝光之后，保险行业结束了持续数年的“高光时刻”，

之后是原保监会与原银监会合并，监管逻辑也发生重大变化，“保险姓保，监管姓监”，“防风险”成为行业共识。

2017 年 134 号文件和 2018 年 19 号文件的出台更进一步推动了行业的转型，代理人增长开始放缓，但惯性是巨大的，整体仍处于增长阶段。2018 年个人代理人数量超过 871 万人，2019 年更进一步增至 912 万人。

虽然人力还在持续地向上增长，但盛名之下其实难副，个人代理人的“颓势”在 2018 年已经开始显现。

一个显著的信号是，头部公司个险新单期交保费在 2018 年开始负增长，2018 年大概下滑 10%，2019 年大概下滑 15%，2020 年大概下滑 20%……

更重要的是，这种个险新单期交保费的负增长是深度的、持续性的、大面积的：个险渠道开门红的产品形态开始趋同银保渠道产品，新业务价值率开始下滑，更可怕的情况是，保单继续率也开始出现下滑。

从价值和投入的比值来看，投入不断加大，投产比其实在恶化，结果就是，人力在 2018 年、2019 年虽然在增长，但新业务价值却在下滑。

到 2020 年，就连“人力上涨”这最后一块遮羞布也不复存在了，个险渠道的困境彻底暴露。各个公司都开始直面人力发展的瓶颈问题，人们彻底意识到，原有的通过人海战术快速扩张业务的方式已经难以为继，人身险公司纷纷将重点转向提升人均产能。

2021 年 2 月 1 日重疾险新定义生效之前，险企集中进行了重疾险炒停售，加速了客户资源的透支，结果就是从 2 月开始，人们发现重疾险卖不动了。在“2021 年慧保天下保险大会”上，与会嘉宾齐呼“一夜撞墙”，代理人渠道已经到了必须改革的时刻——彻底不再纠结数量问题，淘汰落后产能，招募高素质代理人，探索独代、专业中介等渠道，整合医养资源，提升客户服务水平……

行业已经彻底没有回头路。根据银保监会下发的《关于 2021 年底保险公司销售从业人员执业登记情况的通报》，截至 2021 年 12 月 31 日，全国保险公司在保险中介监管信息系统执业登记的销售人员仅剩 642 万人，同比下降近 30%，而这数量的下滑也只是一个开始而已。

30 年后再定位，营销员成就长期主义恰逢其时，友邦张晓宇给出了三个判断

慧保天下　2022 年 3 月 28 日

寿险代理人制度从 1992 年正式被引入国内，和“南方谈话”同步，契合国有企业改革和自主创业的时代热情，助推中国寿险业务的超常规快速发展，30 年寿险营销一路奔流演化，狂飙突进后的踟蹰徘徊，大发展后的深转型，人口红利式微……引入个人营销员模式 30 年后的中国寿险业也走到大变局的时候了，也终于可以来谈谈营销员定位的长期主义了！

毋庸置疑，营销员的高质量与否很大程度决定了中国寿险业转型的成败，且症结不在于队伍一时的数量多少，而在于其角色定位的明确共识与坚决执行。这虽然有赖于每个营销员自身的学习领悟，但更多是由各人身险公司的经营理念所决定的，什么样的寿险经营理念塑造什么样的营销员队伍。

在寿险转型的关键时刻，在行业普遍性的迷茫中，最早将保险个人营销员模式带进国内市场的友邦保险宣布对其“卓越营销员渠道”进行全新升级，坚定看好营销员群体的应时而变，并将在系统、科技以及文化价值三大核心维度为营销员提供全方位的发展支持。在与“慧保天下”的独家访谈中，友邦人寿首席执行官张晓宇表示：

三四十年的寿险业高速发展表明，营销员这个群体值得尊重、这个职业值得耕耘，但角色定位需要重新定义，须从“销售”（sales），进化到“规划师和伙伴”（Planner 和 Partner）。

“从 0 到 1”，到“从 1 到 N”的新阶段，寿险市场“低垂的果实已经摘完了”，营销员模式的关键在于队伍能力的升级迭代，而优质招募后的新人留存正是渠道高质量发展的“源头活水”。

内地市场仍然是友邦保险集团新业务价值的最大贡献者，逆势成长坚定信心，“向上生长，向下扎根”的友邦方案将打造一种寿险公司商业模式新的闭环。

一、值得尊重、值得耕耘，但需要升级迭代，这是营销员职业最根本的新命题

最近业内对营销员话题的关注聚焦“质”与“量”，营销员渠道的发展已步入十字路口，接下来趋势如何？

有的人困惑、犹疑，有的人却明确、坚定：过去值得尊重，未来值得耕耘，营销员需要应时而变。这正是友邦人寿首席执行官张晓宇的回答和体会。

在张晓宇看来，在寿险市场的初级阶段、理念培育期，营销员更多承担知识普及、产品销售的功能，让保险这个舶来品走进了中国内地的千家万户，营销员群体功不可没。

保险营销员模式被引入国内之前，国内保险市场主要以财险业务、团险业务为主，保险与普通消费者并没有太多直接关联。直至 1992 年友邦回归上海，开始招募营销员，彻底打破保险市场格局，新的模式、新的产品，快速推动保险产品的个人化。仅 5 年时间，人身险就超越了财产险成为国内最重要的保费来源，个人客户贡献的保费收入也快速超过团险客户。

在此过程中，营销队伍也不断扩容和壮大，但时移世易，变法宜矣。今天的寿险市场走过荒蛮、几经转型，今天的保险消费者也进入客户主权时代，发展逻辑已然转换：从保单拥有而言，“从 0 到 1”到“从 1 到 N”，必然需要更理性专业的保险方案，更强调“保险规划”，单纯的推销走不通了；从客户更深层次的需求来说，除了事故发生后的保险赔款，更需要日常高频的保险服务，深入客户生活的场景，尤其是在健康养老方面的多元诉求，更需要“长情的陪伴”。

从“销售”（sales），进化到“规划师和伙伴”（Planner 和 Partner），正是基于这个认识，友邦将营销员 3.0 新定位为陪伴客户一生的“健康及财富管理伙伴”和“保险企业家”，旨在通过培育专业化职业化的高水平营销员，为客户提供从健康管理到财富管理等的一揽子规划，并长期陪伴。

“市场环境和客户需求变化都对营销员角色定位提出新要求，这是营销员必须

要直面的新命题，挑战自我迎难而上，才有可能成就营销员发展真正的长期主义。”张晓宇表示。

诚然，经过三四十年的高速发展后，寿险市场进入深度调整期，这无疑是从“高速度”到“高质量”发展逻辑转换下的必然体现。同时也要认识到，改革转型步入深水区，更考验初心使命：如何让更多更适配的营销员，去服务消费者越来越理性、专业、多元的保险产品与服务需求。

这正是当下营销员群体面临的新的时代命题，这道题解好了，既关乎营销员的自身成长、价值体现、长期经营，更事关寿险市场这场声势浩大的行业转型的路径方向。

二、打造营销员进阶的良性循环，新人成为渠道高质量发展的“源头活水”

因为相信，所以看见，所以敢扎根坚守、变革创新。作为营销员渠道引领者的友邦不仅将这一模式“领进门”，也一直在审视营销员制度在国内市场的落地演进，并结合自身禀赋积极探索。

友邦“卓越营销员渠道”从2.0到3.0，从2010年的提出专职、走职业化道路到2019年开始强调服务体验和客户价值，从“保障专家”升级到“健康及财富管理伙伴”，再到现在的全方位赋能营销员，优质招募之后聚焦新人留存，坚定打造营销员渠道的良性循环。

营销员制度原本以精英模式被友邦带入内地，却因行业的“粗放式”增长而转向了低门槛的“人海战术”。2010年前后，营销队伍出现了年龄偏大，知识结构、社会观念甚至素质参差不齐等负面情况，行业对于年轻客户群体以及精英客户群体的影响力开始下降。

面对行业的发展瓶颈，友邦意识到必须通过提高营销员的专业性和整体素质，来夯实营销渠道的发展基础，并在2010年推出营销员2.0策略，重新定义营销员渠道的专业标准，提出走职业化道路，高度重视品质发展以及从招募、培训、专业发展等各个阶段对营销员素质的培养。

2019年的营销员3.0策略升级后，友邦更加强调提供高品质、专业、有温度的服务体验，把注意力转移到客户价值上来，把营销员的定位从“保障专家”升级到

"健康及财富管理伙伴"和"保险企业家"。现阶段对于"卓越营销员3.0"策略再次升级，更重申了围绕系统、科技与文化三大维度持续建设的决心，培育为人才输送成长养分的高质量渠道沃土。

据了解，升级版的3.0策略着力点还包括在优质招募之外进一步聚焦新人的发展与留存，通过全面升级营销员激励管理体系以及成立新人发展团队等一系列支持举措，为新人营销员提供定向支持，并为其职业成长路径和客户经营提供明确指引。这也是友邦对行业正面临着的前所未有的营销员新人"脱落"难题的解题思路。

在张晓宇看来，在"优质招募"的同时持续关注营销员新人的成长和发展，并通过优化系统建设为渠道高质量发展注入"活水"，是构建起持续、稳定和富有活力的良性循环，从而进一步保持并优化渠道的竞争力的关键。

当然，培育新人，尤其是培育优秀新人，也是十分考验险企能力的关键环节，健全的激励制度、足够的财力、过硬的培训能力、完善的技术赋能以及积极向上的企业文化，一个都不能少。因为新人往往缺乏专业技能，需要较长的成长时间，公司必须予以其充分的支持和耐心。友邦致力于打造"市场上当仁不让的新人最容易成功的平台"也正是这种耐心和信心的体现。

近年来，已经开始有越来越多高素质的人才主动选择加入保险营销员队伍中，创企员工、教培从业者等更成为这股潮流当中最受关注的两类人群。而营销员职业特性难以替代的优势也逐渐为更多人所发现。

张晓宇对此进行了总结，强调专业性，需要具备健康、养老、财富等相关专业知识背景，赢得客户信赖；打破职场瓶颈，尤其在互联网行业普遍存在35岁天花板现象，但对于营销员来说，30多岁，有一定的工作经验、人脉积累，恰是好年纪；工作时间弹性，可以更好兼顾家庭和工作；具备强积累属性，知识阅历越深厚，服务陪伴越长久，业务开展越顺手，可以真正做"时间的朋友"，体现"长期主义"的价值。

三、变局之下的友邦模式新闭环："向上生长，向下扎根"

2022年3月11日，友邦公布2021年报业绩。2021年友邦人寿新业务价值（VONB）增长10%，年化新保费（ANP）同比提升9%，税后营运溢利（OPAT）

同比增加4%，继续成为集团新业务价值最大贡献者。这也是友邦人寿“分改子”后的第一个完整年度业绩，堪称逆势成长，更是近两年寿险市场为数不多的亮眼表现。

所谓30年营销大变局，更是中国寿险业40余年传统发展模式的难以为继。而反观友邦的30年历程，明显率先引入、躬身入局，但似乎又置身事外、模式超前，毕竟不管是从近年业绩、发展态势，还是经营策略、营销队伍来看，整体稳健成长。

而友邦模式的精髓正是其最具差异化，也最富竞争力的卓越营销员渠道，正如其年报中所称：卓越营销员渠道和数字化革新举措继续成为逆势成长的强劲引擎。

据了解，在科技赋能渠道层面，友邦将数字化、智能化技术作为重要抓手，发展出一套数字化升级路径——TDA（Technology Digital Analytics）战略，友邦认为科技赋能寿险业将经历自动化、数据化、智能化这三个阶段，目前正向“业务数据化，数据业务化”阶段迈进，未来智能化对渠道的助力空间更值得期待。

让营销员乘上科技的翅膀，成就卓越。这正是张晓宇认为的友邦“向下扎根”战略的两大坚实基础，从而培育优质的土壤，最终“成功吸引成功”，打造营销员渠道的良性循环。

“向上生长”则是对其不断丰富的产品及服务体系的生动描述。友邦依托健康、养老、财富管理、传承四大价值主张，以体现差异化又丰富完备的保险产品和生态圈服务拓展市场，既切实满足客户日益多元的需求，又延伸保险产业链形成战略生态圈，进一步整合服务资源，构建新的竞争壁垒。

渠道和科技，产品和服务，友邦的“向下扎根，向上生长”并无新潮的概念，围绕寿险经营的本质规律展开，但其威力在上下循环和共融。友邦的生态治理成效显著，至此寿险公司商业模式闭环初成，逻辑自洽，只在执行。

四、后记

寿险营销30年，鉴于其中存在的种种问题，改革的呼声从未停止。从21世纪初开始，或监管引导，或险企自发，已经进行了一次又一次的营销员渠道改革尝试，如试水“员工制”、成立专属代理公司、试点独立代理人、大力发展保险专业中介等。

时至今日，从行业整体看，许多探索并未取得预期成效，也还没有形成一套成熟的发展模式，能改还是不能改成为行业重大课题。

对于友邦的观察分析无疑有其典型性，也基本能得出一些判断：营销模式或制度本身并无是非、优劣之分，不同基因禀赋的险企完全可能走出模式各异的发展道路，所谓“师傅领进门，修行在个人”。当然也需要适应市场形势应时而变、顺势而为，尤其是在遭遇困境时更需要深刻反思，正如友邦在 2010 年及 2019 年两次重新审视营销员渠道的发展，进行大胆的优化升级，那两年前后正是中国寿险业历史上少有的几轮负增长周期。

当下的寿险，在经济周期、疫情冲击下，及行业周期叠加监管周期，分化成必然特征，跃升还是滑落？不同选择下命运大不同。我们唯有以自我成长的确定，来应对世界百年未有之大变局中的不确定，坚定地对自己说，“我的机会来了”。这也正是友邦带给行业的启示，并和广大坚定信心、长期扎根的营销员共勉。

六大上市寿险公司代理人数量已折半，这两家险企却仍逆势扩张

慧保天下　2022 年 9 月 5 日

8 月末，上市险企悉数披露 2022 年半年报，代理人数量继续下滑毫无悬念再度成为半年报关键词，与之伴随的是个人代理人渠道的新单保费下滑、新业务价值萎缩、新业务价值率滑坡等（见图 1）。

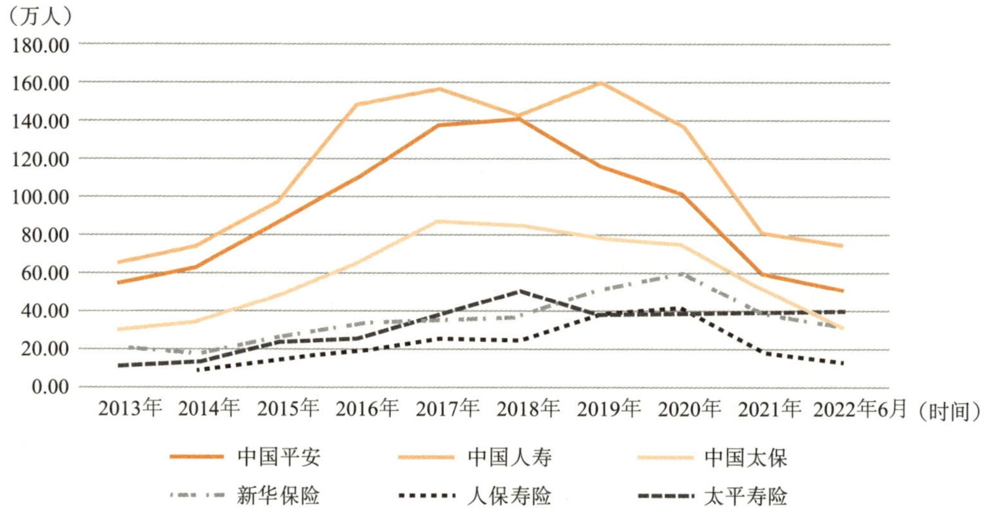

图 1　2013 年至 2022 年前 6 个月，六大上市寿险公司代理人数量演变

按照中国人寿副总裁詹忠透露的数据可知，寿险公司“老七家”2021 年代理人数量下滑 36%，2022 年上半年下滑速度为 14%。另据上市险企披露的数据可知，2022 年上半年，国内 6 家主要上市寿险公司代理人数量相较年初再减 50 余万人，已经从年初的 290 万人，下滑至 6 月末的 242 万人，相比 2019 年末六家主要上市寿

险公司合计达485万的总人力跌去50%。

具体到不同公司，中国人寿、平安人寿、太保寿险、新华保险、人保寿险均出现了不同程度的代理人数量下滑。

有例外吗？有！太平人寿，2022年上半年人力相较年初增长约1.4万人，上涨幅度达到3.7%；总部位于中国香港的友邦人寿，其虽然没有披露具体的年报数据，但根据其半年报报数可知，其代理人总数量，包括内地市场代理人数量都实现了正增长。

当业界人士都已经对代理人数量下滑见怪不怪，太平人寿以及友邦人寿却保持逆势而上的姿态，这合理吗？

一、太平人寿：深度洞察中国保险市场采取差异化策略，“坚持让队伍活下来活得好”

在国内六大上市险企中，太平人寿无疑是个异类，当其他同业代理人数量持续下滑之时，其代理人数量却不断上行，2021年如此，2022年上半年同样如此。其半年报数据显示，截至2022年6月末，其代理人数量较年初增长1.4万余人，达到39.93万人，增加比率达到3.7%，月均人力同比增长4.3%。

当然，压力依然是存在的，人力的增加并未带来保费数据的全面显著改善。中国太平半年报显示，该财务期内，太平人寿透过个人代理队伍分销的保费由2021年同期的773.52亿港元下降4.5%至739.10亿港元（按2022年9月5日汇率计算，约从683.25亿元人民币下滑至652.85亿元人民币）。

与此同时，太平人寿新业务价值同比下降11.1%，好在降幅低于主要同业且逐季改善，其中第二季度新业务价值同比增长14.7%。个险渠道一些核心业务指标也改善明显：受业务节奏带动，本财务期内代理人每月活动人力人均期缴保费上升至1.50万元人民币。

对于缘何能够逆势增长，太平人寿总经理程永红曾在业绩发布会上予以概述：“在销售队伍方面，公司要求各级团队队长以身作则，紧抓队伍，职级越高，要求的产能贡献越大，充分彰显了外勤团队队长以身作则的原则。同时，狠抓新人培训，包括衔接培训、全员在线培训。基于对队伍下狠招、下真功夫、下硬功夫，依托

‘山海计划’的持续推进，实现量质并举。”

而在 2021 年的全年业绩发布会上，程永红也曾公开表示：“太平人寿在困难时期能够实现寿险代理人正增长主要得益于‘坚持让队伍活下来活得好’这一理念。公司在绩优端通过开局产品、养老社区以及家办等配套资源推动百万人力达成。在新人与基层主管端通过出台新《基本法》推动利益下沉，改善基层人力生存状态。”

这样的回答很全面，但或许并不能解答业界同人全部疑惑，太平人寿战略部门此前在“慧保天下”公开发布的几篇文章，或许能够在某一程度上答疑解惑。

二、“层级多”并非个险队伍“高增高脱”的根源，“以增员人数为导向的考核”才是“罪魁祸首”

现行险企及传统中介队伍层级普遍在 8 级以上，部分公司高达 10 余级，因而一种观点认为：层级过多导致各级团队长为晋升而疯狂增员，以致出现“高增”现象，同时也导致底层营销员利益被层层抽取、收入被盘剥而出现“高脱”，所以营销体制改革重在缩减层级。这种观点值得商榷。

事实上，单个营销员被抽取的管理利益比例有限，团队长的管理收入更主要取决于“人头”，“人头”看似由层级设置驱动，实质背后推手则是以增员人数为导向的考核。一个例证是：部分公司开设行销系列，也设置多个层级，但因为层级晋升考核基于业绩而非增员，故并未导致大量增员。

所以，该文章认为，若要改革广受诟病的“人海战术”，缩减层级并非治本之举，关键是要改变增人头的考核导向，可通过加重业绩和业务品质考核降低盲目增员，或抬高最低管理层级晋升标准、拉长晋升周期，既降低盲目增员冲动，又确保择优晋升以实现团队良性发展（详见“慧保天下”2021 年 6 月的文章《颠覆你的个险改革认知：“金字塔”不是罪魁祸首，管理利益占比仅 14% 并不高》）。

三、保险市场饱和度、金融市场成熟度共同导致的客户需求变化，以及高产能代理人队伍是推动代理人专业化转型的关键要素

由保险市场饱和度（成熟市场转型时美国健康险渗透度 90%，中国台湾投保率

超 100%，日本家庭保单拥有率 90%）和金融市场成熟度（机构投资者占比：美国 20 世纪 70 年代转型时机构投资者占比由 30% 快速上升至 70%，中国台湾转型时达 40%）共同导致的客户需求变化（年金类产品占比美国为 30%，中国香港超 30% 且不断增长，国内保障型产品占比 30%—60%），叠加高产能的代理人队伍（美国转型时代理人人均产能接近 15000 美元，日本转型时期代理人收入约为人均可支配收入的二倍），促进了代理人专业化转型（详见“慧保天下”2020 年 11 月的文章《千万营销员命运终极推演：独立代理人、有底薪的专属代理才是最终归宿》）。

由该观点出发，不难发现，国内幅员辽阔，不同地域之间经济发展水平、民众保险认知水平等都差异巨大，在北京、上海等保险饱和度、金融市场成熟度已经达到一定水平，且具备建立高产能代理人队伍条件的一线城市，或许已经到了个人代理人模式革命的关键时刻，但对于大多数的中小城市，尤其是县域市场，甚至农村市场，保险市场饱和度、金融市场成熟度尚未导致客户需求发生巨大变化，也缺乏高产能代理人队伍建立的条件，这些地区或许仍应采取相对更加传统的方式。

友邦人寿乘势机构扩张东风，坚持高标准招募，抓住“主管”这一牛鼻子。港股上市的友邦保险并未在半年报中详尽披露其个人代理人数量，但一些描述表明，2022 年上半年，其代理人数量也是正增长的。

其半年报提及：“代理队伍的新业务销售动力在第二季好转，我们于 6 月份录得按年新业务价值增长。随着代理主管人数增加，支持第二季新入职代理较第一季录得双位数字的增长，而我们的整体代理队伍亦有所增长。”

此外，其半年报还透露，该公司 MDRT 会员数量再度蝉联全球第一：“在 2022 年 7 月，友邦保险内地业务首度荣登百万圆桌会公司排名榜首，友邦保险泰国业务和友邦保险香港业务则位列全球前三甲，而友邦保险则历史性连续八年蝉联全球百万圆桌会会员人数排名第一的跨国公司。”

至于代理人数量逆势增长的秘密，友邦保险在半年报中也进行了回应。

最直接的动力来自分支机构的不断扩张：自 2020 年中成功实现“分转子”以来，友邦保险在内地的机构拓展就达到了一个新高度。此前，友邦人寿在上海、北京、广东、深圳、江苏、天津和河北均开设了分支机构，“分转子”之后，机构布局提速，2021 年 3 月，友邦人寿四川分公司获批开业；同年 10 月，友邦人寿湖北分公司获批开业；2022 年末 5 月，其河南分公司获准开业……其还宣布，已经于近期获得中国银保监会批复，同意在天津及石家庄的机构改建升级，使其能够透过额外营销服务部来拓展地域。

随着外商独资寿险公司的出现，其机构布局迎来新一轮窗口期，依托分支机构的扩张来推动保费的快速增长成为外资险企逆势上扬最直接的动力。

最深层的动能则来自专属“最优秀代理”网络。要点一是坚持高标准招募。友邦保险称，中国内地再度为本集团新业务价值带来最大贡献，透过别树一帜的专属代理策略，新入职代理人数按年增长，同时力求维持严格的质素要求。“最优秀代理”也是其行之有效的地域拓展模式的基石。

要点二是抓住“代理主管”这一牛鼻子。在半年报中，友邦保险称，新一代代理主管是其成功执行“最优秀代理”策略的关键。“随着我们致力提升各业务市场的专业代理人数及生产力，相关主管可确保我们实现优质招聘、培训和管理。”

据介绍，在2022年上半年，友邦保险强化多个代理主管计划并取得丰硕成果，新主管人数强劲增长，而代理主管的总数亦较2021年增加。随着代理主管人数增加，支持第二季度新入职代理较第一季度录得双位数字增长，且整体代理队伍亦有所增长。

要点三是持续通过增强技术、数码及分析能力，为代理队伍赋能。友邦保险称，受疫情影响，在代理无法与客户亲自会面的情况下，该公司的数码遥距销售工具有助于减轻销售活动所受的影响。在2022年上半年，超过40%的新保单均通过这项功能签发。

此外，友邦保险的代理们日益采用结合社交媒体的新销售对象管理平台，并持续为上半年新业务销售带来重要贡献。超过80%的新入职代理是通过该公司的数码招聘平台iRecruit来招聘的。

寿险“老七家”个险负责人大变阵，试看营销破局的折腾与不折腾

慧保天下　2022 年 10 月 18 日

2022 年下半年，中国人寿迎来新的个险业务分管负责人，1974 年出生的总裁助理白凯接过重任，与同为“70 后”的新任总裁赵鹏一起谋破局，这些新鲜血液的注入，究竟会给中国人寿带来什么改变？

跳出中国人寿，放眼国内主要寿险公司，近年来在痛苦的转型摸索中，人事安排也多有变化，只是不同公司表现大不相同，这背后所体现的转型思路也各有特色。经过梳理，“慧保天下”发现大致可以划分为三类：

第一类是以中国人寿、新华保险为代表的“内部提拔”队。转型思路上侧重稳健，在坚持传统模式的同时，不断探索新招式，不过中国人寿明显更侧重年轻血液。

第二类是以平安人寿、太保寿险、人保寿险为代表的“引入‘外脑’”队。不同公司“外脑”定义不同。平安集团层面负责个险改革的陈心颖，新任寿险公司董事长杨峥乃至首席产品官皆没有长期的寿险从业经验，彻底“跳出保险干保险”；太保寿险则是引入外资险企职业经理人蔡强；国企人保寿险则是引入民企“外脑”季荣分管个险，但皆反映了破局传统模式的迫切心理。

第三类是以太平人寿、泰康人寿为代表的“以不变应万变”队，行业巨变中，个险领导班子依然保持稳定，改革侧重稳健前行，而成绩也确实较为亮眼。

毫无疑问，国内的个险渠道正在经历一场史无前例的深刻变革。这个过程注定是漫长的、痛苦的，需要持续不断的探索，踩坑、爬起、再踩坑……甚至可能需要一轮彻底的人事更迭大潮，荡涤行业灵魂，真正“洗心革面”、重新出发。

毕竟，市场变化的底层逻辑在于客户的变迁，新的客户需要新的代理人，而新的代理人需要新的个险高管主导下的新的理念和新的模式。

一、“内部提拔”队

（一）中国人寿：“70后”挑担，48岁白凯接班主政个险渠道

2022年，是中国人寿的大变之年，集团层面，先是迎来新任董事长白涛，后续又迎来新任集团总裁蔡希良。

集团层面人事变化尘埃落定，子公司层面又相继发生变动：原农发行副行长赵鹏回归出任寿险子公司总裁，原寿险子公司副总裁黄秀美拟任财险子公司总裁，原寿险子公司总裁助理刘月进拟任国寿海外副总裁（主持工作）。

具体到不同的子公司，更深一层的职务调整也已经展开，据“慧保天下”了解到的情况，中国人寿寿险子公司最核心的个险渠道，其负责人将由目前的副总裁詹忠变为总裁助理白凯。

白凯是目前中国人寿寿险子公司班子成员中最年轻的一位，其于1974年6月出生，年仅48岁。“70后”总裁赵鹏搭档“70后”个险渠道负责人白凯，中国人寿领导班子年轻化再进一步。

网络上有关白凯的公开资料并不多，仅有的资料，显示其研究生毕业于湖北省委党校经济管理专业，长期在中国人寿湖北省分公司就职，2011年至2017年期间，先后担任中国人寿湖北省黄冈市分公司总经理、青岛市分公司副总经理；2017年回归湖北省分公司，先后担任副总经理、总经理等职；2022年初兼任中国人寿总裁助理。

平安人寿曾凭借其突飞猛进的个险渠道，一度危及中国人寿个险渠道市场地位，但如今，行业转型期已至，中国人寿凭借庞大的网络支撑，在逆境中显示出了更多的韧性，虽然个险人力、新业务价值等核心业务指标也伴随行业大势有所下滑，但下滑幅度显著优于主要竞争对手。半年报数据显示，其以257.45亿元新业务价值领跑行业，远超主要竞争对手逾60亿元，在国内市场已经真正进入了“无人区”（见图1）。

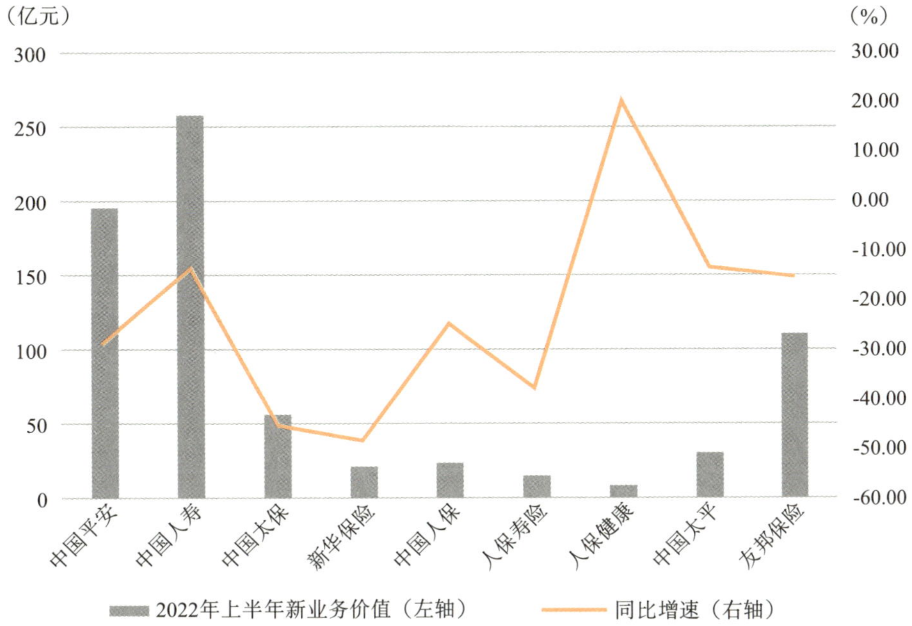

图 1　2022 年保险公司半年报

对于白凯等新任领导人而言，如何快速止住业务下滑的态势，逐步构建起以客户为中心的新一代队伍，抢占后转型时代的市场先机，是摆在新一代个险领导人面前的重要任务。

（二）新华保险：董事长、总经理换班，王练文接班李源

新华保险近期也经历了一波重大的人事变动，原董事长徐志斌辞职，原总裁兼首席执行官（CEO）李全出任董事长，原副总裁（正职级）张泓出任总裁。

面对个险这一最重要的业务渠道，同为国企的新华保险采取了与中国人寿类似的策略，从原有干部中选拔——在原副总裁李源调任天安人寿总裁后，新华保险总裁助理兼浙江分公司总经理王练文接棒执掌个险渠道。

公开资料显示，王练文出生于 1968 年 4 月，现年 54 岁，1995 年进入保险行业，从财务条线做起，逐渐转向业务条线，曾任平安人寿上海分公司团体业务部经理、江苏分公司市场总监，太平人寿总公司团体业务部总经理、广东分公司总经理，太平养老副总裁等。

直到 2010 年 5 月，康典担任新华保险董事长期间，王练文加盟新华保险，先后

出任法人业务总监、法人业务总监兼法人业务部总经理、总监兼西北区域管理中心总经理等职。2017 年 2 月，其获批担任新华保险总裁助理至今，在 2018 年 7 月至 2019 年 9 月兼任新华养老保险副总经理等职务。

王练文接班李源是有底气的，主政保费大省浙江分公司三年多时间，其成功率领浙江分公司实现了突围。不过，来自业界乃至新华保险内部的忧虑也是显而易见的，毕竟，拥有着 35 家分公司的保险公司，其个险渠道经营难度是 1 家分公司所远远不能比的，更何况王练文更擅长的是团险，而团险与个险业务逻辑迥然有异。

二、"引入'外脑'"队

（一）平安个险："外脑"主导，打破传统寿险改革路径依赖

平安人寿从 2018 年开始，连续三年时间，几乎每年年底都有一次大的人事变动发生。

2018 年末，平安人寿原总经理余宏兼任总经理和 CEO，全面负责主持平安人寿日常工作，原党委书记、董事长兼 CEO 丁新民卸下 CEO 一职，任党委书记和董事长。

2019 年末，平安集团分管个人业务的联席 CEO、常务副总经理、首席保险业务执行官李源祥辞职。陆敏接棒出任首席保险业务执行官。平安保险集团还成立寿险改革领导小组，由马明哲挂帅任组长；副组长除陆敏外，还包括集团首席财务官姚波、集团企划部总经理付欣、寿险 CEO 兼总经理余宏等人。

结果陆敏在首席保险执行官任上也只停留了一年时间，2020 年 12 月，中国平安宣布其退休。

或许是彻底厌倦了传统模式下的个险改革路径，可以看到，在陆敏离职后，中国平安针对寿险的一系列排兵布阵都超乎想象，颇有"跳出保险干保险"的架势，一系列"外脑"开始主导个险改革。

集团层面，李源祥离职后，中国平安集团三大联席 CEO 中已经没有资深的寿险业高管，个险改革的重任花落联席 CEO 陈心颖。"75 后"、学霸、精英、"外脑"……一直是陈心颖在外界印象中最鲜明的标签。其是新加坡人，出生于 1977 年，毕业于

美国麻省理工学院，曾任职麦肯锡，作为中国平安近年来最知名最成功的“外脑”，此前，一直分管集团科技业务，曾任集团首席信息官等职，并没有直接从事寿险业务的经历。

子公司层面，原平安健康董事长杨铮出任平安人寿董事长兼 CEO，余宏任总经理，原董事长丁新民则出任监事长。杨峥出身于平安产险，在产险公司、健康险公司乃至银行等都有任职经历，唯独没有在寿险公司任职的经历。

寿险公司首席产品官也招募了没有任何寿险行业从业经历的胡庭洲。在 2020 年 12 月成为平安人寿首席产品官之前，胡庭洲担任的是好时（HSY）大中华区总经理，在快消行业拥有丰富经历。

当然，就平安人寿高管团队而言，尤其是分管具体业务的高管，仍是有着丰富寿险从业经验的人。

（二）太保寿险：蔡强加盟，强力清虚，直指个险队伍专业化

太保寿险个险渠道的改革路径与中国平安类似，其分管个险业务的高管自 2018 年以来也已经发生 3 次更迭：

2019 年 2 月末，分管太保寿险个险业务的副总经理王润东辞职，转而加盟阳光人寿出任总经理一职。

王润东辞职后没过多久，时任太保寿险总经理钱仲华又辞职，转而出任集团总审计师、审计责任人。时任太保集团常务副总裁、财务负责人潘艳红作为临时负责人开始代行太保寿险总经理职权，到 6 月，其任职资格正式获批。

潘艳红上任后，一开始是副总经理郁华负责个险板块，但不久后，郁华也提出辞职，加盟大家人寿。

接替郁华执掌个险业务的是太保寿险副总经理戴文浩。

最终，太保也是选择像中国平安一样，选择引入“外脑”——不过不是内部的“外脑”，而是曾执掌友邦中国 8 年的外资险企职业经理人蔡强。

2021 年 3 月，太保寿险官宣：总经理潘艳红出任董事长，另聘请蔡强为太保寿险总经理兼首席执行官。

蔡强，先后执掌友邦中国 8 年，先后制订两个五年计划，积极推动友邦中国渠道转型，2017 年升任区域首席执行官。

在不少业界人士看来，友邦个险成功的精髓在于较高的增员门槛，更在于专业的活动量管理，这与传统模式下，寿险公司重增员重人海战术截然不同。蔡强到太保寿险之后也采取了比较彻底的改革方式：其一是坚决认真地考核，清除掉虚假人力、虚假保单、虚假架构；其二是从人海到“优增”，从短期激励到常态化的增员和销售。在他看来，整个寿险尤其是个险渠道的供给侧转型上，核心就是专业化的改变。

改革是彻底的，阵痛也是真实的，其结果是人力规模数据的快速下滑。财报显示，2022 年上半年，太保寿险月均营销员为 31.2 万人，同比下降 51.3%，季度末保险营销员 28.1 万人；新业务价值为 56 亿元，同比下降 45.3%；寿险新业务价值率 10.7%，同比下降 14.7 个百分点。

（三）人保寿险：董事长、总裁完成换届，引入平安高管分管个险

2021 年以来，人保寿险也经历了一系列的人事变动：

先是自 2015 年起就担任公司总经理的傅安平被调离，转而出任中国人保集团风险管理部总经理一职；而前一段时间据媒体消息，其已经离开人保集团，拟任珠江人寿总裁。

最初，接替傅安平出任临时负责人的是副总裁王文，到 2022 年，随着人保集团内部人事部署相继落定，人保寿险也迎来新一届领导班子。

人保集团董事长罗熹兼任人保寿险董事长；而人保集团副总裁兼人保寿险原董事长肖建友出任人保寿险党委书记；同时，不再兼任人保寿险董事长，转任总裁；王文不再担任临时负责人。

同时，人保寿险也迎来了新的个险渠道负责人——季荣。对于人保寿险而言，季荣也可视为“外脑”，其并非来自体制内险企，而是来自最大的民营寿险公司平安人寿，加盟人保寿险前其职务是平安人寿宁波分公司总经理。

季荣出身营销一线，在平安人寿内部先后担任保费部督导培训室主任、营业区经理、分公司销售经理、分公司副总经理、总公司综合金融产品部总经理、烟台分公司一把手等职务。

2021 年 9 月，季荣加盟人保寿险，当年 12 月，获批出任人保寿险副总裁一职。

从民营企业走向国有企业，“外脑”季荣能够给人保寿险带来哪些改变，尚需拭目以待。

三、"以不变应万变"队

（一）太平人寿：程永红坐镇，坚信市场基本逻辑没有改变

太平人寿是个险渠道大转型过程中为数不多没有经历过频繁人事调整的险企之一，从2019年12月开始，程永红就一直担任该公司总经理，主持公司党委和经营管理全面工作。根据公开资料，程永红出生于1967年，到2022年已经年满55周岁。

这期间，甚至于太平保险集团都发生了重要的人事变化。2020年10月，集团原总经理王思东升任集团董事长，当年12月，原中国人寿集团副总裁，广发银行董事长、行长尹兆君调任太平保险集团总经理。

顺应集团人事调整，太平人寿除了董事长变为王思东之外，几乎没有发生任何重要的人事调整，程永红一直坐镇总经理一职，主导太平人寿的个险改革。

按照公开资料，目前太平人寿内部分管个险渠道的是副总经理沈漪，他在目前职务上停留的时间更久：自2016年7月起就已经出任副总经理，分管个险业务工作；自2021年5月起兼任机构领先北部区域总监。

太平人寿的个险转型思路也与其他公司不甚相同，当所有人都认为传统模式已经彻底没有市场的时候，太平人寿仍坚持认为市场逻辑并没有改变，程永红曾表示："销售队伍的能力决定公司整个经营目标的达成，这个基本逻辑是没有变的。做大销售队伍，提高他们的产能，才能达成我们的经营目标。"

程永红这番表态的底气在于，2021年太平人寿代理人规模、新业务价值双双逆势正增长，个险代理人年末数38.5万人，同比增长1%；新业务价值74.4亿元，同比增长0.7%。

（二）泰康人寿：程康平10年主政个险，传统队伍与健康财富规划师（HWP）项目"两手抓"

比太平人寿更稳定的是泰康人寿，自2013年程康平从泰康人寿四川分公司总经理之位上赴任总公司助理总裁兼个险事业部总经理之后，10年间，其职务名称虽然

有所变化，但泰康个险一直由其主导，一直至今。

2015 年程康平升任总公司副总裁，但仍兼任个险事业部总经理。

2016 年 8 月，泰康成立 20 周年之际，其酝酿多年的集团公司也于 8 月 18 日正式获得监管批准，陈东升担任集团董事长兼 CEO，程康平任集团管理委员会成员、执行副总裁，同时仍兼任旗下子公司、新成立的泰康人寿的总经理一职，分管泰康人寿业务板块、市场板块、合规后援板块工作。无论是传统队伍，还是新建的针对高端客户的 HWP 项目都在泰康人寿项下。

在其他业内人士看来，这样的安排也有其合理之处。据悉，程康平出生于 1967 年 11 月，与泰康董事长陈东升同样都是湖北人，而其最初供职的武汉，正是泰康人寿在开业后设立的首家省级分公司。

500 万名代理人改革路线图出炉：监管新规鼓励员工销售、相互代理，探索佣金发放长期化

慧保天下　2022 年 11 月 3 日

自 1992 年友邦人寿率先将个人代理人制度引入国内保险业，迄今已整 30 年。个人代理人制度成就了寿险业的高速发展，但也制造了大量的行业问题，如今，伴随行业从高速度发展阶段步入高质量发展阶段，传统模式日渐衰落，不少险企积极开展转型自救活动，但也仍有不少险企仍在原地打转，不得要领。

未来究竟该怎么办？银保监会发表意见了。

11 月 3 日，银保监会下发《关于进一步推动完善人身保险行业个人营销体制的意见（征求意见稿）》（以下简称《征求意见稿》），为现在以及将来一段时间的行业发展指明方向。

《征求意见稿》计划用三至五年的时间，推动个人营销体制机制不断健全完善，销售人员合规意识、专业水平和服务能力逐步提高，销售队伍结构更加合理，人身保险市场竞争更加健康有序等。

当然，《征求意见稿》不是强制性规定，体现更多的是监管的态度和导向：稳妥推进，明确方向，协调市场观念和步调，鼓励创新，优化体制，提升一线个人代理人收入，同时也表明了创新监管机制、与时俱进的态度。

监管的用心不难理解。当下，行业深陷转型困境，但各市场主体对于转型创新的重要性、紧急性认知不足。而监管就是要通过《征求意见稿》的形式，表明态度，警示无序竞争者，同时也为改革创新者进行政策引导。

目前，这一文件仍只是“征求意见”稿，但既然时间表已经明确，或许有一天，

这些政策就将逐渐成为现实。

以下就是《征求意见稿》的主要内容。

一、针对代理人数量大幅下滑问题——扩大销售人员来源，明确险企员工也可销售保险，鼓励相互代理，偏远机构为其他主体代理服务等

代理人数量快速下滑是这波改革最重要的驱动因素之一，从2019年高峰时期的973万人到2022年第三季度末的570.7万人，行业个人代理人数量在不到3年的时间下滑了400万人左右。

由于代理人数量的快速下滑，传统人海战术不再奏效，随之而来的是新单保费、新业务价值乃至续期保费的负增长。

如何减少个人代理人数量下滑给行业带来的负面影响？《征求意见稿》在合规的前提下，给出了创新的几个方向，包括鼓励企业员工在取得销售资质后销售保险；鼓励经营稳健、机制健全险企开展保险相互代理、非保险金融产品代销；鼓励偏远地区分支机构为其他公司代理服务等。

当然，这其中或许会存在一些现实问题，如员工佣金如何在财务报表中体现等，但有了努力方向，就算迈出了走向成功的第一步：

“（六）规范创新销售人员管理体制。在依法合规前提下，鼓励公司创新销售人员管理体制，探索公司现有劳动合同员工、劳务合同员工在取得相应销售资质后，销售本公司保险产品；探索推动保险公司与符合规定的个人代理人签订劳动、劳务合同。”

“（十二）规范引导产品销售与服务创新。在依法合规、风险可控的前提下，鼓励经营稳健、机制健全的公司开展保险相互代理、非保险金融产品代销等业务，完善服务链条，延伸服务触角，为保险消费者提供多元化、差异化的增值服务。在覆盖网点少、服务不足的偏远地区，探索当地分支机构及销售人员为其他公司代理保险服务的创新模式。”

二、针对代理人收入低的问题——优化个人代理人制度设计，推动销售利益向直接销售人员倾斜，鼓励探索独立代理人模式

除了数量的下滑，代理人收入低也一直被认为是这一模式最大的弊端之一，收入低导致获得感、归属感低，流失率高，难以实现长期可持续发展。

针对这一现实问题，《征求意见稿》给出三大探索方向：

一是推动销售利益向直接销售人员倾斜，让一线代理人拥有更多的获得感。

二是鼓励发展独立代理人模式。目前，国内的独立代理人模式与国外有所不同，仍专属某一家险企，只是更强调层级的扁平化，意在通过削减管理层级，实现利益向一线代理人的倾斜。此前国内部分险企也推行了个人、管理两条线并存的个人代理人制度，其中的个人营销条线其实类似于目前的专属独立代理人，不过这种模式并未在业界形成广泛共识。监管明确鼓励独立代理人模式发展，或意在强化行业在这方面的探索。

三是完善个人代理人社会保障：

“（五）优化个人代理人制度设计。以高质量发展为导向，逐步优化个人代理人各项体制机制，推动销售利益向直接销售人员倾斜，建立引导个人代理人长期服务的组织架构和晋升制度。对于现有个人代理人队伍，加强规范管理，加快专业化转型，积极推动向服务更佳、绩效更好、品质更优发展。”

“（七）有序发展独立个人代理人。以规范发展和鼓励创新并重，鼓励公司有序发展独立个人代理人，研究开发符合独立个人代理人特点的保险产品，完善独立个人代理人的甄选流程、资质授权、日常管理和信息维护，加强成本和风险管控，不断优化提升独立个人代理人的业务品质和服务质量。”

“（十五）完善个人代理人社会保障体制。建立个人代理人长期利益引导机制，改善个人代理人的薪酬收入和福利保障水平，提升个人代理人的行业认同度与职业归属感。与地方政府和相关部门加强沟通，为个人代理人缴纳社保、办理居住证等提供必要的支持。”

三、针对自保件互保件套利、跳槽频繁等问题——优化佣金激励分配机制，探索佣金发放长期化

自保件、互保件套利问题、退保黑产问题，以及跳槽频繁等问题，都是当下个人代理人团队经营中面临的现实问题，银保监会及其在各地的派出机构，对此三令五申，但问题依然突出。

佣金激励分配机制不合理，是上述问题产生的根源：佣金以及各种激励费用过高，加上保险产品现金价值大于实际缴纳保费，为自保件、互保件套利创造了空间；由于首佣占比过高，续佣占比过低，以及部分险企只考虑首佣不考虑续佣等问题，导致个人代理人哪里利益高去哪里，跳槽频繁。

针对这种问题，《征求意见稿》也给出一招：要求险企合理设置佣金发放比例，探索佣金发放长期化，引导个人代理人长期留存。

值得注意的是，这种涉及利益分配的转型注定是痛苦的，稍有不慎，或许会进一步破坏险企个人代理人队伍的稳健性，但这一步又是必须落实的，因为所有转型的核心无外乎利益的重新分配。

降低首佣占比，拉长佣金发放时间，提升续佣占比，或在一段时间内导致部分个人代理人躺平，积极性降低，但整体来看，自律的、愿意长期立足行业发展的个人代理人对这一变动反而没有想象中敏感：

“（十）优化佣金激励分配机制。公司应当合理设置佣金发放比例，突出长期价值导向，建立以业务品质、服务质量为导向的佣金发放机制和奖惩机制。切实保障个人代理人合法权益，探索佣金发放长期化，引导个人代理人长期留存。对于各类销售人员，公司应当建立公平合理的佣金薪酬激励机制。”

四、针对销售误导问题——销售能力资质分级，加强销售人员诚信管理

销售误导是行业的老大难问题，但也是行业必须面对和解决的问题之一，因为客户的信赖才是行业长期发展的最重要根基。

《征求意见稿》对于销售误导问题也给出了相应的探索方向：包括建设销售能

力资质分级体系、建设“灰名单”等。

这两项工作目前主要是由中国保险行业协会承担，且均已取得显著进展。

目前，中国保险行业协会已经发布《保险销售从业人员销售能力资质分级体系建设规划》，表示将力争用三年左右的时间，实现以行业自律的形式实施销售人员销售产品授权与销售能力等级相匹配的销售分级管理。

《保险销售从业人员执业失信行为认定指引》也已经于2022年初正式下发，这意味着保险销售从业人员的失信灰名单已经全面落地：

“（十三）建设销售能力资质分级体系。中国保险行业协会牵头建立行业统一的销售人员销售能力资质分级和职业培训标准、考核评价规范以及保险销售授权规则。各公司应当积极支持并做好具体实施工作，有序实现销售人员资质分级、产品分类、差异授权，不断推动销售人员队伍的专业化和规范化发展。

（十四）加强销售人员诚信管理。中国保险行业协会及地方行业自律组织负责搭建销售人员失信行为管理平台，建立行业统一的销售人员失信联合惩戒机制，有序规范销售人员在市场主体间的合理有序流动。各公司应当加强销售人员诚信合规教育，建立销售人员诚信档案，及时、准确记录销售人员从业经历、业务品质及奖惩情况等信息。”

五、针对个别险企费用过高、无序竞争问题——要求合理制定费用预算，加强总体费用支出管控

个别险企费用过高问题依然困扰行业，对于这些险企自身，过高的费用透支了未来的利润空间，易导致后继乏力；对于行业整体，过高的费用扰乱市场秩序，一些有转型意愿的险企为避免大起大落，也不得不加大费用投入，实际拖慢了行业的转型步伐；对于社会，高费用发展模式下多发的小账问题、行贿问题，也不得不引起高度重视。

针对这些问题，《征求意见稿》提出，险企应加强费用支出管控，在产品设计阶段，就要充分考虑各类销售费用，科学厘定预定附加费用率等：

“（九）加强费用支出管控。公司应当不断优化销售费用支出，保证成本费用区间合理可控；结合自身盈利能力和发展水平，合理制定费用预算，加强总体费用支

出管控，实现销售激励的长期可持续性；在产品设计阶段，充分考虑各类销售费用，科学厘定预定附加费用率，在实际执行中强化预算管控，切实防范营销费用竞争导致的经营风险。”

六、针对险企管理责任归属问题——压实保险机构主体责任，董事会须为个险战略负责，公司须为销售人员保险业务活动负责

针对各种乱象，找到相关责任人负责至关重要。《征求意见稿》明确保险机构主体责任，强调“董事会在销售人员队伍管理目标、发展战略和重大规划制定中的最终决策责任”，“各公司对其销售人员的保险业务活动依法承担法律责任，应当逐步健全完善追责问责机制”。

同时，《征求意见稿》还明确，险企应建立风险防控长效机制，因销售人员违法违规行为对客户及公司造成经济损失的，险企可以向相关销售人员追偿。

《征求意见稿》要求险企重点关注销售人员数量较少、产能较低、发展缓慢的机构。对于部分长期不开展业务经营、服务能力严重欠缺，或有其他重大风险隐患等情形的分支机构，公司应当逐步有序关停：

“（四）压实保险机构主体责任。明确董事会在销售人员队伍管理目标、发展战略和重大规划制定中的最终决策责任，强化总公司管理层在销售人员队伍的机制构建、决策执行、风险防控中的主要管理责任，明确各级分支机构和管理人员对销售人员队伍的日常管理责任。”

“（八）强化销售人员管理。持续完善销售人员招募培训、销售授权、考核评价、激励约束制度体系，实现对销售人员的全方位、全流程管理。各公司对其销售人员的保险业务活动依法承担法律责任，应当逐步健全完善追责问责机制。对于各类销售人员，公司应当加强统筹，在准入退出、销售规范等方面保持管理水平相一致。”

七、针对监管工作本身存在的问题——区分销售人员个人责任、保险机构管理责任，统筹做好尽职免责和失职双罚

针对监管中会出现的一些问题，《征求意见稿》也进行了积极的回应。

其明确，“坚持统一、共享、共建、开放的原则，完善代理人监管信息平台，实现人员统一、监管及时的全流程监管”；同时强调，“统筹做好尽职免责和失职双罚。完善销售人员从业准入制度，强化销售人员失信联合惩戒机制。加强监管问责，对于监管缺位、监管不力或违规执法等，依法依规进行监管问责”。

具体如下：

“（十七）创新监管机制。在依法合规、风险可控的前提下，鼓励市场主体对个人代理营销制度进行创新，营造鼓励创新发展的良好监管环境。坚持统一、共享、共建、开放的原则，完善代理人监管信息平台，实现人员统一、监管及时的全流程监管。

（十八）强化监管约束。区分销售人员的个人责任和保险机构的管理责任，统筹做好尽职免责和失职双罚。完善销售人员从业准入制度，强化销售人员失信联合惩戒机制。加强监管问责，对于监管缺位、监管不力或违规执法等，依法依规进行监管问责。

（十九）统一监管要求。各保险公司、保险专业代理机构、保险经纪机构，以及其他开展保险产品销售和提供保险服务的机构和渠道，应当同样遵循本意见的通用规范，提升销售人员管理水平。加强渠道管控，统一各渠道销售人员监管要求，防范销售人员在各渠道间的非正常流动风险。”

保险业打响高净值客户争夺战，波士顿咨询告诉你，必须放弃传统队伍逻辑*

波士顿咨询** 2022 年 7 月 23 日

编者按

客群“K 线分化”之下，分级管理正成为行业主流趋势，客户分级、产品分级、代理人分级……对于推动分级管理，保险公司争先实践，监管协会等也积极倡导。在驱动分级管理的诸多因素中，很重要的一点就在于更精准地识别高净值客户，为其匹配更优质的服务，以进一步提升高净值客群的附加值。可以看到，招募服务高净值客户的高素质代理人，成立面向高净值客户的财富管理工作室，正成为行业一股新的潮流。

虽然，所有人都知道，高净值客群与中低收入客群需求大不相同，但在强大的惯性之下，即便面对高净值客户依然难免带入传统经营思维：用高收益率产品吸引客户，以高费用激励驱动队伍，以保费多寡区分客户……所谓的精细化经营、高品质服务，很多时候只停留在业者的想象之中。

面对激烈的高净值客户争夺战，是时候诚实面对现状，切实思考什么是真正的“高客经营”了。本文系波士顿咨询（BCG）原创文章，结合国内外丰富

* 本文原题为:《走出高客经营战术迷失的误区》,略有删改。

** 作者：胡莹，波士顿咨询公司（BCG）董事总经理，全球合伙人，BCG 保险专项中国区负责人；陈蕾，波士顿咨询公司（BCG）董事总经理，全球合伙人，BCG 保险专项中国区核心领导；程轶，波士顿咨询公司（BCG）董事总经理，全球合伙人，BCG 保险专项中国区核心领导；邓俊豪，波士顿咨询公司（BCG）董事总经理，全球资深合伙人，BCG 全球保险运营委员会成员，数字生态负责人；罗健泺，波士顿咨询公司（BCG）董事总经理，全球合伙人，BCG 保险专项中国区核心成员；陈威震，波士顿咨询公司（BCG）董事总经理，全球合伙人；黄志坚，波士顿咨询公司（BCG）董事经理，BCG 保险专项中国区核心成员；李毅恒，波士顿咨询公司（BCG）项目经理，BCG 保险专项中国区核心成员。

实践，详细剖析当下保险业高客经营中常见的四大误区，以及走出这些误区所需的条件和措施。

高净值客户群体从来都是金融机构的“兵家必争之地”。BCG－GWMS 全球财富市场规模预测智库显示，到 2025 年，预计中国高净值人群规模将达到 302 万人（个人金融资产超过 600 万元）。得益于我国稳中求进的宏观经济基本盘，预计中国高净值人群的数量将持续增长，且其总财富规模增速仍将超过全球高净值人群的平均水平（见图 1）。

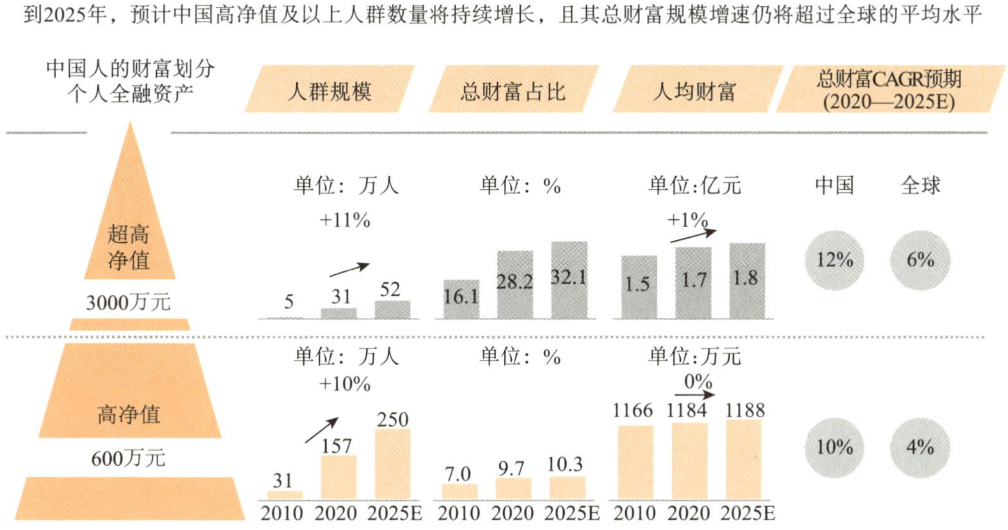

图 1　中国高净值人群及其财富分析

注：个人金融资产定义为：成年人（18 岁以上）持有的金融资产，包括现金、存款、债券、股票、基金、人寿保险和养老金；房地产作为非金融资产并不计入。

资料来源：BCG－GWMS 全球财富市场规模预测智库（2021）；BCG 分析。

从国际市场经验来看，高净值客户的财富管理服务模式经历了多轮演变：从早期由大型金融机构主导的品牌驱动，到依靠优质/差异化产品驱动，再到重视客观/专业能力的投顾驱动。

当前中国的高客财富管理市场仍处于发展的初步阶段，尤其在资产新规生效后，过去凭借“保本刚兑，资产驱动”为卖点获取高客的经营模式不复存在，市场在 2016 年后开始“回归财富管理本源”，即帮助客户守护来之不易的财富，并合理有效地助其完成代际传承。

这一阶段，高客经营的重点也开始转向为客户提供财富规划、资产配置和产品投顾服务等财富管理的核心能力建设。中国的高客经营正式迈入了财富管理新时代（见图2）。

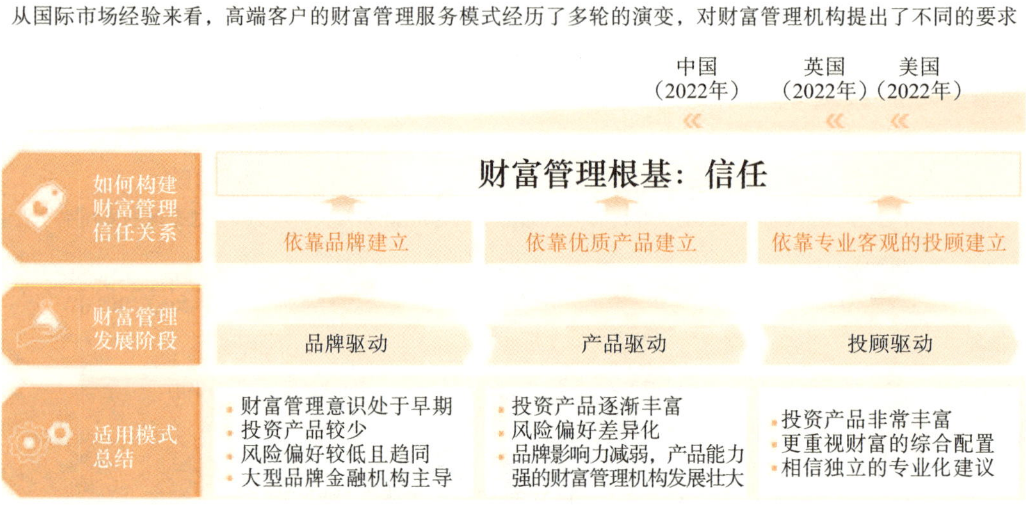

资料来源：案头研究，专家访谈，BCG分析。

图2　高端客户的财富管理服务模式

伴随着中国高客财富管理市场的快速演变，金融机构围绕高客跑马圈地的争夺也日趋白热化。

在这场没有硝烟的群雄之争中，银行、券商作为高客经营的传统优势信用主体，凭借其在账户管理、资产配置，产品超市、专业投顾上的巨大势能，博得了高客的充分信任和较高黏性；在这一点上，保险公司的优势在于代理人队伍对客户关系的长期深耕以及对复杂产品更强的销售能力。因此，只要合理安排战术，充分发挥优势，保险公司完全能凭借独特的差异化定位与客户建立长期陪伴式信任关系，在广阔的高客市场里再争一席之地。

可BCG研究发现，近年来，诸多保险金融机构在高客经营上，往往存在“战略重视、战术迷失”的误区，“必争”未必换来“必胜”。尤其在资管新规破除“刚性兑付”的背景下，相关问题更需引起重视。

本文聚焦保险公司及泛金融机构在高客经营中存在的常见误区，通过指明症结、分析原因、提炼五大关键成功要素，最终提出“两步走”的破局之策，以期为保险机构的高客经营工作点破迷津、助开新局。

一、保险公司高客经营常见四大误区：忽视潜在目标客户、缺少精细化分类、过度依赖产品收益率、高度依赖一线队伍自主经营

（一）误区一：只重“显性要素”，错失“隐性潜能”——保费/AUM 足额的才是高客，忽视潜在的目标客户

按照保险公司和泛金融机构的传统做法，那些支付了足额保费或托管了足额 AUM 的才会被认定为高客，并辅以相应的高客权益和礼遇来巩固维系。这一筛选方法虽然高效，但难免流于表面，久而久之，容易造成其他有潜力成长为高客的存量客户潜力丧失，乃至流失。在新客获取竞争日趋激烈、难度与日提升的情况下，依然只专注掐尖，而忽视存量客户蕴含的巨大潜力，容易导致舍本逐末、因小失大。

一是潜在高客的培育并非朝夕之功。高客经营除了掐尖捡现，更应注重对潜客的激活培育。完整的高客经营流程应从售前起步，通过识别潜在客户，借助场景化服务或钩子产品，先将潜客转化为公司客户，再通过伴随式服务，陪伴并促进客户成长，最终将其发展为公司高客，在这一过程中，客户黏性也将不断增强。

根据某领先银行私行的成功实践，接近 60% 新私行客户来自存量普通客户成长。保险业相关案例显示，新增高端客户中也有超过 30% 来自存量客户加保。目前来看，多数保险机构和泛金融机构仍缺少上述客户培育意识。

二是对潜在高客的真实财富情况仍需深入把握。如脚穿人字拖、身着格子衫的技术行业类客户，可能账户上仅有较少的易变现金融资产，但很有可能也同时掌握着规模达数千万元的待变现期权或股权；在多个金融机构开设账户的客户，在本机构的资产总额未达高客水平，但在其他机构可能已经达到高客标准……对上述信息掌握不清，易造成潜在高客的流失。

（二）误区二：流于“笼统分群”，疏于“精准画像”——缺少精细化的客群分类和个性化的服务需求识别

即便重视“显性要素”，诸多保险金融机构相应工作的开展也仍不够充分。比

如，仅仅基于对高客财富总量的把握，就对客户进行简单的层级划分，疏于对客户具体需求的洞察，总是等到客户财富富余，才启动产品营销。这种“笼统分群”和“不见兔子不撒鹰”的做法，不仅容易掩盖客户的个性化需求，还会导致营销服务滞后，错失良好的高客经营机遇。

纵观全球经验，想要经营好高客，精准识别不同细分群体的画像和个性化需求至关重要。

一是高客不是笼统的一类人，而是应当按照个人金融资产规模、财富结构（如财富来源、资产潜力）、投资偏好（如投资目标、投资经验、年龄/人生阶段）、行为特征（如自主投资型、顾问依赖型）等多维度因素进一步细分，从而为各细分高客客群提供更契合痛点的个性化服务（见图3）。

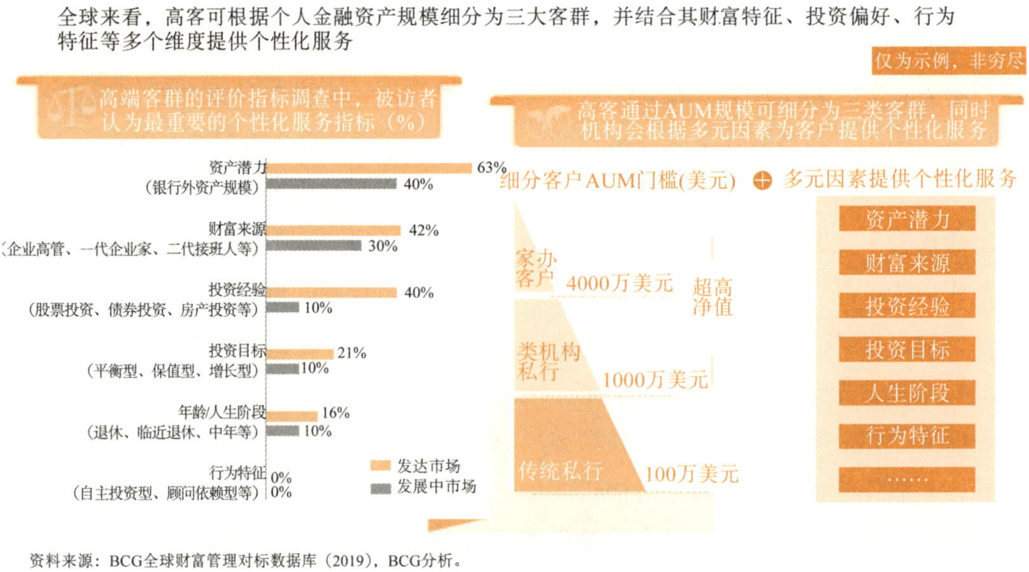

图3　高端客户分类

以财富来源为例，来源结构的不同昭示着客户需求的差异。传统成熟富裕群体（传统经济企业经营所得的创富一代、继承二代、富足银发客群）已经迈入财富享受阶段，对家企隔离、资产配置、财富传承、养老规划有更为强烈的需求。

新经济行业富裕群体（科技、互联网、新能源、医疗、新媒体等从业人员）则更关注家庭保障、财富增值和子女教育，以及全球的一体化资产配置，从而既实现高品质生活质量提升，又能无忧地创造更多财富。

普通企业中高层由于其财富主要来源于工作薪酬，来源相对单一，则在资产配置和家庭保障上会更为重视。

二是高客的需求不仅关乎个人，更关乎家庭。高客的家庭结构是影响其需求的另一关键因素，既反映了客户所处的人生阶段（财富创造、积累或是享受期），也反映了家庭的抚养赡养责任。而家庭的复杂程度（如“4 +2 +1”简单家庭结构，或多孩重组、多代际同堂等相对复杂的家庭结构），也会决定客户在家庭保障、子女教育、财富保全和传承方面的需求侧重，例如对于代际复杂的大家族，在财富传承和分配上可能会出现更多个性化的财富管理诉求。

显然，仅仅关注高客财富总量，或单纯聚焦高客个人，都可能导致高客经营不力。丰富维度、细化分群、逐层递进、精准识别，并结合具体的场景化需求，科学设计营销活动，打造钩子产品，才能为高客设计符合实际、直击痛点的产品与服务，更为经营获益打开崭新局面。

（三）误区三：遵循“围绕产品”，而非“围绕客户”——高客经营过度依赖产品收益率和渠道费用

产品收益率和渠道费用被误认为是高客经营的核心竞争力。保险公司和泛金融机构往往存在一个典型的认识误区：必须利用产品的预期高收益来吸引客户购买，才能实现产品方从中赚取资产管理费，渠道方从中获得产品代理收入。久而久之，业务核心自然是“产品”，机构也想法设法在提升产品预期收益上做文章。因此，借助爆款产品快速引流高客，或通过高佣金吸引自带资源的客户经理加盟，是过去金融机构高客经营的普遍做法。但在产品净值化背景下，这套在过去“双赢”的逻辑，正面临着重塑和改写。

一是“净值化”要求打破了“刚性兑付”的收益保障。曾经噱头十足的“预期高收益”将同步伴生相应的高风险，客户利益很可能因此受损。比如，2020 年，部分金融机构为高客超配基金产品，试图赚取更大收益，却意外遭遇资本市场暴跌，最终导致“利益受损”和“客户流失”的“双输”局面。

二是高客财富管理的核心诉求易被掩盖。“高收益”“高费用”导向下，不仅产品销售成本会被不断拉高，且高客实际金融需求也易被产品方和渠道方忽略，“以客户中心”的高客财富管理诉求将难以满足。

高客业务的本质是一种基于信任的长期稳定合作关系，因此，将“围绕产品”转向“围绕客户”，做到真正的“以客户为中心”是当务之急。

一方面，要摸清高客金融需求与目标。短期内，为客户做好具体的金融资产配置和组合构建方案；长期内，动态追踪资产回报并定期调整，实现长期财富管理目标。

另一方面，也要紧跟高客最新非金融需求。随着客群等级的上升，相应的非金融需求也将与时俱进、更加多元，如税法咨询、财富传承规划、移民、艺术品、非金融资产管理（如物业、私人飞机、游艇）、慈善（如捐赠、家族基金）等。通过围绕客户来为其提供一站式、多元化、定制化的金融与非金融服务综合解决方案，才是未来高客经营真正的核心竞争力。

（四）误区四：经营抓手靠“点”，体系尚不全“面”——高客经营依赖一线队伍自主经营，忽视体系化建设

目前，保险公司和泛金融机构的高客业绩通常由大单驱动，具备显著的点状、脉冲式业绩增长特征。这是由于高客资源往往由一线经营团队（如网点主任、理财经理）直接掌握，高客业绩好坏也直接取决于一线团队的自主经营能力。这一现实导致了诸多机构重视强化前线团队的自主经营能力建设，往往采取推出爆款产品、辅以绩效激励（如开门红）等方式来驱动业务提升，在体系化推动高客经营上缺少实质性建树。

一是靠“点”非“面”的经营模式不可持续。一方面，经营目标可能失准，在脉冲式的经营模式和业绩曲线下，“绩优销售人员数量”和“大单件数”成为高客经营的核心指标，事关长远的“高客数量”和“高客业务贡献”等重要指标反而会被边缘化，短期内或能换来业绩上扬，长此以往，经营稳定性难以保证，经营活力也易丧失。另一方面，经营抓手过于单一，只靠“单点”、只重“一线”的做法，也易埋下“客随人走”、从业人员道德风险等经营风险。

二是靠“点”非“面”可能会加剧存量流失。由于过分依赖“单点驱动”和“一线经营”，保险公司可能更期待建立一支“外拓型”“进击式”的高客经营队伍，覆盖获客、黏客、加购整个经营闭环，以推动业绩增长。“创业容易守业难”，高客经营不仅需要大单获客，更需要对存量客户加以维系，若仅仅重视新增，显然

又会陷入本文在开篇就提出的第一个误区。

保险公司需要以高客为中心，自上而下构建高客经营体系，以客户洞察为引领，以“产品+服务”、销售服务模式、渠道管理三管齐下，并辅以组织保障和信息技术支撑，跨越“点线”，力争“全面”，打造一个体系化的高客经营平台。

二、高客经营的核心逻辑：严守客户逻辑，而非队伍逻辑

（一）揭秘高客经营关键：严守客户逻辑，具备五大成功要素

纵观国内外各类金融机构的高客业务实践经验，我们观察到发展高客业务与中产/大众客群业务的核心逻辑有显著的区别。

从本质上看，发展高客业务需要严守客户逻辑，而非寿险传统的队伍逻辑。具体来说，从核心经营结果、客群经营策略、队伍销售模式、产品服务组合等层面都需要从队伍平台逻辑转变为客户平台逻辑（见图4）。

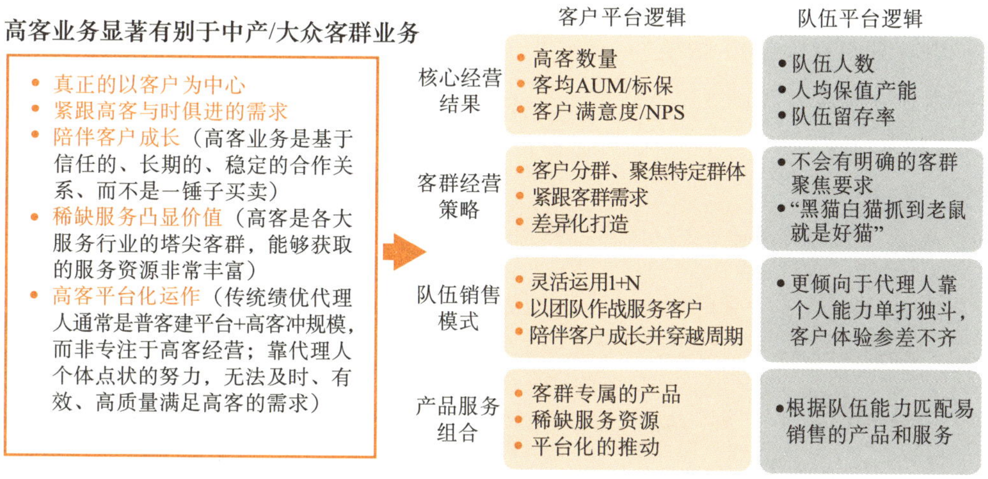

资料来源：案头研究，专家访谈；BCG分析。

图4　案例总结－共同点：发展高客业务需要严守客户逻辑，而非寿险传统的队伍逻辑

我们认为，在严守客户逻辑的基础上，高客经营的成功还需具备以下五大关键要素。

第一，重“增量”批发，强“存量”挖潜。高客业务与现有体系的关系是融合

而非割裂的，队伍在服务与经营高客的同时，也应重视对于下一级的富裕人群的培育与潜力挖掘。

第二，重投资水平，强关键能力。高客在市场上的选择众多，金融机构的资产配置和投资管理能力不能存在明显短板，至少应达到行业中等以上水平，方能在竞争中有立足之地。

第三，重高客痛点，强产服供给。紧盯高客关于投资、养老、医疗、教育、传承等痛点需求，提供能够直击上述痛点的高质量、差异化产品和服务是高客经营的重中之重。

第四，重品牌口碑，强形象塑造。必须着力打造高客服务品牌，塑造高端品牌形象，聚焦权益体系、物理网点、服务人员、品牌宣传，打造四位一体、内涵与外延和谐一致的品牌调性。

第五，重总分联动，强体系建设。高客业务落地依赖分支机构，打造“总部赋能、分支推动、总分联动”的高客专属体系至关重要。

（二）险企高客业务破局之道，先聚焦内生发展，再探索独立变革

BCG 建议保险公司采用“两步走”策略来发展高客业务，即先聚焦内生发展，再探索独立变革（见图 5）。

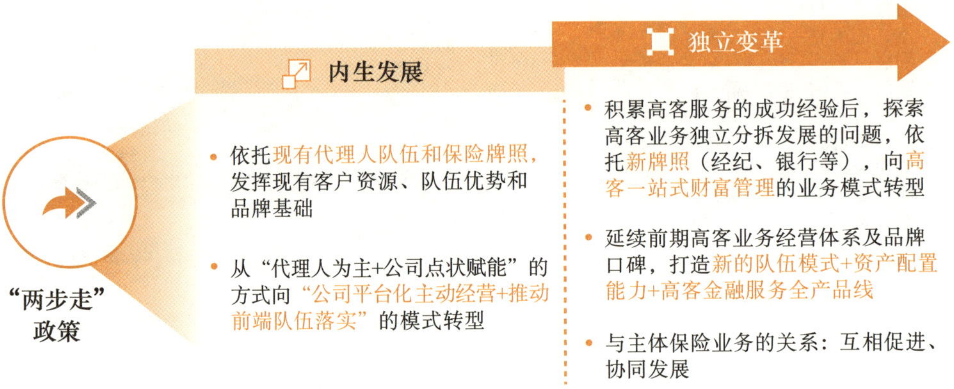

资料来源：BCG分析。

图 5　高客业务“两步走”策略：先聚焦内生发展，再探索独立变革

第一步：内生发展的六大举措。

过去的高客经营一般以代理人为主、公司为辅，代理人自主经营是主要手段，

公司仅提供点状赋能。未来，保险公司应当依托现有资源并通过如下六大举措，打造公司平台化的高客经营能力。

（1）搭建公司级高客经营平台。通过存量挖潜+增量批发获客并举，利用大数据分析、有针对性的客户经营活动等，在公司层面主动识别和拓展高客潜客资源，交由代理人团队跟进转化。

（2）构建差异化产品服务生态。补短板（如资管能力），建长板（如医疗、养老等），形成“人无我有，人有我优”的差异化竞争优势。

（3）打好“1+N”销售转化组合拳。对于“1”，精选绩优代理人，强化针对高客业务转化的培训；对于“N”，引入内勤高客总监、投顾等角色，通过高客陪访和专业支持，直接推动前线高客转化。

（4）拓宽私行与保险合作渠道。探索与私行开展独立合作的方式，凭借公司高客平台化服务能力，实现私行与保险高客经营的双赢。

（5）塑造保险第一高客品牌。明确高客品牌内涵定位，结合品牌营销投入与权益打造，塑造品牌影响力，抢占客户心智。

（6）健全总分联动的高效工作机制。总分常设高客团队，构建平台化与业务推动能力，高客业务作为单独指标驱动前线落地。

第二步：独立变革的模式探索。

当积累前期高客业务发展的成功经验后，保险公司可探索高客业务的独立发展，获取新牌照（经纪、银行等），打造一站式财富管理与高客服务的新模式，从而迈入多盈利点、高客黏性更强的新阶段。

这个阶段的高客业务，一方面应当延续前期高客业务的经营体系及品牌口碑，另一方面需要构建一系列新能力。

首先，需要构建新队伍模式，例如更扁平化与精英化的理财顾问团队、合伙制经营等。

其次，需要强化资产配置能力，通过平台化的投研与投决能力，为客户提供专业化、中立化的建议。

同时，需要完善高客金融服务全产品线，在自有产品外，引入优秀外部产品，并获取相关的产品销售资格（牌照）。

最后，还需要进一步升级“1+N”能力扩展，向支撑为高客“人—家—社—

企”全方位需求服务的方向进化。

与此同时，独立发展的高客业务，应与主体保险业务在品牌、客户、队伍等方面互相促进、协同发展（例如一定条件下存量队伍可以申请转入新业务实体等），实现价值创造最大化。

在国际成熟市场上，我们看到某领先寿险公司在这个领域的案例具有借鉴意义，其通过建立独立代理人品牌来提供寿险及资管综合服务，成功拓展年轻客群（见图6）。

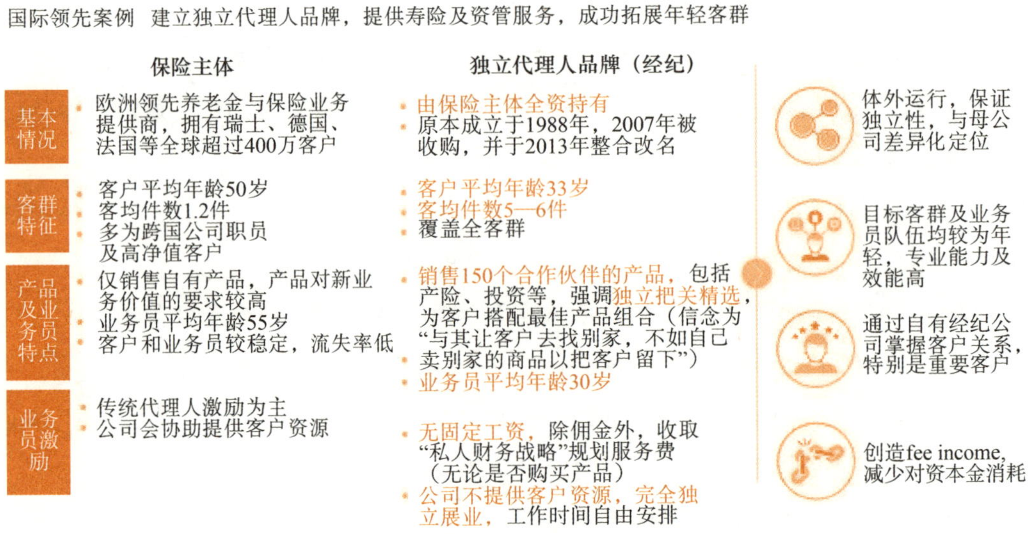

资料来源：专家访谈，BCG分析。

图6　建立独立代理人品牌

三、结语

高客经营不是增募噱头或经营口号，高客已成为不容忽视的巨大能量池。随着资管市场迈入“讲能力、看经营”的新时代，“先发优势”依旧有效，弯道超车亦未尝不可。银行、基金和财富管理公司在高客经营上已有一定积累，保险公司需要错位争先、找准切入。

改变经营底层逻辑，树立以客户为中心理念，打造全方位经营体系，建立差异化竞争优势，将是保险公司的制胜关键。

基金卖不动，保险来救场？上半年银保新单大涨15%，银行险企开启双向奔赴模式

慧保天下　2022年8月29日

2022年的个险渠道有多萧条，银保渠道就有多么炽烈。

上半年，寿险巨头银保保费集中放量增长，以中国人寿、平安人寿、太保寿险等为代表的险企，踩着个险新单持续下滑的步伐，反掀起一股银保旋风，不过这一次，再也不是保险公司的一厢情愿，而是银行与保险公司的双向奔赴。

一、个险低迷的同时，中国人寿、平安人寿、太保寿险等银保新单迎大涨

以中国人寿为例，2022年上半年，个险渠道总保费收入3524.87亿元，相较2021年同期的3638.22亿元，下滑超100亿元，同比增速为－3.12%。进一步观察细分指标，除首年期交数据略微增长3亿元左右，其他指标均出现了不同的下滑。

而与此同时，其银保渠道总保费收入达到426.09亿元，相较2021年同期的344.41亿元，同比增速接近23.72%。虽然两大渠道保费平台有着数量级的差别，但个险的“－3.12%”与银保的“23.72%”仍形成了鲜明对比（见表1）。

表1　中国人寿2022年上半年个险、银保渠道保费数据对比

（单位：人民币百万元）

渠道	2022年1—6月	2021年1—6月
个险板块	352487	363822
长险首年业务	69042	68755
首年期交	68957	68648
趸交	85	107

续表

渠道	2022年1—6月	2021年1—6月
续期业务	274016	285006
短期险业务	9429	10061
银保渠道	42609	34441
长险首年业务	16709	11996
首年期交	10864	11993
趸交	5845	3
续期业务	25707	22261
短期险业务	193	184

中国平安寿险与健康险业务的情况也类似，个人新业务中，代理人渠道贡献593.63亿元，同比下滑8.28%，而银保渠道贡献66.74亿元，占比虽低，但是同比增速达到了45.09%，个险与银保再度形成鲜明对照（见表2）。

表2　中国平安寿险与健康业务2022年上半年个险、银保渠道保险业务数据对比

（截至6月30日止6个月）　　（单位：人民币百万元）

类别	2022年	2021年
个人业务	315816	324857
新业务	75412	82260
代理人渠道	59363	64720
其中：期交保费	47332	54100
银保渠道	6674	4600
其中：期交保费	5470	3804
电销、互联网及其他	9375	12940
其中：期交保费	2730	4988
续期业务	240404	242597
代理人渠道	219159	215807
银保渠道	9925	9123
电销、互联网及其他	11320	17667
团体业务	12640	13029
新业务	12524	12938
续期业务	116	91
合　计	328456	337886

中国太保旗下太平洋寿险业务情况也类似，上半年代理人渠道保险业务收入

1193.51 亿元，同比增速 -7.6%，其中新保业务更是负增长 35.1%，同时，银保渠道保险业务收入 178.28 亿元，同比增速高达 876.3%，两个渠道的增速对比更加鲜明（见表 3）。

表 3　　太保寿险 2022 年上半年个险、银保渠道保险业务数据对比

（截至 6 月 30 日止 6 个月）　　（单位：人民币百万元）

类别	2022 年	2021 年	同比（%）
保险业务收入	149054	141449	5.4
代理人渠道	119351	129130	(7.6)
新保业务	14780	22774	(35.1)
其中：期交	12900	19880	(35.1)
续期业务	104571	106356	(1.7)
银保渠道	17828	1826	876.3
新保业务	16838	1374	1125.5
续期业务	990	452	119.0
团险渠道	11839	10422	13.6
新保业务	11436	10111	13.1
续期业务	403	311	29.6
其他渠道*	36	71	(49.3)

*：其他渠道为公司在线直销业务及公司再保分入业务。

纵观全行业都不难发现，银保渠道迎来新的发展窗口期所言非虚。有行业交流数据显示，2022 年前 6 个月，人身险公司银保渠道累计实现新单规模保费接近 1900 亿元，同比增速接近 15%。对比全行业同期按可比口径 3.5% 的同比增速，对比同样鲜明（见图 1、图 2）。

尤其值得注意的是，此次的银保崛起，不仅仅是保险公司的一厢情愿，而是保险公司与银行的双向奔赴，二者互相需要，互相依靠，成为拉动人身险业保费增速的重要动能。

就在近期，泰康保险集团官宣与中国银行签署全面战略合作协议。此次合作协议签署仪式规格相当高：中国银行董事长刘连舸，泰康保险集团创始人、董事长兼首席执行官陈东升双双出席，并共同见证签约仪式，显示了双方对此次战略合作的高度重视。

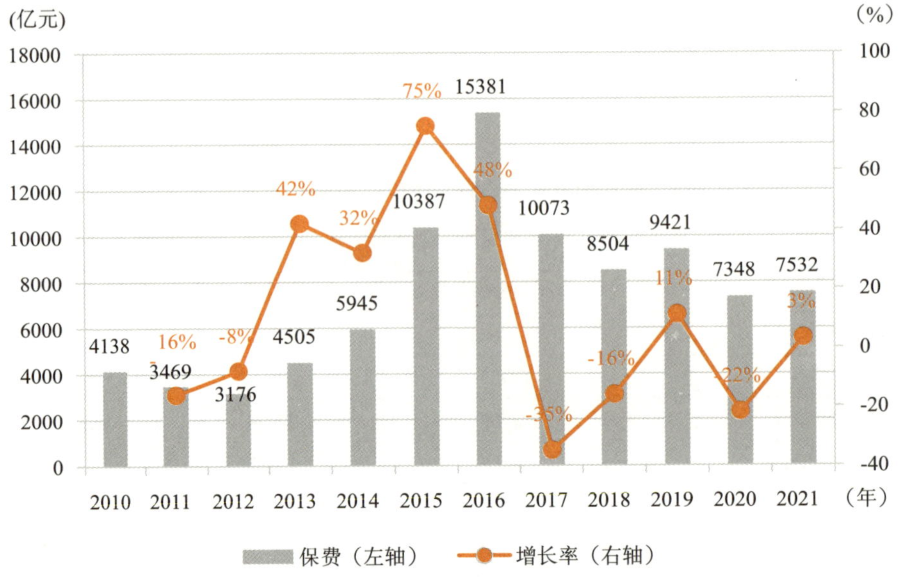

图 1　银保渠道新单趸交规模保费

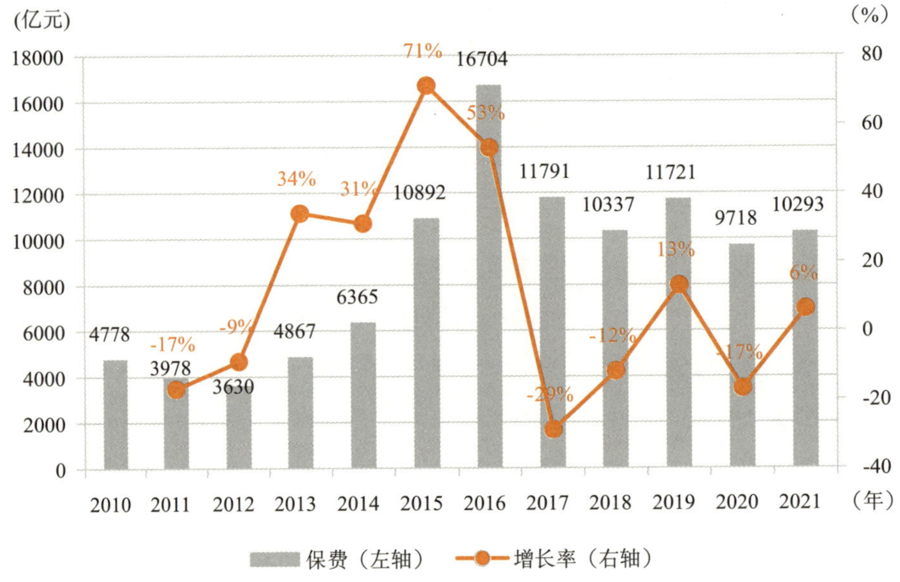

图 2　银保渠道新单总规模

二、基金卖不动，保险公司是否成银行中收白马骑士

从2021年开始，在多篇文章中，“慧保天下”就多次提出“银保渠道重回险企战略视野”，反复强调银保渠道在当下市场环境中所扮演的重要角色——银行渠道拥有最令消费者信任的消费场景、最多的高净值客户，这些都是保险公司销售储蓄型产品最需要的资源。

但彼时我们对于银保渠道的再度繁荣，更多认为是保险公司身处转型困境中的不得已而为之，更多是出于保险业务规模不断提升的需求。但如今看来，这种繁荣背后，早已不是保险公司一家在努力，银行也正积极地推动保险产品的销售，而原因无他——资本市场波动加剧，过去以高收益率吸引客户投保的基金终于卖不动了。

公开数据显示，上半年基金市场的表现不佳，三大基金代销公司——招商银行、蚂蚁基金、天天基金2022年上半年的营收增速已经出现放缓或负增长。

以银保大户招商银行为例，其半年报显示，2022年上半年，招商银行财富管理手续费及佣金收入188.73亿元，同比减少8.13%；代理基金收入34.74亿元，同比减少46.95%，主要由于市场波动下客户权益类产品配置降低；代理非货币公募基金销售额1873.07亿元，同比下降45.12%，主要是受资本市场波动影响，公募基金新发募集规模下滑明显。

客户不买基金买什么？买保险。招商银行在半年报中明确提出“客户风险偏好下降，客户财富配置向偏稳健类的产品转移”。

是的，新冠疫情已经极大地改变了人们对于未来的预期，在不确定性逐渐增强之下，人们渴望通过稳健的金融产品来充实不稳定的内心；与此同时，房地产的低迷又进一步激发了居民的金融产品投资热。

市场的高景气度推动了行业的加速变革，可以看到银保渠道的变化正逐渐清晰：

一方面，银保渠道销售的产品类型日益丰富，正从过去的短期储蓄型产品逐渐向中期储蓄型产品，甚至长期储蓄型产品、长期保障型产品发展。

另一方面，由于银行更看重银保业务的长期发展，更注重自身队伍的培养建设，因此对保险公司的专业度、服务能力都提出了更高的要求。

前一段时间，工商银行总行就与华夏保险总公司联合策划了一场名为“同舟行

动”的活动，由保险公司帮助银行设计行动方案、构建能力模型、定制专属课程、线下分层推动等，推动银保业务发展，实现双方互利共赢，显示“风雨同舟”之意。

三、银保渠道优势再一次凸显，只是某些“心魔”尚需被打破

虽然银保渠道的红火难以抵消个险负增长带来的行业性整体低迷，但银保渠道的兴盛，还是让很多保险业界人士更多地感受到了振奋。

他们意识到，银行与个险的业务模式有着本质的不同，依托银行的客户资源、场景优势，银保渠道的优势是巨大的，尤其对于缺乏分支机构的中小公司而言，银行是一个巨大的开放市场，在这里，中小公司完全可以与头部险企进行公开角力，给中小公司发展带来了巨大的想象空间。

但是矛盾也是存在的，业界人士介绍，银行现在为了冲刺业务规模，提升中收数据，更希望险企销售趸交产品，但很多保险公司从银保渠道长期发展的角度出发，往往更愿意逐步发展期交产品。

更沉重的心理负担还来源于保险行业内部。银保渠道长期以来一直被认为仅擅长销售“理财型产品”。在银行，保险更多不是被当成一种风险保障类产品销售出去，而是与其他理财产品，包括与银行理财、公募基金等一起进行比较，更突出其理财属性。在保险业回归本源的大前提下，似乎只有发展个险，发展长期期交业务才是真正的回归本源，保险的理财属性几乎成为行业一个讳莫如深的话题。

“中国人其实是最有保险意识的民族，否则很难解释我们是全球储蓄率最高的国家。”在业界人士看来，其实储蓄也是人们防范地域风险的一种手段，中国人热衷储蓄，体现的恰恰是其深入骨髓的未雨绸缪的风险意识。

银行储蓄体现的是一种避险倾向，同样，投保保险也可视为客户对财富进行规划的一种方式。

迄今，始自2015年“宝万之争”的万能险恐惧症，依然在行业蔓延，“万能险/投连险 = 理财 = 保险不姓保 = 高风险”的观念在很多人头脑中扎根。

但在一些业内人士看来，好像回避保险的理财功能，就是“保险姓保”，这多少有些“掩耳盗铃”了。

例如，现在的险企尽量避免大张旗鼓地销售万能险，更多将其视为一个单纯的增值账户，与年金险进行捆绑销售，美其名曰“保障型产品”，但实际上，大家都很清楚，相对较高的万能险结算利率才是消费者投保“年金险+万能险”产品组合最主要的理由。

再例如，消费者不是保险专业人士，他们对于保险的认知也与专业人士有着显著不同。央视财经频道曾多次发布《关于投资理财的国人选择和未来趋势报告》，数据显示，大多数受访者更倾向于稳健型的投资品，而保险更是连续数年蝉联投资意向榜首。是的，极力避讳“理财”字眼的保险产品在广大消费者眼中，很多时候不过就是理财产品的一种罢了。

不必讳言，保险天然带有理财的功能，甚至在某些情况下，代客理财就是为客户提供保障。最典型的养老险，其经营实质就是帮助消费者强制储蓄，同时帮助其实现资产的保值增值，在达到一定年限或条件之后，用账户上积累的资金保障被保人的养老生活。

个险低迷之下，银保渠道的优势再一次凸显，但更充分地利用这种优势的前提，或许是打破行业自身的某些无形禁锢。或许是时候对银保渠道来一次重新定位了。

第四部分

公司志·筑底鼎新

行业转型承压时刻，各家公司都在积极寻求突破，在不可能中寻找可能。“慧保天下”或总结国内企业教训，或借鉴海外同业经验，力求呈现不同公司在逆境中的战略抉择及其市场表现。

这其中，有基于现实分析“按兵不动”者，其坚信旧有模式在一定条件下仍有市场机会；有转大弯、转急弯不惜进行“休克疗法”者，其认为触礁在即，已经没有别的选择；有横向扩张版图、通过构建服务生态反哺保险业务者，其认定这才是构建竞争壁垒的最佳手段……

究竟哪种才是最优解？不妨留给时间来回答。

跨越160多年风雨，全球代理人留存和产能最高的寿险公司是如何炼成的*

泰康研究院　2022年1月18日

编者按

自20世纪90年代以来，中国寿险业大多数时候都处于高速发展的状态，而如今，在内外部的双重压力下，国内寿险业已经行至从量变到质量的关键时刻。随着转型深入，过去的很多经验已经不再适用，如何适应从增量市场到存量市场的转变，如何跨越行业性低谷，如何打造高产能代理人队伍，成为诸多从业者的心头之问。

我们向经验更加丰富的海外市场寻求经验，而本文介绍的就是美国西北人寿的发展历程及其成功经验。

作为一家已经拥有164年历史的美国头部寿险公司，西北人寿历经逾百年风雨，迄今仍牢牢占据美国第二大寿险公司之位，尤其是其代理人渠道，至今仍是全球留存率和产能最高的。

它是如何做到的？根据下文分析，秘诀就在于该公司的“不变与变”。

西北人寿被称为一家“安静的公司”，很早就建立了“保守且独立”的声誉，因为无论环境怎样变化，该公司始终坚持一些理念，例如，重视公司的安全高于公司的成长，重视保单持有人利益高于公司规模，重视业务品质高于保单数量，以及很多竞争对手纷纷上市，其却始终坚持“互助保险公司”的性质，始终没有上市……

* 本文由泰康集团战略发展部整理编辑，原题为：《一家百年寿险公司的坚守：“安静”的西北人寿》，略有删减。

同时，公司坚持简单的产品、低廉的费用、高的风险标准以及谨慎的投资，且始终高度聚焦专属代理人渠道，坚持完善培训体系，坚持培养高产能代理人，培养干部员工的高忠诚度等。

此外，公司还始终坚持“用户至上”，坚持打造“成功的循环”，即“优秀的公司吸引优秀的代理人，优秀的代理人吸引优秀的客户，优秀的客户创造优秀的公司”。

虽然“保守且独立”的西北人寿改变相对缓慢，但当需要改变时，其往往毫不犹豫，会比同业更加迅速和彻底。例如，在计算机的应用上，其是全美第一家拥有大型 IBM 计算机的企业，近年来还积极进行数字化转型，不断提升运营效率和用户体验。

再例如，其也在尝试拓宽业务领域，发展养老金信托、可变年金、长期护理类保险产品等，但遇到经营困难的业务领域，则会通过快速调整、快速外包经营板块的方式缩小对于主业以及管理人员精力的影响。

在“不变与变”的坚持中，西北人寿成功穿越 164 年的风风雨雨，迄今屹立不倒，这或许正是当下的中国寿险业需要高度关注和深度研究的对象。

西北互助人寿保险公司是美国一家著名的金融保险服务公司，总部设在威斯康星州的密尔沃基，至今已有 164 年历史。

作为一家百年老店，西北人寿到今天仍然是美国第二大的寿险公司，它的创立就是源于其创始人的难以释怀的梦想。

约翰·C. 约翰斯顿①放弃了作为地主绅士度过余生的选择，在其 75 岁的时候毅然决然地决定创办一家人寿保险公司，并自创立最初起就坚持“品质、信任、朴素和谨慎”的原则。他本人也是一个令人信服的远见卓识者和天赋异禀的创始人。

在西北人寿发展的过程中，其面临过市场的动荡、转型的趋势、外部的增长以及其他多种变化因素，虽然客观条件要求其做出改变，但是它始终是一家坚守最初的价值观、坚持长期主义的公司，一家勤奋工作以求保持对专业和细节的关注的公司。

① 约翰·C. 约翰斯顿（John C. Johnston），教师、实业家、兼职民兵、保险代理人、农民，在1857 年成为西北互助人寿的创始人。

西北人寿之所以被称为一家“安静的公司”，是因为首先其重视公司安全，其次才是企业成长；重视保险人的利益，再次才是公司的规模；重视品质，最后才是保单数量。宁可受到某些增长限制，它也绝不会为了取得大量的业务而牺牲了公司的品牌和价值。可以看到，像大都会、保诚等寿险公司纷纷选择上市，而西北人寿则坚持以保单持有人利益优先，始终采取互助经营方式。

一、美国人身险市场保费收入增速放缓，产品结构不断演变

从创建到壮大，西北人寿的发展离不开美国这个市场所带来的机遇与红利。纵观全球，美国的保险市场规模最大。无论在全球保险业中，还是在美国国内金融行业中，美国的保险市场都占有很重要的地位。同时，美国也是全球保险业相对成熟的国家，在保险产品的创新、保险资金的积累和运用以及保险监管的模式及其演变等方面，都有值得借鉴和参考的地方。

美国是世界上保险市场最发达国家之一，2020 年人身险公司保费收入 6356 亿美元，居全球第一位。其中，寿险占比 23.2%，年金险占比 47.4%，健康险占比 29.3%。但近年来美国人身险市场发展减速，保险密度自从 2000 年持续增长至突破 1900 美元后，近 20 年间在 1800—2100 美元间波动，保险深度则从 5.3% 波动下降至 3.2%（见图 1）。

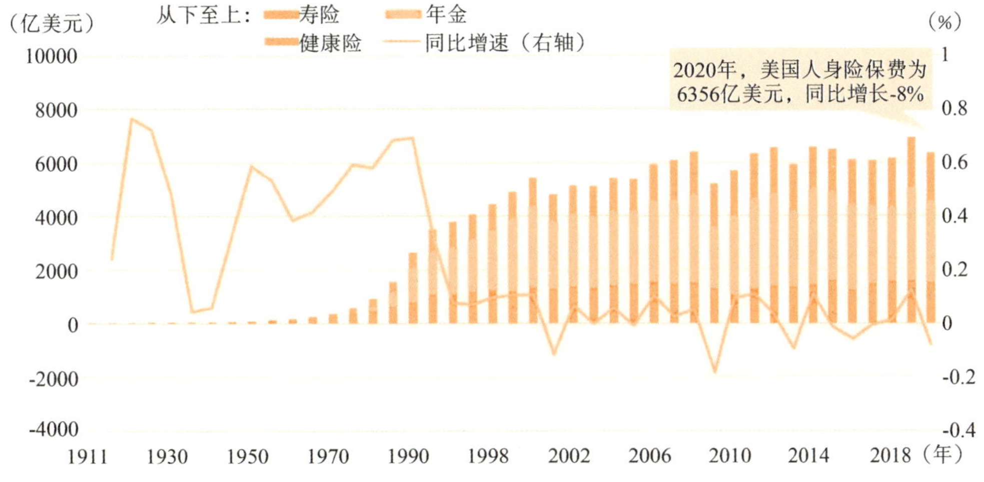

图 1　美国人身险公司年保费情况

资料来源：ACLI。

伴随着人口结构变化和资本市场波动，在政府政策、客户需求、公司策略等因素的共同作用下，人身险产品结构不断演变。

在20世纪70年代以前，战后经济繁荣、就业恢复，大萧条中银行的破产导致了消费者的不信任，保险产品以寿险为主，同时健康险加速增长；20世纪70年代到2000年，"婴儿潮"一代步入中年，投资和财富积累需求增加，年金险占据半壁江山；2000年至今，整体处于低利率环境，"婴儿潮"一代步入老年阶段，人口老龄化环境下养老和医疗需求增加，健康险蓬勃发展。

二、西北人寿收入稳增长，重点聚焦寿险业务

西北人寿旗下拥有5家子公司，分别聚焦在人寿保险、长期护理保险、投资咨询、财务规划和信托服务等领域。在2021年《财富》世界500强排名中，西北人寿以337.8亿美元营业收入、4.2亿美元利润，位列第360名。

2020年，西北人寿年化新单保费首次突破10亿美元，较2019年增长近8%，同时，西北人寿的分红总额达到62亿美元，而其评级与客户满意度指标均优于同业。据NAIC统计，西北人寿在美国寿险市场的占有率达7%，是美国第二大的寿险公司（见表1）。

表1　　2020年美国寿险保费前五位公司　　（单位：亿美元）

公司	保费	行业占比（%）
纽约人寿	116	7
西北相互人寿	113	7
大都会	105	6
保德信	101	6
林肯人寿	84	

资料来源：NAIC。

公司主要通过专属代理人销售产品，目前寿险保费占比接近80%。主要聚焦于分红型终身寿险以及定期寿险产品，其他还有个人年金、失能保险、变额寿险和年金等。除了传统寿险业务之外，西北人寿大力发展第三方财富管理业务，为客户提供保险+投资综合性的财富解决方案（见图2）。

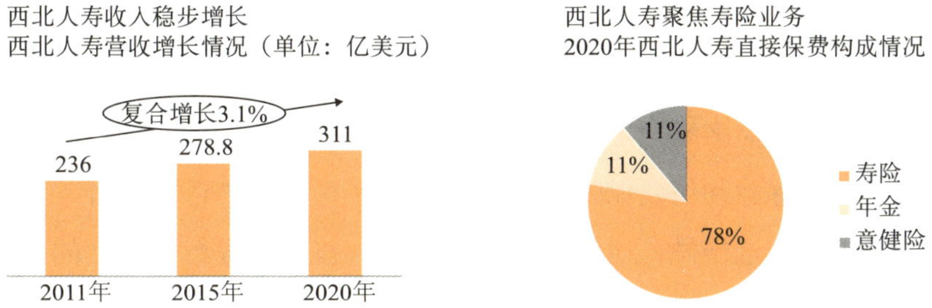

图 2　西北人寿收入情况

资料来源：西北人寿公司官网，泰康集团战略发展部整理。

公司首席执行官（CEO）JOHN E. SCHLIFSKE① 坦言，在疫情冲击之下，西北人寿仍取得了个位数的增长，公司管理层对于他们能够保持持续个位数的增长感到骄傲。在西北人寿看来，重点不是增速，而是每年的持续增长。

三、西北人寿坚守初心并作出改变

通过研读西北人寿的相关资料，我们感受到西北人寿是一家坚持自身经营理念的公司，在其发展过程中有很多方面都十分具有代表性。比如，西北人寿拒绝多元化产品策略，打造卓越的代理人团队，干部员工对公司忠诚度高，积极践行企业社会责任等。以下我们将从六个方面简单地总结西北人寿的发展路线和经营策略。

（一）西北人寿坚守初心，治理结构相对稳定

在 1888 年的年度报告中，西北人寿清楚地总结了公司的经营理念：“我们追求的是安全大于规模；目标是在保单持有人的利益方面排名第一，而不是规模第一。”

哪怕是经历了大萧条和各种动荡，西北人寿一直坚持四个原则——简单的产品、低廉的费用、高的风险标准以及谨慎的投资。

就拿产品布局来说，尽管存在来自代理人和受托人的压力，西北人寿在产品选

① JOHN E. SCHLIFSKE 于 1987 年毕业于西北大学 MBA。他在凯洛格的时候听了巴菲特的演讲，巴菲特说“如果真的想做投资，就该去家寿险公司工作，寿险公司是真正的长期主义者，以几十年为单位做投资，而且股权债权全都有，是投资人最好的修炼场所。”JOHN E. SCHLIFSKE 在西北人寿工作了 34 年，从投资分析师开始做起，谈起能在西北人寿长期工作的原因，他说主要有两点：一是公司吸引人的文化；二是西北人寿真正的坚持“贤能制”，不搞裙带关系，鼓励人做正确的事并获得回报。

择上仍然坚持拒绝“多元化”。他们将重点放在简单的、针对特定风险的保险产品上。不仅仅如此，西北人寿还在其业务中极其注重成本节约。

西北人寿拒绝产品多元化主要体现在20世纪20年代，当最具有活力的公司都纷纷开始提供团体保险和伤残保险等多元化产品，并成为“百货商店”型的保险公司时，西北人寿没有这样做，他们只是对现有的一些计划进行了适度的修改，依然聚焦在个人寿险产品上。

曾有其公司高管说过：“我们不会试图面面俱到，我们将成为这样一家公司（哪怕是唯一的一家），在这家公司，技术娴熟、见多识广的代理人以低成本为需要和理解的客户提供可靠和有用的保险。或许其他公司会提供多元化的产品，但是当人们想到普通的人寿保险时，一定最先想到西北人寿。我们需要做的不是更多的事情，而是做好我们正在做的事情。”

在公司的治理结构方面，有一点值得关注，那就是西北人寿管理层相对稳定，并重视人才的内部培养。自公司成立以来，仅有少部分高级管理者由外部引入，大部分都是由西北人寿自己培养并成长起来的。同时，西北人寿对内部员工有相对清晰明确的上升路线和上升空间，员工流失率较低。

另外，我们认为西北人寿管理层和员工的敬业程度很高，书中提到西北人寿的历届管理者都把西北人寿当成了自己的生命，他们每一个人对于这个事业都非常狂热，甚至可以说拥有坚定的信仰。

（二）持续赋能代理人，打造行业典范

西北人寿是全球代理人留存和产能最高的公司，也因此成了众多寿险公司追随的标杆。我们发现西北人寿对代理人定位如下：必须要成为“财务顾问、财产规划师以及销售人员”。

自成立之初，西北人寿就开始在全美范围内建立代理人的培训体系，以提高代理人的服务水平。比如在1945年，西北人寿为从第二次世界大战战场归来的代理人提供了进修课程，可以算得上是业内最复杂的培训计划的起源；到1947年，培训升级到为期13周的中高级课程，同时还推出了职业学校、特定主题区域研讨会等形式。

西北人寿通过不断完善的培训体系赋能代理人，使其代理人纷纷成为商业保险、

税收和财产规划方面的专家。

可以看到，西北人寿的代理人在国家质量奖（卓越的持续性）和百万美元圆桌会议（MDRT，连续三年销售额至少达到 100 万美元）上占据主导地位，这是保险行业中的两大成功标志。

在 1955 年就有将近 1/3 的西北人寿代理人获得了质量奖，而在全美职业代理人中这一比例不到 6%；与此同时，相比其他竞争对手，西北人寿通常拥有更多的 MDRT 会员。

公司对代理人也有相应的激励和考核。西北人寿会为新员工提供大量帮助，比如通过 1965 年推出的培训津贴计划，大幅提高了入司前三年代理人的佣金水平，从而维持队伍较好的活力。

另外，西北人寿将“留存率”作为 KPI 的核心指标之一，尤其是关注司龄 5 年以下的代理人留存，从而提升了代理人的留存并降低了销售成本。

事实上，注重代理人长期服务的思路，也正是国内保险公司一直念念不忘的高素质、精英代理人的底层逻辑。西北人寿通过强淘汰制留下绩优业务员，保证人员的产能。

比如在培训期内，新代理人每周需要完成 6 个需求分析及 20 个转介绍的任务指标，达到每周指标后，新代理人可以拿到每周 500 美元的培训津贴。

同时，为了发展高质量代理人，保证其专业性，西北人寿要求新代理人入职一年内考取各类美国投资理财顾问认证。

从渠道建设角度来看，西北人寿在行业纷纷选择拓宽销售渠道的时间段内，仍保持对自有代理人的高度聚焦。作为一个具有 160 多年历史的老牌人寿保险公司，到现在西北人寿的外勤队伍是全美最为训练有素、效率最高的队伍之一。

（三）坚持以客户为中心，提升客户覆盖面

西北人寿是第一个“用户至上”主义者。20 世纪 60 年代，当时的 CEO 罗伯特·迪宁就将西北人寿形容为“成功的循环”，即“优秀的公司吸引优秀的代理人，优秀的代理人吸引优秀的客户，优秀的客户创造优秀的公司”。后来，在历任 CEO 的领导下这个循环未曾中断。

同时，我们发现西北人寿的第一份战略规划提出要将新的业务重点放在“在人

年轻时就让他们成为公司的客户”上。

就新兴代际的客户群体，西北人寿立足扩大客户群的覆盖面，防止因代理人和客户的代际差异而带来客户的流失。同时他们以大众和富裕阶层作为主要的目标客户，就不同的客户群体，设立不同子品牌以实现更好的服务。

截至目前，西北人寿通过寿险、失能、长期护理、年金、金融服务等业务线共服务460万名客户。

（四）积极拥抱改革，践行数字化转型

从在密尔沃基的早些年开始，西北人寿就建立了“保守且独立”的声誉。可以发现他们的改变相对缓慢，但当需要改变时，西北人寿的改变又具有彻底性和速度性。

拥有计算机是很好的一个例子。在1957年，西北人寿成为全美第一家拥有大型IBM计算机的企业。它并不是第一家将命运交给电子产品的保险公司，但就其行动的广度和深度而言，西北人寿是真正的拓荒者。同时由于西北人寿本身的简单性，使计算机化成为可能。

西北人寿积极进行数字化转型，近年来在公司内部推出“北极星”项目，旨在运用在线化和数字化手段改善用户旅程，提升用户体验。同时，西北人寿建立了公司内部数据库，充分结合业务开发数据的商业应用场景，包括保单追踪、智能培训等，在提升运营效率的同时进一步丰富自身的产品和服务。

西北人寿将“创新”置于所做的一切事情的中心位置，并为员工提供学习更多创新知识的机会。例如，举办以机器学习为中心的黑客马拉松，目标是利用机器学习来提供前所未有的解决方案和更好的观察。

2010年，JOHN E. SCHLIFSKE先生成为西北人寿新任主席与CEO后，一方面从人口结构变化角度认识到了提供更全面筹资方案的重要性，将其作为获客的一个重要方式；另一方面关注到金融业中科技的变化，并在2015年收购Learn Vest金融数字化服务工具，从而不断提升客户服务的数字化水平。

（五）不断扩宽业务领域，把握投资机遇

大约在1938年，西北人寿进入养老金信托领域并获得显著增长。在1943年至

1945 年间，养老金信托占据了西北人寿新保费收入的将近 1/3。1968 年，西北人寿推出可变年金。在 20 世纪 90 年代推出长期护理类保险产品 Quiet Care 之后，现在西北人寿在长期护理市场位列市场第二，但此类业务在西北人寿的总业务中占比仅为 3%—4%。

另外研究发现，在经营遇到困难的失能和个人长期护理险领域，西北人寿采用快速调整、快速外包经营板块的方式缩小了这两个板块对于主业和管理人员精力的影响。

研究过程中我们发现，在其经营主业总体保持稳健的基础上，西北人寿经历了几个重大的投资决策。比如，他们曾在 1985 年斥资 2.5 亿美元收购 MGIC 投资公司，这是一家在美国产油区经历大量破产和亏本交易打击的房贷保险机构，但西北人寿经过 10 年的价值坚守，终于将 2.5 亿美元投资转化为 10 亿美元的收益。

20 世纪 90 年代末，西北人寿收购了资管机构 Frank Russell，该机构的 Russell 2000 股票组合在资本市场久负盛名，并在 30 多个国家布局经营。

通过收购，西北人寿加强了在资金配置、投资管理服务等领域的能力，也为逐步开拓国际市场打下了基础。

2001 年，西北人寿成立西北互助信托公司，翻开新千年经营的华丽篇章。随着联邦层面相关监管法规的放松，多家保险公司借机进入信托业务，有的甚至直接布局了银行业务。而对于西北人寿来说，开展信托业务有两大独特优势，即中高净值优质客户积累和资管领域服务能力。这个信托板块此后更名为西北互助财富管理公司，宣告西北人寿在覆盖客户长期筹资需求和资金筹划领域有了更深远、沉稳的部署。

（六）积极践行企业责任，建立慈善基金

20 世纪 50 年代，西北人寿开始关注当地城市和社区的基础建设，通过支持建设医院和研究所等来践行企业责任、回馈社会。西北人寿被看作践行企业责任的一个很好的实例。

在研究中我们注意到，2001 年西北人寿更换了主席，Edward Zore 在 2001 年 5 月上任之初立下远大的十年经营目标，但几个月后的“9·11”恐怖袭击事件给寿险行业甚至是整个金融行业带来了巨大的挑战。在如此严峻的形势下，西北人寿承

担了寿险公司需要肩负的社会责任，并未通过战争风险免除条款来拒赔，在困境中坚守寿险经营客户利益至上的立司之本。

2021 年，西北人寿慈善基金会迎来 25 年庆典，不但延续在儿童癌症领域的大力资助，同时在社区发展与经济开发领域注资惠及总部所在的密尔沃基地区。

四、结语

2007 年，西北人寿成为有史以来累计有效保额最先跨过个险 1 万亿美元里程碑的直销寿险公司，带着这个光辉的成绩，他们庆祝了 150 年司庆，走过的风风雨雨化成了一张张保单和一次次赔付。而今，纵观这家具有 160 多年历史的寿险公司，凸显出的就是选择与环境、变化与应对、个人个性与企业个性之间不停地相互作用，这些都造就了西北人寿的独特性格。

西北人寿自成立开始，就坚守着“简单和专一”的态度，其在时代的浪潮中，始终保持着客户利益最大化的经营理念。在成长的过程中，其对市场变化敏感敏锐，很快意识到了金融服务业越发激烈的竞争局面，而其发现成功的关键在于保持代理人和客户之间良好的关系。

西北人寿让人眼前一亮的原因是其在坚持原则的基础上，为了满足客户新的需求的确作出了快速的改变，例如为其代理人提供具有足够竞争力的产品。西北人寿在原有严格中融入了人性的温暖，但从未偏离其自始至终的角色，这更好地保证了队伍的稳定和业务的品质。

同时，从企业性格的角度讲，西北人寿是一家专业化企业。其信任高水平代理人队伍的个性化和专业化，不仅有财务上的限制，又有在品质方面进行投资的意愿。

我们发现，西北人寿虽然不是最引人注意的企业，但因为其稳健的经营和稳定的治理结构，在美国的行业规模仍然处于头部地位。经历 160 多年的发展，西北人寿在一个传统行业中坚持初心，这既是前进的阻力，也是前行的支撑。变革是痛苦的，但这也让公司有一种向着共同的目标前进的精神。面对过往和现在的挑战，西北人寿始终坚信：要改变，又要有所不变。

482亿元收购方正66.51%股权获批！ 商业化平安，破局非商业化中国式医疗

慧保天下　2022年2月18日

北大方正收购案尘埃落定。

2022年2月6日，中国平安发布公告，1月30日，平安人寿收到《银保监会关于中国平安人寿保险股份有限公司股权投资新方正集团的批复》，银保监会同意平安人寿投资新方正集团。

根据《重整投资协议》的约定以及重整主体的债权人对债权清偿方案的选择情况，平安人寿拟出资约482亿元受让新方正控股发展有限责任公司（简称“新方正集团”）约66.51%的股权。这意味着，中国平安参与方正集团重整一事终于落定，我国最大金融并购案自此收官。

自方正集团重整计划曝光以来，中国平安的大手笔入局一直备受市场关注。在平安“保险+医疗”的上层规划下，收购方正无疑是补齐生态闭环中线下医院资源的重要拼图，但在近两年社会资本办医遭遇盈利困难、资本频频退出的背景下，并无太多线下医院管理经验的中国平安，能否驾驭好有着复杂产权关系的医疗集团，打造成中国版的“联合健康”？

一、482亿元大手笔受让66.51%股权，中国平安参与方正集团重整投资获批

2009年，中国平安以总对价291亿元控股深发展银行，由此也成为彼时中国金融历史上最大的收购案例，而当下对方正的重组金额，再次刷新纪录。

2022年2月9日，银保监会发布关于平安人寿股权投资新方正集团的批复。批

复内容显示：原则同意平安人寿运用自有资金482.18亿元投资新方正集团，投资完成后持股比例约66.51%。

此前，在各方支持下，方正集团“1+4”主体已进入实质运营阶段。

据中国平安在2022年2月7日发布的公告，由珠海华发集团（代表珠海国资）、中国平安、深圳市特发集团组成的联合体，参与北大方正集团、北大方正信息产业集团、北大医疗产业集团、北大资源集团、方正产业控股实质合并重整，其中平安人寿代表中国平安参与上述重整并已签署上述重整之重整投资协议（以下简称《重整投资协议》）。

据悉，以《重整投资协议》为基础制订的《北大方正集团有限公司等五家公司重整计划（草案）》已于2021年6月28日经北京市第一中级人民法院作出的民事裁定书依法批准并生效。

中国平安表示，平安人寿已满足参与上述重整的基本条件，将与各方积极推进《重整投资协议》及重整计划约定的各项后续工作。

据“慧保天下”梳理，随着重整计划进入执行阶段，新股东平安系和新方正系的融合也开始由股权层面向管理纵深，新方正系将从经营层面逐步打上平安的烙印。

在医疗健康板块，2021年10月28日，平安首批高端健康管理中心在京、深两地同步挂牌成立。据悉，两家高端健康管理中心将分别依托北大国际医院和平安龙华医院等医疗资源，为客户提供预防、医疗、康复等全闭环健康管理服务，这也是平安入主方正集团后的首次大动作。

在金融板块，多方信源表示，在证券公司整合方兴未艾之时，平安集团未来考虑参考此前平安银行吸收合并深圳发展银行的成功模式，将平安证券、方正证券合并，实现证券资产上市。

据悉，2021年11月，方正证券董监高4人辞任，随后传来自平安理财的一名干将或将空降至方正证券担任高管。这一传闻或可印证，平安系正酝酿从人事层面介入对方正证券的管理。

值得注意的是，方正集团旗下的金融板块还有一张寿险牌照。按照一参一控的监管规定，平安人寿不能同时控股两张相同性质的保险牌照。而2021年10月4日，彭博社报道称，平安人寿正在考虑出售北大方正人寿。

二、没开过医疗大船的中国平安，能否驾驭好新方正这艘医疗航空母舰

较之以往同一业务板块企业集团的重整，方正集团业务涉及多个板块，是我国首例真正意义上的多元化“企业集团”重整。

中国平安公告显示，本次重整收购的新方正集团资产包括医疗、金融、信息技术、教育、商贸及地产等板块的股权类、债权类及其他类资产。

其中，在破产重整的总盘子里，拥有 4 家三级综合医院及 6 家专科连锁医院、几千张床位的北大医疗产业被视为最“肥美”的部分，中国平安意图将其纳入囊中，结合自身保险业务形成一个大的“保险 + 医疗”生态圈。

不过，对于并无太多线下医院管理经验的平安集团来说，前路并非坦途。

据了解，中国平安目前在医疗健康产业的布局主要包括平安健康（港股名称：平安好医生，01833. HK）、平安医保科技和平安智慧医疗，其核心优势在于线上服务和科技能力，但在自有医疗网络建设上的进展缓慢。

其中，作为首个上市的互联网医疗企业，平安健康曾被市场高度看好。然而，自成立以来，平安健康一直深陷“增收不增利”的尴尬局面。数据显示，2015—2020 年，平安健康 6 年间累计亏损接近 47 亿元。

成立仅 6 年的平安医保科技，曾被寄予平安“第三个十年发展战略”的厚望。这家从医保控费入手、主打医疗科技概念的公司，成立 2 年便完成了规模为 11.5 亿美元的融资，可谓出道即巅峰。

但短暂的高光时刻过后，便是长达 3 年的业务“迷茫期”。2021 年 10 月，“平安集团拟出售平安医保科技”的消息传出，而如今，确切消息表明，该公司几乎已经关闭，绝大部分员工已被遣散，仅保留少量的运营人员。

2019 年，平安医院管理集团（平安智慧医疗）成立，发力医院板块，但也并没有太多进展。

目前，平安实际参与运营的医院仅一家，即平安龙华医院（原龙华区综合医院）——2020 年 5 月，深圳龙华区政府与平安集团举行签约仪式，宣布合作运营该医院。

相较中国平安相对薄弱的医疗产业布局，新方正集团医疗板块无疑更像是一条

“航空母舰”，而这也成为当下人们对于平安人寿参与新方正集团重整最大的质疑所在：“就好比还没开过大船，就买了个医疗航空母舰，能掌好舵吗？”

值得注意的是，截至2020年1月31日，方正集团资产总额约622.57亿元，负债总额约1469.7亿元（不含对外担保等或有负债），所有者权益为约－847.13亿元。

其中，方正医疗板块涉及的负债金额并不算多，但也一直未能实现自身造血。2020年，北大方正集团医疗板块的收入为66.26亿元，净亏损13.78亿元。这无疑更加考验中国平安的整合能力。

三、剑指“联合健康”，商业化的平安如何破局非商业化的中国式医疗

2020年以来，伴随中国寿险业转型深入，中国平安的发展也显示出前所未有的疲态。

一方面，个人代理人转型成效尚不明显。数据显示，截至2021年第三季度末，中国平安个人代理人数量为70.62万人，相比2021年初的102.38万人缩减近1/3，代理人人均产能有所提升，但提升的产能尚不足以弥补人力流失减少的产能。这导致自2018年以来其新业务价值连年下滑，利润、股价均受到显著拖累。

另一方面，“踩雷”华夏幸福等，也对中国平安资产端表现造成极大负面影响。

作为头部寿险公司的平安，早就意识到了医疗的重要性。2017年1月，平安集团董事长兼CEO马明哲就曾表示：“一手管住用户的钱，一手管住用户的健康，这样用户就离不开平安了。”

如今，保险业步入深度转型阶段，在个险营销这一传统优势遭遇严重困境的当下，医疗板块的重要性更加凸显。2020年的董事长致辞中，马明哲又一次提及：“金融是平安的现在时，医疗是平安的未来时。”

也正是在这种思路下，联通“保险＋医疗”，构建“综合金融＋HMO”双引擎，正成为中国平安最重要的转型思路之一。

其中，新方正集团的医疗板块，无疑将扮演重要角色，也因此，在收购新方正集团之后，平安高管层曾屡次提出要打造中国版的“联合健康”。

不过，值得注意的是，美国管理式医疗赫赫声名的背后，是全民医保制度的缺

位，这给商业健康险的发展释放了极大的空间。

而反观我国的制度土壤，医疗行业格局、医疗支付结构却与美国完全不同。在公立医院占据绝对主导地位、医保才是最大的医疗费用支付方的情况下，所有的民营医疗机构、商业健康保险等都需要在这一现实基础上寻找空间，而这种现实也在某种程度上注定了，中国基本很难诞生美国式的“联合健康”。

平安医保科技的转型或许也能在某种程度上说明问题。过去几十年，中国平安无疑是商业化最为成功的民营企业之一，以超强的执行力享誉业界，也长期享受着最为丰厚的利润回报，但是面对医疗信息化这一更多面向政府、医保单位的业务，最终却以转型告终。

换句话说，在中国现行医疗体制下，医疗，从来不是单纯的商业行为，这或许就是商业化极为成功的中国平安在医疗板块布局所面临的最大挑战。

华泰保险终变革！ 赵明浩拟接棒王梓木，李存强或出任总经理

慧保天下 2022年3月3日

中资小股东陆续清仓离场，美国“安达系”对华泰保险集团的加码正步步为营。

2月，华泰保险集团在京召开2022年第一次临时股东大会，集团副董事长、总经理兼首席运营官赵明浩被选举为执行董事，计划出任新一任董事长，同时，选举集团常务副总经理兼首席战略官、华泰人寿董事长李存强执行董事，拟出任集团总经理，而公司创始人、董事长兼首席执行官王梓木不再担任华泰保险集团董事。

很显然，伴随持股比例的不断提升，“安达系”对华泰保险的渗透已经开始由股权层面向管理层面纵深，随着这一次换届，标杆人物王梓木的退休，其经营层面也将逐步打上深深的“安达系”烙印。

华泰保险，走到了公司经营风格转换的关键节点。

一、执掌26载后王梓木卸任，赵明浩、李存强或分别出任集团董事长、总经理

69岁的王梓木即将结束其在华泰保险的26年职业生涯，不再担任董事之后，不少人士认为其将正式宣告退休。

王梓木一向是华泰保险的灵魂人物，从领衔创建华泰财险开始，一直到现在，其执掌华泰保险已经26年。其于1996年从国家经贸委辞职，选择下海经商，创办全国第一家全国性股份制财产保险公司——华泰财险；2011年，华泰保险集团成立，王梓木又开始担任集团董事长兼首席执行官，并一直到现在。

接班的是华泰保险副董事长、总经理兼首席运营官赵明浩。赵明浩是华泰保险的“二号人物”，也是创始人之一，曾任哈尔滨市经委办公室副主任、哈尔滨国际经济开发集团公司总经济师、哈尔滨经济技术开发区工业发展股份有限公司副总经理、香港新世纪国际投资有限公司执行董事副总经理等职。

1996 年，赵明浩辞职下海，参与创办华泰财险，并任副总经理、常务副总经理、总经理兼首席执行官等职。2011 年集团公司成立后，一直担任集团副董事长、总经理兼首席运营官，以及华泰资管董事长，投资是其核心职责之一。2011—2016 年，赵明浩还曾兼任华泰财险董事长，2015—2018 年曾兼任华泰保险集团首席投资官等职。

随着赵明浩的“升职”，集团总经理职位也出现空缺，补位的将是集团常务副总经理兼首席战略官李存强，其拟出任集团执行董事、总经理。

李存强在华泰保险的任职也已经近十年，目前是外方股东安达在华泰保险派驻的最高级别的管理者。

公开资料显示，李存强是一位理工科“学霸”，从物理科研领域跨界金融圈超过 20 载，并且国际经验丰富。1997—2002 年，李存强先后就职于 Belmonte & Leger、Miller Moriarty 会计师事务所、美国蓝十字和蓝盾保险公司。自 2002 年起，其加入美国万通互惠金融集团，历任集团财务顾问、会计师，万通互惠国际副总裁兼财务总监、全球战略规划及业务拓展资深副总裁兼首席财务官、大中华区董事总经理，同时兼任日本万通寿险董事、香港万通亚洲寿险董事、英大泰和人寿董事等职务。

2012 年，李存强受安达委派回归内地，加入华泰人寿，历任公司总经理、董事长，并担任华泰保险集团常务副总经理等职。2017 年，李存强曾回股东方工作，任职安达人寿首席运营官一职。2020 年 10 月又回归华泰人寿，任职董事长，并于 2021 年 1 月起担任华泰保险集团常务副总经理兼首席战略官。

一把手卸任，二把手、三把手顺次补位，此次“交接班”无疑是延续了华泰保险一向稳健的风格，顺理成章，波澜不惊。

二、股权分散走向集中，美国安达系控股遂愿，华泰保险成国内第二家外资控股保险集团

相较于人事上的交接班，对于华泰保险影响更大更深远的变量还在于股东的持

续变动——从中资，到合资，再到如今外资股东绝对控股，华泰保险的深层次变化仍旧值得关注。

作为“国内首家全国性股份制财产保险公司”，华泰从成立之初就呈现出股权分散且多元的特点，管理层牢牢掌握公司的日常经营，实现了所有权和管理权的分离。

但也正因为股权分散且多元，华泰保险集团一直为各类资本所青睐。2002 年 7 月，安达保险集团“杀入”华泰保险的股东队列之中，3 家安达系公司通过受让股东股权方式拿下华泰保险 22.13% 股权，成为当时华泰保险的第一大股东，因外资持股比例受限，华泰保险仍然属于中资险企。

这之后，不同属性股东对于华泰保险话语权的争夺没有停息，2014 年、2015 年，君正系还曾大举持股华泰保险，一度成为华泰保险的第一大股东。

但随后，伴随着中国保险业进一步深化扩大对外开放，有意深耕中国保险市场的安达集团，进一步加大了对于华泰保险控股权的争夺力度。

2019 年 3 月、11 月，安达系两度通过向小股东受让股权提升持股比例，达到 30.9%，华泰保险的中资标签也换成中外合资。

最终，是君正系选择了退出。2020 年 6 月 22 日，君正发布公告称，银保监会已批准其转让华泰保险集团 15% 股份给安达系公司，后者持股增至 46.2%。后续，君正系还将继续转让所持华泰剩余的 7% 股份给安达，直至出清，累计价款达到 108 亿元。

目前，二者之间的交易尚未全部完成，如果两笔转让完成，则安达系的股比将达到 53.2568%，一举拿下对华泰保险的控股权，华泰保险也将成为继安联之后，第二家外资控股的保险集团。

随着持股比例逐步扩大，“安达系”对华泰保险的渗透也开始由股权层面向管理纵深，华泰保险在经营层面逐步打上“安达系”的烙印。

经过此次换届后，安达系派驻华泰保险的李存强将成为集团的二把手，其同时还担任旗下寿险公司的一把手。

最核心的财险公司也已经开始由安达系高管执掌。2021 年 10 月，华泰财险原总经理孙元彪辞去公司总经理职务，同时指定王俊建为公司临时负责人，而王俊建同样出自“安达系”。公开资料显示，自 2003 年起，王俊建曾先后在安达保险担任香港公司高级核保人、香港经理、北亚区总监、亚洲区总监、亚太区总监，以及中国香港、台湾和澳门区总裁等职。

华泰诞生之初，最鲜明的标签之一，就是所有权与管理权分离的现代化企业，而如今，几番股权争夺后，其正逐渐走向自己的“反面”，成为一家外资股东绝对控股的保险集团，所有权、管理权也正逐渐从“分离”走向“合一”。而这种公司股权、治理结构上的变化或许才是未来影响华泰保险走向的关键变量。

三、华泰保险迎外资控股时代，经营管理会更趋于保守吗

成立26年的华泰保险，经历最早的重资本布局，以及后续的数度增资，目前注册资本达40.22亿元，公司集财、寿、保险资管、基金牌照于一体，在国内仅有的13家金融保险集团（控股）公司中占据一席之地。

作为1996年就成立的一家保险公司，华泰保险赶上了中国保险业大发展的时代，但由于不走寻常路，华泰保险始终没有将规模作为第一目标，也因此成为中国保险市场中的一股“清流”。

尤其是近些年来，当诸多资本势力涌入保险业，控股保险公司，在负债端大肆发售中短存续期理财型保险产品，资产端又在资本市场兴风作浪时，华泰保险集团却一如既往，践行质量效益型发展道路，力促公司稳健发展。

从经营数据来看，1996年成立以后，华泰保险年年盈利、保费持续稳健增长。据财报数据统计，1996—2020年，华泰保险累计净利132亿元。其中，2006—2010年，公司以1%市场份额赚走行业31%利润（见图1）。

但近10年，华泰人寿的保险业务收入并没有太大变化，随着寿险公司的不断增多，保费排名也从2010年前的第17名降至2020年的第44名。

华泰财险的保费排名在2010—2020年一直维持在第15名，但是，近6年的复合增长率仅为3%左右。

在其他老牌险企纷纷扩张规模之际，华泰的发展脚步慢了不少（见表1）。

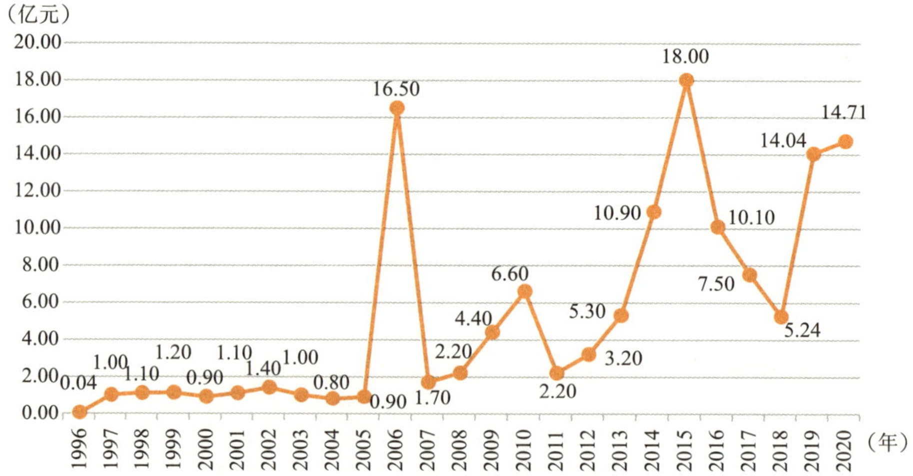

图 1　1996—2020 年华泰保险净利润

表 1　　1996—2021 年华泰保险业务收入　　（单位：亿元）

年份	寿险保险业务收入	财险保险业务收入
1996	—	0. 4
1997	—	1. 9
1998	—	2. 6
1999	—	4. 7
2000	—	4. 9
2001	—	6. 7
2002	—	7. 9
2003	—	8. 5
2004	—	10. 5
2005	0. 3	11. 8
2006	1. 5	15. 6
2007	7. 1	26. 5
2008	26. 9	25. 8
2009	24. 8	29. 8
2010	51. 3	39. 3
2011	30. 4	48. 7
2012	28. 6	57. 2
2013	28. 9	64. 9
2014	25. 2	65. 2

续表

年份	寿险保险业务收入	财险保险业务收入
2015	27. 8	65. 6
2016	34	72. 3
2017	44. 8	82. 6
2018	53. 19	84. 94
2019	61. 83	81. 15
2020	64. 76	73. 37
2021	64. 74	79. 46

利润不错，规模较低，针对该如何评价华泰保险过去发展的问题，行业也一直争议不断。

有人说，该公司一直稳健发展；也有人说，该公司错过了大发展的时代机遇。

对于中外合资的险企而言，如何平衡中外方股东对于规模与效益的不同诉求一直是非常关键的问题——如今，安达系即将绝对控股华泰保险，安达系高管也开始获得更大经营权限，对于华泰保险而言，其经营理念的天平又朝着外方股东更近一步，其是否会变得更加保守成为最大的市场关注点。

量质并举坚定人力增长，太平人寿底气何在

慧保天下　2022 年 4 月 22 日

上市险企一年一度的年报大考已落下帷幕，怎么总结 2021 年、怎么推进 2022 年，各险企高管在业绩发布会上的“拷问”回答也值得管窥一番：“处于结构性的变革”“新旧供求平衡的阵痛期”“长期发展基本面向好，但短期承压”……判断准确，也直面问题，但并无清晰破局之法。

正如国泰君安非银首席分析师刘欣琦所称：“面对惨淡的现状，保险公司存在两种应对路径：路径 A，选择改变人海模式，通过一场深度的渠道和产品改革，放弃现有的增长，来实现未来的增长；路径 B，维持原有商业模式，在行业下行周期，增加投入，通过逆势扩张来维持增长。”

向左还是向右，其实并无对错，只关乎各自禀赋和决心，关键是要选一条路，并且配套的路线图、施工图都要明确。

太平人寿总经理程永红的答案是：“销售队伍的能力决定公司整个经营目标的达成，这个基本逻辑是没有变的。做大销售队伍，提高他们的产能，才能达成我们的经营目标。”程永红这番表态的底气在于，2021 年太平人寿代理人规模、新业务价值双双逆势正增长，个险代理人年末数 38.5 万人，同比增长 1%；新业务价值 74.4 亿元，同比增长 0.7%。

企稳微增的数据亮点，人力发展“量质并举”总体思路的阶段性成绩，太平人寿 2022 年乘势进击，确立“高质量业务发展计划”的“116”战略实施路径，而以高质量组织建设为核心内涵的“山海计划”正是其支柱项目、首期工程。

从 2020 年“5G 经理人计划”到 2021 年“犇”计划，再到 2022 年“山海计划”，太平人寿的销售队伍策略思路一步步清晰，以人力发展和组织建设作为公司成长最主要的驱动因素，这正是其笃定的寿险经营底层逻辑。

一、“116”战略圈划总路线，高质量组织发展牵引公司经营“全局性突破”

2021 年是太平人寿“十四五”规划的开局之年，提出了 6 大工程“渠道、品质、客户、科技、生态、人才”的转型建设。

——以价值为核心，推动各渠道业务稳定高质量成长；

——以品质为关键，坚定不移地推动人力增长；

——以客户为中心，积极打造差异化经营品牌；

——以科技为支撑，深化对销售和服务的全面赋能；

——以特色为方向，构建具有太平人寿特色的医、康、养生态圈；

——以人才为根本，锻造符合价值成长要求的干部员工队伍。

6 个层面的深入布局，涵盖寿险经营的方方面面，绝大部分寿险公司做中长期规划时都会提到这些内容，知易行难，千头万绪如何破局？靠什么来牵引？这就要来看太平人寿的基因和沉淀了。

复业 20 年，作为寿险“老七家”的第二集团军，曾经以“三高”理念为个险标签，快速发展锻造拼搏文化，太平人寿形成的经营风格可谓既“守正”也“出奇”，既深刻把握寿险行业的发展根本和客观规律，也敏锐把握市场新形势、客户新需求，更要能穿越迷雾统一认识、坚定下注。

这正是“116”战略的逻辑基础，而其精髓就在这第一个“1”，即“夯实一大支柱”，以高质量组织发展为支柱，引领公司经营的“全局性突破”。

早在 2019 年下半年，寿险业即开启了销售人力的下行期，过去两年遭遇新冠肺炎疫情，下行之势尤甚，物理阻隔之下有些人顺势选择“躺平”，继而普遍性的行业迷思弥漫：人海战术难以为继，30 年寿险营销模式走到尽头了？

客观上确实有困难、遭遇挑战，关键是主观上的动摇、自我放弃，加之公司决策的摇摆、考核机制的放松，也就造成了这两年寿险市场销售人力的一路下滑，整体经营表现的大溃败，几家上市公司业绩尤为承压。

在这样的市场环境下，在 2021 年几项核心业绩指标企稳微增的信心支撑下，太平人寿明确提出还是要加快组织发展，而且是高质量的组织发展，必须坚持量质并举。

这正是太平人寿对寿险经营规律的“守正”坚守。围绕寿险经营的底层逻辑，以人力发展作为公司成长最主要的驱动因素，实现队伍扩量提质与全系统进化的双向促进，即以队伍高质量发展，引领全系统的进化；再用全系统的进化，赋能队伍高质量发展。

二、“绩优”和“新人”并重，“山海计划”抓两头、带中间，夯实队伍基础

高质量组织发展的主基调明确后，接下来就是具体推进的手段措施了。作为“116”战略根基和支柱的“山海计划”，其主要方向就是扩团队、提技能、抓赋能，一方面“抓两头、带中间”，夯实队伍基础，另一方面借力科技赋能、强化生态圈，支持提升队伍产能。

“抓两头、带中间”，即抓绩优个人、抓高级主管。

据了解，2021 年太平人寿百万人力是 2390 人，同比成长 96.5%，千万人力是 29 人，同比成长 93.3%。这些绩优人力主要通过 1929 俱乐部、家族办公室、养老社区等高客配套资源运作达成。

抓绩优个人的同时也要强调绩优主管的“领头羊”作用，且太平人寿的营销文化设计上也一直秉持“职级越高，产能越高”，主管必须以身作则。从 2021 年的队伍产能来看，业务经理的月均产能是 2.9 万元，同比增长 27%；高经的月均产能是 5.5 万元，同比增长 31%；总监的月均产能是 14.1 万元，同比增长 37%。

另一头抓新人、抓基层主管。

据程永红介绍，“大量的新人加入我们的团队，基层主管的辅导能力至关重要。一方面强化培训，另一方面在 2021 年 8 月对《个人业务保险营销员管理基本办法》进行了认真研究和初步调整，推动各种费用资源的整合下沉，主要是考虑要往新人和正式业务员层面倾斜”。

比如说在专属产品方面，精准锁定客户保障刚需，易于新人传递给客户；在规则方面也更贴近新人的需求，让新人更容易理解和掌握，有助于新人树立从业信心。同时匹配专项支持平台，以 iFamily 和“产品通”两大展业全能工具平台，为新人提供强学习、提专业、增客源、强黏度、促保单等一站式的学习和展业抓手。

全方位为新人赋能，助力他们更适应营销文化，坚定走上寿险道路，除加大新人本身的留存率外，还有一个更深层次的逻辑是：一方面，新增人力无疑是业务基盘，一般来说年内新人能贡献40%—50%的重疾活动人力、20%—30%的非开局之战保险产品活动人力；另一方面，新增人力对主管和存量代理人的留存、产能有影响，从某种程度上说，新增减少、“虚人”脱落，并不一定带来机构指标改善。也就是说，对于新人甚至不产生业绩的“虚人”，他们并不是独立的个体，而是会对存量人力表现产生系统影响。而这正是太平人寿“山海计划”坚定组织发展、人力增长的逻辑基础。

而针对市场普遍关注的高潜质新人，太平人寿则结合“家族办公室”推出了FON家办新人计划，借力1929家族办公室特有的高客服务模式和资源，匹配家族事务团队特有的培养模式，快速招募并培养一批高产能新人。

据了解，FON家办新人养成计划采用四维名校式招募，沉浸立体式培养，进而成就家办塔尖式人才。太平人寿还为FON家办新人推出了“家办准专家”的认证授权，匹配包括专属产品、专属平台、专属俱乐部、专属行销支持等6项全套专属资源，为FON新人全面赋能。

据程永红透露，从8月微调《个人业务保险营销员管理基本办法》以来，太平人寿2021年全年正式以上各层级的收入都是同比增加的，正式增长了2.5%，业务经理增长了12.2%，高级经理增长了11%，总监增长了23%，区域总经理增长了12%。

三、科技支持和生态圈建设，两翼齐飞，赋能队伍服务客户

有一定体量基础的销售队伍，想要生生不息形成自循环，还需要科技赋能和生态圈建设两大支持来“如虎添翼”。

作为一家偏传统的寿险公司，太平人寿在科技运用方面，有一套自己的方法论：围绕业务流程，从线上工具支持，到业务场景重构，加大线上线下融合；在营销的全流程、全环节方面，帮助业务员提升效率和产能，帮助他们更好地服务客户。

“太平人寿的各级管理干部要清醒地认识到，科技赋能不仅是科技部门、技术部门的事，更是全公司的业务重点：首先是拼品牌、第二拼文化、第三拼干部。”

程永红称，“拼文化”强调的是服务文化，要求所有的管理干部贴近市场、贴近一线、贴近客户，要能够敏锐地洞察到市场的变化和队伍的需求。

正因如此，太平人寿的科技团队总能敏捷作出反应，及时开发调研市场和业务队伍需要的科技工具。以太平人寿的核心网上门户——太平保宝平台（以下简称“保宝”）为例来观察，2017 年推出后，太平人寿便把第一用户和服务对象定位于代理人和销售队伍。

可以说，“保宝”背后的逻辑，正来源于太平人寿对当前寿险业转型“不变”与“变”的洞察：不变之一，是寿险业仍然必须解决好“场景”和“流量”问题。“保宝”中大量功能的设计都是为了更多的联结、提供更多场景和流量；不变之二，是始终要服务好服务客户的人。代理人服务的能力和品质是公司内部实力的外化表现，直接体现公司的经营水平和服务能力。

一个“变”，就是“把线下队伍变成线上队伍”。这种“变”正是源于寿险消费和服务具备了新的特征：一是高品质的、定制化的、专业化的寿险服务更依赖于代理人的人工服务；二是这种人工服务更多地要借助科技平台或工具来辅助完成；三是标准化、流程化、平台化的服务更加“去人工化”，更多地依赖互联网等科技手段直接操作完成。

从效果来看，“保宝”作用体现为“两全”和“两高”：“两全”是指“保宝”实现了销售和服务的“全场景”与“全流程”覆盖；“两高”则是指“保宝”促成了获客和增员的“高流量”与“高转化”。

“保宝”的终极目标正是，代理人在“保宝”上形成了从获取流量到转化保单，再获取新流量，转化新保单的不断循环，实现客户经营模式的全新转变。而这种全新的客户经营模式的关键还在于差异化的“产品 + 服务”的供给，切实满足客户多层次的保险需求。

太平人寿的竞争优势还在于依托太平集团的统一部署、协调支持，加快构建医、康、养生态圈，先后发布“乐享健康”健康管理服务品牌和“乐享养老”养老服务品牌。从过去提供个人保障，到现在立足全生命周期、提供以家庭为单位的综合性保障计划；从过去以线下作业为基础的金融保险服务，到现在以数字化智能化为支撑、线上线下医康养融合的全生态配套服务。

通过这些进化，太平人寿的角色定位也从“风险保障供应商”向“美好生活守护者”转变。

“坚决反对躺平，任何时候都必须用成长来给我们自己代言。”据说 2021 年在太平人寿内部很流行这句话。

曾有过“三高”标签，也历经快速发展期的磨砺，太平人寿整体的经营文化是典型的目标导向，可以为经营结果拼尽全力。在其新三年规划中，虽然外部环境不确定性很大，但仍然坚定下注，也是对其发展道路的自信，正如程永红在发布会上所言：“研究整个亚洲区寿险的发展，我们看到他们也都经历了队伍脱落、保费增速下降，又止跌提升重回增长这样一个过程周期。中国寿险业过去 30 多年发展一直是在高峰到低谷的切换中快速前进，每一次低谷都是为了释放矛盾、调整转型，之后就会迎来新一波高峰。”

一方面，加快队伍和渠道的转型建设，另一方面，全面优化升级产品和服务体系，深刻认识寿险行业的发展根本和客观规律，先立后破，稳扎稳打，推动太平人寿在新 20 年不断实现超越和突破。

新华保险高层人事再调整：李全拟任董事长、张泓拟任总裁

慧保天下　2022 年 9 月 20 日

备受关注的新华保险人事变动问题，答案揭晓。

9 月 19 日下午，中投公司已派员赴新华保险宣布了最新的人事任命：中央汇金副总经理徐志斌将不再兼任新华保险董事长一职；新华保险党委书记、首席执行官、总裁李全拟任职董事长一职；而党委副书记、副总裁（正职级）张泓拟任职总裁。

据了解，上述人事安排目前还只是在内部进行了宣布，最终能否实现，尚需经过董事会审议以及银保监会审批。

新华保险成立于行业起航之时，在行业高速发展中成长壮大，历经被接管、大股东易主、民营转国资等惊心动魄的时刻，在不同的领导班子执掌下，完成了登顶行业规模前三位、“A + H”同步上市等“壮举”，也遇到了力推转型但迟迟未见成效、市场份额不断下滑、遭遇大量质疑的窘境……回望新华保险 26 年发展历程，重规模与重价值的经营理念不断交替，所导致的战略上的摇摆，无疑是其发展历程中无法忽视的重要影响因子，而背后所体现的股东意志也不容忽视。

对于当下正处于前所未有转型期的中国寿险业而言，新华保险曲折的发展历程无疑有着相当高的借鉴价值，因为现在国内寿险业已经到了这样一个关键时刻：一个新模式取代旧模式的时刻，一个新人取代旧人的时刻，一个合规新资本取代野蛮旧资本的时刻。

一、李全拟任董事长，张泓拟任总裁

根据新华保险官网信息，李全目前在新华保险内部身兼数职：党委书记、执行

董事、首席执行官、总裁，同时还兼任资产管理公司、资产管理公司（香港）以及新华养老保险董事长。

李全出生于1963年，25岁时即1988年取得中国人民银行研究生部货币银行专业经济学硕士学位；之后进入中国农村信托投资公司银行部任职业务经理；1991年1月至1998年4月这7年间，其供职于正大国际财务有限公司，先后担任资金部总经理、公司总经理助理等职；1998年5月起历任博时基金督察长、副总经理、常务副总经理、党委副书记等职。

2010年3月，康典任职新华保险董事长兼首席执行官期间，李全正式进入新华保险工作，开始了对资金端的长期主政：先是出任新华资管总裁一职，2013年4月开始兼任新华资管（香港）董事长，2016年12月又兼任新华资管副董事长一职到2019年9月。

2019年6月，新华保险换将，李全脱颖而出，出任新华保险临时负责人，后续正式获批出任公司党委书记、首席执行官、总裁等职，并先后与两任董事长搭档，包括刘浩凌以及徐志斌。如今，自己也有望成为新华保险新一任董事长。

除了李全拟任新华保险董事长外，接替李全拟任新一任总裁的人选据悉也已经出炉，即2019年从中国再保险集团监事长位置上空降新华保险出任党委副书记（正职级）的张泓。从目前来看，其确实是新华保险高管团队中排名第一位的副总裁（正职级）。

公开资料显示，张泓，出生于1964年，拥有国际关系学院英语专业文学学士学位，其最初任职于中国人民保险公司、中国保险（英国）有限责任公司，后进入中国再保险集团工作，曾任中国再保险集团执行董事、总裁、监事长，中再寿险董事长，中再产险总经理、董事长，大地保险董事，中再资管董事，以及中国核保险共同体主席等。

2019年9月，张泓从中国再保险集团调任新华保险出任党委副书记（正职级）一职。自2021年6月起，开始兼任新华保险执行董事和副总裁（正职级）。

值得关注的一点是，拟任董事长李全，出生于1963年，还有一年即达到退休年龄；而拟任总裁张泓，比李全年轻1岁，1964年9月出生，还有两年也将达到退休年龄。这意味着，未来的两年间，新华保险仍将面临遴选接班人的问题。

除李全、张泓二人外，目前新华保险高管团队还包括副总裁杨征（首席财务官暨财务负责人），龚兴峰（总精算师、董事会秘书），秦泓波，于志刚（兼任新华电商董事长），以及总裁助理岳然，苑超军（兼任新华养老保险总裁），王练文（兼任浙江分公司总经理）。

二、2022年上半年净利润腰斩，三步走发力“三高”代理人队伍，构建康养生态

人们关注新华保险的人事变动，本质上，是在关心由此带来的对于业务、业绩的实际影响。尤其对于新华保险而言，作为1996年就成立的“老牌险企”之一，作为国内为数不多的上市险企之一，作为曾经保费规模排名市场第三位的险企，其被寄予了太多希望，而现实的成绩，又让太多人感觉忧心忡忡。

新华保险成立于1996年9月，早年间高管多出自平安，风格颇为彪悍。由于成立得早，赶上了中国寿险业高速发展的黄金年代，新华保险长期跻身行业前列，成为中国第三家年度保费过千亿元的寿险公司，规模保费更一度超越太保寿险，排名行业第三位。

时至今日，新华保险在行业内的保费排名却一降再降，市场份额也从峰值时的10%一路下跌到只有5%，与同城、同一时期成立的泰康人寿相比，已差距甚远。

保费以及市场份额快速下降的同时，新华保险新业务价值也呈快速下降趋势。2021年，新华保险新业务价值同比降34.9%；2022年上半年，其新业务价值21.12亿元，同比降48.4%。

个险新业务价值下降的背后，则是新华保险个险代理人队伍的增长乏力以及合格人力下降。新华保险2022年半年报显示，截至6月30日，该公司个人代理人规模为31.8万人，同比下降27.9%；月均合格人力6.1万人，同比下降41.9%；月均合格率17.5%，同比降1.6个百分点；月均人均综合产能3840元，同比增23.7%。

不过，虽然新单保费、新业务价值下滑显著，但依靠规模庞大的续期保费，新华保险表面上依然保持住了大盘的基本稳定。2021年，新华保险的续期保费1169亿元，同比增长3.5%，其中个险续期保费1014亿元，同比增长5.2%。

与此同时，为维持市场地位，缓解个险增长乏力的情况，近年来，新华保险重

新加大银保渠道开拓力度，三年间，银保新单保费在全部新单保费中的占比，已从2019年的31.7%增至2021年的54.2%，三年增加了22.5个百分点。且由于业务转向期交，新业务价值保持了不错的增速，2021年同比增速高达52.5%。

新业务价值骤降的同时，新华保险业绩停滞不前。2019—2021年的归属净利润分别为145.6亿元、142.9亿元以及149.5亿元。2022年，受大环境影响，新华保险经营业绩进一步下滑，第一季度净利润同比降78.8%，上半年公司归母净利润52亿元，同比下滑50.8%；新业务价值21.12亿元，同比降48.4%。

针对个人代理人队伍问题，目前负责该渠道的新华保险总裁助理兼浙江分公司总经理王练文在中期业绩发布会上表示，未来会分三步建立“三高”队伍：第一步是提产能，第二步是优结构，第三步是稳增长。

与此同时，新华保险也加快了整合内外部康养资源的步伐，中报显示，其“乐享、颐享、尊享”三大社区产品线全面落地，北京延庆养老社区一期工程已经竣工，正筹备开业并推进体验式营销。2022年上半年，新华保险累计签署养老社区的入住资格函353份，对应保费超过5亿元。

在新华保险2022年中期业绩发布会上，张泓曾透露公司康养业务推进情况。他表示，公司目前致力于打造康养产业链，围绕以中高净值为主的个人客户，解决其养老、医疗等需要；同时，加快了产业的投资布局，以“保险+服务”的方式提升保险行业附加值，推动建立保险客户康养生态圈。

最新消息显示，新华养老保险首款专属商业养老保险“新华养老盈佳人生专属商业养老保险”产品于近期正式获批，该公司党委副书记、总裁苑超军撰文称，全面启动专属商业养老保险和商业养老金业务发展。

三、性格迥异的职业经理人，左摇右摆的战略布局

身为曾经的寿险业“探花”，新华保险如何一步步滑落至此？回望其26年发展历程，不难发现，新华保险历届一把手不乏高人，对于市场走势以及公司定位也常有深刻的洞察，遗憾的是，他们在理念上并未达成一致，以至于每换一次高层，新华保险的战略战术就变换一次，且往往差异巨大，最终，在左摇右摆的战略中，新华保险逐渐迷失。

新华保险未被接管之前，国内保险业长期处于拓荒期，各类规则制度尚不健全，各行各业几乎都是“胆大者上”，新华保险也凭借其的敢打敢拼，快速占据市场高点。

2009 年底，中央汇金入主新华保险，助推公司进入“康典时代”，开始全力冲刺上市。既然目标是上市，做大保费规模、快速提升总资产就成为这一时期的首要任务。

2011 年 12 月 15 日和 16 日，新华保险相继在香港联交所和上海证券交易所成功挂牌上市，这之后的新华保险亦开始尝试转型之路。然而 2013 年初的负增长令进入保险经营领域不久的康典承受了极大压力，短暂尝试之后选择了更为稳妥的“适度均衡”策略。

2014 年初，万峰执掌新华保险，开启铁腕转型之旅，渠道方面重个险、轻银保，2016 年和 2017 年两年大幅压缩银保渠道趸交保费规模；产品结构方面，大力发展保障型产品，推动重疾险创新，引导代理人“以附加险销售促进主险销售”；保费结构方面，全面收缩趸交业务，大力发展期交业务；年期结构方面，由短期产品向长期产品发展，同时提升代理人利益，强化团队的销售能力，提高产品的提升，打造“三高”团队。

伴随着转型的深入，新华保险也不可避免出现了保费规模以及市场地位的下滑，同时也招致了市场上一些质疑转型的声音。

到 2019 年末，新华保险进入李全时期，由于其为投资领域出身，在战略制定上也呈现出高度重视资产端的倾向。其提出“二次腾飞”的概念，拟定的发展目标包括“地位稳定在第一梯队”“资产突破万亿平台”“规模价值同步增长”和“产业协同发挥效能”等，争取用三到五年时间，使公司整体实力再上一个台阶。

在“二次腾飞”的理念指引下，新华保险又一次更改发展路线，采取了更为灵活的战术，为冲击规模，再度加大银保渠道开拓力度。同时，为推动个险渠道转型，新华保险后续又提出“老城改造”和“新城打造”的概念。“老城改造”方面，开展“优计划”首批试点机构推动工作，继续推进全系统“三化”队伍建设，促进核心绩优人力增长；“新城打造”方面，持续完善营销新生态队伍建设方案，规划队伍与销售模式实施节奏。

本意上是打造出高品质的代理人队伍，但其效果并不理想。有知情人士介绍，新华保险代理人转型三个月以来，新人上岗仅600余人，上岗率极低，导致在“三化”方案的落实上，也有了放水的举动。目前，新华保险仅有“优计划”仍在坚持，但效果也有限。

一些新华保险内部人士对于公司现状感到担忧，个险转型效果不佳之外，产品竞争力不足也加大了代理人的工作难度，严重影响队伍士气。据悉，新华保险内部并非没有研究创新产品，只是因为这些产品不符合董事会对公司的价值定位，导致最终不能顺利推向市场。除此之外，新华保险在健康、养老服务方面均有所涉及，但在市场上的声量并不高，在以服务促进保险销售成主流的当下，同样缺少竞争优势。

不同班子，不同想法，新华保险在行业的快速变革中左摇右摆，走向了战略迷失。

四、大股东视野下的新华保险：金融航母旁边的一叶扁舟

新业务价值持续负增长，市场份额也不断下滑，同时受大环境的影响，新华保险在资本市场上同样表现不佳，从2020年10月的68.91元/股开始，截至2022年8月1日，其A股股价已跌至28.84元/股，下跌幅度近六成。

股价下滑的同时，新华保险个别股东也选择了清仓或部分退场。2021年5月，曾经的外资股东瑞士再保险彻底清仓新华保险。而在这之前，大股东中央汇金还曾有意将不低于10%的股权转让给阿里巴巴，但最终由于相关方未能就某些环节达成一致，导致该引战计划被叫停。

从大股东中央汇金的视角出发，或许更容易理解新华保险当前的处境，以及其不停摇摆的战略战术产生的根源。

作为中央汇金旗下子公司之一，新华保险显得非常“微不足道”，因为中央汇金参股控股了多家国内大型金融机构，除出口信保、新华保险以及中再集团外，还包括申万宏源、中信建投、中金公司等多家头部券商，以及光大集团、银河金控等。最重要的，其还是工商银行、农业银行、中国银行、建设银行四大国有银行控股股东，个个都是巨无霸。

据统计，中央汇金公司管理的企业资产总和高达150万亿元，而2021年国内

GDP 总量为 114 万亿元。

截至 2021 年末，中央汇金旗下的工商银行总资产 35. 17 万亿元、建设银行总资产 30. 25 万亿元、农业银行总资产 29 万亿元、中国银行总资产 23. 55 万亿元，而同期，保险业总资产为 24. 9 万亿元，新华保险总资产更是只有 1. 13 万亿元。

在利润贡献方面差距同样明显。2021 年，工商银行净利润 3483. 38 亿元，新华保险净利润 149. 47 亿元。因此有人形容，新华保险贡献的净利润，只能算是中央汇金赚得一点茶水钱。

毫不夸张地说，如果将工商银行等国有大行比作金融航母，那么新华保险就只能算作一叶扁舟。

对于大股东中央汇金而言，保险市场虽前景广阔，值得长期布局，但与旗下国有四大行以及其他大型金融机构相比，面对体量上的鲜明差异，心态注定也是不同的。

更重要的是，保险业虽然资产规模不大，但是门槛却不低，要想深入了解一家保险公司的运营管理，必须熟谙大量保险专业知识，这无疑也为股东的管理增加了难度。与重新学习一门专业知识相比，关注市场排名、核心财务指标等数据，无疑要更加简单直接。

五、旧时光一去不返，新时代需要新人

李源辞任新华保险副总裁，转而出任明天系旗下被接管的天安人寿总裁一职。

其实，明天系与新华保险渊源颇深，很多明天系职业经理人都出自新华保险。例如，华夏人寿原总裁赵子良、原常务副总裁提建设、原副总裁邹明红等都曾在新华保险任职；天安人寿中也有很多，包括新华人寿前总裁孙兵、资源管理中心原主任郭自光、行政管理中心原主任方方、人力资源部原总经理张连庆、运营管理中心原副主任毕闯等，后续都曾加盟天安人寿。

在“狼性”文化中成长起来的那一代新华保险职业经理人，在资产驱动负债险企大干快上之时，也迎来职业生涯的“高光时刻”。然而时过境迁，回归保障的旗号下，曾经的保费英雄，如今已经难觅踪影。

一代人有一代人的使命，时代变了，理念变了，评价标准不同了，新的时代，

行业需要新的、适配的人才。

近期，明天系旗下四家险企的处置意见出炉，两家寿险公司的主要负责人名单也已公布，李源执掌天安人寿外，来自国寿的一批资深职业经理人将执掌华夏。在保险保障基金无法接盘的情况下，国有保险资本 + 资深保险高管执掌问题公司，无疑是采取了最稳妥的方式。

不过，首要了解的是，现在的保险业所处境况："大鳄"出局、热钱退潮，低垂的果实已经摘完，高处果实仍在，但须凭借真功夫。以客户为中心、从高速度向高质量转型，不再是空话，而是必须达成的目标。

"大鳄"也好，职业经理人也罢，好公司、坏公司，都是时代的产物。百年未有之大变局下，保险业市场格局也必然巨变，有的崛起，有的失落，乃至消失于历史长河。

例如，新华保险，从目前来看，其逐渐走向了平庸；而安邦，则彻底不见了。

那其他险企呢？

中国人寿董事长白涛、拟任总裁赵鹏齐亮相：公司驶入“无人区”，未来将采取这些策略

慧保天下　2022 年 8 月 26 日

2022 年 8 月 26 日，中国人寿举行 2022 年中期业绩发布会，到岗 7 个月的中国人寿新一任董事长白涛以及到岗仅 1 个月的中国人寿党委书记、拟任总裁赵鹏双双露面，不仅详述了上半年的工作成果，更向所有人阐明了未来的战略意图和行动方向。

作为检验上市公司业绩最直接的指标，中国人寿近日的股价反映了投资者们的态度。A 股市场上，2022 年 8 月 24 日、25 日中国人寿分别收涨 4.97%、3.18%，涨幅在保险股中居前。发布会当天，中国人寿 A 股股价继续上涨。

从中报数据来看，中国人寿的转型工作呈企稳之势：截至 2022 年 6 月底，市场份额达到 20%，高于第二名 8 个百分点；公司总资产规模突破 5 万亿元，达 5.17 万亿元，较年初增长 5.8%；净投资收益 970.09 亿元，同比增长 8.1%；内含价值达 12508.77 亿元，同比增长 3.98%；新业务价值 257.45 亿元，降幅低于同业；新单保费、期交保费、10 年期交保费等均实现正增长，人均产能明显提升。

业界颇为关注的代理人数量仍处下滑通道，但一些指标已显著改善：人力下滑幅度收窄，上半年，中国人寿人力规模下滑 9%，低于“老七家”整体 14% 的下滑幅度；同时，人均首年期交产能提升了 60.6%，新人 7 个月以及 13 个月的留存率分别提升了 10% 和 30%。

当然，对于眼下的中国人寿而言，其最大看点还不在于短期业绩，而是其高层的人事调整。1 月，白涛出任中国人寿新一任董事长，7 月赵鹏又回归国寿，成为中国人寿党委书记、拟任总裁，“白 + 赵”的新鲜组合，给中国人寿平添了新的看点。

两人此前的不俗成绩成为业界看好中国人寿未来发展的重要依据之一。白涛，

一位全能型综合金融管理者，毕业于中国人民大学金融学专业，曾在工行、国寿集团、中投公司及旗下汇金公司、人保集团和国投公司等担任要职。2020 年 1 月，任职国投公司董事长期间，面对突然暴发的新冠肺炎疫情，白涛始终保持战略定力，带领公司快速复工复产，恢复常态化经营。2021 年末，国投公司达成利润总额 221 亿元，2021 年更实现历史性突破，利润总额达到 461 亿元，同比增长 108%。

将与白涛搭班子的中国人寿党委书记、拟任总裁赵鹏，是目前保险央企中为数不多的“70 后”核心高管，他生于 1972 年，现年仅 50 岁，正是年富力强时。赵鹏是保险专业人士，其 1995 年 7 月从湖南财经学院（2000 年并入湖南大学）精算学专业毕业后，就加入了中国人寿，此后在这里工作了 20 余年，在寿险公司资金处、集团公司财会部等多有历练，还曾在保费重镇浙江省分公司担任一把手，经受住了来自业务一线的残酷考验，带领浙江省分公司实现了各项核心业务指标增幅均超过全系统平均水平的优异成绩。

当然，转型在深入，行业的痛点也依然存在，但对于中国人寿而言，方向和路径都已经清晰，新的领导班子，新的发展策略，值得高度关注。

以下就是根据白涛、赵鹏等中国人寿高管发言整理而成的内容，比较详细地介绍了中国人寿长期的战略方向以及短期的操作手段。

一、白涛：中国人寿驶入“无人区”，须打好“坚守”和“求变”的组合拳

自 20 世纪 90 年代以来，在经历了长达 30 年左右的高速发展之后，中国寿险业终于走到了从高速度发展向高质量发展转型的关键十字路口。而这次转型不再是单纯转变产品策略、渠道策略等手段就可以彻底解决问题的，而是需要一次从上到下、由内及外的，彻彻底底的转型，涉及企业经营战略的转变、经营模式的迭代、企业价值观的重塑。

对此，白涛坦陈，中国人寿已经驶入“无人区”，“再也没有可资借鉴的经验，再也无法进行模式的简单复制，未来的路怎么走，需要我们中国人寿自身去积极创新和探索”。

面对“百年未有之大变局”，及其带给国内保险业的前所未有的复杂局面，再也没有成熟经验可借鉴的保险公司该如何打破僵局，是当下行业最迫切需要解答的

"时代之问"，对于有着"行业稳定器"之称的头部险企中国人寿而言，回答好这一问题更是尤为重要。

白涛给出的答案是两个关键词，"坚守"与"求变"："第一个关键词就是'坚守'，要保持定力；第二个关键词就是'求变'，要与时俱进。"

在白涛看来，所谓"坚守"，就是要坚守"保险姓保"，坚守保险的保障本源，坚守保险为民的核心发展理念，坚持高质量发展这条主线不动摇；所谓"求变"，则是指内外环境不断变化，如果不能带领团队与时俱进，未来一定会被淘汰。

二、白涛：详解中国人寿战略方向，推进"四化"改革、构建五大核心优势

在中期业绩发布会上，白涛对于中国人寿未来发展方向也进行了详细的描述，关键就是推进"四化"改革，构建五大"核心优势"。

其中，推进"四化"改革包括推进数字化改革、推进综合化工作、推进专业化建设、推进市场化工作。在谈及"综合化"时，白涛指出，中国人寿集团是一个庞大的集团，在综合化的推进方面有很深的潜能，下一步将重点在产品整合和渠道整合上下功夫，希望能够实现"一个客户、多个产品、一站式服务"。

而构建五大优势则包括：一是构建产品服务优势，推进产品和服务功能的场景化、组合的多样化，以及客群的个性化、体系的品牌化，为客户提供更优质服务；二是构建营销体系优势，中国人寿拥有国内最齐备的营销渠道、规模最大的销售队伍、最广泛的机构网点，未来将在这方面进一步发挥 IT 优势，通过线上和线下相结合的方式提升能力；三是构建生态平台优势，在"保险 +"的生态布局方面，推动公司从事后经济补偿，向事中的风险干预和事前的风险预防转变，加强风险减量管理；四是构建资金运用优势，利用保险资金规模大、久期长、供给稳定等特征，跨周期配置资产，为社会经济发展提供长期资金的同时，稳定公司投资收益；五是构建风险防控优势，构建良好风险防控体系，守牢风险底线。

三、赵鹏：将做到"六个坚持"，深刻认识改革的长期性、复杂性、艰巨性，从而不断提升改革的系统性、整体性、协同性

在白涛讲话基础上，赵鹏又进一步对寿险公司下一阶段工作重点进行了总结，

表示将从六个方面进行加强，即做到“六个坚持”，包括：坚持服务“国之大者”不动摇，坚持高质量发展不动摇，坚持“以客户为中心”不动摇，坚持队伍建设不动摇，坚持改革创新不动摇，坚持防控风险不动摇。

其中，尤其值得关注的是，在谈及“坚持队伍建设不动摇”不动摇时，赵鹏表示，管理干部队伍、销售队伍都非常重要，都是中国人寿最宝贵的财富。

赵鹏指出，从管理队伍来说，未来公司将进一步加大对优秀年轻干部的培养，打造一支综合素质优、专业水平高、经营业绩好、懂经营善管理的管理干部队伍；同时，会加强销售队伍建设，坚持“提质稳量”的原则，实施“强基计划”，走有效队伍驱动业务发展之路，持续巩固现有销售队伍。

赵鹏指出，2022 年是“鼎新工程”实施的第 3 年，该项工程自实施以来，基本实现了一年打基础、两年搭框架、三年见成效的既定目标，为公司稳定发展发挥了重要作用。公司下一步将持续深化改革，重点围绕营销体制改革、数字化转型、综合化经营、“产品 + 服务”的模式创新、提升风险防控能力等方面继续加大改革力度。

“当然，改革不是一蹴而就的，也不可能毕其功于一役，所以公司将深刻认识到改革的这种长期性、复杂性、艰巨性，从而不断提升改革的系统性、整体性、协同性。”赵鹏如是说。

四、利明光：美国存托股交易量有限，美股退市不影响公司正常生产经营、上市地位及客户权益

近期，中国人寿从美股退市的消息在资本市场上尤其受到中小投资者的普遍关心。据介绍，中国人寿已向美国证监会提交了 25 号表格，2022 年 9 月 1 日是公司美国存托股在纽交所交易的最后日期。针对这一问题，中国人寿副总裁、总精算师利明光回应了市场关切。

他表示公司董事会批准公司申请自愿将本公司美国存托股份从纽交所退市，并撤销美国存托股份及其对应的 H 股在证券交易法下的注册，主要考虑两个方面：一是本公司在纽交所挂牌交易的美国存托股的交易量与本公司的 H 股全球交易量相比有限；二是美国存托股在纽交所上市，维持美国存托股和对应的 H 股在美国证监会注册及公司遵循美国证券法律法规所规定的定期报告要求及相关业务所涉及的行政

成本较高。

他表示，公司美国存托股是与 H 股挂钩，从美国退市后，公司 H 股将会继续在香港联合交易所进行交易，投资者如果愿意，可以将存托股转成 H 股继续持有公司的股票：“本次从纽交所退市不涉及存托股的回购，不会改变公司的股本结构，对公司 H 股的发行量也没有影响。同时，从美国退市也不影响公司正常的生产经营、公司治理水平、公司在境内外的上市地位以及客户权益。公司已建立了完善的公司治理、信息披露和内控、审计等内部管理体系，未来我们将不断地推进公司治理建设，践行公司治理的最佳实践，持续提升本公司的治理水平和治理效能。”

五、詹忠：谈个险队伍改革一定要与业务挂钩，不能就队伍谈队伍

个险队伍改革一直是业界关注的焦点话题。对此，中国人寿副总裁詹忠对公司个险渠道目前采取的转型策略，以及阶段性成效进行了介绍。

他表示，中国人寿从 2021 年下半年开始采取的策略始终就是“稳中固量、稳中求效”。

在“稳中固量”方面，在控制波动幅度的同时，不断提升产能。从目前的结果来看，基本达到预定目标：人力规模相较主要同业保持稳定，依旧保有市场规模最大的代理人队伍，且下滑速度已经明显收窄。2022 年上半年，“老七家”（平安人寿、中国人寿、太保寿险、新华寿险、泰康人寿、人保寿险、太平人寿）整体下滑 14%，中国人寿下滑 9% 左右，且从环比来看，中国人寿 6 月比 5 月大概只有 0.9% 的下滑，“稳中固量”成效明显。

“稳中求效”方面，2022 年上半年，中国人寿人均首年期交产能大幅提升 60.6%，同时大专以上学历人员占比提升，一年内新人 7 个月的留存率、13 个月的留存率也都有明显改善，其中，7 个月留存率提升大概 10%，13 个月留存率提升更多，达到 30% 左右，从量和质上都取得了比较好的成效。

谈及轰轰烈烈的个险转型，詹忠表示：“有公司谈转型往往是‘就队伍谈队伍’，只说在队伍转型方面会采取哪些措施，但我认为队伍转型成效一定要跟业务结合起来，因为队伍转型成效最终一定是通过业务来体现的。所以这几年我们一直坚持着队伍、业务、技术管理‘三位一体’的发展理念，队伍规模虽然有所下降，

但市场地位依然稳固。”

六、张涤：评判资产配置一定不能脱离资金属性以及投资周期，保险资金管理的目标在长期收益，承受短期波动在所难免

资产端萎靡是造成2022年上半年寿险公司利润表现不佳的主要原因之一，也因此，舆论对于各家险企的资产配置策略产生了浓厚的兴趣。中国人寿总裁助理、首席投资官张涤在回答相关问题时指出，在判断机构的投资行为时，一定不能离开机构本身的资金属性和投资周期。对于长期的保险资金而言，短期的收益波动不能代表长期的业绩表现。

张涤表示，在关注保险公司的资产配置情况时，须注意几个前提：第一，在判断一个机构的投资行为的时候，不能脱离这个机构本身的资金属性和投资期限；第二，市场很难预测：

“一、我们觉得既然市场不可预期，很难去定一个具体的计划，所以要遵循‘原则优先’——与其定计划，不如定原则，对寿险公司而言这个原则就是资产负债匹配，只要牢牢把握资产负债匹配的原则，在我们的投资行为上，大类资产配置上就有了它的锚，我们就知道我们的收益目标、我们的风险偏好是什么，围绕这个原则再进行大类资产配置。

二、我们要有‘杠铃策略’——大盘要非常保守、非常稳定，局部可以大胆、承担风险。对于保险公司而言，我们就是通过构建一个非常稳定的风险比较低的、和负债有效匹配的固收组合，来稳定住我们的长期配置大盘，同时在局部我们通过风险资产的配置，尤其像权益资产来实现一种非对称的组合，达到‘反脆弱’目标。我们在具体的投资操作中也一直按照这个原则进行安排。

三、分散化。这个分散化有几重含义，包括资产品类上的分散化、持仓结构上的分散化，以及管理人风格的分散化。这么多年我们持续推动资产管理的市场化进程，除了依靠系统内的投资管理人进行大类资产配置之外，也在充分发挥市场化管理的优势，构建一个分散化的投资组合，以期能够获得跨周期的长期稳定的收益。

最后，对于长期投资者而言，逆向思维特别重要，逆向思维是长期制胜的法宝。在今年上半年的市场环境下，我们就是从逆向思维的原则出发，勇于提升权益仓位，

向权益配置中枢靠拢，以期获得长期的稳定回报——这个过程其实很痛苦，因为我们需要和市场一起承受短期的波动，所以希望大家在看待保险公司投资问题的时候，能够更多地拉长时间维度，看其长期表现，而不是把短期波动放到非常重要的位置。”

七、杨红：数字化重塑运营流程，每个销售人员都已经成为流动的客服中心

随着保险改革不断深化以及整个社会对于服务诉求的提升，保险服务越来越得到客户的高度重视，服务的内容和体验甚至成为影响险企市场竞争力的关键指标，这对险企的运营工作提出了更高的要求。

在谈及服务相关话题时，中国人寿副总裁杨红表示，公司一直以来非常重视、高度关注消费者权益保护和客户服务工作，加强顶层设计进行业务规划，坚持集约化、数字化、多样化，构建了以客户为中心的运营服务体系，来不断满足客户多方面的需求，同时主动与 IT 深度融合。经过多年努力，公司的运营效率和客户体验均得到了大幅提升。

据杨红介绍，运营模式决定效率，决定企业资源使用能力，中国人寿创新性地推进了前端多点触达、总部智能集约、全面作业共享的新“睿运营”模式，且通过这一模式的落地，实现全国一体化的运营服务，大大地提高了效率。当下，中国人寿保单自动审核率已经达到 99.9%，承保线上化率更几乎达到 100%。

在提高客户送达能力方面，中国人寿建立了线上线下结合的 13 个服务触点，其中就包括用户已达 1.2 亿的寿险 App（该 App 提供了几乎中国人寿所有的服务），遍布全国各地的线下客户服务中心，掌握大量寿险服务知识图谱的智能客服，客户可与险企柜员进行视频连线沟通的“空中客服”等，这些都得到了客户的高度认可；此外，还包括微信、短信、在线客服、上门服务等客户触达方式。

在运营服务体系不断完善、效率不断提升之下，中国人寿销售人员更是受益良多，杨红指出：“每个销售人员都已经成为流动的客服中心，通过其手机就可以为客户提供从承保到保险服务到理赔的多元化服务。”

再论长寿时代，信心比黄金还珍贵

慧保天下　2022 年 11 月 17 日

党的十八大、十九大报告均指出要“积极应对人口老龄化”，党的二十大报告则进一步强调要“实施积极应对人口老龄化国家战略”。这是党的代表大会首次在国家战略层面就积极应对人口老龄化作出部署，标志着该战略已成为新时代、新征程我党治国理政新战略的重要组成部分。

近期，围绕人口老龄化这一命题，一系列有关于个人养老金、长期护理险等的新规也相继出台，显示国家的养老政策红利正逐步转化为相关行业的发展动能。

当此之时，正处于从高速度发展向高质量发展转型的中国寿险业，尤其需要思量，如何在积极应对人口老龄化的过程中发挥更大作用，找到更多发展空间。

近期播出的《杨澜访谈录》“逐风者”第三季第五期，对话的是保险业的一位老熟人——泰康保险集团创始人、董事长兼 CEO 陈东升，探讨的正是长寿时代下的生命思考与养老探索。

陈东升及其领导下的泰康保险集团在国内首创的长寿时代泰康方案，无疑是目前国内保险业为应对人口老龄化所提出的最系统的解决方案之一，其构建的四位一体的商业模式，打造出长寿、健康、富足三大闭环，全方位满足消费者需求。

跳脱出单纯的保险业视角，从更宏大的层面上审视长寿时代的泰康方案，又会发现，其给行业的启示不仅仅是商业模式革新那么简单，其中还蕴含着对于人口结构变化大趋势的敏锐捕捉，对于传统养老观念的积极革新，以及面对困难时候的乐观主义精神，这些对于当下的人身保险业，同样值得学习借鉴。

一、一种观念上的革新——改革开放 40 多年，养儿防老的传统观念已然过时

在访谈中，陈东升谈及自己的母亲对于养老社区从拒绝到接受，直至享受的思想转变过程，所体现的，正是大多数传统中国母亲的经典思维方式。

当陈东升提议她去泰康开办的高端养老社区生活时，她一开始是拒绝的，主要理由有两个：一是觉得自己文化水平不够高，可能会给儿子丢脸；二是自己住进养老院，怕亲戚邻里会觉得儿女不孝顺。但最终，她还是听从儿女建议住了进去，并逐渐适应了那里的生活，直至以之为家，再到外面，反而变得有些不习惯。

可怜天下父母心，他们作任何判断，首先考虑到的就是儿女，他们不愿意住养老院，很多时候不是因为自己不喜欢，而是怕给儿女造成负面影响：无法继续帮助儿女照顾家庭、增加儿女经济负担、影响儿女社会评价……

不过现在，很多客观因素的改变，正推动人们快速转换养老生活理念，上述影响老人选择的种种顾虑正在逐渐消失。

一方面，随着教育水平的提高，社会保障水平的提升，人们的传统家庭观念开始发生彻底改变，防老的功能性不再是养儿的最重要动力，养老靠自己渐成社会主流。

另一方面，城市化进程持续，传统的大家庭逐渐走向小型化，独生子女的大量出现，让很多人根本就无法同时做到抚养儿女、赡养四位乃至更多老人，这更是从客观上断绝了人们“养儿防老”的想法，倒逼人们积极寻求新的养老方式。

生活水平的提高，养老观念上的革新，给多种多样的专业养老服务机构带来了空前机遇，各种养老金融产品，以及居家养老、社区养老、机构养老等概念正快速完成市场普及。人们呼唤更健康的老年生活、更健全科学的照护体系，而这些都需要以泰康养老社区为代表的专业机构来提供。

平均预期寿命是衡量一个国家、民族和地区居民健康水平的一个常见指标，新中国成立以来，中国人的预期寿命快速增长，已经从新中国成立初期的 35 岁提升至 2022 年的 78.3 岁，且增长态势依然没有改变，有预计认为，2030 年，国内平均预期寿命有望达到 79 岁。

平均预期寿命的延长，带来的是老龄人口数量以及占比的快速提升。根据有关研究测算，到2025年我国老年人口将超过3亿，到2033年则会超过4亿，2053年将达到人口老龄化的最高峰，老年人口达到4.87亿，将占到届时全球老年人口总数的四分之一。2000年至2050年我国人口老龄化水平将从10%提升到34%，比世界平均速度快一倍多。

必须意识到，这规模庞大持续增长的老年人口就是中国社会现在以及未来很长一段时间内最基本的人口构成之一，也将是消费主力群体之一，满足其对于美好生活的向往，也应该是构建中国式现代化过程中不可或缺的一面，保险业应当也必须积极作为。

二、一种商业模式的创新——聚焦人的生命周期进行产业布局，虚拟保险结合实体医养康宁服务

很长一段时间内，中国人身保险业都是以销售作为最重要的发展驱动力，强调的是渠道为王、产品为王。这种模式在短时间内推动了中国保险业的大发展，但也因为过于强调利益驱动，造成了大量的急功近利现象。

除保险业务本身之外，中国保险企业要想扩大规模，更多也是倾向于横向发展，获取多种金融牌照，提升业务协同，打造融多类金融业务于一体的综合金融保险集团公司。

陈东升及其面向长寿时代的一整套方法论，对于中国人身保险业作出的最大贡献则是创造了一种全新的保险企业商业模式：同样是寻求业务多元化，但泰康并不侧重横向扩张，而是所有的业务都紧紧围绕人的生命周期展开布局，目标是为人提供从摇篮到天堂的一揽子服务。

2020年，陈东升前瞻性地提出长寿时代理论，但实际上，泰康围绕人的生命周期进行的产业布局早已经开始，目的就是要把虚拟的保险和实体的医养康宁结合，形成了长坡、宽道、厚雪的四位一体的商业模式，打造长寿、健康、富足三个闭环，构建大健康生态体系，持续地关照人的全生命周期。

这种新的商业模式，打破了过去过度倚重销售、产品的传统模式，以服务构建竞争力护城河。这在全世界范围内均属首创，也是中国寿险业为世界寿险业贡献的

一个经典创新案例。

这种新的商业模式，其实是泰康面向长寿时代提供的一种全生命周期的解决方案，即所谓“长寿时代的泰康方案”，其代表了未来整个社会结构变化的方向，代表了人寿保险最先进的生产力，就是人寿保险真正前进的方向。

体现到具体的保险业务端，所谓泰康方案就是三大客户解决方案和一大职业解决方案。“年金险 + 养老服务”形成长寿解决方案，“健康产品 + 健康服务 + 生态”形成健康解决方案，“保险金 + 资管服务”形成财富解决方案。同时，泰康还针对客户需求，量身打造新型职业健康财富规划师（HWP），定位是服务高净值人群全生命周期、全财富周期的专家。他们是泰康方案的坚定践行者，同时也是保险服务专业性的代言人。

纵观这种商业模式的创新，其核心是捕捉到了人口老龄化趋势下国内消费者对于专业高水平养老社区的需求。关键之处在于将一张保单承载的抽象的承诺与具体的、高端且专业的社区、实体服务紧密联系在一起，场景化销售堪称对于传统销售的降维打击。巧妙之处则是，为培育高水平代理人创造了良好环境，迎合了当下个人代理人渠道转型的浪潮，又为公司未来发展积蓄了丰富的人力资源。

商业模式上的特立独行，让泰康得以顺利规避中低端市场的高强度竞争，更为其自身的深度转型争取到了充足的时间、空间以及人力、资金等资源储备。这就是近年来在行业转型的大背景下，泰康依然表现稳健，甚至愈发突出的根源所在。

三、一种昂扬的乐观主义精神——中国人身险业依然前景广阔，只是高度同质化竞争没有前途

传统的叙事逻辑下，“老龄化”是一个负面色彩浓厚的词汇，但近年来，由于泰康对于“长寿时代”这一概念的不断重述，“老龄化”开始有了更多积极意义：客户看到的是更健康幸福的老年生活，业界看到的是梦寐以求的无限商机，社会看到的则是积极进取焕发出的勃勃生机。

通过一种概念的强化，一种商业模式上的创新，顺利推动“人口老龄化”从悲观论调到乐观视角的彻底转变，这可能才是陈东升及其长寿时代泰康解决方案对于行业、对于社会最大的贡献所在。

放眼当下国内人身保险行业，在经历了近30年的高速发展之后，正逐步向高质量发展转型，个中痛苦业界人士均有切身体会，不少人甚至因此对于国内保险市场发展前景产生怀疑。

但陈东升及其长寿时代的泰康方案，所传达的却是一种真正的乐观主义精神，也恰恰是当下行业最为稀缺的品质。

其着眼长远，注重把握基础逻辑，善于运用逆向思维，面对人口老龄化所带来的种种负面影响，却反其道而行之，预见到了人的预期寿命增长之后所带来的对于医养康宁等服务需求的激增及其衍生的对于财富积累的需求等，庞大的人口规模、无限的商业机遇，最终助力泰康解决方案脱颖而出。

谈及企业高质量发展，陈东升曾公开表示，核心就是把握两点内容：一是要抓住时代变局的大趋势，做好产业布局与转型；二是要走向商业向善。

这两句话虽然简单，却高度概括了泰康方案的精髓：善于预见并把握大趋势，而人口结构的变化就是影响社会经济变化的基础要素之一；坚持商业向善，以客户需求为导向，想人之所想，急人之所急，就一定能赢得市场青睐。

对于国内很多正纠结于当下转型的业界人士而言，应该从泰康的故事当中得到更多启发。必须看到，当下国内保险业虽然面临种种困境，但横向比较之下，依然前景广阔，只是低垂的果实已经摘完，要想摘取更高处的、更多的果实，则需要借助一个甚至多个梯子，而能否找到梯子，则取决于是否善于在逆境中发现机遇。

越是在困难的时刻，信心越是比黄金还珍贵，陈东升及其泰康长寿时代解决方案所透露的战略思维的光芒，值得所有人学习深思。

阳光保险18载创业终圆上市梦，给行业注入的是怎样一剂强心针

慧保天下　2022年12月12日

12月9日，阳光保险顺利登陆港股，这家国内第79家成立的保险企业，完成自我超越，就此成为国内十家上市险企之一，以及八家传统直保上市公司之一（见表1）。

表1　H股上市保险企业

公司	公司性质	H股上市日期
中国太平	国有	2000年6月29日
中国财险	国有	2003年11月6日
中国人寿	国有	2003年12月18日
中国平安	民营	2004年6月24日
中国太保	国有	2009年12月23日
新华保险	国有	2011年12月15日
中国人民保险集团	国有	2012年12月7日
中国再保险	国有	2015年10月26日
众安在线	民营	2017年9月28日

注：中国财险隶属中国人民保险集团，在港上市实则八大家。

在2022年的岁末严冬，在行业持续低迷的当下，这样的励志故事，如同其名字，让业界人士都感到了一丝温暖。业界一直流传着一种说法，2000年之后成立的保险公司错过了保险业拓荒的黄金时期，即20世纪90年代，要想有所超越将面临更多挑战。但创业于2004年、成立于2005年的阳光保险以自身18年的实践证明，无论早晚，只要保持战略定力，专注主业，持续创新，也能够梦想成真。

此外，围绕阳光保险及其创始人、董事长张维功，外界也一直有很多的标签，“农民心态”“企业家精神”“创业文化”……这些都试图从某一个侧面对阳光保险发展特色进行提炼。但对于保险业界人士而言，仅仅了解这些标签、故事是远远不够的，唯有跳出企业看企业，站在更高的层面去审视阳光保险的上市历程及其意义，才能获得更多启示。

一、保险业视角下的阳光保险上市：一家中生代民营企业最好的“成人礼”

上市，对于一家公司的重要意义不言而喻。

这意味着一种自信：一家公众企业，将接受更为严苛的信息披露制度、财务报告制度，接受更为广泛的舆论监督。

这是一种庄严宣示，告诉公众：这是一家经营状况良好，而且盈利能力出色的公司。

这同时也意味着一种新的开始：上市将为企业在名声、信誉乃至融资等方面带来多重利好，有助于企业打造新的发展动能。

一个地区上市公司的数量往往可以在一定程度上反映该地区的经济发展水平；一个行业上市公司数量的多寡，则可以在很大程度上反映该行业的发展水平。

一直以来，有上市意愿的险企不少，但遗憾的是，自 2004 年中国平安完成上市之后，除众安在线这一专业互联网保险外，再也没有任何一家民营保险公司实现直接上市。阳光保险也因此成为 18 年来自平安保险后首家实现直接上市的民营传统直保公司。

国内上市险企再添重磅成员，合计达到 10 家，但在总共 235 家、注册资本动辄数十亿元的保险公司中，这 10 家上市险企，数量占比仍显得微不足道。对比其他金融机构，这种差距尤为明显，例如券商：截至 2021 年底，全国共有证券公司 140 家，其中仅在沪、深证券交易所上市的就达到了 41 家，无论绝对数量还是占比，均远高于保险业。

如此低的上市公司比例与保险业更为严苛的上市条件形成了某种映射，也让具有融资需求的保险企业面临严峻挑战与压力。

上市仪式上，阳光保险集团董事长张维功直言：“阳光的上市，是资本市场为阳光准备的一场，可以说是公司收获的最好的‘成人礼’！”其实，不仅阳光保险需要成人礼，放眼正从高速度发展向高质量发展转型的保险业，又何尝不需要一次轰轰烈烈的成人礼？抑或说，行业更需要用阳光保险上市这则振奋人心的消息提振发展信心。

让阳光保险上市更具象征意义的，是其民营企业的身份，八家上市传统直保公司中，民营企业更是只有平安、阳光两家。

近年来，金融行业进入风险暴露期，一些民营金融机构成为众矢之的，一段时间内，污名化的声浪一浪高过一浪。叠加宏观经济、疫情、居民收入等因素影响，一些民营金融机构发展严重承压，甚至出现融资困境。在此时，阳光保险集团却顺利得以上市，无疑是为所有的民营金融机构注入了一剂强心针。

对于港股投资者而言，阳光保险的成功上市也是值得期待的，根据其招股说明书，2019 年至 2021 年，阳光保险保费收入增速、净利润增速、新业务价值增速、投资收益率方面均居可比上市公司前列，长期投资价值被市场广泛看好。在港股市场相对疲软的当下，阳光保险赴港上市，将有利于活跃香港资本市场、提升投资者信心。

二、为什么是阳光保险？一家专注主业、持续创新的企业一定能突出重围

作为一家成立于 2005 年的中生代险企，阳光保险从旗下阳光财险成立开始，就具备鲜明特征，成为行业发展历程中不容忽视的存在，有关张维功及阳光保险的创业故事，人们也早已耳熟能详。

正是这些人和事，造就了今日的阳光保险，这其中就包括其反复强调的锐意进取的创业精神、踏实奋进的农民心态、特色鲜明的企业文化以及持续聚焦主业的战略定力等。研究阳光保险的历程经验，也一定离不开对这些“阳光要素”的深入分析。

2001 年，中国正式加入世贸组织（WTO）之初，开放程度最高的保险业吸引了诸多有识之士的目光。2004 年 5 月辞职后的张维功，带领创业团队先后奔赴中国 17 个省市，拜访并商谈 389 家企业，历时 14 个多月，找到了理念契合的股东，以市场

化的方式筹建了阳光财险，并在此基础上成立了阳光保险集团。

该公司彼时就形成的“敢于挑战、坚忍不拔”的创业精神，市场化机制和价值创造原则，奠定了阳光保险的价值主张与企业家精神基础，成为其不断发展壮大的基因力量。

与很多保险公司一把手不同的是，张维功在创业之前就已经是一名资深的保险业界人士。其在人保时期，从一名一线业务员做到山东省分公司副总经理；调入保监系统后，还成为彼时系统内最年轻的局级干部。

或许正是源于这样的经历，张维功作为创始人所体现出的对于保险业深厚的情结情感和专业专注，在业界很是独特。在多元化经营风起云涌的年代，其带领阳光保险集团始终保持了对于保险主业的高度聚焦，坚持专业、专注与价值发展不动摇。

由于保持专注，身为中生代险企的阳光保险集团依然在产险、寿资管等领域实现了均衡发展，且寿险、产险、资管三家子公司，在各自领域都表现优异，持续为集团创造价值利润。

截至 2022 年 6 月 30 日，阳光保险的总保费收入为人民币 629.5 亿元，其中人身险业务总保费收入占比 66.8%，财产险业务总保费收入占比 33.2%。截至 2022 年 6 月 30 日，阳光资管受托管理的投资资产总规模进一步增至人民币 7694.50 亿元，其中受托管理第三方资产规模为人民币 4293 亿元。

这种高度的战略定力是阳光保险顺利上市的关键因素之一，因为其既有效地帮助企业避开了行业激进时期的盲目跟进，也对冲了行业低迷时期的情绪低落，确保了阳光保险快速健康的可持续发展。这或许也可以从另一个方面解释阳光保险为什么能够在行业低谷时期顺利上市。

专注与创新，是企业制胜法宝，专注是创新的必要条件，创新又是推动企业保持兴趣、持续突破的关键。阳光保险的经营训诫里有一句话：“创新是不竭动力，快速反应、大胆创新，勇做市场领跑者”，所强调的正是企业一定要持之以恒坚持创新。

可以看到，18 年中，阳光保险在产品创新、模式创新和服务创新等方面均实现了多重突破，无论是阳光财险的 EA 专属代理门店模式，还是阳光人寿打造的旨在提升中心城市代理人人均产能的突破项目等都取得了良好成效，又为阳光保险增加了更多的新的标签。

三、阳光保险新战略起航，继续聚焦风险管理，坚持战略定力不动摇

对于阳光保险集团自身而言，上市，是过去18年不懈努力竭力打拼的最好总结和回报，同时也是面向未来全新考验的开始。

尤其当下的中国保险业正处于从高速度发展向高质量发展转型最关键的换挡期，在持续数年的承压前行之后，业界都迫切需要看到新的亮点、新的希望。跻身公众公司的阳光保险，做出更多探索，既是义务也是担当。

综合各种公开消息，很显然，未来的阳光保险，“专注”依然会是其最鲜明的特征之一，会持续专注保险主业，专注风险保障与风险管理。

据悉，为达成目标，阳光保险正全面推进面向家庭客户和面向企业客户的新战略——做专业领先的家庭保险保障服务提供商与值得信赖的企业风险管理伙伴。

一方面，阳光保险以个人家庭客户人、物的多元现实保险需求为“横”向切面，以人的生命周期规律性需求为“纵”向连接，构建向家庭客户提供覆盖医疗、教育、健康、养老、财富管理、财产、责任、信用等全方位、多元化的服务体系，真正实现客户全生命周期的保险保障服务。

其底层逻辑在于，伴随保险业主流客群的代际迁移，新一代客户的保险需求、购买习惯等已经显著改变，保险企业必须基于实际做出调整。

为实现这一目标，满足客户横向以及纵向的多元需求，阳光保险将建立以客户为中心的闭环经营体系，深度洞察客户需求，打造以客户需求为导向的产品和生态服务矩阵，建设与客群匹配的销售队伍，同时将科技行销能力、服务支持能力等作为贯穿全链条生态的支撑体系。

而针对企业客户制定的发展战略，核心就是要真正发挥保险业经济“减震器”和社会“稳定器”的作用，将保障功能贯穿于企业发展的全生命周期，助力企业高质量发展。

未来，阳光的财产保险将由单纯的经济补偿保险提供商向风险管理服务支持商转变，同时更加重视信息网络、人工智能、新产业、新技术的保险需求研究，提供与时俱进的保险保障服务。阳光的寿险将从单一的提供团险产品向助推企业生产力提高的人力资源服务支持商转变，引导帮助企业更好地实施人性化管理，体现企业

关爱文化，强化员工的稳定性与归属感，让保险真正成为企业风险管理与生产力解放的信赖伙伴。

一家公众公司所获得的关注与期待一定是远高于一家非上市公司，这种关注与期待，是企业前进的动力，诚如张维功所言：“踏入了国际资本市场、成为全球化公众公司，这极有助于拓宽国际视野、增强发展动力。”但动力也意味着压力，一家可持续发展能力强、盈利能力强的企业，才是公众最愿意看到的企业，也才是值得保险业界人士期待的企业。

对此，上市仪式上，张维功也公开做出表态：“公司仍将以服务国家战略、顺应人们新时代的保险保障需求为根本出发点，为中国保险业的发展壮大发挥更多积极作用。”

第五部分

严监管·分级分类

2022 年的保险业监管，防风险，依然是主旋律，关联交易、非现场评估、保险保障基金管理办法，乃至人身险部的产品问题通报等，都在进一步织密织牢风险防范网络。

促发展方面也动作频频，以《保险资产管理公司管理规定》为代表的一系列保险资管新规，其实质都是要引导保险资金运用更加独立化、专业化与市场化。

最值得期待的永远是明天。随着疫情防控政策的改变，在“改善社会心理预期、提振发展信心”成为经济工作重要内容的前提下，2023 年的保险监管又将出现哪些变化？

银保监会发布2022年1号令，关联交易新规、专项检查双管齐下透露了怎样的大趋势*

武定侯街®** 2022年1月15日

2022年，“关联交易”注定将成为一个行业关键词，原因就在于中国银保监会2022年1号令，就是发布《银行保险机构关联交易管理办法》，而政策发布后，银保监会又紧锣密鼓宣布将组织开展保险资金运用关联交易专项检查。

从《银行保险机构关联交易管理办法》来看，相较于此前的规定有了进一步的优化，更强调“实质重于形式”，在关联方管理、关联交易管理、内部机制、监管措施等方面，均作出了进一步的调整。整体来看，行政监管、机构内控、行业自律、社会监督“四位一体”的关联交易治理体系建设不断深化。

而此次专项检查不仅是银保监会成立以来首次专门针对保险资金运用关联交易的专项检查，也是保险机构监管主体职责改革后首次大规模专项检查行动。按照银保监会的说法，“充分显示银保监会贯彻落实中央经济工作会议精神，加强对资本的有效监管，加强金融监管干部队伍建设，做好重大金融风险防范工作的决心”。银保监会对于“关联交易”问题究竟有多重视，由此可见一斑。

这不是没有来由的。事实上，纵观前几年的保险行业乱象，一个很重要的原因就在于不合规的关联交易横行市场，在一些资本大鳄的操纵之下，某些保险公司俨然成为低成本的融资渠道、提款机，保险资金通过种种见不得光的关联交易流向各种投资渠道，甚至出现了“循环注资”突破偿付能力监管底线的行为。

* 本文原题为:《中流击水——保险机构关联交易监管新阶段》,有删改。后附《专家解读〈银行保险机构关联交易管理办法〉》。

** 武定侯街®为“慧保天下”特约作者。

这类公司发展之快、规模之大，令行业瞠目，容易造成重大风险隐患，直至今日，问题仍未完全消除，一些问题公司的风险处置仍在进行当中。

教训是深刻的，当行业步入转型期，内外部双重承压的环境下，防范风险的发生显得更为重要。

银保监会在官网发布的文章中也介绍了进行专项检查的原因："在对高风险机构进行风险处置中发现，保险资金运用关联交易存在较大的风险隐患，不当关联交易花样不断翻新，隐蔽性日益增强，部分公司股东和实际控制人采取多种方式掩盖关联交易实质，规避关联交易内部审查、外部监管及信息披露。"

一句话，隐患仍存，花样之多、隐蔽性之强，超乎想象。

对于此次专项检查，另一个值得关注的点是"重点关注对象"，按照银保监会的说法，"本次专项检查重点关注对象为以资本运作为主业的金控或隐形金控平台，以及以多元发展激进扩张的产业资本为股东的中小型保险机构"。

指向性可以说已经是相当明确，具体到保险行业，"以资本运作为主业的金控或隐形金控平台""以多元发展激进扩张的产业资本为股东的中小型保险机构"都有哪些，不言自明——这些机构也确实是前几年行业乱象产生的最重要的根源。

另据银保监会披露，本次现场检查由中国银保监会非银行机构检查局负责统筹组织实施，采取上下联动的方式在全国范围内铺开。检查的重点内容包括关联交易制度机制、关联交易信息披露、关联交易审查、资金运用类关联交易行为四个方面。

此外，银保监会还强调，各相关银保监局要根据检查对象的风险特点，统筹调配监管资源，选调骨干力量组建现场检查组；要加大处罚力度，对性质恶劣、情节严重、屡查屡犯的违法违规关联交易，要根据有关法律法规从重处罚，并严肃追究相关人员责任，构成犯罪的，依法移送司法机关追究刑事责任。

附：专家解读《银行保险机构关联交易管理办法》

新年 1 号令的意义不言而喻，银保监会成立以来的 1 号令分别为 2019 年《银行业金融机构反洗钱和反恐怖融资管理办法》、2020 年《规范性文件管理办法》、2021 年《保险公司偿付能力管理规定》和 2022 年《银行保险机构关联交易管理办法》。

在 2022 年 1 号令的同期，银保监会发布《关于开展保险资金运用关联交易专项检查的通知》，关联交易监管进入新阶段。

一、回顾保险机构关联交易监管，前后历经三代，规则日趋完善

保险机构关联交易的监管规则由来已久（见图1）。

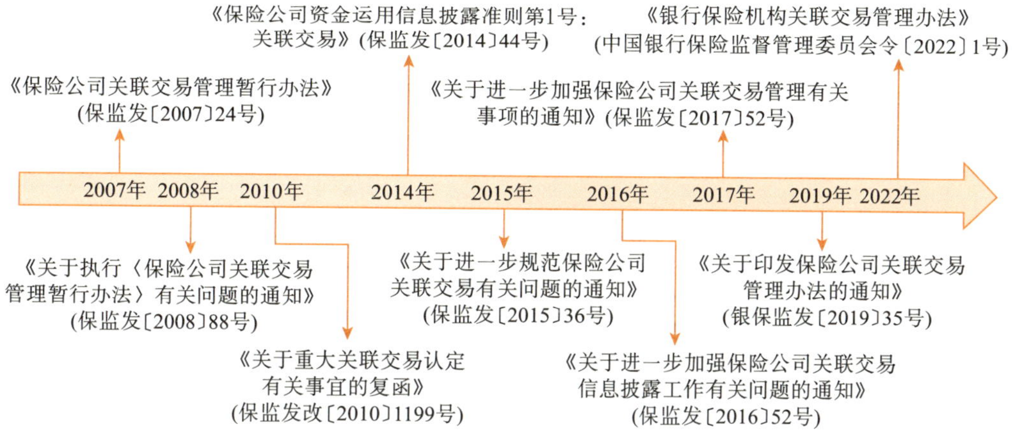

图1　保险机构关联交易主要规则沿革

保险机构关联交易的第一代监管规则：以2007年4月的《保险公司关联交易管理暂行办法》（保监发〔2007〕24号）为基础，实施了12年多。

保险机构关联交易的第二代监管规则：以2019年8月的《保险公司关联交易管理办法》为基础，实施期限不足3年。

《保险公司关联交易管理办法》是原银监会和保监会合并后公司治理领域的重要监管文件，为以2022年《银行保险机构关联交易管理办法》为基础的保险机构关联交易的第三代监管规则打下了扎实基础。《保险公司关联交易管理办法》颁布后，保险机构关联交易监管体系不断完善。

（1）2019年11月，银保监会发布《银行保险机构公司治理监管评估办法（试行）》，关联交易治理是银行保险机构公司治理监管评估的重要内容。

（2）2020年3月，银保监会发布《保险资产管理产品管理暂行办法》，要求保险资产管理机构应当建立健全关联交易规则，对关联交易认定标准、定价方法和决策程序等进行规范，不得以保险资管产品的资金与关联方进行不正当交易、利益输送、内幕交易和操纵市场等违法违规行为。

（3）2020年8月，银保监会发布《健全银行业保险业公司治理三年行动方案

(2020—2022 年)》，对包含关联交易管理在内的公司治理监管做了重要部署。

(4) 2020 年 10 月，银行业保险业关联交易监管系统在保险机构上线。

(5) 2021 年 1 月，银保监会发布《保险资产管理公司监管评级暂行办法》，关联交易管理被列入保险资产管理公司监管评级的重要指标。

(6) 2021 年 2 月至 3 月，银保监会公开《保险公司关联交易管理办法》后首批行政处罚案件，涉及 3 家保险公司 7 位自然人，相关处罚金额达 105 万元。

(7) 2021 年 5 月，银保监会发布《银行保险机构董事监事履职评价办法（试行)》，明确了董事监事关联交易管理和履职回避相关要求。

(8) 2021 年 6 月，银保监会发布《银行保险机构公司治理准则》，强化了股东及其控股股东、实际控制人、董事会、董事（含独立董事）等在关联交易管理的相关职责。

(9) 2021 年 9 月，银保监会发布《关于进一步加强银行保险机构股东承诺管理有关事项的通知》，股东承诺事项也包含关联交易管理相关内容。

(10) 2021 年 9 月，"武定侯街®"和"慧保天下"联合发布 2020 年度保险机构关联交易信息披露评价指数及"观澜榜"，关联交易社会监督首次亮相，指导了行业机构进一步提高信息披露管理水平。2020 年，同时进行了关联交易单笔披露、季度披露和年度披露的保险机构共计 170 家，行业指数为 70.84 分，行业整体披露情况良好。其中，总分在 80 分及以上的公司评级为 A 类，共有 11 家公司，占比约 7%；总分在 80 分以下、行业平均分以上的公司评级为 B 类，共 85 家公司，占比约 50%；总分在行业平均分以下、基础分及以上的公司评级为 C 类，共 65 家公司，占比约 38%；总分在基础分以下的公司评级为 D 类，共 9 家公司，占比约 5%（见图 2)。

(11) 2021 年 10 月，银保监会发布《银行保险机构大股东行为监管办法（试行)》，设立专章对大股东关联交易进行规范，要求大股东确保与银行保险机构之间交易的透明性和公允性。

(12) 2021 年 11 月，银保监会发布《保险集团公司监督管理办法》，要求保险集团公司应当建立监测、报告、控制和处理整个保险集团关联交易和内部交易的政策与程序，防范可能产生的不当利益输送、风险延迟暴露、监管套利、风险传染和其他对保险集团稳健经营的负面影响。

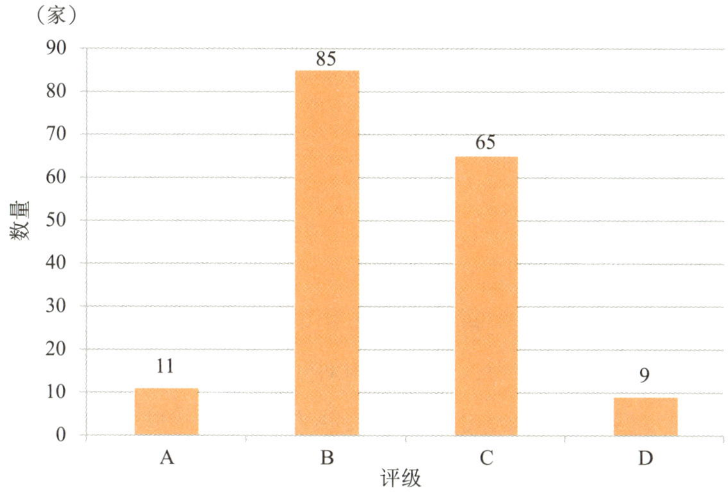

图 2　保险业关联交易披露总体得分情况分布

（13）2021 年 11 月，中国保险资产管理业协会年度重点课题《保险资管机构公司治理研究》顺利结项。课题成果包括《保险资管机构公司治理指引（建议稿）》，对包括关联交易在内的保险资管机构公司治理行业自律首次进行了探索。

二、新规强调“实质重于形式”，关联方管理、关联交易管理、内部机制、监管措施均面临重大变化

银保监会本次发布的《银行保险机构关联交易管理办法》拉开了保险机构关联交易的第三代监管规则的序幕，相对于之前规定而言，主要有以下重大变化。

（一）关联方管理

采取直接认定和实质重于形式认定相结合的方式，合理界定关联方范围，层层穿透认定关联方。

借鉴国内外通行做法，根据重要性和风险大小，对关键关联方采取直接认定方式，主要股东向上穿透至控股股东、实际控制人，向下穿透至其控制的法人，重点防范向股东输送利益风险。同时，将子公司纳入关联方，防范借道子公司进行利益输送风险。

值得注意的是，新规秉持重要性的原则和实质重于形式的兜底，在一定层面上

缩减了关联方的范围，有助于提升监管资源和公司资源的管理效率；此外，保险资金运用等核心业务审批或决策权的人员被新增明确纳入关联方名单，强化了保险资金运用的监管。

（二）关联交易管理

要求机构主动穿透识别关联交易，动态监测交易资金来源和流向，及时掌握基础资产状况，动态评估对风险暴露和资本占用的影响程度，建立有效的关联交易风险控制机制，及时调整经营行为；强化机构对子公司的关联交易风险管控，要求机构明确管理机制，对其控股子公司与机构关联方发生的关联交易事项进行管理，明确管理机制，加强风险管控；加强保险资金运用类比例限额管理，调降了保险资金运用类比例上限，部分指标降幅达到40%。

（三）内部机制

压实机构在关联交易管理方面的主体责任，建立层层问责机制，强化关联交易控制委员会职能，在管理层面设立跨部门的关联交易管理办公室，明确牵头部门、设置专岗，落实关联方识别和关联交易日常管理工作。

提高关联交易管理信息化水平，机构在通过关联交易监管相关信息系统向监管部门报送数据的同时，要加强自身信息化建设，强化大数据管理能力。

加强信息披露要求，将公司网站和年报两个渠道作为抓手，在公司网站中披露关联交易信息，在公司年报中披露当年关联交易的总体情况。强化内部问责，明确机构按照内部问责制度对违规人员进行问责，并将问责情况报关联交易控制委员会。

（四）监管措施

监管部门可以根据银行保险机构的公司治理状况、关联交易风险状况、机构类型特点等对银行保险机构适用的关联交易监管比例进行设定或调整。同时明确对机构及董事、监事、高级管理人员违规行为的处理措施，对公司治理监管评估结果为E级的银行保险机构，不得开展授信类、资金运用类、以资金为基础的关联交易。对违规人员可以采取行业通报、责令机构予以问责等措施。

三、行政监管、企业内控、行业自律、社会监督“四位一体”的关联交易治理体系正不断深化

随着《银行保险机构关联交易管理办法》和《关于开展保险资金运用关联交易专项检查的通知》的发布，保险机构关联交易监管进入新阶段。未来一段时间内，行政监管、企业内控、行业自律、社会监督“四位一体”的关联交易治理体系建设有望不断深化。

（一）行政监管

关联交易监管向数智化进阶，数据被动填报向数据主动抓取转型，主体、交易、资金多重管控，依法依规从严处罚；银行保险相关金融基础设施科技赋能价值日益提升。

（二）企业内控

保险机构的内控管理从单维向多维进阶，关联关系管理和关联资金管理成为重中之重，保险机构建设关联方和关联交易管理系统成为强制要求，加快相关信息系统建设成为当务之急。

（三）行业自律和社会监督

相关效果逐步呈现，通过行业整体情况的梳理，机构管理成效优劣互现；同时不断探索提出行业解决方案，有利于提升行政监管和机构内控的质效。

高风险机构背后，都有违规关联交易的隐秘操作*

王德明** 2022年5月24日

编者按

近年来，关联交易一直是保险监管的重中之重，就在近期，银保监会又开始着手开展2022年银行保险机构股权和关联交易专项整治工作。

这背后的原因不难理解：高风险保险机构问题主要出现在资金运用端，而根源在于公司治理，两者的实现形式则是违规关联交易。

通过违规关联交易，保险公司变成了资本大佬的“现金奶牛”，不透明的、违规的投资操作，给保险业乃至整个金融体系埋下重大安全隐患。

有业内人士甚至戏言：“只要杜绝实际控制人分管资金运用，就可以规避保险业大部分的风险。”

本文的目的就是要深入浅出地分析高风险保险机构出现的规律，关联交易违规、公司治理失效，以及监管一再加码关联交易监管，为什么还是难以奏效？

关联交易是指存在关联关系的双方或多方当事人之间进行的利益转移活动。关联交易具有两面性，一方面有利于提高交易效率，提高集团盈利能力，另一方面关联交易也容易成为大股东、实控人侵占公司利益的工具，因而也是法律及监管规制的重点领域。

保险具有经营周期长、汇聚资金量大的特点，保险资金容易被大股东、实控人

* 本文原题为：《保险机构关联交易存在的问题与监管难点》，略有删改。

** 作者：王德明，法学博士，律师，注册会计师（非执业），长期从事保险公司法律合规、风控审计等工作。保险行业协会保险机构独立董事人才库备选人，大成律师事务所顾问。

等通过不当关联交易侵占。且从近年来高风险保险机构案例来看，形成风险的根源在于公司治理失效，主要表现形式就是违规关联交易套取保险资金。

正是因此，关联交易一直是保险业公司治理监管的重要内容。

2006 年，保监会在《关于规范保险公司治理结构的指导意见（试行）》中，要求保险公司制定关联交易内部管理制度。

2007 年，保监会印发《保险公司关联交易管理暂行办法》，建立了关联交易监管框架体系。

2022 年 1 月，银保监会以 1 号令形式公布《银行保险机构关联交易管理办法》，统一银行和保险机构关联交易监管标准。

同样是在 1 月，银保监会组织了保险资金运用关联交易专项检查。

近期，又着手开展 2022 年银行保险机构股权和关联交易专项整治工作，持续查处股权和关联交易高风险问题，加强穿透监管，严防内部人控制和大股东操纵掏空金融机构风险。

一、每一个高风险保险机构背后，往往都有一个利用关联交易套取资金的老板

纵观近年来保险业出现的高风险机构，无一例外，都与违规关联交易有关。这些违规关联交易最终导致了行业一系列问题的出现，直接推高了行业风险。

（一）股东股权不透明，隐藏以股东股权为主线的关联关系

从风险公司案例来看，普遍存在股东股权不透明的问题，部分公司存在股权代持、股权嵌套等问题，有的大股东委托他人持股，规避股权比例监管规定，有的实际控制人隐居幕后，遥控公司。

股东股权关系不透明，使得以此为主线的关联方识别不全面，也为大股东、实际控制人通过违规关联交易套取保险公司资金创造了条件。

（二）向上没有全面穿透关联方，关联交易第一道关口失守

部分保险公司关联方名单不全面，没有穿透到大股东、实际控制人及实际控制

人控制的机构；部分保险公司关联方名单仅包括工商登记的股东及其关联方，再向上层级的关联方没有穿透识别；也有部分股东与其他人签署一致行动协议或达成口头约定，但是未作为一致行动人报告或披露；还有部分保险公司管理人员和关键岗位人员设立、参股投资咨询、保险经代等公司，没有纳入关联方名单。

（三）向下没有穿透资金运用，通过层层嵌套等隐蔽关联交易

部分公司借助信托计划、私募基金等金融产品法律上的隔离功能，隐匿保险资金真实去向及最终使用人；通过层层包装的不动产项目、股权投资项目，变相投资大股东关联企业；通过各种隐蔽方式以非公允价格购买股东高风险资产，为股东及其关联方提供融资担保等。

二、关联交易监管困难重重，监管模式、监管手段工具等尚不能完全实现真正“穿透”

尽管监管措施层层加码，但违规关联交易还是不断出现。其背后原因是：目前面对保险机构的监管模式、监管手段工具等，还不能完全适应关联交易的穿透性监管要求。

（一）穿透式监管需要“对外”，但目前保险监管更多还是“对内”

穿透式监管就是透过表面看本质，按照“实质重于形式”的原则对金融业务和行为进行相应的监管。穿透式监管的目的在于提高交易透明度，避免市场参与者通过“合法”的形式来掩盖实际上突破监管规定的行为。

当前保险行业的功能监管和行为监管都是围绕保险机构及其产品或业务而展开的，作用对象是保险机构，总体上还是对“内”的监管。但是，关联交易具有跨行业、跨市场的特征，对关联交易进行穿透式监管必须要跨出保险机构和保险市场，对“外”进行监管。

如关联方的穿透，涉及保险机构之外各类市场主体、自然人等，这些主体通常都不在传统保险行业监管范围之内；又如保险资金运用关联交易的穿透监管，可能嵌套信托、证券、私募等，涉及其他金融监管职能部门及监管领域，通常不是保险

机构监管和功能监管所涵盖的对象。

穿透式监管还涉及金融监管与司法的协调。近年来，部分交易结构及保险资金运用强调外观主义，通过精心设计的形式来规避监管规定，但穿透式监管要求刺破外观形式，按照金融活动的本质来进行监管。

在保险公司股权问题上，最高人民法院通过判例，以股权代持违反社会公共秩序为由否定了合同的效力，但在资管产品嵌套等方面，更多的判例还是尊重了契约自由及外观主义的原则，并没有否定合同的效力。

（二）非现场监管依赖数据质量，难以发现刻意隐蔽的违规关联交易风险

近年来强调非现场监管作用，通过运用强大的数据收集及分析工具，及时发现保险机构的风险点，以风险为导向开展现场检查。但是，非现场监管依赖于收集和报送的各类数据，不当关联交易往往具有隐蔽性，无法得到完整的关联方和交易相关的数据指标，非现场监管手段难以发挥作用。

保险资金运用中往往涉及信托、资管等通道或产品层层嵌套，其登记体系是分散式建设和管理的，不同金融基础设施之间难以互联互通，在技术层面上限制了穿透式监管。

总体来看，利用非现场监管手段穿透核查保险资金运用项目的最终资金流向和底层资产存在较大困难。

（三）隐蔽的关联方难以穿透核查

全面、准确识别关联方是关联交易制度有效性的前提。近年来，部分大股东、实控人有意"隐蔽"关联方，股权代持往往是内部签订的抽屉协议，不会主动向外界披露，个别保险机构股权代持问题在司法案件或股东纠纷曝光后才得以公开。

对于隐藏的股权关系，也不会在工商登记系统中进行登记，切断了公开可以核实的渠道。在检查过程中，可能会发现有"疑似"，但如果当事人不承认或者没有内部人曝光，外部监管很难查实。

保险资金运用非标投资项目，可能涉及信托、私募等各类产品嵌套，还涉及第三方通道机构等，再加上股权收益权、信托受益权等创新的非标模式，保险资金投资项目的最终使用人、是否为关联方等核查难度很大。

保险监管机构只有行政处罚权，对隐藏的关联方，除了要求股东及公司说明之外，没有直接强制权力，也没有查封、冻结账户等准司法权。对于入股资金的来源核查，也存在类似的问题。

（四）隐藏的关联交易难以核查

关联交易范围非常广泛，如其中利益转移类不仅包括保险机构与关联方之间发生的出售或租赁资产，还扩大到了赠与、给予或接受财务资助，权利转让，担保，债权债务转移，放弃优先受让权、同比例增资权或其他权利等，增加了监管核查的难度。

不当关联交易行为形式上可能是合规的，如通过保险资金运用收购某关联方的股权，交易协议的订立和履行过程可能完全符合监管规定，只有深入交易结构、交易价格等内部要素，分析交易实质条件和公允性，才能得出交易是否违规的结论。

关联交易价格的公允性也难以核查，非标类交易的实际对价、标的的市场价值等关键信息可能并不为外界了解，是否存在利益输送、隐性承诺、提供隐性担保等方式，参与交易之外的人员很难掌握。

（五）大股东控制下的公司内控机制难以发挥作用

保险机构内部的关联交易内控合规体系发挥作用是防范风险最有效的方式。监管明确规定，董事会应当设立关联交易控制委员会，负责关联交易管理、审查和风险控制，在管理层面设立跨部门的关联交易管理办公室，成员应当包括合规、业务、风控、财务等相关部门人员。

实践来看，保险机构往往在大股东、实控人控制之下，保险机构的内控体系难以约束大股东及实控人。从风险公司案例看，董事会在大股东或实控人控制之下，董事会对重大关联交易的审查机制很难真正发挥作用，首席风险官、合规负责人也很难独立履职，保险机构内控体系往往在重大违规关联交易面前失效。

三、加强关联交易监管的展望：防范问题股东，坚持股权的透明化

（一）持续强化公司治理监管，从公司治理层面管控关联交易风险

关联交易属于公司治理的重要组成部分，改进关联交易监管也需要提高公司整

体治理水平。

一是持续强化股东股权监管，防范问题股东，坚持股权的透明化，防止个别实控人通过隐蔽持股等实现对保险机构的绝对控制。

二是落实董事提名制度，防止大股东完全控制董事会。完善独立董事机制，探索独立董事的监管提名等方式，促进董事会关联交易等专业委员会真正发挥作用。

三是可以探索合规负责人、首席风险官的提名及考核机制，增强其独立性，从公司内控机制方面防范违规关联交易风险。

（二）完善监管的模式和手段工具，适应关联交易穿透式监管要求

加强关联交易监管需要放在整体监管体系下考虑：

一是完善机构监管和功能监管模式，从保险机构扩展到股东层面，强化对股东的监管要求。

二是加强与其他金融监管机构及司法机关的统筹协调，以适应关联交易跨行业、跨金融领域的特点。

三是完善保险资金运用产品登记的穿透性要求，逐步提高金融市场基础设施功能互联互通水平，发挥非现场监管的作用。

（三）压实股东关联交易责任，加强违规关联交易责任追究力度

防范违规关联交易的重点在于大股东、实控人及其一致行动人。

一是进一步压实大股东、实控人的责任。实际控制人、大股东要公开承诺，完整披露关联方，并在行业协会网站等进行公示。

二是对于违规关联交易，加大对大股东等责任人的行政处罚力度；同时督促保险公司或其他股东提起诉讼，追究大股东、实际控制人的侵权赔偿责任。

三是探索由保险保障基金或其他机构，代表保单持有人利益，对大股东、实际控制人提起损害赔偿之诉，实现私人执法与公共执法的协同和融合。

解读保险保障基金管理办法：保险还靠谱吗？ 中小险企缴费大幅提升？ 业界最关注的问题都在这里了*

王德明** 2022 年 11 月 15 日

11 月 10 日，中国银保监会会同财政部、中国人民银行修订的《保险保障基金管理办法》（以下简称《管理办法》）发布，自 2022 年 12 月 12 日起实施。这是 2008 年《保障基金管理办法》颁布以来的首次修订，引起了业内较大的关注。

在《管理办法（征求意见稿）》于 1 月发布后，笔者对焦点问题进行了初步分析（参见“慧保天下”2022 年 3 月的文章《1800 亿保险保障基金管理办法迎大修：不是所有保单都能获得救助》）。此次正式稿发布后，笔者尝试对行业关心的一些重点问题进行进一步解读，同时对今后《保险法》修订中完善保障基金管理制度提出一些初步建议。

一、代理人、客户最关注的问题之一——保险公司出事，客户利益还能不能得到全额保障

保单救助比例直接关系投保人、被保险人切身利益，也是市场最为关注的焦点问题。关系最密切的是以下三条内容：

《管理办法》第二十条规定了财产保险、短期健康保险、短期意外伤害保险保

* 本文原题为:《〈保险保障基金管理办法〉热点问题解读》,略有删改。

** 作者：王德明，法学博士，律师，注册会计师（非执业），系中国保险学会法律专业委员会委员，中国保险行业协会独立董事人才库备选人，大成律师事务所顾问。

单的救助标准：保险公司被依法撤销或者依法实施破产，其清算财产不足以偿付保单利益的，保险保障基金按一定比例对保单持有人提供救助，保单利益在人民币5万元以内的部分予以全额救助；保单利益超过人民币5万元的部分，对个人的救助金额为超过部分金额的90%；对机构救助金额为超过部分金额的80%。

《管理办法》第二十一条规定了长期人身保险业务的处置方式：经营有长期人身保险业务的保险公司被依法撤销或者依法实施破产的，其持有的人寿保险合同，必须依法转让给其他经营有相应保险业务的保险公司；不能同其他保险公司达成转让协议的，由国务院保险监督管理机构指定经营有相应保险业务的保险公司接收。

除人寿保险合同外的其他长期人身保险合同，其救助方式依照法律、行政法规和国务院有关规定办理。

《管理办法》第二十二条规定了对长期人寿保单的救助：被依法撤销或者依法实施破产的保险公司的清算资产不足以偿付人寿保险合同保单利益的，保险保障基金可以按照下列规则向保单受让公司提供救助：（一）保单持有人为个人的，救助金额以转让后保单利益不超过转让前保单利益的90%为限；（二）保单持有人为机构的，救助金额以转让后保单利益不超过转让前保单利益的80%为限；（三）对保险合同中投资成分等的具体救助办法，另行制定。

除人寿保险合同外的其他长期人身保险合同，其救助标准按照人寿保险合同执行。

保险保障基金依照前款规定向保单受让公司提供救助的，救助金额应当以保护中小保单持有人权益以维护保险市场稳定，并根据保险保障基金资金状况为原则确定。

整体来看，最新版《管理办法》规定的对于财产保险、短期健康保险、短期意外伤害保险保单以及长期人身保险合同（投资成分除外）的救助方式、救助比例等内容，相较上一版本并没有发生明显变化，只是部分界定更为清晰。

同时须要看到，尽管同样有90%、80%的救助比例，但长期人寿保单的救助逻辑和财险及短期意健险根本不同，根本差异是长期人身险保单有强制转移制度，其救助对象是承接保单的公司；财产险及短期意健险没有强制转移制度，是直接对保单持有人进行救助。

尤其值得注意的一点是，长期人寿保单强制转移后，保险合同继续有效，至于被强制转移的保险合同的保险利益是否进行调整，《管理办法》中并没有进行规定。

从合同法原理来看，保险合同生效后，当事人应该按照保险合同承担义务并享有权利，任何一方不得任意调整合同内容，除非双方达成变更协议。对长期人身险保单来说，承接保单的公司应该按照保单约定条件来承担未来可能产生的赔偿金、给付金等，如果变更保单条件，需要有明确的法律依据，但目前我国《保险法》中并没有相关规定。

日本及我国台湾地区保险相关规定中明确了保单调整制度。当保险公司失去清偿能力后，保险保障基金不足，其他保险公司又不愿承接保单时，对保险合同中的相关准备金及利率进行调整，以避免保单效力终止，也是不得不面对的选择。

日本《保险业法》第240条规定了保险合同变更。参照保险公司的业务或财产状况，若继续经营保险业务确有显著困难的，保险公司可向内阁总理大臣提出申请，要求变更包括减少保险金额在内的各项保险合同条款。若内阁总理大臣认为申请变更确有所述理由的，可予准许。合同变更应当经股东大会的特别多数决议通过。

保险合同变更获得批准之日起两周内，须公告并书面通知相关投保人合同变更的主要内容。投保人在不得少于1个月的异议期间内有权提出异议，若提出异议的投保人人数超过投保人总数的1/10，且所持债权金额超过投保人债权总数的1/10，合同不得变更（第240条之12）。

我国台湾地区保险相关规定中明确：受接管保险业让与全部或部分营业、资产或负债时，如受接管保险业之有效保险契约之保险费率与当时情况有显著差异，非调高其保险费率或降低其保险金额，其他保险业不予承接者，接管人得报经主管机关核准，调整其保险费率或保险金额。

从实践来看，日本在1997年以来保险公司破产中，大多对承接保单的费率和金额进行了调整，以顺利实现向受让保险公司移转保险合同的目的。而在我国台湾地区，尽管有相关规定，但因种种原因，伴随保险合同移转的合同变更制度并无适用。

二、代理人、客户最关注的问题之二——保险合同中的投资成分无法得到全额保障

《管理办法（征求意见稿）》中规定，涉及万能保险和投资连结保险的救助办法

另行制定。而《管理办法》第二十二条中规定："对保险合同中投资成分等的具体救助办法，另行制定。"为调整保险市场中可能出现的各类投资性产品埋下伏笔，与笔者之前的分析一致（参见"慧保天下"2022 年 3 月的文章《1800 亿保险保障基金管理办法迎大修：不是所有保单都能获得救助》）。

《管理办法》中首次引入了"投资成分"这一概念。《企业会计准则第 25 号——保险合同》（财会〔2020〕20 号）规定："投资成分是指无论保险事项是否发生均须偿还给保单持有人的金额；可明确区分的投资成分，适用金融工具相关会计准则。"初步来看，投资成分大体对应的可能是保户储金与投资款科目，对于保户缴纳投资款部分，按照与保险准备金不同的规则进行处理。

就近年来人身保险市场实际情况来看，高现金价值投资性险种占比较高，部分保险公司的保户储金及投资款科目金额很大，此类保单的单均金额通常也比较大。《管理办法》将此类保单纳入救助范围，但具体规则将另行规定。可以预料，未来保险合同中投资成分的救助规则，将对未来保险市场带来较大的影响。

三、保险公司最关心的问题——缴纳费率从固定制调整为风险费率制，且财险公司、寿险公司缴纳上限从公司总资产的 6%、1% 调整为占行业总资产的 6%、1%

相比 2008 年版，《管理办法》将现行的保险保障基金固定费率制调整为风险费率制，明确保险保障基金费率由基准费率和风险差别费率构成，费率的确定和调整由银保监会提出方案，商有关部门并报经国务院批准后执行。

《管理办法》中取消了弹性费率制，删除《征求意见稿》第十六条："国务院保险监督管理机构可根据处置保险业风险等需要，报经国务院批准后，要求保险业或特定保险机构另行缴纳保险保障基金。"

一是实现保险公司缴纳的费率与其风险挂钩。

2008 年版本中实行单一费率模式，保障基金费率没有体现不同险种业务的风险特征，如人寿保险仅区分为有保证收益的人寿保险和无保证收益的人寿保险业务两大类，不能反映保险市场中产品种类多、风险差异大的实际情况。

更重要的是，费率没有与公司的经营风险相挂钩，近年来部分公司经营激进，尤其是公司治理等方面存在巨大的问题，使得公司整体风险很高，这些关键因素在保障基金缴纳费率中都没有得到体现。

《管理办法》将单一费率模式调整为风险导向费率，风险高的公司承担更高的费率，风险低的公司承担较低费率，激励保险公司更加注重自身的风险管理。从行业实际来看，国有大公司经营较为稳健，中小公司经营风险相对较高，中小公司如果承担较高费率，则会面临更大的经营压力。

目前存款保险基金业实行差别费率，央行将金融机构分为八档，分别适用0.02%—0.16%的不同费率水平；证券投资者保护基金也实行风险差别费率，目前是4大类10个级别的证券公司按照营业收入的0.5%—3.5%的不同比例缴纳保护基金，监管评级越低缴纳比例越高。

参照上述行业基金做法，未来保障基金的缴纳费率，也可能与保险公司的偿付能力水平、风险综合评级结果等相挂钩，风险越高费率越高。这样通过保障基金费率机制，真金白银地倒逼保险公司提升风险管理水平，通过内部控制来防范和降低风险。

二是保险保障基金积累距离缴费上限还有很大的空间。

《管理办法》中，将财产保险公司、人身保险公司的暂停缴纳上限分别由占公司总资产的6%、1%调整为占行业总资产的6%、1%。部分资产规模小的公司，累计缴纳保障基金可能已经接近了之前规定的公司总资产的一定比例限额，但调整为行业总资产标准后，可能还需要继续缴纳。

保险保障基金作为行业救助基金，其筹资规模与行业总资产规模挂钩有合理性；同时，实行差异化风险费率机制后，缴纳的费率与公司的风险水平挂钩，缴费上限设定为公司总资产的一定比例也不再具有可行性。

根据银保监会官网数据，截至2022年第三季度末，保险行业总资产26.71万亿元，其中，财险公司总资产2.69万亿元，人身险公司总资产约22.91万亿元。而截至2021年末，保险保障基金总额约1829.98亿元，其中财产保险保障基金1130.89亿元，占61.80%；人身保险保障基金699.09亿元，占38.20%。

依据《管理办法》中规定的停止缴纳上限比例大致推算，目前保障基金的积累还有很大的差距。

考虑到我国保险业总资产，目前保险保障基金积累是远远不够的。从日本救助保险公司经验来看，对青叶生命、第百生命与大正生命的救助几乎耗尽了全部积累的保障基金，机构资金严重不足。为此，不得不调整了寿险机构的资金筹集方式，扩大资金来源，以及必要时可获得政府补贴。

四、其他同样应该引起业界高度关注的问题——保险保障基金职责出现调整，监管机构针对问题机构可限制其高管薪酬，限制其向股东分红等

《管理办法》中进一步丰富了动用保险保障基金的情形，相比2008年版本：

第十六条增加“国务院批准的其他情形”；

第十七条赋予保险保障基金公司“参与风险处置方案和使用办法的拟定”的权利；

第十八条新增“保险公司在获得保险保障基金支持期限内，国务院保险监督管理机构视情依法对其采取限制高级管理人员薪酬、限制向股东分红等必要监管措施”的表述；

第三十四条中，增加了“当保险公司被处置并使用保险保障基金时，保险公司股东、实际控制人、董事、监事、高级管理人员及相关管理人员对保险保障基金公司负有报告、说明、配合有关工作以及按照要求妥善保管和移交有关材料的义务”。

银保监会主席郭树清在《加强和完善现代金融监管》一文中指出：处置金融风险要“及时止损”，必须以成本最小为原则，让经营失败金融企业退出市场，同时要“快速启动”，启动处置机制必须有特殊授权安排。金融稳定保障基金、存款保险基金及其他行业保障基金不能成为“发款箱”，要健全职能，强化组织体系，充分发挥市场化法治化处置平台作用。

结合上述监管精神，参照《中华人民共和国银行业监督管理法（修订草案征求意见稿）》［以下简称《银行业监督管理法（征求意见稿）》］及《金融稳定法（征求意见稿）》，建议在今后《保险法》修订中，进一步完善保障基金的相关规定，在法律层面赋予保障基金更重要的地位和更大的职权，有利于通过法治化方式处置风险。

一是关于风险处置的手段。

《银行业监督管理法（征求意见稿）》第六十七条（行业保障基金管理机构）规定："存款保险基金、信托业保障基金等行业保障基金管理机构可以通过提供担保、阶段性持股、收购风险资产、损失分摊等方式参与风险处置。"

目前的《保险法》中，没有规定保障基金参与风险处置的方式。《管理办法》仅规定保障基金参与对保险业的风险处置工作，也没有规定具体参与方式。今后在《保险法》修订中，可参照《银行业监督管理法（征求意见稿）》，对保险保障基金参与风险处置的手段、方式等作出明确规定。

二是风险的早期干预机制。

《金融稳定法（征求意见稿）》第二十一条规定了监管部门早期纠正和监管措施，当金融机构发生监管指标异常波动等风险情形的，国务院金融管理部门可以区别情形按照职责分工采取措施。

《银行业监督管理法（征求意见稿）》也增加了早期干预的条文，第六十条规定："银行业金融机构出现监管指标异常波动、经营管理情况恶化等重大风险或者存在重大风险隐患的，银行业监督管理机构可以区别情形，采取本法第五十七条和第五十八条规定的措施。根据履行职责的需要，银行业监督管理机构可以派出工作组，对银行业金融机构划拨资金、处置资产、调配人员、使用印章、订立以及履行合同等经营管理活动进行管控。"

《管理办法》规定保障基金的职责中，包括监测保险业风险，发现重大风险时，向国务院保险监督管理机构提出监管处置建议。保障基金承担保险机构风险处置职责，应当不限于风险爆发后的处置，而与风险监测相结合，及时发现、识别、预警高风险机构，提前介入，及时采取干预及处置措施，一方面符合"及时止损"和"快速启动"的监管精神，另一方面也可以降低风险最终爆发后再处理所导致的难度和一系列的问题。

结合《金融稳定法（征求意见稿）》及《银行业监督管理法（征求意见稿）》精神，今后可增加保险保障基金的早期风险干预措施，如可以向高风险机构派出独立董事等，及早对其公司治理等进行干预，防止风险过大之后难以处置。

人身险监管谋变：探路非现场监管体系，六大维度全新划分风险等级

慧保天下 2022 年 5 月 25 日

2022 年 5 月 25 日，银保监会正式面向机构下发《人身保险公司法人机构风险监测和非现场监管评估办法（征求意见稿）》（以下简称《办法》）。根据《办法》，监管机构将从公司治理、业务经营、资金运用、资产负债管理、偿付能力管理和其他方面六大维度出发，对险企进行风险监测和非现场评估，并根据计算结果对险企综合风险水平进行等级评定，实施分类监管。

该文件的出炉早有征兆，2022 年 1 月 20 日，银保监会发布的《保险公司非现场监管暂行办法》中，就提出“保险公司非现场监管”的概念，并指出，所谓“非现场监管”就是指监管机构通过收集保险公司和保险行业的公司治理、偿付能力等各类信息，持续监测分析保险公司业务运营、提供风险保障和服务实体经济情况，对保险公司和保险行业的整体风险状况进行评估，并采取针对性监管措施的持续性监管过程。

不难发现，原来保险机构的风险监管是以偿付能力监管为核心的，但纵观近年来出现的高风险保险机构，其偿付能力表面看问题并不大，真正的危机反而都是出现在公司治理方面，进而导致违规关联交易、违规资金运用、巨大风险漏洞等。

为了解决这些问题，近年来监管反复强调“穿透式监管”，这就对监管掌握保险机构经营数据的全面性、真实性等提出了更高的要求，而风险监测以及非现场监管评估无疑正是在为此铺路。

可以说，针对险企的风险监管正从过去过于倚重偿付能力监管，转向全流程的非现场监管，这注定是保险监管理念的一次重大转变，其对于保险业未来的影响也一定是深远的。

这是保险业监管向银行业靠拢的又一范例。据了解，银行领域早已经开始实施非现场监管，建立起相对完善的监管体系。此次人身险先行出台相关政策，而财产险的相关制度建设，也未来可期。

此外，这也是银保监会各部门职能转变后，从职能监管转向机构监管之后的一项重要应变之举。此前，虽然监管部门全面转向机构监管，由人身险部、财险部以及各地派出机构对市场主体风险管控负责，但实际上，无论是人身险部还是财产险部都无法有效进行全面监管，因为在现行的监管制度下，渠道由中介部负责，资金由资金运用部负责，造成了实际上监管资源的割裂。

通过建立风险监测和非现场监管评估体系的方式则可以探索解决这一问题，人身险部、财产险部可借此全面掌握公司的经营情况。

当然，风险监测和非现场监管，也并非可以解决所有问题，其自身也有局限性。例如在《高风险机构背后，都有违规关联交易的隐秘操作，须加强穿透监管》一文中，作者就指出，非现场监管依赖于收集和报送的各类数据，不当关联交易往往具有隐蔽性，无法得到完整的关联方和交易相关的数据指标，非现场监管手段难以发挥作用。

同样需要注意的是，根据《办法》，该项制度仅适用于人身保险公司法人机构，对于人身保险公司分支机构的风险监测和非现场监管评估办法，将另行制定。

以下就是关于《办法》的详细解读。

一、法人机构风险监测和评估指标体系包含六大维度，包括公司治理、资金运用、偿付能力等

根据《办法》，法人机构的风险监测和评估指标体系将包含公司治理、业务经营、资金运用、资产负债管理、偿付能力管理和其他方面六个维度，同时，在每一个监测和评估维度，监管将细分多个评估要点，并针对每一个评估要点设计相应的风险监测和评估指标，实现风险的全流程监测。

此外，每个维度的风险监测和评估指标分为核心指标和辅助指标，其中核心指标以量化指标为主，能基本反映该维度风险水平；辅助指标将定性分析和定量分析相结合，非现场监管人员根据日常掌握的各类信息，对风险进行有效识别和预警，

实现风险关口前移。

法人机构风险监测和评估要素如下：

（1）公司治理维度。设置公司治理要点，综合评价公司治理风险状况。

（2）业务经营维度。细分结构类、保障类、品质类、成本类、人员类和责任准备金类六类要点，综合评价业务经营风险状况。

（3）资金运用维度。细分资金运用合规性、市场风险类、信用风险类、集中度风险类、投资收益类、内部控制类和其他类七类要点，综合评价资金运用风险状况。

（4）资产负债管理维度。

适用《保险资产负债管理监管规则第4号：人身保险公司资产负债管理量化评估规则》的法人机构，细分期限结构匹配类、成本收益匹配类、现金流匹配类、财务杠杆类和内部控制类五类要点，综合评价资产负债管理风险状况。

适用《保险资产负债管理监管规则第2号：财产保险公司资产负债管理量化评估规则》的法人机构，细分期限结构匹配类、成本收益匹配类、现金流匹配类、财务杠杆类和内部控制类五类要点，综合评价资产负债管理风险状况。

（5）偿付能力管理维度。细分偿付能力充足率和内部控制类两类要点，综合评价偿付能力风险状况。

（6）其他方面维度。细分战略风险类、声誉风险类、消费者权益保护、合规风险类、信息系统和案件风险类六类要点。综合评价其他方面风险状况。另外，设置“履行环境社会治理（ESG）责任情况”作为加分项，对开展绿色保险、普惠型保险较多的法人机构，给予适当加分。

二、风险监测频率原则上不低于1次/月，监管人员须在此基础上进行分析，实现异动预警

非现场监管的基础是数据，是日常的风险监测，为能及时掌握险企动态，《办法》对风险监测频率作出了规定，即非现场监管人员可综合考虑监管资源的配置情况、保险行业的发展情况、保险公司的经营特点和系统重要性程度等因素，自行确定合适的风险监测频率。但对于监测频率下限，《办法》进行了明确，指出：风险监测频率原则上不低于1次/月。

在获得相应的数据指标后，根据《办法》要求，非现场监管人员还需要通过对风险监测指标进行分析，实现异动预警，并进一步分析异常原因。

三、对法人机构至少每年开展一次非现场监管评估

在进行风险监测的基础上，银保监会及相关派出机构还须结合定期监测情况，对法人机构至少每年开展一次非现场监管评估。

根据《办法》，年度非现场监管评价期间为上一年1月1日至12月31日，原则上应于4月30日前完成，如遇特殊情况，可适当延后。

对于非现场监管评估的主要流程，《办法》也进行了明确：

（一）从六个评估维度分别评估风险水平。

1. 监管评估采用计分制，满分为100分，总体得分由核心指标得分、辅助指标得分、特别加分组成。

2. 对法人机构总体得分标准化，得到该评估维度的标准得分。

3. 根据法人机构标准得分将风险水平划分为高、中和低。具体评定标准为：（1）大于等于85分的情形，风险水平等级为低；（2）大于60分但小于85分的情形，风险水平等级为中；（3）小于等于60分的情形，风险水平等级为高。

（二）评定综合风险水平等级。

对六个评估维度的标准得分进行加权计算，得到法人机构风险综合得分，根据综合得分所属区间确定综合风险水平等级。

四、公司治理、资金运用维度权重显著高于其他维度

值得注意的是，在计算法人机构风险综合得分的过程中，六大维度的权重是不同的，被视为市场乱象罪魁祸首的公司治理、资金运用两大维度权重最高，均为22%；以往被视为监管重要抓手的偿付能力则与其他指标相同，均为14%。

这说明，在对险企进行风险监测、非现场监管评估中，在监管眼中，公司治理、资金运用两个维度已经比偿付能力这一指标更重要，显示监管思路正在发生深刻变化。

五、根据法人机构风险综合得分，法人机构综合风险水平等级将被划分为1—5级和S级，数值越大，风险越大

根据法人机构风险综合得分的计算结果，最终法人机构的综合风险水平等级将被划分为1—5级和S级。评级结果为1—5级的，数值越大，法人机构风险越大，需要越高程度的监管关注。具体评定标准为：

（1）大于80分的情形，综合风险水平等级为1级：表示法人机构能够较好地管理各类风险，出现风险的可能性较低。

（2）大于75分小于等于80分的情形，综合风险水平等级为2级：表示法人机构风险总体可控、水平较低，但存在一些薄弱环节，应当持续关注。

（3）大于70分小于等于75分的情形，综合风险水平等级为3级：表示法人机构存在风险隐患，应当适当提高非现场监管的频率。

（4）大于60分小于等于70分的情形，综合风险水平等级为4级：表示法人机构存在的问题较多或较为严重，需要督促加强风险管理。

（5）小于等于60分的情形，综合风险水平等级为5级：表示法人机构为高风险公司，需要加强非现场监测和现场检查力度，采取监管措施要求公司整改并开展风险资产处置，压降风险资产敞口。

同时，《办法》明确，正处于重组、被接管、实施市场退出等情况的法人机构经监管机构认定后直接列为S级。

六、当公司治理维度、资金运用任一评估维度的风险水平等级为高，法人机构综合风险水平将上调一个等级

根据《办法》，在一些特殊情形下，监管机构可以在非现场监管评分的基础上对风险水平等级进行相应调整，例如在公司治理维度、资金运用任一评估维度的风险水平等级为高时，须将该险企的综合风险水平上调一个等级，再度体现了监管对于公司治理、资金运用两大维度的高度关注。

具体如下：

（1）如两个及以上评估维度的风险水平等级为高，或公司治理维度、资金运用任一评估维度的风险水平等级为高，将综合风险水平上调一个等级，综合风险水平等级为5级的，不予调整。

（2）出现下列风险因素严重影响法人机构稳健经营的，直接将综合风险水平等级评定为5级，认定为重大风险情形：公司治理存在严重问题；关联交易管理存在严重问题；偿付能力严重不足；流动性存在不足；有效资产不足以抵御风险；无法按时足额兑付发行债券的本息；监管认定的存在其他重大风险的情况。

（3）监管机构认定的其他应调整综合风险水平等级的情形。

七、非现场监管评估最终指向分类监管，评估结果或影响市场准入、现场检查立项、监管评级、监管通报等环节

通过上文所述，风险综合水平等级的法人机构面临的监管措施不同，可以发现，在实施风险监测、非现场监管评估的基础上，监管最终指向的其实是“分类监管”。

根据《办法》，在每个评估维度的评分标准中，将法人机构按资产规模、业务类型等分类，对不同类型法人机构区别设定不同阈值。

可以肯定的是，风险更高的险企面临的监管也将更加严格，风险更低的险企，也将获得更大的自由度。在监管资源有限的情况下，监管部门可以通过分类监管的方式，将精力更多集中于相对高风险的机构，增强监管效能。

根据《办法》，银保监会及相关派出机构将法人机构非现场监管评估结果作为监管部门配置监管资源、采取监管措施和行动的重要依据，并在市场准入、现场检查立项、监管评级、监管通报等环节加强对评估结果的运用。

银保监会发布两大险资新规：修订可投资“金融产品”范围，放行银行理财；理顺委托关系，强化主体责任*

武定侯街®** 慧保天下 2022 年 5 月 13 日

5 月 13 日，银保监会同时发布两项关于保险资金投资管理的新规，引发行业广泛关注。

两部新规分别是《保险资金委托投资管理办法》（以下简称“新办法”）《关于保险资金投资有关金融产品的通知》（以下简称“新通知”）。

从整体来看，两部新规彼此密切相关，需要整体看待。此次同步调整有利于更好地理顺监管机制。

从内容来看，两部新规既有简政放权，进一步推动市场化、专业化发展的内容，又有细化规则、压实主体责任，强化“防风险”的规定，宽严相济，有助于进一步优化保险资产配置结构，提升保险资金服务实体经济质效，防范投资风险。

新办法和新通知密切相关，主要亮点表现在以下几个方面。

一、《关于保险资金投资有关金融产品的通知》：理顺机制、重新定义“金融产品”，进一步强化投资风险管控

（一）理顺监管机制，实现金融产品投资规则全面整合和制度升级

新通知最核心的变化之一就是修订了保险资金可投资的“金融产品”的范围，

* 本文作者为武定侯街®、慧保天下。

** “武定侯街®”为“慧保天下”特约作者。

即“保险业外金融产品”，包括投资商业银行或理财公司、信托公司、证券公司、证券资产管理公司、证券投资基金管理公司、金融资产投资公司等金融机构依法发行的资产管理产品和资产证券化产品。

同时，删除了保险资产管理公司发行的产品，包括基础设施投资计划、不动产投资计划、资产支持计划及其相关要求，将相关内容纳入《保险资金委托投资管理办法》中。

通过这一调整，“金融产品”的界定更加清晰，对相关金融产品的界定、准入等各方面要求既符合顶层保险资金运用、资管新规等有关要求，又与近年发布的有关资产负债管理、投资管理能力、保险业内资管产品等政策规定保持协调，从而强化了适用性和针对性，也避免和制度冲突，这有利于推动多层级资本市场的发展。

（二）险资投资渠道进一步拓展，商业银行理财公司发行的理财产品等被纳入“金融产品”范畴

随着“金融产品”概念的与时俱进，新通知实施后，险资投资渠道将获得实质性的进一步拓宽。

这是因为新通知将商业银行理财公司发行的理财产品、单一资产管理计划、债转股投资计划等纳入了可投资金融产品范围。

原规定诞生于2012年，彼时尚未出现商业银行理财公司这类市场主体，因此当时的规定也并未提及这一概念。

针对这一情况，新通知与时俱进地作出调整，将商业银行理财公司发行的理财产品等纳入保险资金可投资的金融产品范围。

有数据显示，截至2021年12月末，保险资金投资业外金融产品规模1.72万亿元，占资金运用余额的7.39%，品种覆盖商业银行理财产品、集合资金信托、信贷资产支持证券、资产支持专项计划等，可见上述金融产品已经成为保险资产配置的重要组成部分。

国寿股份指出，截至2022年3月末，已有29家理财子公司获批筹建，其中25家已正式开业，理财子公司发行的理财产品整体规模超过17万亿元，成为理财市场的主流产品。同样，债转股投资计划资产久期长、规模大、风险收益特征清晰，能有效解决企业负债率较高的融资限制难题，具有较大市场前景。

（三）突出“防风险”，新通知细化规定，进一步强化资质要求、主体责任以及投后管理

在理顺监管机制的同时，新通知从防范投资风险的角度出发，还进一步双向强化了保险资金投资金融产品的主体要求，细化了保险机构的投资能力和业外机构的资质要求，明确规定保险机构投资金融产品应具备相应的投资能力，对有关金融产品风险进行实质性评估，引导机构落实风险管理主体责任。

对于投后管理，新通知也进一步强化。

按照国寿股份的解读，新通知主要是从三大方面强化风控要求。

一是强化穿透监管要求。针对部分金融产品，要求保险机构依据产品基础资产的性质穿透具备相应投资管理能力，并按基础资产类别分别纳入相应投资比例进行管理，真实反映投资资产风险。

二是完善投后管理要求。新通知明确要求保险机构压实投资金融产品投后管理责任，配备专业投后管理人员。

三是取消对于保险资金投资信贷资产支持证券、资产支持专项计划等产品外部评级要求。新通知一方面与前期监管机构取消公司债、非金融企业债务融资工具、债权投资计划、资产支持计划等产品发行环节外部评级要求保持一致，另一方面传递了不以评级符号简单代替风险审查的思路，引导投资人强化内部风险识别能力并建设专业投资及风控队伍，压实风险管理主体责任。

二、《保险资金委托投资管理办法》：彻底理顺委托与信托关系，引导行业专业化发展

与《关于保险资金投资有关金融产品的通知》类似，《保险资金委托投资管理办法》的修订也主要围绕三个方面展开：一是明确委托投资适用主体和投资范围；二是压实委托人责任；三是强化受托人主动管理责任。在与时俱进理顺监管机制的同时，进一步强化风险管控。

（一）彻底理顺了委托与信托的关系，改变了以往大委托概念，切合《民法典》和资管新规的相关精神

与保险资金可投资“金融产品”范围扩容相对应的，是“保险资金委托投资管理”范畴的收窄。

在新办法中，委托投资被明确定义为保险公司将保险资金委托给符合条件的保险资产管理机构，由保险资产管理机构作为受托人并以委托人的名义在境内开展主动投资管理业务。

同时将原先规定的符合条件的证券公司、基金管理公司等可以受托保险资金开展相关资产管理业务，统一纳入金融产品范畴管理，在可投资金融产品范围中增加了单一资产管理计划，由此实现了业内委托和业外产品的清晰划分，并采取了与之相应的不同监管手段，属于专业化差异化监管创新的重大突破。

（二）完善保险公司和保险资管公司双方的权责义务，要求受托人独立进行风险判断，“没有金刚钻，就不能揽瓷器活”

新办法进一步强化保险公司和保险资管公司双方的权责义务，明确要求保险公司开展委托投资应当充分履行制定资产配置计划和委托投资指引、选择受托人、监督受托人执行情况、评估受托人投资绩效等职责。

同时，新办法要求受托人应当按照监管规定和投资指引要求，独立进行风险判断并履行完整的投资决策流程，全面落实主动管理要求。

此外，新办法还强化了第三方的监督和服务，受托人可以聘请专业服务机构为受托业务提供独立监督、信用评估、投资顾问、法律服务、财务审计或者资产评估等专业服务。专业服务机构的资质要求等参照保险资产管理产品相关监管规定执行。

华泰资产总经理杨平对此表示：“要求保险资管公司受托投资金融产品，应当承担尽职调查、投资决策、投后管理等主动管理责任。能者上，不能者不能上。将机构能力的专业化发展与业务机会和能力要求匹配起来，实现责权利的对等，也促进行业的专业化发展与建设，没有金刚钻，就不能揽瓷器活。”

（三）理顺保险公司与保险资管公司委托关系，有助于引导行业专业化发展

据悉，国内目前只有 33 家保险资管公司，但保险公司却达到了 200 多家，绝大

多数保险公司并没有自己的资产管理公司，需要委托其他保险资产管理公司进行投资。事实上，从经济的角度出发，大多数保险公司也没有必要建设自己的资产管理公司。新办法就是要通过理顺保险公司与保险资产管理公司之间的关系，引导行业进一步专业化发展。

对此，太保寿险表示，截至 2021 年末，保险公司权益类投资占比 18%，其中，股票、股票及混合类基金和权益类组合资管产品占比 10%，长期股权投资占比 8%。新办法进一步明确保险资金委托投资范围，有助于提高保险资管机构通过权益资产参与资本市场的广度和深度，进一步提高直接融资比重，从而进一步加大对实体经济的支持力度，提高对实体经济的投资效率。

一大波政策红利将至：事关33家保险资管主体20万亿元资金，允许其设立分支机构、理财基金不动产等子公司*

武定侯街®** 2022年1月5日

编者按

2022年8月5日，在经过广泛征求意见、几经修改之后，备受业界关注的《保险资产管理公司管理规定》（以下简称“新规”）得以正式公布，并确定于2022年9月1日起全面施行。

该新规无疑是值得业界高度关注的，因为其是目前管理着超20万亿元资产的33家保险资产管理公司实质上的顶层制度设计，明确了监管层面对于该类型机构的价值取向与发展方向，为保险资产管理机构的业务实践提供了强有力的指引作用。

在理念上，新规贯彻了党中央、国务院关于金融改革发展的有关精神，落实了“大资管新规”等法律法规的要求。

在机构定位上，新规明确了保险资管公司“以实现资产长期保值增值为目的”，引导保险资产管理机构实现与其他资产管理机构的差异化发展。

在主要修订内容方面，新规坚持问题导向，全面梳理保险资管公司发展中存在的问题和原规定中的滞后、缺位等内容，从市场化、专业化的角度出发，重点修订了股东资质、高管资格、业务规则等关键环节监管要求，以及加大对

* 本文原题为：《深化金融供给侧结构性改革的新成果——保险资管新规解析及合规建议》，略有改动，各级标题为编者所加。

** 作者：“武定侯街®”为“慧保天下”特约作者。

违法违规行为的制约和惩处力度等。重点内容之一，即对境内外股东一视同仁，且适当降低保险公司总体持股比例上限，要求境内外保险公司合计持有保险资管公司的股份不得低于50%。

新规本身还释放了一定的政策红利，其中最值得研究的莫过于恢复保险资管公司分支机构开设，以及允许保险资管公司设立理财、公募基金、私募基金、不动产、基础设施等从事资产管理业务或与资产管理业务相关的子公司等，这是监管引导保险资管机构精细化管理和专业化运作的重要手段之一。

此外，新规还明确了分级分类监管要求，支持监管评级较高、经营运作稳健的机构开展创新型业务，进一步引导机构不断加强自身专业化建设。

保险资管公司本来就是保险资产管理独立化、市场化、专业化的产物之一，如今，随着新规的落地，保险资管公司的市场化、专业化将得以进一步凸显。

2022年5月28日，泰康资产发布公告称，泰康基金于5月26日获得经营证券期货业务许可证。这意味着泰康资产这家保险资管巨头的基金子公司设立已完成。

一、核心亮点

（一）增强了保险资管公司的机构监管

新规全面总结了2004年《保险资产管理公司管理暂行规定》颁布实施以来监管和行业实践的经验，完成了保险资管公司监管规则体系2.0的升级。保险资管公司监管规则体系从既往参照保险公司的监管规定为主，逐渐转变为以直接监管规则、内生监管规则为主，提高了精准监管效能。

（二）增强了保险资管公司的独立性监管

在保险资管公司的股权结构、股东权利义务、公司治理架构、业务经营原则、风险管理和隔离等多方面强调独立性规则。

（三）增强了金融供给侧结构性改革成效

进一步推动保险资产管理行业在业务范围和受托资金范围等领域的市场化进程，

进一步发挥保险资管机构在长期投资领域的专业化优势，进一步加大保险资管业务对实体经济的支持力度。

银保监会发布《保险资产管理公司管理规定》，新规全面总结了既往监管和行业实践的经验和成果，从而具有时代性、整体性、精准性三大特点；增强了保险资管公司的机构监管，增强了保险资管公司的独立性监管，增强了金融供给侧结构性改革成效，对促进行业高质量发展具有重要意义。结合保险资产管理行业的市场化进程，新规实质上跃升为保险资产管理机构监管的顶层规定。

二、新规主要修订十项内容：恢复保险资管公司分支机构设立规定，允许其设立理财、公募基金、私募基金、不动产、基础设施等资管业务相关子公司

2004 年《保险资产管理公司管理暂行规定》共 5 章 53 条，包括总则，设立、变更和终止，经营范围和经营规则，风险控制和监督管理，附则等。新规新增了公司治理和风险管理专章和相关内容，全面升级了现行规定，共 7 章 85 条，包括总则，设立、变更和终止，公司治理，业务规则，风险管理，监督管理，附则等。

相较此前的规定，其主要的修订内容包括：

一是确立功能定位。保险资产管理公司“以实现资产长期保值增值为目的”，立足长期投资、稳健投资，契合了保险资管的投资能力优势，引导行业为实体经济高质量发展提供更多中长期资金支持。

二是明确价值取向。强调保险资产管理公司“严格遵守投资者适当性管理要求”，“维护投资者的合法权益”，秉持了资管机构的基本职责和价值取向，是保险资管市场化发展的前提和基础。

三是细化设立条件和股权管理。首次全面明确了保险资管公司的各项设立条件，首次明确了保险资管公司股东类型及资质要求，首次明确了保险资管公司“两参一控”的要求。特别是，降低了保险公司股东总体持股比例上限，要求境内外保险公司合计持有保险资管公司的股份超过 50%；还通过禁止代持、设定股权转让限制和新增禁入条件等加强保险资管公司的股权管理。

四是扩大经营范围和受托资金范围。例如，增加了开展投资咨询、投资顾问，

以及提供与资产管理业务相关的运营、会计、风险管理等专业服务；受托资金增加基本养老保险基金、社会保障基金、企业年金基金、职业年金基金等资金及其他具备相应风险识别和风险承受能力的境内外合格投资者的资金。

五是开闸分支机构、管控子公司。原保监会《关于调整〈保险资产管理公司管理暂行规定〉有关规定的通知》，将《保险资产管理公司管理暂行规定》有关涉及保险资产管理公司设立分支机构的规定，调整为“保险资产管理公司设立子公司，从事专项资产管理业务，由中国保监会依据有关法律法规研究制定”。新规恢复了设立分支机构的规定，还明确了保险资产管理公司投资设立子公司的条件，银保监会按照保险资金重大股权投资有关规定受理、审查并作出决定。

保险资产管理公司可以投资设立理财、公募基金、私募基金、不动产、基础设施等从事资产管理业务或与资产管理业务相关的子公司。

六是新增名称管理、变更审批事项和解散审批。例如，保险资产管理公司有下列情形之一的，应当报银保监会批准：

（1）变更公司名称；

（2）变更注册资本；

（3）变更组织形式；

（4）变更出资额占有限责任公司资本总额5%以上的股东，或者变更持股占股份有限公司总股本5%以上的股东；

（5）调整业务范围；

（6）变更公司住所或营业场所；

（7）修改公司章程；

（8）合并或分立；

（9）撤销分支机构；

（10）银保监会规定的其他事项。

七是强化董监高任职资格、股东义务、股东隔离、独立董事、经营管理层和兼职管理等公司治理监管。在《保险公司董事、监事和高级管理人员任职资格管理规定》的基础上，细化保险资管公司董监高的相关要求：从严加强董事长这一关键岗位的任职资格要求，要求应当具有10年以上金融从业经验。

明确保险资产管理公司高级管理人员范围，是指对保险资产管理公司的经营管理活动和风险管理具有决策权或者重大影响的下列人员：总经理、副总经理、首席风险管理执行官以及实际履行上述职务的其他人员。

此外，还参照其他保险机构的监管规定，建立了临时负责人机制，保险资产管理公司高级管理人员不能履职或缺位时，公司可以指定临时负责人，并及时向中国银保监会报告。临时负责人履职时间原则上不得超过6个月。

新规对《银行保险机构公司治理准则》相关内容进行细化，特别是对股东禁止行为作出了明确规定，强调独立董事以维护投资者和公司合法利益为出发点。保险资产管理公司的高级管理人员兼职规定有所放宽。

八是强化自有资金运用、净资产、全托管、禁止行为和销售等业务监管。特别是明确了自有资金投资范围：保险资产管理公司自有资金可以开展金融资产投资以及与资产管理业务相关的股权投资，可以购置自用性不动产。其中，持有现金、银行存款、政府债券、准政府债券、中央银行票据、政策性金融债券、公募基金、组合类保险资产管理产品等具有较高流动性资产的比例不得低于50%；投资于本公司发行的保险资产管理产品原则上不得超过单只产品净资产的50%；不得直接投资上市交易的股票、期货及其他衍生品。

新规还对保险资管公司的净资产提出要求：保险资产管理公司的净资产低于4000万元，或者现金、银行存款、政府债券、准政府债券等可运用的流动资产低于2000万元且低于公司上一会计年度营业支出的，银保监会可以要求其限期整改。

新规还明确禁止保险资产管理公司提供规避投资范围、杠杆约束等监管要求的通道服务等。

九是强化风险管理监管。从风险管理体系、风险管理要求、内控审计、子公司风险管理、关联交易管理、从业人员管理、风险准备金、应急管理等方面进行全面增补。特别是要求保险资产管理公司每年至少开展一次对资产管理业务的内部审计和内控外部审计；新增保险资管公司对子公司风险管理的要求。

十是增补监管手段和违规约束。增补了分级监管、信息披露、重大事项报告等内容，丰富了监督检查方式方法和监管措施，增加了违规档案记录、专业机构违规责任、财务状况监控和自律管理等内容。特别是加强了监管检查工作中对专业机构的聘请和管理，一方面有助于发挥专业机构的专长，另一方面也强化了相关违规责任。

三、新规强化保险资管公司机构监管、独立性监管，进一步推动该行业的市场化进程

整体来看，新规的变化及其意义主要体现在如下三点。

（一）新规增强了保险资管公司的机构监管

新规全面总结了 2004 年《保险资产管理公司管理暂行规定》颁布实施以来监管和行业实践的经验，完成了保险资管公司监管规则体系 2.0 的升级。保险资管公司监管规则体系从既往参照保险公司等监管规定为主，逐渐转变为以直接监管规则、内生监管规则为主，提高了精准监管效能（见图 1）。

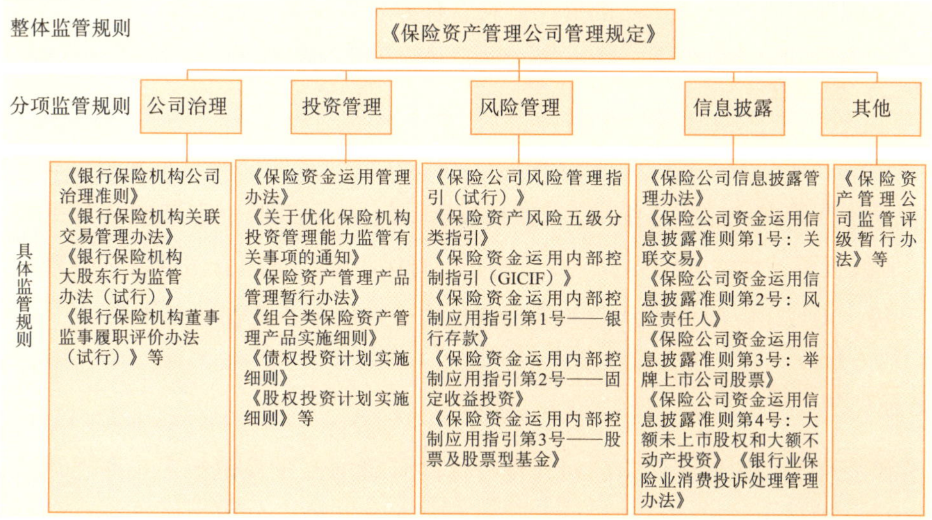

图 1　新规监管规则

（二）新规增强了保险资管公司的独立性监管

在保险资管公司的股权结构、股东权利义务、公司治理架构、业务经营原则、风险管理和隔离等多方面强调独立性规则，确保独立规范运作，维护投资者的合法权益。

（三）新规增强了金融供给侧结构性改革成效

进一步推动保险资产管理行业在业务范围和受托资金范围等领域的市场化进程，

进一步发挥保险资管机构在长期投资领域的专业化优势，进一步加大保险资管业务对实体经济的支持力度。

四、新规具有三大特点：时代性、整体性、精准性

将新规置于保险资产管理行业发展的历史进程中，则其还具有时代性、整体性、精准性三大特点。

（一）时代性

新规落实了资管新规的相关要求，删除了2004年《保险资产管理公司管理暂行规定》中单纯涉及保险资金管理的内容，并明确强调应当公平对待所管理的不同委托人和不同保险资产管理产品的资产，符合保险资管市场化的趋势。

（二）整体性

在保险资管产品“1+3”业务规范（《保险资产管理产品管理暂行办法》《组合类保险资产管理产品实施细则》《债权投资计划实施细则》《股权投资计划实施细则》《股权投资计划实施细则》）的基础上，对保险资产管理公司的各项管理规范进行了升级，形成了保险资管从业务管理到机构管理的全新监管制度体系。

（三）精准性

保险资管公司脱胎于保险公司，现行保险资管的监管规范较多参照适用或直接适用保险公司的相关规定。新规发挥了机构监管的优势，针对保险资管公司的特殊性，在公司治理和风险管理等方面作出了细化规范，提高了精准监管效能。

五、保险资管公司是保险资管独立化、市场化、专业化的标志，10多年来取得快速发展

保险资管是保险业的重要组成部分，经历了规模从小到大、运营从内到外、范围从窄到宽的发展历程。保险资管公司则是保险资管独立化、市场化、专业化的标志。

2003年经国务院同意、原保监会批准设立第一批保险资产管理公司——中国人

保资产管理有限公司和中国人寿资产管理有限公司等。从中国保险资产管理业协会发布的《2021—2022 年保险资产管理业综合调研数据（保险资产管理专题）》看，10 多年以来保险资产管理行业得到了较快的发展。

（一）资产管理规模稳健增长（见图 2）

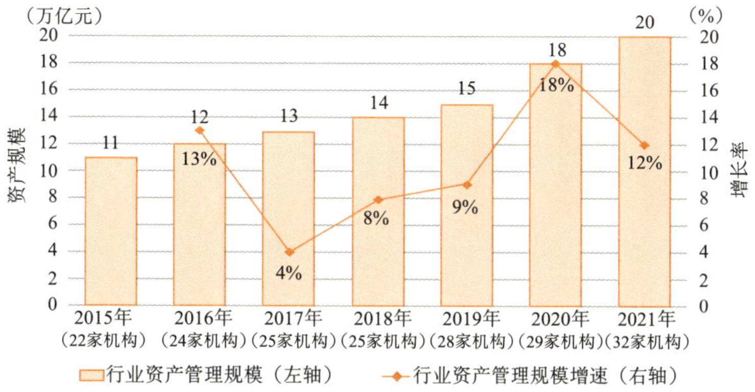

图 2　2015—2021 年保险资管公司资产管理规模及增速情况

注：1. 历年汇总对比数据均以保险资管公司（即取得保险资管公司牌照）为准；

2. 资产管理规模口径不包含内购本公司发行产品规模；

3. 2021 年调研新增 3 家保险资管公司。

资料来源：中国保险资产管理业协会：《2021—2022 年保险资产管理业综合调研数据（保险资产管理专题）》。

（二）资金来源不断增强市场化（见图 3、图 4）

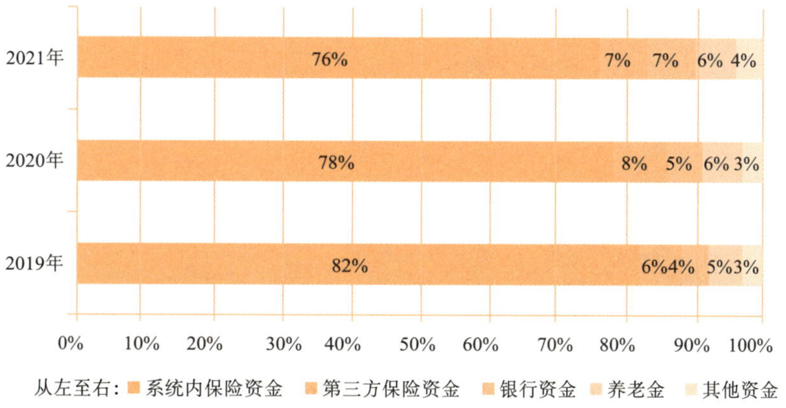

图 3　2019—2021 年保险资管公司管理各类资金占比情况

资料来源：中国保险资产管理业协会：《2021—2022 年保险资产管理业综合调研数据（保险资产管理专题）》。

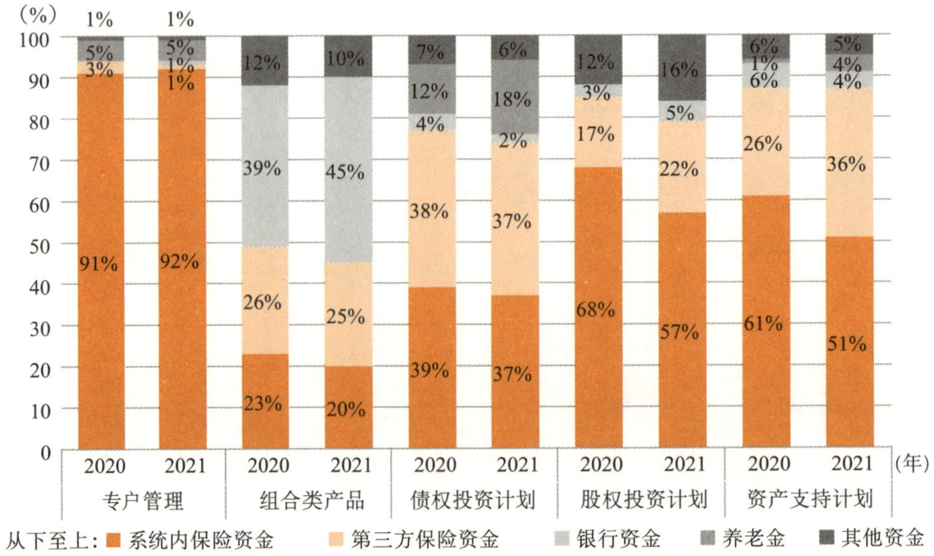

图 4　2020—2021 年保险资管公司各业务资金来源构成

资料来源：中国保险资产管理业协会：《2021—2022 年保险资产管理业综合调研数据（保险资产管理专题）》。

（三）产品存续余额增长平稳（见图 5）

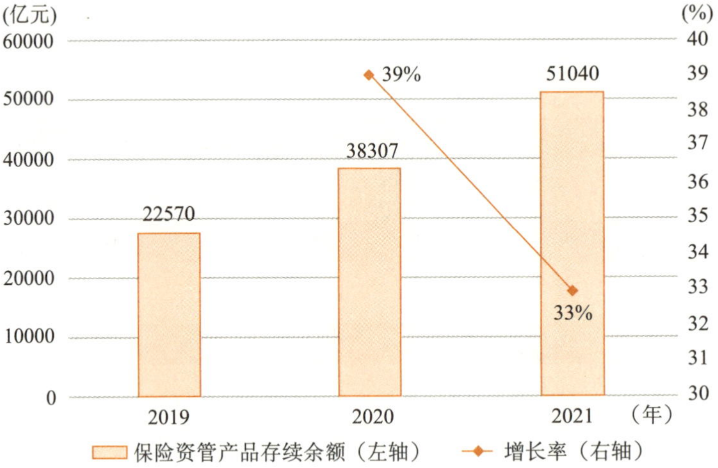

图 5　2019—2021 年末保险资管产品存续余额及增长率

资料来源：中国保险资产管理业协会：《2021—2022 年保险资产管理业综合调研数据（保险资产管理专题）》。

六、新规进一步释放保险资管机构活力，市场主体亟待抢抓红利，加快研究分支机构、子公司和自有资金投资等政策

（一）新规的影响

1. 有助于扩大对外开放

新规全面贯彻落实国务院金融委办公室对外发布的“取消境内保险公司合计持有保险资产管理公司的股份不得低于75%的规定，允许境外投资者持有股份超过25%”的举措，不再限制外资保险公司持有保险资产管理公司股份的比例上限，同时设置境内外股东统一适用的股东资质条件，为外资保险资管提供了政策红利。

2. 有助于促进业务发展

新规通过资金来源、业务规则、分支机构等多层次市场化举措，进一步释放了保险资管机构的活力。

3. 有助于防范经营风险

新规抓住完善公司治理这个“牛鼻子”，完善风险管理的各项要求，强化了监管手段和违规约束，引导保险资管公司实现规范化运作。

（二）合规建议

1. 监管端

建议增加保险资管公司的接管规则；建议明确《保险集团公司监督管理办法》独立董事、董事会专门委员会的豁免规则与新规的适用关系；明确资管机构临时负责人的相关要求；梳理保险资管公司参照适用的各项现行规范，结合保险资管特殊性，在新规和功能监管规则的基础上，出台具体操作细则，例如关联交易和销售管理等；研究制定保险资管公司子公司的监管细则。

2. 机构端

加快研究分支机构、子公司和自有资金投资等政策红利；对照新规核查公司治理和风险管理的具体差距，提前部署完善；加强流动性和业务管理，避免触碰监管红线。

3—5 年轮岗大潮来临，银保监中层人事大换防

慧保天下　2022 年 8 月 20 日

2018 年 4 月银保监会正式成立后，就着手进行了一轮大的人事调整，此后，小的人事调整不断，一直持续至今。

按照监管部门一般 3—5 年进行一次轮岗的频率，从 2021 年开始，银保监系统的人事调整速度有所加快。据“慧保天下”不完全统计，2021 年迄今，已经有超 40 个银保监会主要领导，各内设部门、各银保监局以及各会管单位的主要负责人的职务发生了变化。

据了解，此番人事调整最主要的变化之一，即将原有的打击非法金融活动局（简称“打非局”）与重大风险事件与案件处置局（简称“风险处置局”）合二为一，同时新设立一个部门——内审部。

人事变化是强制轮岗制度的必然结果，同样，人事变化导致的监管理念的转变也一定是必然的。

一、原保险业协会会长邢炜出任银行业协会专职副会长

原保险业协会会长邢炜调任银行业协会的消息近日得以“官宣”。

6 月 1 日，银行业协会发布信息显示，银行业协会第八届会员代表大会二次会议正式召开，会议审议通过邢炜担任银行业协会专职副会长、非会员理事的议案。

其实，早在 2022 年 1 月，邢炜就已经出任银行业协会党委书记，并被推举为专职副会长人选，但直到 5 个月后，才走完流程。

公开资料显示，邢炜，出生于 1967 年，现年 55 岁。他从中国人民银行开始自

己的职业生涯，也是在此与保险业结下了不解之缘。

他曾在中国人民银行金融管理司、非银司、保险司工作。1998 年原保监会成立，他正式调入，先后担任原上海保监局副局长，原保监会资金运用部副主任、巡视员，原河南保监局党委副书记（主持工作）、巡视员、副局长（主持工作）等。2018 年银保监会成立，监管内部开启新一轮人事调动，当年 11 月，邢炜正式出任保险业协会党委书记，次年 5 月，又开始兼任会长一职。

二、原保险保障基金董事长于华出任保险业协会党委书记、拟任会长

接替邢炜出任保险业协会党委书记、拟任会长的是保险保障基金原党委书记、董事长于华。

在保险业协会“领导”栏目中，于华已于 2022 年 4 月，正式被任命为保险行业协会党委书记、拟任会长。

公开资料显示，于华，1965 年生，现年 57 岁，其职业生涯也沿袭了中国人民银行、原保监会、会管单位的路径。2009 年 3 月，于华出任原保监会人事教育部主任、党委组织部部长；2013 年 12 月后，在原中国保险信息技术管理有限责任公司先后任党委副书记、监事长，党委书记、副董事长、常务副总裁等职。2018 年银保监会成立后，当年 7 月，于华正式出任中国保险保障基金党委书记、董事长。

也正是在 2018 年，保险保障基金正式接管安邦集团，累计向安邦集团注资 608.04 亿元，持股比例达 98.23%。到 2019 年 7 月，保险保障基金又与中国石油化工集团公司、上海汽车工业（集团）总公司共同出资，设立大家保险集团。

三、原银保监会办公厅副主任吉昱华出任保险保障基金党委书记

接棒于华出任保险保障基金一把手的人选也已经公布。

据保险保障基金公司官网信息，日前，该公司召开领导干部会议，银保监会人事部人士宣读银保监会党委任免文件：任命吉昱华为中国保险保障基金有限责任公司党委书记，建议为董事长、董事人选。会议同时宣布，于华不再担任公司党委书记，建议免去董事长、董事职务。

公开信息显示，吉昱华曾在原保监会发展改革部、政策研究室工作。银保监会成立后，先后任银保监会政策研究局副局长、银保监会办公厅副主任。

据保险保障基金披露的数据，截至 2021 年年底，基金余额 1829.98 亿元（汇算清缴前），其中财产险基金 1130.89 亿元，占比 61.80%；人身险基金 699.09 亿元，占比 38.2%。

作为行业性的风险救助基金，中国保险保障基金的重要性不言而喻，中华联合、新华保险、安邦保险集团三家险企出现问题后，都是保险保障基金进行了及时的注资，避免了给社会造成更大损失。

但面对近些年某些保险机构的频繁“爆雷”，保险保障基金也正面临资金不足的风险——前两次动用保险保障基金最终均实现了溢价退出，然而第三次注资安邦保险集团之后，高达 608.04 亿元的资金投入却因为大家保险集团引战未果而暂未退出。粗略计算，目前可用的保障基金仅 1200 亿元。

面对多家仍处风险处置阶段的险企，以及未来有可能“爆雷”的险企，这些资金无疑有些捉襟见肘，尤其是寿险。

应对种种现实问题，1 月 28 日，银保监会公布了《保险保障基金管理办法（征求意见稿）》，对 2008 年 9 月发布的《保险保障基金管理办法》进行修订。目前，最终稿尚未出炉，保险保障基金人事却已发生变化，继续推进《保险保障基金管理办法》的修订，以及如何探索建立常态化的风险处置应对机制，吉昱华可谓重任在肩。

四、原广西银保监局副局长田代臣出任西藏银保监局局长

根据西藏银保监局网站消息，2022 年 4 月，原广西银保监局副局长田代臣已经正式升任西藏银保监局党委书记、局长。

公开资料显示，田代臣，1969 年出生，现年 53 岁，经济学博士。长期工作于广西，早年曾任职于中国人民银行广州分行南宁金融监管办，后进入广西银监局，直至出任广西银保监局副局长。

2013 年 11 月，田代臣出任广西银监局副局长，分管人事处、普惠金融处、农村中小银行机构监管处、新型农村金融机构监管处。2018 年银保监会成立后，田代臣则改任广西银保监局副局长等职一直至今。

五、唯一例外：原天津银保监局副局长景晋生留任不足两年，即出任青海银保监局局长

上述人事变动均为2018年银保监会成立后职务就没有发生变化者，但此轮人事调整中也有例外。

近期，青海银保监局网站更新相关领导信息，显示原天津银保监局副局长景晋生已经升任青海银保监局局长。

公开资料显示，景晋生，出生于1969年，现年53岁。曾任职于央行，曾在中国人民银行山西省分行、太原中心支行工作。

2001年，景晋生调入当时刚成立的太原保监办，此后长期任职于山西保监局工作，先后担任机构管理处副处长（主持工作）、办公室和保险中介监管处负责人、办公室主任、兼任人事教育处处长等。2010年12月后，先后担任原山西保监局党委委员、副局长，副巡视员等。

2018年，原银监系统与保监系统合并，景晋生出任山西银保监局党委委员、副局长等职；2020年转任天津银保监局党委委员、副局长——这意味着，距离其上次职务调整尚不足2年时间。

六、“偿二代”二期工程落地，原财会部主任赵宇龙赴任天津银保监局局长

近日，天津银保监局官网站更新信息，证实了赵宇龙出任天津银保监局局长的传闻。

赵宇龙是“70后”，出生于1970年10月，1992年参加工作，曾在重庆公路勘察设计研究院、原中国保监会财务会计部、原深圳保监局工作。曾任原保监会财会部（偿付能力监管部）副主任、主任等职。

作为专家型干部，在担任银保监会财会部主任期间，赵宇龙重点推进了“偿二代”二期工程的建设，以及IFRS17的研究论证工作等。

2003年，我国保险业第一代偿付能力监管制度体系建设（简称“偿一代”），

是以规模为监管导向，要求相对比较简单，不对各项风险进行单独风险资本计量。

2012 年开始建设“中国风险导向偿付能力体系”（即“偿二代”），标志着我国保险行业监管从规模导向转为风险导向，建立了定量、定性的资本要求以及市场约束三大支柱，实现多层次监管。主要特点是更加明确地反映了保险公司的各项风险所需要对应的风险资本，有着不同风险偏好的保险公司在偿付能力的资本要求上得到了体现。

到 2017 年 9 月，监管部门又发布《偿二代二期工程建设方案》，明确二期工程的总体目标和主要任务，明确将对“偿二代”一期的内容进行重新修订和完善，并增加部分新的监管规则。

2021 年 12 月末，银保监会正式下发《保险公司偿付能力监管规则（Ⅱ）》，二期工程保持了“偿二代”三支柱的监管体系，共计 20 项规则，确定于 2022 年 1 月 1 日正式开始执行；考虑到一些险企面临显著的偿付能力危机，监管部门还予以其三年过渡期。

如今“偿二代”二期工程已正式实施，短期内对保险公司的偿付能力充足率产生巨大的下行压力。“慧保天下”《“偿二代”二期首个成绩单出炉：八成险企偿付能力滑坡，九家不达标》一文显示，第一季度末，超八成保险公司核心偿付能力充足率出现明显下滑的情况。这一影响也说明“偿二代”二期对“偿二代”一期的计量结果改变的主要目的是夯实资本，优化风险计量。

“偿二代”二期工程正式落地后，赵宇龙“事了拂衣去”，调离了从事多年的岗位，赴任天津银保监局局长，一段新的职业历程即将开启。

天津银保监局官网显示，2021 年，天津保险业原保险保费收入 660.47 亿元，同比降 1.72%。其中，财险业原保险保费收入 154.11 亿元，同比降 6.18%；人身险业原保险保费收入 506.36 亿元，同比降 0.29%。

七、消保局局长郭武平接替赵宇龙，天津局局长王毅接替郭武平

人事变化信息难免出现联动。例如，此次赵宇龙赴任天津银保监局局长后，银保监会财会部主任将由原消保局局长郭武平担任。而原天津银保监局局长王毅将赴任银保监会消保局担任局长一职。

公开资料显示，郭武平，出生于1970年1月，他早在2014年11月，便出任贵州银监局党委书记、局长一职，后出任原中国银监会监管一部副主任，长期从事中资银行和外资银行监管，曾经在地方银监局工作过，具有深厚的理论功底和丰富的监管经验。2018年银保监会成立后，郭武平出任银保监会消保局局长一职。

任职期间，他在维护金融消费者合法权益方面发挥了重要作用。在2022年的"3·15"消费者权益日上，郭武平介绍，2021年，银保监系统共接听消费者来电249万通，处理消费者投诉51万件，共清退、赔付消费者245亿元。同时，消保局与各地银保监局联手，已在全国建立银行业保险业纠纷调解组织686个，2021年成功化解纠纷11.47万件。

原消保局局长郭武平补位财会部主任，原天津银保监局局长王毅则补位银保监会消保局局长。

公开资料显示，王毅出生于1967年11月，历任中央企业工委副处长，原保监会办公厅副处长，原保监会发展改革部改革协调处处长，原河北保监局党委委员、纪委书记、副局长，原山西保监局党委书记、局长，原重庆保监局党委书记、局长等职。

2018年，银保监会宣布会机关"三定"方案之后，王毅便出任天津银保监局党委书记、局长的职务，并一直持续至今。

八、原打非局局长向东调任办公厅主任

重大风险处置局与打非局合二为一之后，原打非局局长向东调任办公厅主任。公开资料显示，向东出生于1968年1月，毕业于四川大学哲学专业，先后就职于四川省纪委杂志社，四川省纪委、省监察厅研究室，四川省委办公厅等，后赴南充市任职，先后担任副市长、市长等职，后续又出任四川省质量技术监督局局长。2016年8月，向东调离四川，出任原保监会统计信息部主任。2018年银保监会成立后，其被任命为银保监会统计信息部主任，后又出任打非局局长。

在四川省工作时期，向东曾长期任职省委办公厅，担任秘书、副主任等职，此次调任银保监会办公厅主任，可谓顺理成章。

打非局主要承担打击取缔擅自设立相关非法金融机构或者变相从事相关法定金

融业务的工作，近年来非法集资新业态、新形态不断冒头，网贷、私募、涉农涉老、房地产、预付卡等传统领域存量风险加速释放，都是打非局重点关注的领域。

对于保险业界人士而言，打非局关于网络互助的一些观点曾受到关注。打非局公开发布的文章《非法商业保险活动分析及对策建议研究》曾指出，相互宝、水滴互助等网络互助平台会员数量庞大，属于非持牌经营，涉众风险不容忽视，部分前置收费模式平台形成沉淀资金，存在跑路风险，如果处理不当、管理不到位还可能引发社会风险。对此，文章建议，坚持对所有保险活动实行严格准入、持牌经营，严禁无照驾驶行为，严厉打击各类非法商业保险活动。

九、原资金部主任袁序成调任内审部首任主任

内审部设立之后的首任主任是袁序成。公开资料显示，袁序成出生于 1965 年 1 月，曾供职于中国人保，进入原保监会工作后，先后任职多个部门，包括政策法规部、发展改革部，后赴基层工作，进入原广东保监局，后又出任原广西保监局党委书记、局长。

2011 年，袁序成从原广西保监局局长任上重新回归原保监会工作，担任人身险部副主任，2014 年 3 月升任人身险部主任。2018 年，银保监会成立后，袁序成任政策研究室主任，后调任资金部主任一职。

从市场到监管，从派出机构到会机关，袁序成先后在多个部门的监管履历，使其经验非常丰富。据了解，内审部作为新设部门，核心职能在于加强监管内部各部门以及各银保监局的纪律要求，这是强化监管能力建设的重要手段之一。

十、原资金部副主任罗艳君升任资金部主任

袁序成赴任内审部之后，原资金部副主任罗艳君接替袁序成出任资金部主任。公开资料显示，罗艳君出生于 1974 年，毕业于中央财经大学保险专业，最早任职于中国人民银行；1998 年原保监会成立后正式调入，曾在人事教育部、发改部工作，期间曾赴英国留学学习；后进入原天津保监局工作，任党委委员、局长助理，2015 年出任党委委员、副局长；之后还曾在国家发改委财政金融司挂职副司长；2018

年，银保监会成立后，罗艳君出任资金部副主任一职至今。

作为专业的女性监管干部，罗艳君海内外丰富的学习经历、多部门多岗位的跨界经验，以及基层微观市场洞察与高层宏观视野兼备的工作经历，让其具备了开阔的视野以及过硬的专业素养。

2018 年，大资管新规发布后，资金部制定了一系列保险资管监管新规，包括《保险资产管理产品管理暂行办法》，以及《组合类保险资产管理产品实施细则》《债权投资计划实施细则》和《股权投资计划实施细则》三个配套细则，保险资管“1+3”制度框架就此得以建立，标志着相对“封闭”的保险资管正变得越来越开放，逐步走入市场与其他资管主体同台竞技。

此外，资金部制定的《保险资产管理公司监管评级暂行办法》《保险资产管理公司管理规定》等规定也相继出台，成为重塑国内保险资管市场监管体系的基石，推动保险资管机构监管步入分类监管新时代。

在负债端、资产端同时具备丰富监管工作经验的罗艳君，对于保险资金运用的规律有着非常独到的认识，其曾撰文旗帜鲜明地指出：“对比公募基金、银行理财、社保基金、企业年金，保险资金是期限最长、风险偏好最低、约束条件最多、管理难度最大的资金之一，过去十五年（2005—2019 年）年均收益率为 5.44%，这样的成绩，殊为不易。”

十一、原政研局副局长何国锋调任重大风险处置局（打非局）局长

在此番调整中，除罗艳君从副主任升任主任外，原政研局副局长何国锋也实现了职业生涯的关键一跃，从副局长升任重大风险处置局（打非局）局长。有限的公开资料显示，何国锋出身银行监管体系，曾在原上海银监局工作，在原银监会工作时期，担任政研局副局长多年；2018 年银保监会成立之后，其同样一直担任政研局副局长。

银保监会政研局主要承担银行业和保险业改革开放政策研究与组织实施具体工作，对国内外经济金融形势、国际银行保险监管改革及发展趋势、监管方法和运行机制等开展系统性研究，提出银行业和保险业监管政策建议。

“慧保天下”粗略统计，仅 2022 年至今，政研局就已经发布了 5 份监管文件，

包括《关于进一步推动金融服务制造业高质量发展的通知》《关于进一步做好受疫情影响困难行业企业等金融服务的通知》《印发银行业保险业绿色金融指引的通知》《关于银行业保险业支持城市建设和治理的指导意见》《关于金融支持货运物流保通保畅工作的通知》等。

长期任职于政研局，何国锋对于银行保险业服务国家战略、支持实体经济发展颇有心得，在近期的一次公开活动中，在谈及做好困难行业民营企业的金融服务时，他表示，银行可以提高这些行业的不良贷款容忍度，幅度不超过 3 个百分点；同时，保险公司也要多开展针对企业的营业中断险、财产损失险等业务，让民营企业有更多的渠道分散风险。

十二、原重大风险处置局局长朱衍生调任非银检查局局长

何国锋调任重大风险处置局（打非局）局长，原重大风险处置局局长朱衍生则调任非银检查局局长。公开资料显示，朱衍生出生于 1971 年 8 月，出身于保险监管体系，曾任职于原保监会办公厅，2009 年赴任原厦门保监局副局长一职，后续又出任原广西保监局党委书记、局长。

2015 年，朱衍生从地方派出机构调任原保监会先后担任党委宣传部部长、党委统战群工部部长等职务。2018 年，银保监会成立后，朱衍生出任重大风险处置局局长。

朱衍生在银保监会重大风险处置局任职局长的 4 年时间，正是金融业进入风险暴露期，一系列风险机构相继被曝光的关键时期。为降低金融风险造成的损失，推动金融风险处置流程化、规范化，重大风险处置局先后参与制定了一系列基础制度，并开展系列专项行动。

如 2019 年与公安部经侦局联合开展反保险欺诈专项行动；2021 年制定银行保险机构“生前遗嘱”机制，发布《银行保险机构恢复和处置计划实施暂行办法》；2022 年会同人民银行等发布的《中华人民共和国金融稳定法（草案征求意见稿）》又进一步完善了重大金融风险处置机制和高效执行的相关安排。

十三、银行监管跨界保险监管，加速监管理念融合，非现场监管得以强化

自银保监会成立以来，保险业与银行业的监管理念逐渐走向融合，一系列兼顾两个行业的新规相继出炉。这种变化对于保险行业的影响注定是深远的。例如，此次出身银行监管的郭武平入主财会部，势必会主政保险业的偿付能力监管等，他会给行业带来哪些新的理念，无疑值得高度关注。

当下国内银行业遵循的风险管控制度为《巴塞尔协议Ⅲ》，而欧洲保险业奉行的 Solvency II（新的偿付资本监管体系）则是在前者基础上的复刻和调整，国内保险业遵循的"偿二代"则是贴合中国实际，借鉴国际经验的一种风险管控制度，三者在理念上多有类似之处。

但在遵循《巴塞尔协议Ⅲ》进行风险管控的同时，国内银行业也早早就参照发达国家经验，建立了一整套非现场监管的制度体系、指标体系。

早在 1998 年，中国人民银行就曾下发《商业银行非现场监管报表报告书》和《商业银行非现场监管指标填报说明》，成为国内银行监管的一件大事，标志着央行对于商业银行的非现场监管开始走向规范化、制度化，商业银行监管指标体系基本形成。

到 2006 年，原银监会发布《中国银行业监督管理委员会非现场监管指引（试行）》，银行业非现场监管体系进一步完善。

到 2016 年，在吸取过往经验教训的基础上，原银监会又修订发布了《中国银监会非现场监管暂行办法》，一直沿用至今。

反观保险业，虽然也制定了各种各样的监管报表，以监测市场主体风险，进行非现场监管，但并没有上升到非现场监管体系的高度，直到银保监会成立后，在银行、保险监管制度逐渐融合的大趋势下，保险业非现场监管才有了快速的突破。

2022 年初，《保险公司非现场监管暂行办法》正式发布，并于 3 月 1 日开始正式实施。

5 月，人身险部又发布《人身保险公司法人机构风险监测和非现场监管评估办法（征求意见稿）》，向业内各人身险公司征求意见，以完善人身保险公司同质同类

比较和差异化监管。在风险监管体系上，保险业又朝着银行业迈进了一大步。

非现场监管与现场检查是金融监管的两种主要手段。其中，非现场监管就是指金融监管机构通过金融机构按照规范报送的各种数据进行分析，进而评价金融机构的风险水平，目的是及时发现金融风险漏洞，最大化降低金融风险给社会造成的经济损失。

不难发现，原来保险机构的风险监管是以偿付能力监管为核心的，但纵观近年来出现的高风险保险机构，其偿付能力表面看问题并不大，真正的危机反而都是出现在公司治理方面，进而导致违规关联交易、违规资金运用、巨大风险漏洞等。

为了解决这些问题，近年来监管反复强调“穿透式监管”，这就对监管掌握保险机构经营数据的全面性、真实性等提出了更高的要求，而风险监测以及非现场监管评估无疑正是在为此铺路。

此外，这也是银保监会各部门职能转变后，从职能监管转向机构监管之后的一项重要应变之举。此前，虽然监管部门全面转向机构监管，由人身险部、财险部以及各地派出机构对市场主体风险管控负责，但实际上，无论是人身险部还是财产险部都无法有效进行全面监管，因为在现行的监管制度下，渠道由中介部负责，资金由资金运用部负责，造成了实际上的监管资源的割裂。通过建立风险监测和非现场监管评估体系的方式则可以探索解决这一问题，人身险部、财产险部可藉此全面掌握公司的经营情况。

可以说，针对险企的风险监管正从过去过于倚重偿付能力监管，转向全流程的非现场监管，这注定是保险监管理念的一次重大转变，其对于保险业未来的影响也一定是深远的。

第六部分

大事件·小趋势

行业步入深度转型期，低迷的现状似乎让很多人丧失了表达的欲望，就连一些争执都显得有气无力，人们在沉默中摸索前行，都在期待一个“不鸣则已，一鸣惊人”的未来。

然而透过一个个孤立的新闻事件，我们仍可以洞察平静表面之下暗流涌动，有关资本、有关人事、有关科技、有关监管……然后惊觉：有些人有些事的结局已经暗暗写就。

互联网保险“法无授权不可为”？九部门重拳规范平台持股金融及其透露的风向

慧保天下　2022 年 1 月 20 日

虽然“稳字当头”，但始自 2020 年的互联网金融监管风暴，在 2022 年并没有停下脚步，随着各种相关规则制度的相继出炉，大有愈演愈烈之势。

2022 年 1 月 19 日，国家发展改革委等九部门联合印发《关于推动平台经济规范健康持续发展的若干意见》，明确要确保平台依法持牌合规经营，严格规范平台企业投资入股金融机构和地方金融组织，督促平台企业及其控股、参股金融机构严格落实资本金和杠杆率要求。

甚至有观点指出，互联网金融的监管思路已经发生深刻变化，正从过去的“法无禁止即可为”转向“法无授权不可为”。

在愈发严格的管控中，互联网平台，尤其是其金融业务势必将迎来进一步洗牌。

一、新规频出，严管金控，严管互联网金控

新近出炉的《关于推动平台经济规范健康持续发展的若干意见》（以下简称《意见》）共 6 大项 19 条，明确提出加强金融领域监管、探索数据和算法安全监管等方面的措施。其中，在加强金融领域监管方面，《意见》要求，规范平台数据使用，从严监管征信业务，确保依法持牌合规经营。严格规范平台企业投资入股金融机构和地方金融组织，督促平台企业及其控股、参股金融机构严格落实资本金和杠杆率要求。

《关于推动平台经济规范健康持续发展的若干意见》是由九部委联合印发的，具体来看，包括国家发展改革委、市场监管总局、中央网信办、工业和信息化部、

人力资源社会保障部、农业农村部、商务部、人民银行、税务总局，并没有银保监会，但其实，银保监会前前后后已经出台多项与之相关的规定。

就在不久前，银保监会发布的一项重磅新规，即《银行保险机构关联交易管理办法》，核心就是要维护银行保险机构经营的独立性，控制其关联交易的数量和规模，重点防范向股东及其关联方进行利益输送风险，避免多层嵌套等复杂安排。

紧接着，中国银保监会还宣布要组织开展保险资金运用关联交易专项检查，且明确此次专项检查重点关注对象为以资本运作为主业的金控或隐形金控平台，以及以多元发展激进扩张的产业资本为股东的中小型保险机构。

头部互联网平台企业多持有多类金融牌照，很多都已经成为事实上的“隐形金控”，无疑也将成为监管重点关注的对象。

具体到互联网保险领域，此前出炉的《互联网保险监管办法》，大幅提高准入门槛的《关于进一步规范保险机构互联网人身保险业务有关事项的通知》等，也都显示了银保监会对于互联网保险乃至互联网金融的强烈关注、对个中风险的高度警觉。

二、监管思路蝶变，从“法无禁止即可为”到“法无授权不可为”

很长时间内，互联网平台在国内都代表着创新、高效，深受好评，而从监管的角度来看，其对该类平台的发展也始终相当包容。

但伴随平台经济的发展壮大，几个头部平台的垄断地位日益巩固，最终在逐利的目标之下，渐渐偏离了最初的创新急先锋的设定。

平台经济的模式开始套路化，以解决痛点的名义，切入某一细分领域，依靠免费、低价策略收割流量，之后是流量变现、融资、上市……互联网平台逐渐褪去了创新先锋的面貌，走向极致的内卷，而收割流量的方式最终也殊途同归，走向了互联网金融，尤其是“放贷”。

有人说“世界的尽头是铁岭，而互联网的世界尽头是放贷”，“放贷”业务充斥着各种网站、App。在业绩压力之下，以各种方式诱惑客户贷款，却不提背后的高利息（法定范围内），“套路贷”应运而生。

保险领域，类似情况也很多，“首月 0 元”就是典型之一。最重要的是，平台凭借自身的垄断地位，其金融业务迅速发展壮大，以蚂蚁为例，其金融科技业务从支付起步，触达多个领域，包括贷款、保险、理财、保理等，其中贷款业务，截至2020年6月30日，微贷科技平台促成的信贷余额达2.15万亿元，贡献近四成营收。

金融是经济的血脉，事关经济安全，一旦巨头崩塌，风险绝非小可，这成为2020年以来，相关部门重拳整治互联网金融的关键所在。

这种审慎的态度一直持续到现在，就在2021年的最后一天，人民银行、工业和信息化部、银保监会、证监会、国家网信办、外汇局、知识产权局等七部委就《金融产品网络营销管理办法》公开征求意见，剑指互联网营销金融产品场景。

在相关介绍中，有关部门表示，在客户与数据资源成为数字经济时代实施垄断重要凭借的背景下，部分互联网平台企业利用线上场景和触达客户的优势通过参控股金融机构或与金融机构合作开展金融业务，在金融产品营销方面存在一些违规问题，侵害金融消费者权益，排斥和限制公平竞争，亟须制定政策制度规范金融产品网络营销行为。

《金融产品网络营销管理办法》就是旨在将金融产品营销活动纳入监管，通过规范金融产品的营销行为来打破部分互联网平台在金融领域的垄断，防治资本无序扩张，从而营造公平竞争的市场环境。

有观点指出，互联网金融的监管思路已经发生深刻变化，正从过去的“法无禁止即可为”转向“法无授权不可为”。而在愈发严格的管控中，互联网平台，尤其是其金融业务势必将迎来进一步洗牌。

三、互联网保险业务严监管继续，历数那些布局保险业的互联网平台

在保险业最为红火的岁月，保险业就像一块新大陆，引来无数资本进驻，其中不乏国内各大知名资本系族。万达系、恒大系、海航系、明天系、泛海系以及中植系等都或多或少在保险业进行了布局。除民营资本“大鳄”外，这场追逐中还出现了不少互联网平台的身影。

掌握着巨大流量的国内互联网巨头借机不断尝试着各种流量变现的方式，多点布局、广泛下注，被视为发展潜力巨大的金融保险业也自然不会错过。

不过各个互联网公司之间体量和套路有所不同，其进军保险业的方式也不尽相

同：财大气粗的BATJ更执着于获取牌照；与巨头尚有一定距离的乐视、小米、美团等更加务实，倾向于收购中介公司；而直接如门户及旅游类网站，希望的是借助保险销售使流量变现……

这些平台对于促进互联网保险发展无疑起到了很大的作用，但暴露出的很多问题也引发了监管部门的高度关注。

就在2022年1月20日，银保监会消保局发布2022年首期风险提示，核心就是提醒消费者注意防范各种“套路”。

具体而言，在贷款营销中，要警惕类似“套路贷”的营销宣传行为，如息费不透明、故意模糊借贷成本、不明示年化综合资金成本及还本付息安排等。在保险营销中，保费交纳前轻后重、层层递增等“套路保”行为也是以“优惠”之名进行诱导。比如片面宣传“首月0元”“首月1元”“免费领取”，以及“零首付”等套路。

严管互联网金融的思维在继续，严管互联网保险的思路也没有改变。

各家互联网企业创立的保险公司见表1。

表1　各家互联网企业创立的保险公司

互联网企业	财产险公司	人身险公司	保险中介公司
百度	百安保险（终止筹建）		黑龙江联保龙江保险经纪
阿里	众安在线、国泰财险	信美相互、万通（香港）	杭州保进保险代理
腾讯	众安在线	和泰人寿、香港英杰华	微民保代、腾诺保险经纪
京东	京东安联		京东保险商城
今日头条			北京华夏保险经纪
美团			重庆金诚互诺保险经纪
滴滴	现代财险		中安风尚保险代理
联想	现代财险、安华农险（已退出）	嘉禾人寿（已退出，农银人寿前身）	
小米			小米保险经纪
新浪		信美相互（已终止投资）	兴民保险经纪
网易			网易保险商城
携程			携程保险代理
同程			天圆地方（北京）保险代理
途牛			途牛保险经纪
东方财富网			上海东方财富保险代理
同花顺			浙江核新同花顺保险经纪
唯品会		国富人寿	广东品诺保险代理
乐视	新沃财险（终止筹建）		乐视（北京）保险经纪

半月内两次高规格监管会议点题保险，高质量发展与行业现实复杂性怎么破

慧保天下　2022 年 1 月 26 日

2022 年 1 月 24 日，中国银保监会召开 2022 年工作会议，迅速在行业引发高度关注。因为在某种程度上，监管的工作目标定了，行业的发展方向也就定了。

在明确 2022 年工作重点时，中国银保监会提及的“构建新型保险中介市场体系”“明晰非银机构功能定位”等话题尤其值得思量：新型中介市场体系是什么样的？保险公司的功能定位难道还有疑问？

其实，不只是 2022 年监管工作会议值得关注，1 月 6 日中国银保监会召开的“推动保险业高质量发展座谈会”同样值得聚焦——在全年监管工作会议前夕召开的这场会议，规格同样很高，且相对于监管工作会议着眼全局，此次座谈会更聚焦于保险业本身，回顾总结保险业在过去数年取得的成绩的同时，也为行业进一步高质量发展指明了方向。

中国银保监会明确的 2022 年主要工作内容有：（1）确保经济金融大局稳定；（2）促进国民经济良性循环；（3）坚持不懈防范化解金融风险；（4）持续深化银行业保险业改革开放；（5）坚决防止资本在金融领域无序扩张，在金融领域为资本设置“红绿灯”；（6）运用法治思维提升依法行政能力；（7）发扬自我革命精神，推动系统全面从严治党向纵深发展……

其中，涉及保险业的关键词包括：（1）优化重点领域共保体机制；（2）新材料、首台（套）保险试点；（3）第三支柱养老保险；（4）完善健康保险服务；（5）整治“代理退保”；（6）改革开放；（7）回归保障；（8）构建新型保险中介市场体系；（9）明晰非银机构功能定位；（10）在金融领域为资本设置“红绿灯”；（11）多渠道补充资本金；（12）公司治理；（13）打击“无照驾驶”。

一、一次高规格的座谈会，主席、分管副主席悉数出席，聚焦“高质量发展”

2022 年 1 月 6 日召开的“推动保险业高质量发展座谈会”规格相当高。中国人民银行党委书记、中国银保监会主席郭树清主持会议，中国银保监会党委委员、副主席梁涛、肖远企出席会议，会机关相关部门、中国保险行业协会参加座谈。此外，还有 10 家保险机构参加了座谈。

鉴于此次“推动保险业高质量发展座谈会”在中国银保监会 2022 年工作会议之前半个月召开，更凸显了此次会议的调研性质，但自中国银保监会成立以来，中国银保监会主席以及分管财产险、人身险的两位副主席同时参与保险业的相关座谈，并不多见。

尤其是，在行业正处于从高速度向高质量发展转型的关键阶段，监管部门也处于中国银保监会成立后重划职能、理顺规则的关键时期，行业如何发展、监管如何引导，二者能否在认识上达成高度一致，对于行业转型发展至关重要。

从新闻稿来看，座谈会主要涉及三方面的内容，包括总结成绩、梳理问题、明确未来工作重点，涉及发展压力和窘迫、保费表现、创新表现、市场实际情况等等，也明确提及防止保险业过度竞争、实现差异化经营等现实痛点。监管座谈会，规格高，话题明确，保险业高质量发展如何定义，2022 年该怎么做，都在这两场会议中得以明确。

二、定义“保险业高质量发展”，一场从 2018 年开始的转型

座谈会上，中国银保监会明确提出了保险业高质量发展的关键节点，即 2018 年。座谈会指出，“2018 年以来，保险业从规模扩张转向质量提升，进入高质量发展阶段”。

2018 年对于保险业来说确实是值得铭记的年份，这是中国银保监会成立的年份。一个新的监管周期以及监管周期引领下的保险业周期，在 2018 年开始延展。

2018 年，代理人人力表面看仍在扩张进程中，但实际上，头部人身险公司最核心的业务指标——新业务价值已经开始下滑。

站在 2022 年回望 2018 年，新业务价值的下滑成为行业发展至关重要的一个转折点，但身处 2018 年，没有多少人意识到深层次的改变已经开始，到 2021 年，这种变化，以及导致变化的重重困难，才变得格外醒目。

三、监管明确评价体系：始终关注的是消费者权益，是保险业服务经济社会发展的能力

由于出发点不同，保险市场主体目标和监管目标永远都会存在某种程度的“错位”，市场主体的目标是发展、利润，而监管的直接目标是维护消费者合法权益，根本目标则是引导行业服务社会经济发展。只有理解了这种“错位”，才能更好地理解监管逻辑，定位险企发展路径。

在座谈会的相关内容中，其实监管已经非常明确地亮明了自身的高质量发展评价体系或者说权重因子，即风险保障能力、支持实体经济。座谈会总结保险业取得的四方面成绩时，淋漓尽致地体现了这一导向，尤其是在提及“坚持以人民为中心的发展理念”时，提及保险业的贡献包括：

积极参与医疗、养老等多层次社会保障体系建设，大病保险覆盖 12.2 亿人。参与企业年金发展，推出税优健康险、税延养老险等试点；保险资金发挥长期投资优势，积极参与长江经济带建设、粤港澳大湾区建设、京津冀协同发展等国家重大战略项目建设。持续推进农业保险扩面、增品、提标，为农业生产提供风险保障 4.29 万亿元。支持疫情防控和复工复产。

可见，养老医疗体系建设、资金运用、农业保险和支持实体经济，基本涵盖了监管最为关心的四个方面。

此外，监管也比较关注行业的体制机制建设，比如，重疾险、意外险、互联网人身保险等领域的监管制度，车险改革，农险改革、意外险改革，专属商业养老保险试点等各种创新探索，以及对外开放进程等。当然，尤其重要的还是“安全底线”。

四、监管工作会议明确保险业新一年导向：构建新型保险中介市场体系、明晰非银机构功能定位等提法尤其值得关注

理解了监管的关注逻辑和重点，也就理解了中国银保监会2022年的工作核心依然是服务大局，有关监管工作会议的新闻稿明确“做好2022年监管工作，确保经济金融大局稳定，意义十分重大”。拆开来看，需要落实在以下几个方面。

中国银保监会明确，“要努力促进国民经济良性循环。按照稳字当头、稳中求进的要求，全力支持稳定宏观经济大盘”。在这方面，保险监管的主要任务包括优化重点领域共保体机制，推进新材料、首台（套）保险试点，创新绿色金融产品服务，发展第三支柱养老保险，完善健康保险服务等。

在“防范化解金融风险”方面，提出“稳定大局、统筹协调、分类施策、精准拆弹”的基本方针，持续拆解高风险影子银行，严肃整治“代理退保”乱象等。

在“深化改革开放”方面，保险监管的主要任务则包括回归保障本源、构建新型保险中介市场体系、推进资管业务高质量发展、明晰非银机构功能定位、数字化转型、高水平对外开放等。

其中，尤其值得关注的表述是“构建新型保险中介市场体系”，从车险综改的目标和结果来看，中介市场一直处于被挤压的状态，经营传统车险业务的中介转型已经迫在眉睫，在这种压力下，监管未来会如何引导中介市场重构无疑值得关注。

另外一个值得关注的表述是“明晰非银机构功能定位”。这意味着，对于保险公司等在内的非银机构定位问题，监管仍在探讨，而探讨的结果将直接关系保险业的经营范围。

可以看到，监管对于保险公司发展养老社区已经进行过调研，对于非保险子公司、关联交易的监管也日趋深入，这对于近年来致力于多元化发展的保险业或许会带来新的挑战。

监管还明确提出“要坚决防止资本在金融领域无序扩张，在金融领域为资本设置‘红绿灯’”。其中，筑牢产业资本与金融资本的“防火墙”，加强对股东的穿透式监管，严防银行保险资金被用于盲目“加杠杆”是核心中的核心。具体到手段，仍然是完善有效制衡的公司治理机制。

此外，会议还强调“要运用法治思维提升依法行政能力……程序正义和结果正义并重”，要“发扬自我革命精神”，以及“压实系统和机构各级党委书记安全生产第一责任人的责任”。

五、不容回避的问题：高质量发展的路径与保险业现实复杂性

“推动保险业高质量发展座谈会”为保险业实现高质量发展指明道路，提出6个方面的办法，前5个都是对市场主体提出要求。导向是明确的，但现实困境也不容忽视。例如，不断提高政治站位、坚持走高质量发展道路、提升服务社会民生能力这三个方面，相对而言，对有余力、有体量的机构更加具备可行性。

此外，推动完善公司治理机制、牢牢守住风险底线，虽然对所有公司均适用，但最主要是针对现存的很多中小保险公司，那些存在治理结构不健全、过度竞争、资本消耗过快等问题的中小公司是下一步监管的主要发力点。

在监管自身的建设方面，主要是构建保险机构非现场监测与风险评估体系，增强风险识别和处置能力。银保监会刚发布《保险公司非现场监管办法》，标志着非现场监管体系的建立。

结合中国银保监会2022年工作会议精神，监管部门正在重塑保险业的发展和监管模式。发展方面，更加重视参与社会治理和发挥保障价值，不追求单纯的规模扩张。监管方面，监管理念全面向银行机构的机构监管理念靠拢，不断丰富监管制度体系，设置较为严密的业务准入制度，防止保险机构迅速膨胀的可能。

在发展模式、监管模式重塑之下，众多中小保险机构的生存问题值得关注，例如车险综改之后的马太效应问题，互联网保险连续“紧箍咒”之后的业务创新问题，以及中小险企的产品接续问题……

监管给出的高质量发展路径是明确的，但保险业的现实复杂性也不容忽视。

从罚单再创新高看监管效能：并未根本改变行业生态，有限监管资源下应抓大放小*

王德明** 2022年3月11日

编者按

监管资源是有限的，行业问题是无限的，如何充分利用监管资源，实现监管效能最大化是值得行业深思的问题。

本文作者发现监管的罚款金额、罚单数量虽然不断走高，但并没有实质性改变行业痼疾。套取手续费佣金等市场行为方面的违规是绝大部分罚单的理由，而这些行为往往是市场初级、竞争水平低导致的，具有普遍性。被监管检查的机构普遍存在，没有被检查的机构也普遍存在，而这些市场行为虽然会扰乱行业秩序，但并不会招致系统性风险。

相对于各种违规市场行为，最危险的行为还在于公司治理、关联交易、资金运用等方面的违规行为。

因此作者认为在监管资源有限的前提下，可以适当减少对于市场行为的监管与处罚力度，更多依靠检查保险公司内控合规有效性，以激活自身"免疫力"来解决这些问题。同时，将更多监管资源投入公司治理、关联交易、资金运用等高风险领域，盯紧法人机构，加大对于责任人的处罚力度。

近年来，在严监管、防风险背景下，保险行业监管处罚力度不断加大，罚单数量及罚款金额不断创新高，严查重罚在遏制市场乱象等方面起到了积极作用。但从

* 本文原题为：《以风险为导向 合理调配监管检查资源——对保险行业行政处罚的几点思考》。

** 作者：王德明，法学博士，系中国保险学会法律专业委员会委员，中国人民大学保险法研究所研究员，大成律师事务所顾问。

行业实际情况来看，严查重罚并没有改变违规支付手续费等行业痼疾。

在监管资源有限的前提下，可以风险为导向，加大公司治理、关联交易、资金运用等高风险领域的检查力度，适当减少违规支付手续费等市场行为查处资源投入，使有限的监管资源发挥更大的效用。

一、2021 保险业罚款金额创新高，但仍主要集中在套取手续费佣金及相关问题上

根据普华永道《2021 年度保险行业监管处罚分析报告》（以下简称《分析报告》），2021 年度银保监会及其派出机构共开出 2182 张罚单，涉及 307 家保险机构，处罚类型主要为警告及罚款（2141 张，罚款总金额 30299 万元）和责令改正（152 张），其他还包括撤销任职资格（20 张）、停止接受新业务（19 张）、吊销业务许可证等（3 张）。

（一）处罚主要集中在套取手续费佣金及相关联的问题上

根据分析报告，2021 年度前七大处罚违规行为，罚单数量占到了 88%，罚款金额占 90% 以上，具体见表 1。

表 1　　保险行业七大违规行为

序号	违规行为	罚款金额（元）	罚单数（张）
1	编制或者提供虚假的财务报表资料	9076	485
2	虚构中介业务套取费用	6355	357
3	给予投保人保险合同约定以外的利益	5849	316
4	未严格执行经批准或备案的条款费率	5189	194
5	虚列费用	4494	300
6	财务业务数据不真实	3551	130
7	利用业务便利为其他机构和个人谋取不正当利益	2081	135

总体来看，上述七类违规问题都属于市场行为领域，根源都在手续费及佣金违规支付方面。具体分析，虚构中介套取费用、虚列费用、给与投保人保险合同约定以外的利益行为直接涉及手续费违规行为，这些问题进而又导致了财务业务数据不真实、编制或者提供虚假的财务报表资料、未严格执行经批准或备案的条款费率等违规行为。

处罚情况符合保险市场实际。分行业来看，财险行业罚单数量占比 54%，主要原因是财险市场中违规支付手续费问题非常突出；寿险行业罚单数占比 26%，较大程度上与寿险行业银保渠道的“小账本”问题相关联；中介市场罚单数量占比

20%，除了与虚挂中介违规行为直接关联外，市场中很多中介机构充当了保险公司套取及列支费用的通道。

（二）违规支付手续费的根源在于行业低水平的价格竞争

年度处罚的违规行为主要集中在违规支付手续费及相关联问题上，当前很多保险公司通过高额手续费及“小账”来开拓市场。由于监管部门对产品的附加费用率及手续费佣金率有监管指标，公司只能通过虚列营业费用、虚挂中介业务、虚列营销人力等手段套取资金，用于支付超额手续费或给予投保人保险合同以外的利益。

这些行业顽疾屡查屡犯，难以整治，根本原因是市场还处在拼手续费的低水平竞争阶段。整治的根本出路在于转变保险行业发展方式，逐步建立品牌、服务、产品等方面的核心竞争力，建立差异化竞争格局。

（三）近年来严查重罚下行业痼疾并没有得到根本性的改善

近年来，监管处罚力度不断加强，2020 年罚单 1705 张，罚款 23559 万元，2021 年度罚单及罚款数量再创新高，严查重罚在整治市场乱象方面取得积极效果。但不可否认，从市场实际来看，保险市场上违规支付手续费及佣金等问题仍大行其道，这些行业沉疴痼疾并没有得到根本性改善。

与行业内数百家法人主体、数以千计的分支机构相比，监管机构人力资源相对有限，监管检查覆盖面相对较小，近年来几乎是逢查必处罚，2021 年度处罚保险机构 307 家，监管检查没有覆盖到的机构手续费佣金等违规行为仍然可能普遍存在。

二、提升监管效率或应抓大放小：降低市场行为监管力度，紧盯法人机构，加大责任人处罚力度

（一）评估行业风险状况，动态配置监管资源

监管机构对保险公司经营情况进行跟踪评估，评估保险机构的主要风险状况及其风险防范与控制能力，根据风险严重程度动态配置金融监管资源。对于高风险领域，应作为监管检查重点领域，投入更多监管资源；对于风险相对较低的领域，则

适当减少资源投入，使有限的监管资源能发挥最大的效用。

加强非现场监管是风险为导向监管体系的基础。利用信息技术手段，建立非现场监管评价指标体系，对于保险公司经营指标及报送的报告加强分析利用，及时发现风险性苗头，为现场检查立项等提供支持，对高风险问题及时干预，相比问题爆发后再处置，成本和代价要更低。

（二）加大公司治理、资金运用等高风险领域的检查力度

从近年来保险行业高风险公司案例看，风险集中在公司治理、资金运用、关联交易等领域。如高风险机构普遍存在大股东、实控人操控公司、入股资金不实、“三会一层”运作不规范等问题，大股东、实控人隐蔽关联关系、侵占套取保险公司资金问题非常突出。

建议重点加强高风险领域监管检查。在公司治理方面，查深查透股东股权问题，对实控人隐居幕后操纵的公司要加大检查力度；在关联交易方面，按照实质穿透性及利益倾斜原则穿透识别关联方，使隐蔽关联交易“现身”；在资金运用方面，以资金流为主线，穿透到最终使用人和底层资产，紧盯资金运用中的非标创新金融产品，防范借助信托、私募等通道侵占保险资金的风险。

（三）适当降低对违规支付手续费等市场行为的查处力度

目前监管检查处罚 90% 以上集中在手续费违规支付及相关问题上。从风险评估角度整体来看，违规支付手续费、账外给予投保人利益等行为不会形成系统性风险。在监管资源有限的前提条件下，可适度降低市场行为监管检查力度。

当前保险市场上主体众多，违规支付手续费短期看会扰乱市场秩序，但长期看市场有自我调节机制，如果一直高手续费买业务，则会损害公司的偿付能力，缺乏偿付能力的公司会逐步退出市场，近年来部分机构收缩甚至退出车险市场就是一个典型的例子。从监管机构角度看，监管资源过多投入维持市场竞争秩序，不仅可能导致在高风险领域投入力量不足，而且也不利于保险市场主体形成理性、以风险为本的经营方式。

在消费者权益保护方面，大力推动行业协会、消费者权益保护组织的调解机制发挥作用，推动建立行业纠纷仲裁机制，通过调解及仲裁机制来解决消费者投诉等问题。对严重损害消费者权益的行为，再由监管机构查处并予以处罚。

（四）检查保险公司内控合规的有效性，激活自身“免疫力”

近年来保险机构建立了相对健全的风险合规及内控体系，尤其是“偿二代”实施以来，公司按照“偿二代”风险管理要求建立了全面风险管理组织体系及风险内控量化指标体系。违规支付手续费问题都在公司内控合规体系范围内，整治行业痼疾的根本出路还在于公司提高自身的“免疫力”，这是监管职能所不能替代的。

今后监管应重点检查、评价保险公司内控合规体系的有效性，促使保险公司内控合规体系切实发挥作用，内生动力才是防风险最有效的方式。

（五）重点紧盯法人机构，盯住风险之源

违规支付手续费、财务业务数据不真实等行为主要发生在分支机构，处罚对象也主要是分支机构，但这些问题的根源在于总公司。从行业实来看，公司治理、发展战略、产品策略、偿付能力、关联交易、资金运用等决策及权限均在法人机构，分支机构主要承担市场营销及客户服务职能，违规支付手续费佣金等问题，与法人机构的风险合规文化、营销政策、内控有效性等密切相关。

从风险角度来看，法人机构的风险程度更高。属地化监管后，银保监局的力量应主要集中在法人机构身上。首先要紧盯偿付能力，对虚增资产、准备金计提不充分等问题要及时查处，确保偿付能力真实；其次应关注公司战略和产品策略，违规支付手续费佣金等问题往往与公司的激进战略及产品营销策略紧密相关，对此应重点关注，监管环节前移，防风险于未然。

（六）加大对责任人的处罚力度，防止处罚虚化

根据统计报告，2021 年度对机构的罚款占罚款总额的 80%，最高金额的罚单罚款金额 225 万元，还有 19 家分支机构被暂停一定时间段接受某种类的新业务，如暂停新车险业务 3 个月等。对责任人的处罚措施主要是警告和罚款，对个人的罚款总体占罚款金额的 20%，还有 20 张保单涉及撤销任职资格。

总体来看，绝大部分处罚是对机构罚款，但单均 15 万元的罚款对机构来说也难形成有效威慑。各类违规问题的根源还在人的身上，建议监管处罚要减轻公司责任、加大个人责任追究，且向上管理层级追究责任，让处罚真正落实到承担决策的责任人身上，防止违规处罚责任虚化。

那些山雨和风："三无"险企，董事长失联半年又回归，一、二把手双双遭免职

慧保天下　2022 年 7 月 13 日

山雨欲来风满楼。

2022 年 7 月 11 日，深圳钜盛华股份有限公司（简称"钜盛华"）通过宝能集团官网发布两则公告，宣告将免去前海人寿总经理沈成方的董事职务、总经理职务，同时免去监事会主席陈琳的监事职务。再加上前海人寿董事长一职已经空缺一年时间，这意味着最新的人事变动之后，前海人寿将暂时变成一家"三无"险企，无董事长、无监事长、无总经理……

其实，像前海人寿这样发生人事巨变的险企在 2022 年并非只有一家，其中不乏所谓"问题险企"，每个人都在等待着靴子落地的那一刻。

最近大家的注意力都为明天系险企所牵引，继安邦之后，历经整整两年的接托管，明天系险企终于得以走向终局，天安财险的处置方案已经出炉，对华夏人寿、天安人寿的处置方案坊间也有所耳闻，下一步其他高风险公司排雷待续……

一、总经理、监事长同时被免，董事长空缺已 1 年，前海人寿怎么了

钜盛华发布两则公告。一则为，经前海人寿股东大会决议，将免去沈成方董事职务、免去陈琳监事职务；另一则为，经前海人寿董事会决议，免去沈成方总经理职务，另有安排。对此，钜盛华相关人士回应称，此次人事变动系根据经营需要进行的人事调整。

值得注意的是，前海人寿董事长一职已空缺一年之久——自 2021 年 3 月，张金顺因个人原因辞任前海人寿董事长后，便由沈成方代理召集公司董事会之职，直至

公司新任董事长上任为止，不过迄今为止，新的董事长至今并未出现。

公开资料显示，沈成方出生于1966年，1991年毕业于南开大学保险精算专业，曾先后出任平安人寿精算部总经理、总精算师、平安健康险公司总精算师等职。

2012年，前海人寿成立之初，沈成方出任前海人寿筹备组副组长，后出任前海人寿总精算师，2015年7月升任前海人寿副总裁，2018年8月，升任总经理一职，是前海人寿一名元老级“老将”。

而另一位当事人陈琳，1972年出生，2012年4月获批担任前海人寿监事会主席至今。2016年11月至今，陈琳还担任中国南玻集团股份有限公司董事长。

由于担任监事会主席一职的前提是成为监事，而陈琳被免去监事职务，也意味着，其监事会主席职务其监事长一职亦要卸任。此前，前海人寿总经理助理王风杰亦在1月18日离职。

不仅是业界人士对前海人寿的此次人事变动表示吃惊，即便是前海人寿的内部人士也表示是在看到新闻之后才听说了该消息，甚至有人士质疑，在缺少董事长的状态下，依然召集公司董事会是否合规……

一般来说，罢免了原高管，会同步公布继任者，但前海人寿目前对于临时负责人等并无相关安排，这意味着前海人寿成了一家无董事长、无总经理、无监事长的“三无”保险公司。

前海人寿官网显示，目前，其高管团队还包括常务副总经理兼财务负责人兼首席投资官，副总经理，副总经理兼首席风险官兼董事会秘书、副总经理兼首席信息官、总精算师、审计责任人。

监事团队包括职工监事孟莉莉、代金，监事宋粤霞、孙玲玲。

二、股权变动前奏？传深圳地方国资有意接盘前海人寿部分股权

对于一家企业而言，关键人事的变动，一定事出有因，对于前海人寿而言，最重要的三大高管相继发生变动，尤其引得市场关注。

有业界人士认为，这或与前海人寿的股权变动有关。此前坊间早有传闻称，深圳地方国资企业有意并购前海人寿部分股权。

从股权结构来看，目前，前海人寿拥有5家股东，深圳钜盛华持股51%，拥有

绝对控股权；深圳深粤控股持股 20%，成为第二大股东；深圳粤商物流持股比例为 19.8%；凯信恒有限公司和金丰通源分别持有 4.6%股权。

另据 2022 年第一季度偿付能力报告，前海人寿大股东钜盛华已将约 30%股权质押；同时，另外 3 家股东所持股权也已经遭遇质押。整体来看，目前，前海人寿约 70%股权均处于质押状态。

不过，在地产不景气的大环境下，宝能系的困难也是显而易见的。

事实上，宝能系也是典型的房地产企业，旗下拥有综合物业开发、金融、现代物流、文化旅游、民生产业五大板块，下辖宝能地产、前海人寿、钜盛华、广东云信资信评等多家子公司。

但如今，房地产行业不景气，资金链紧张的传闻不断，宝能系也未能幸免。2021 年初，宝能系开始陷入流动性危机，面临理财产品逾期兑付、债务违约等困境，不得不通过减持所持有上市公司股权、质押股份、处置资产等方式持续回笼资金。

而前海人寿、前海财险作为宝能系手中最重要的金融企业，会否因此被变卖股权，成为业界最关注的事件之一。

房地产业曾长期是中国“最赚钱”的行业，而保险资金的特质又与房地产业资金需求高度契合，除前海人寿外，在保险业有多家房地产险企，如百年人寿、上海人寿、亚太财险、中融人寿、珠江人寿等。

当房地产开始下行，过去几十年所积累的风险逐渐暴露，不少险企已经踩雷，如中融人寿“踩雷”恒大、宝能、海航等，巨亏 65 亿元；平安踩雷华夏幸福，风险敞口高达 432 亿元；珠江人寿“踩雷”房地产；亚太财险股东泛海系 51%股权被司法冻结等。

三、风险出清第一阶段结束？这些“问题公司”仍难题待解

其实不只是前海人寿，其他一些险企也出现了人事震荡。

根据“慧保天下”的不完全统计，2022 年上半年，保险业继续承压，保险公司高管层也继续频繁变化，仅上半年董事长、监事长、总经理及副总经理在内的核心管理层就出现了 116 次变动，涉及 77 家保险机构。

而最近的一起董事长、总经理同时被免职的事件，是2022年6月21日，富德产险接连发布3则重大事项临时信息披露报告，分别免去龚志洁公司董事、董事长职务，免去罗桂友公司董事、总经理职务。

了解保险业情况的都知道，富德产险在大股东长期缺位的情况下，内部问题不断积累。监管组针对高管采取监管措施，是纠偏最直接的方式。

除了董事长、总经理双双被免职外，有些公司的人事变动也同样值得推敲。例如弘康人原董事长卢德之，就因涉千亿烟企女掌门受贿案而辞任董事长一职；此外，上海人寿董事长密春雷神秘失踪数月后，又重新现身执掌公司大权，没有人知道他究竟经历了什么。

这些人事上不寻常的变化，勾勒出2022年上半年在行业波橘云诡的人事变动之下，深层次的变革正在缓慢发生。

某种程度上，这或许也是对于行业旧有发展逻辑的扬弃。当一批旧人离场，一批新人上位，或许就是新的发展逻辑确立并贯彻到底的时刻。

近期，业界的关注点聚焦于明天系旗下被接管的4家险企——华夏人寿、天安人寿、天安财险和易安财险。

两年接管大限将至，4家被接管险企积极行动，天安财险率先作出应对，挂牌转让保险业务资产包；而华夏人寿则于近期发布了企业社会责任报告，透露总保费排名仍高居人身险公司第三名，显示即便是在接管期间，该公司也依然在稳健向前。

伴随安邦系、明天系相继走入历史尘埃，保险业风险出清的第一阶段也将随之结束，但这并不意味着故事的结束，实际上，新的一批问题险企已经浮出水面，如何处置其风险，又将被提上日程。

所谓“山雨欲来风满楼”，保险业风险出清之前，风仍将不止。

153 家险企投资收益大揭秘，七成为负数，负债端还能卖啥产品

慧保天下　2022 年 5 月 10 日

2022 年以来，受权益市场大幅回撤、市场利率下滑等多重因素影响，A 股市场快速下跌。数据显示，2022 年第一季度，上证综指从年初 3600 点下探至 3200 点，累计跌幅 10.14%，年化收益率 -36.43%，深证成指累计下跌 18.44%，创业板指累计下跌 19.96%。

在此背景下，保险公司投资收益率普遍显著下滑。根据"偿二代"二期监管规则要求，保险公司在 2022 年第一季度偿付能力报告中，新增披露了净投资收益率、投资收益率、综合投资收益率等指标（见表 1），让我们也得以管窥所有险企的第一季度的投资成绩单（数据口径以偿付能力报告为准）。

表 1　　　　财险公司与寿险公司 2022 年第一季度投资收益率

财险公司 2022 年第一季度投资收益率			寿险公司 2022 年第一季度投资收益率		
机构	投资收益率（%）	综合投资收益率（%）	机构	投资收益率（%）	综合投资收益率（%）
鑫安汽车	-4.30	-4.30	小康人寿	0.96	-8.16
国任财险	0.72	-3.86	海保人寿	4.07	-7.95
中原农险	0.50	-3.40	渤海人寿	-0.31	-3.37
中煤财险	-0.66	-2.99	中荷人寿	5.48	-3.17
浙商财险	-0.90	-2.76	华贵人寿	0.75	-2.22
华安财险	-0.50	-2.71	爱心人寿	-2.37	-2.11
阳光财险	1.95	-2.50	泰康养老	1.37	-2.08
富邦财险	-0.42	-2.37	中意人寿	0.86	-1.87
中银保险	3.78	-2.26	建信人寿	3.64	-1.76

续表

财险公司 2022 年第一季度投资收益率			寿险公司 2022 年第一季度投资收益率		
机构	投资收益率（%）	综合投资收益率（%）	机构	投资收益率（%）	综合投资收益率（%）
众诚财险	0. 38	-2. 25	泰康人寿	0. 45	-1. 63
安诚财险	-1. 28	-2. 10	信泰人寿	0. 74	-1. 61
锦泰财险	1. 06	-2. 00	平安健康	-0. 96	-1. 58
众安在线	-0. 40	-1. 83	中韩人寿	0. 70	-1. 49
国泰财险	0. 11	-1. 73	中银三星	1. 23	-1. 37
珠峰财险	-0. 29	-1. 62	民生人寿	-1. 10	-1. 37
建信财险	1. 20	-1. 50	国宝人寿	0. 81	-1. 26
泰康在线	0. 31	-1. 49	三峡人寿	1. 29	-1. 25
泰山财险	0. 44	-1. 47	人保寿险	1. 44	-1. 23
众惠相互	-1. 45	-1. 45	中邮人寿	0. 93	-1. 23
亚太财险	0. 65	-1. 18	利安人寿	0. 93	-1. 20
华海财险	-1. 05	-1. 16	中宏人寿	1. 13	-1. 14
英大泰和	0. 75	-1. 15	国富人寿	0. 93	-1. 11
大地财险	0. 39	-1. 14	恒安标准	0. 97	-1. 08
北部湾财险	0. 25	-1. 10	横琴人寿	0. 85	-0. 99
国寿财险	0. 09	-1. 07	人保健康	1. 04	-0. 90
东海航运	-0. 06	-0. 86	弘康人寿	0. 91	-0. 90
黄河财险	-0. 73	-0. 86	太平养老	2. 02	-0. 88
太平财险	0. 44	-0. 74	前海人寿	0. 17	-0. 83
富德财险	0. 79	-0. 67	招商信诺	1. 22	-0. 82
中铁自保	0. 13	-0. 67	瑞华健康	-0. 80	-0. 80
汇友相互	0. 80	-0. 63	汇丰人寿	-0. 57	-0. 76
长江财险	-0. 10	-0. 53	长城人寿	0. 36	-0. 72
中航安盟	—	-0. 51	工银安盛	1. 06	-0. 67
紫金财险	0. 76	-0. 49	幸福人寿	1. 27	-0. 61
合众财险	-0. 50	-0. 49	新华保险	1. 17	-0. 57
渤海财险	0. 60	-0. 44	北大方正	1. 21	-0. 56
阳光农业	-0. 43	-0. 43	光大永明	1. 35	-0. 55
诚泰财险	0. 29	-0. 39	北京人寿	0. 11	-0. 54

续表

财险公司2022年第一季度投资收益率			寿险公司2022年第一季度投资收益率		
机构	投资收益率（%）	综合投资收益率（%）	机构	投资收益率（%）	综合投资收益率（%）
华泰财险	0.47	-0.38	财信吉祥人寿	0.32	-0.51
永诚财险	-0.28	-0.36	鼎诚人寿	-0.29	-0.44
恒邦财险	-0.04	-0.35	信美人寿	0.99	-0.42
人保财险	1.16	-0.31	东吴人寿	1.04	-0.37
都邦财险	-0.42	-0.23	百年人寿	0.90	-0.36
太保产险	1.30	-0.20	国联人寿	0.96	-0.35
海峡金桥	0.66	-0.17	英大泰和	0.88	-0.35
京东安联	0.80	-0.10	太平人寿	0.25	-0.30
中远海运	-0.10	-0.10	太保寿险	0.91	-0.26
安华农险	0.34	-0.01	阳光人寿	1.05	-0.24
中华联合	0.33	0.08	中国人寿	0.86	-0.22
安盛天平	1.69	0.22	华泰人寿	0.55	-0.22
劳合社	0.26	0.26	复星保德信	0.96	-0.09
太平科技	0.30	0.30	中英人寿	0.85	-0.06
长安责任	0.27	0.32	和泰人寿	1.12	-0.04
三星财险	0.40	0.40	招商局仁和	0.90	0.07
华农财险	-0.50	0.42	国华人寿	1.23	0.30
平安财险	0.72	0.43	同方全球	0.75	0.32
安信农业	1.45	0.45	太保健康	0.82	0.35
鼎和财险	0.64	0.48	中华联合人寿	0.52	0.35
新疆前海财险	1.91	0.53	瑞泰人寿	0.98	0.37
美亚财险	0.68	0.54	农银人寿	3.83	0.48
安达保险	0.63	0.63	平安人寿	0.87	0.51
阳光信保	0.75	0.63	复星联合	1.20	0.61
安心财险	0.66	0.66	中美联泰	0.96	0.61
日本财险	0.73	0.67	中德安联	0.97	0.70
国元农险	0.73	0.73	交银人寿	0.77	0.78
日本兴亚	0.78	0.78	长生人寿	0.94	0.89
爱和谊	0.79	0.79	陆家嘴国泰	0.96	1.07

续表

财险公司 2022 年第一季度投资收益率			寿险公司 2022 年第一季度投资收益率		
机构	投资收益率（%）	综合投资收益率（%）	机构	投资收益率（%）	综合投资收益率（%）
燕赵财险	1.65	0.80	合众人寿	2.03	1.08
东京海上	0.80	0.80	华汇人寿	1.03	1.11
三井住友	0.80	0.80	友邦人寿	3.18	1.14
苏黎世	0.82	0.82	中信保诚	2.66	1.28
中意财险	0.83	0.83	德华安顾	4.18	3.35
史带财险	0.93	0.95	君龙人寿	-0.64	3.78
瑞再企商	1.00	1.00			
利宝保险	1.09	1.09			
现代财险	1.11	1.11			
中石油专属	1.22	1.22			
融盛财险	-2.00	2.00			
广东能源	3.23	3.23			
永安财险	0.73	3.97			

一、第一季度投资惨淡开局，近七成险企综合投资收益率为负数，或将挤压负债端

据“慧保天下”统计，共 153 家产寿险公司披露了 2022 年第一季度投资成绩单，其中，101 家保险公司综合投资收益率为负值，占比 66%；29 家险企投资收益率为负值。

险企资产端承压，直接导致其净利润的大幅下滑。数据显示，2022 年第一季度，71 家人身险公司净利润锐减 320 亿元，同比下滑 41.35%；80 家财险公司合计净利润 158 亿元，同比降 16%。

投资收益率持续低迷的话势必会对负债端形成挤压，一些高预定利率、高结算利率的产品或将陆续退出市场，值得思考的是，当某一天收益率不能成为储蓄类产品的最大卖点，保险公司应该怎么卖产品？

根据中国人寿的披露，偿付能力报告中计算收益率采用的公式如下：

1. 净资产收益率 = 净利润 ÷ [（期初净资产 + 期末净资产）÷2] ×100%

2. 总资产收益率 = 净利润 ÷ [（期初总资产 + 期末总资产）÷2] ×100%

3. 投资收益率 =（投资收益 + 公允价值变动损益 + 汇兑损益 - 投资资产减值损失 - 投资业务的税金及附加 - 利息支出）÷报告期资金运用平均余额 ×100%

4. 综合投资收益率 =（投资收益 + 公允价值变动损益 + 汇兑损益 + 可供出售金融资产的公允价值变动净额 - 投资资产减值损失 - 投资业务的税金及附加 - 利息支出）÷报告期资金运用平均余额 ×100%

主要经营指标为依据《保险公司偿付能力监管规则第 18 号：偿付能力报告》规则计算的数据结果。

二、人身险企：超七成险企综合投资收益率为负，小新险企垫底

据“慧保天下”统计，在人身险公司中，共 73 家险企披露了第一季度投资成绩单。其中，53 家险企综合投资收益率为负，占比 72.6%；8 家险企投资收益率为负。

（一）小新险企综合投资收益率垫底

在综合投资收益率方面，小康人寿、海保人寿、渤海人寿、中荷人寿、华贵人寿、爱心人寿 6 家险企综合投资收益率低于 -2%。其中，小康人寿综合投资收益为最低，为 -8.16%，其次是海保人寿紧追其后，为 -7.95%，渤海人寿以综合投资收益率 -3.37% 拿下倒数第三。

可以看到，综合投资收益率垫底的多为小新险企，这或与这些险企投资风格较为激进有关，而投资风格又与其业务风格有关。

在激烈的市场竞争之下，小新险企一般以低价策略抢占市场，再利用利差来补足死差、费差造成的损失。这对于其投资端提出较高要求。在一般情况下，小新险企投资资产规模小，更容易博取较高收益，但在相对激进的投资风格下，一旦资本市场向下波动，其整体业绩受影响的程度将更为明显。

综合投资收益率大减之下，这几家公司第一季度净利润也均为亏损状态，其中，渤海人寿亏损 5.16 亿元，爱心人寿亏损 2.31 亿元（见表 2）。

表 2　几家险企 2022 年第一季度投资收益率及综合投资收益率　（单位:%）

机构	投资收益率	综合投资收益率
小康人寿	0.96	-8.16
海保人寿	4.07	-7.95
渤海人寿	-0.31	-3.37
中荷人寿	5.48	-3.17
华贵人寿	0.75	-2.22
爱心人寿	-2.37	-2.11
泰康养老	1.37	-2.08

（二）大中型险企也未能幸免

投资风格激进的小新险企综合投资收益率垫底，与此同时，相对稳健的大中型险企也未能逃脱综合投资收益率为负数的命运。

16 家险企综合投资收益率为 -1% 至 -2%，包括中邮人寿、泰康人寿、建信人寿、民生人寿等中型险企，其综合投资收益率分别为 -1.23%、-1.23%、-1.63%、-1.76%。

有 9 家险企亏损，其中，民生人寿亏损 13.82 亿元，中邮人寿亏损 6.41 亿元，利安人寿亏损 2.69 亿元，信泰人寿亏损 3.74 亿元，国富人寿亏损 0.97 亿元（见表 3）。

表 3　几家险企 2022 年第一季度综合投资收益率

公司	综合投资收益率（%）
恒安标准	-1.08
国富人寿	-1.11
中宏人寿	-1.14
利安人寿	-1.20
人保寿险	-1.23
中邮人寿	-1.23
三峡人寿	-1.25
国宝人寿	-1.26
中银三星	-1.37
民生人寿	-1.37

续表

公司	综合投资收益率（%）
中韩人寿	-1.49
平安健康	-1.58
信泰人寿	-1.61
泰康人寿	-1.63
建信人寿	-1.76
中意人寿	-1.87

此外，30家险企综合投资收益率为0%至-1%，其中就包括中国人寿、太保寿险、太平人寿、新华保险4家头部公司，其综合投资收益率分别为-0.22%、-0.26%、-0.3%、-0.57%。其中，太平人寿、前海人寿等20家险企在第一季度出现亏损。

三、产险公司：12家险企综合投资收益率低于-2%，头部险企未能幸免

据“慧保天下”统计，共有80家财险公司在偿付能力报告中披露了第一季度投资收益率情况。其中，48家险企综合投资收益率为负，占比60%；21家险企投资收益率为负。

（一）12家险企综合投资收益率低于-2%，鑫安车险以-4.3%垫底

在综合投资收益率方面，阳光财险、华安财险、中煤财险、国任财险等12家险企综合投资收益率超过-2%。其中，鑫安车险综合投资收益率最低，为-4.3%；其次，国任财险综合投资收益率为-3.86%，中原农险综合投资收益率为-3.4%。

中煤在偿付能力报告中表示，受第一季度资本市场大幅震荡导致投资浮亏，影响实际资本减少4971.78万元（见表4）。

表4　几家险企2022年第一季度综合投资收益率

公司	综合投资收益率（%）
锦泰财险	-2.00
安诚财险	-2.10
众诚财险	-2.25

续表

公司	综合投资收益率（%）
中银保险	-2.26
富邦财险	-2.37
阳光财险	-2.50
华安财险	-2.71
浙商财险	-2.76
中煤财险	-2.99
中原农险	-3.40
国任财险	-3.86
鑫安汽车	-4.30

（二）头部险企综合投资收益率也是负数

综合投资收益率为-1%至-2%的共有13家财产险企，其中，国寿财险、英大太和、泰康在线、国泰财险、众安在线综合投资收益率分别为-1.07%、-1.15%、-1.49%、-1.73%、-1.83%。

此外，23家险企综合投资收益率为-1%至0%，包括太保产险、人保财险2家头部财险公司，其综合投资收益率分别为-0.2%、-0.31%（见表5）。

表5　　几家险企2022年第一季度综合投资收益率

公司	综合投资收益率（%）
国寿财险	-1.07
北部湾财险	-1.10
大地财险	-1.14
英大泰和	-1.15
华海财险	-1.16
亚太财险	-1.18
众惠相互	-1.45
泰山财险	-1.47
泰康在线	-1.49
建信财险	-1.50
珠峰财险	-1.62
国泰财险	-1.73
众安在线	-1.83

保险科技这 5 年：资本从追捧到哑火，揭示了怎样的逻辑演变

海棠　2022 年 3 月 23 日

从公认的“保险科技元年”2017 年至今，随着经济周期的更迭，资本陪伴着我国保险科技行业度过了波澜壮阔的五载春秋，见证了诸多公司犹如雨后春笋般蓬勃发展，也见证了有些公司的“大厦将倾”。从追捧到退潮，从顶流到落寞……不知不觉间，保险科技领域已经变了天。

根据相关统计，2021 年全球规模最大的 10 笔保险科技融资中，无一出自中国公司。事实上，2021 年国内保险科技赛道呈现出“高开低走”的态势，上半年水滴登陆纳斯达克后，下半年交易寥寥，几乎没什么新生力量出现。

除去疫情影响，我们不禁要问“保险科技究竟怎么了”？

保险科技这 5 年到底经历了什么？

资本怎么变了，现在最青睐哪一类保险科技公司？

未来如何看待保险科技的发展？

一、保险科技第一个 5 年落幕，从 1.0 到 3.0 的成功标杆

5 年来，我们似乎更加关注那些“跑出来”的保险科技公司，他们中的有些公司成功地实现资本化，有些公司在市场上频频制造“爆款”，均获得资本的追捧……梳理起来，过去 5 年，保险科技的发展大致可分为 3 个发展阶段，各自有其代表性的科技公司，同时也反映了不同时期资本的不同偏好。

（一）1.0 时代：保险科技探索（代表公司：慧择）

在探索阶段的保险科技公司中，“科技”属性似乎并不明显，更多可以看作互

联网保险与“保险基础设施”“数据积累”等科技概念叠加的综合结果。但它们从无到有的探索，无疑为诸多保险科技创业公司提供了切实可行的路径和成功范本。

这一阶段的典型公司当如慧择。成立于2006年的慧择，与传统保险中介不同，一开始就关注保险电商这一赛道。其后，更是瞄准长期险这一销售难度大但含金量高的产品，通过不断完善基础设施、推进产品在线化等方式，开辟了保险产品网销新模式。

随着微信公众号、小红书、抖音等私域流量逐渐兴起，慧择利用数据积累的丰富经验，成功切入这一市场，将众多网络大V纳入麾下，结合各自特点定制产品，使其长期险的业务突飞猛进。

2015—2018年，慧择借助“保险科技”概念的兴起，先后获得赛富、创东方、达晨创投等机构的数轮投资。2020年初，慧择成功登陆纳斯达克，募资5512万美元，奠定了其“保险电商第一股”的重要地位（见表1）。

表1　　慧择发展历程

时间	轮次	融资金额	投资人
2016年8月	B+	1亿元	由达展创投等投资
2016年3月	B	2亿元	由考拉基金、创东方投资、万磁资本投资
2015年2月	A	1000万元	由赛富投资基金投资

（二）2.0时代：保险科技萌芽（代表公司：水滴）

在萌芽阶段的保险科技公司中，不仅科技属性进一步增强，而且萌发出“保险生态”这一崭新概念，使得保险科技公司这一垂直类平台逐渐在保险产业链上占据更多的关键环节，也为保险科技公司从“科技”向“生态”转变埋下伏笔。

2016年，在“双创”和“互联网+”背景下诞生的水滴公司，一开始便获得腾讯、美团点评、IDG的天使投资。

不同于慧择与大V合作的模式，水滴精准地感知保险公司无法触达客户、难以提供保险意识教育等痛点，借助“互助”和“筹款”两大平台，通过富有视觉冲击力的现实案例，有效提高了消费者的保险意识，构筑起具有较高壁垒的流量池，在此基础上实现了巨额的产品销售。

此外，水滴也非常注重科技领域的研发投入，借助大数据层面的优势，从采集分析到落地赋能，最终形成智能核保、智能理赔、智能医疗、风险控制等一系列解决方案。

在连续获得知名投资机构近 40 亿元的投资、关停可能有政策风险的网络互助平台后，水滴于 2021 年 5 月在纳斯达克上市，成为真正意义上的“保险科技第一股”（见表 2）。

表 2　　　　水滴发展历程

时间	轮次	融资金额	投资人
2020 年 8 月	D	2.3 亿美元	由瑞士再保险集团和腾讯联合领投，IDG 资本、点亮全球基金、高榕资本等跟投
2019 年 6 月	C	5 亿元	由博裕资本领投，腾讯、中金资本、高榕资本、元钛长青基金、凯智资本（主要出资人：链家创始人左晖、美团点评联合创始人王慧文、前美团 COO 干嘉伟等）知名投资人跟投
2019 年 3 月	B	5 亿元	由腾讯领投，高榕资本、IDG 资本、蓝驰创投以及创新工场等跟投
2017 年 8 月	A	1.6 亿元	由腾讯、蓝驰创投联合领投，创新工场、高榕资本、IDG 资本、美团点评、彤程公益基金会等机构跟投
2016 年 5 月	天使轮	5000 万元	由腾讯、新美大、IDG、高榕资本、点亮基金、真格基金投资
2016 年 4 月	种子轮	850 万元	由初心资本、睿嘉资产、美团投资

（三）3.0 时代：保险科技的延伸（代表公司：圆心科技）

在发展阶段的保险科技公司中，“科技”不再是玩概念，而是依托“生态”存在，并服务于保险这个生态的衍生品。圆心科技成功实现资本化，为保险科技的后半场开辟了新的通路，具有承上启下的重要意义。

这一阶段的典型企业包括圆心科技，其创立于 2015 年。不同于慧择和水滴，它的保险基因并不突出，而是瞄准了医院处方药外流的隐形市场，以及“互联网 + 医疗机构”的发展趋势，一边建立起广泛的药房网络，一边发展互联网医院业务，构建起医患问诊和医药保健的生态闭环，随之大量的天然的保险需求应运而生。

2019 年 4 月，圆心科技正式进入保险服务领域，依托生态构建和数据积累，创造性地推出了为新特药设计的新型保险、普惠商业医疗保险、为带病人群定制保险等创新型产品，并与政府机构、公立医院深化合作，更好地推动业务落地。

作为资本界的宠儿，圆心科技共获得了超60亿元的投资，并于2022年3月被批准境外上市（见表3）。

表3　圆心科技发展历程

时间	轮次	融资金额	投资人
2021年8月	F	15亿元	红杉资本中国基金、Springhill、B Capital Group、Hel Ved、OrbiMed、UOB、易方达、ABI资本、中银国际、渶策资本、中信证券、鲲翎资本、未来启创、指数资本等联合投资
2021年2月	E	30亿元	红杉资本中国基金和腾讯联合领投，中信证券、中金资本、OrbiMed、启明创投、鲲翎资本、歌斐资产、易方达基金等跟投
2020年6月	D1	10亿元	由杉资本、中信证券、指数资本等共同投资
2019年6月	C3	未透露	未透露
2019年1月	C+	未透露	由星界资本领投，红杉资本中国等跟投
2018年4月	C	5亿元	由鲤翎资本、红杉资本中国、启明创投联合跟投
2015年8月	A	未透露	由腾讯、红杉中国投资

二、资本底层逻辑演变，关注点逐渐从“领先科技”转向“如何落地转化为生产力”

在上文中，笔者详细阐述了在所谓的“保险科技上半场”中成功跑出来的案例，其成功一方面与其看准行业大势、积极付诸行动密不可分，但另一方面，也离不开资本的一路襄助。

然而，资本是把双刃剑，当潮水褪去、迷信打破，保险科技的下半场姗姗到来，资本的兴趣也已经发生了转变。

与保险科技从上半场切换到下半场同时发生的，是我国宏观经济政策环境的重大变化。伴随着这种变化，资本不再盲目地追求扩张，不再迷信所谓“领先科技”，而是逐渐将“如何落地转化为生产力”作为重要的考量指标。

众所周知，保险科技公司最早围绕着保险产业链的垂直领域出现，目的是解决保险公司的某些“痛点”，营收来源体现为保费的一部分。然而，这就会形成一个

“悖论”，即大公司虽然不差钱，但本身投入高、“痛点”少；而小公司虽然亟待解决的问题多，但保费寥寥，不足以为额外的服务买单。因此，保险科技公司“落地难”现象已成为业界共识。落地难度与资本的青睐程度成反比，从易到难又可分为三类。

（一）能直接为保险公司带来保费的

“短期行为”影响着各行各业，尤其是在保险业，如何能够迅速获取保费是每个经理人的终极目标。对于保险公司来说，仅仅一张牌照是无法获得保费的，然而构筑自身的流量池需要漫长的投入，诉诸第三方是立竿见影的解决方案。

因此，一批保险科技公司应运而生，有的通过自身平台的流量变现（慧择、水滴），也有的通过科技手段将保险与医疗等相关产业连接（圆心科技），最终迅速将流量转化为保费。

这一类保险科技公司已构建起流量壁垒，业务模式易于落地且可迅速复制，保险公司愿意为流量买单，因此是最受资本青睐的类型。目前成功“跑出”的保险科技公司，也主要集中在这一类。

（二）能直接为保险公司节省成本的

有些保险科技公司虽然无法直接带来保费，却瞄准了保险公司“政策密集型”和“人才密集型”等特点，通过科技手段，使其降本增效、合规运营，节省了保险公司的日常成本。

对于这类保险科技企业，其服务效果能被保险公司直观看到，因此落地相对容易，保险公司虽不情愿，但也不得不为其买单。

然而在资本看来，这类公司的营收直接来源于其服务的保险公司，天花板明显，想象力较低，生存虽无虞，但做大很难，如仅停留在保险行业，其业务增长难以支撑其走到上市。因此也有部分公司跳出了保险行业，向大金融甚至其他行业拓展。

（三）既无法直接带来保费，又无法直接节省成本的

公司的“发展战略”“市场定位”虽听着很虚，但如果没有正确的认识，则会一步走错，满盘皆输。

在保险科技领域，有些创业公司缺乏对保险业的足够了解，并未触达和解决真

正的行业痛点，殊不知保险公司本身就经营艰难，哪有富余的费用为其服务买单?

虽然很多公司鼓吹其拥有行业领先的高科技属性，但无法落地的科技，最终也只能被束之高阁，无法转化为生产力。

事实上，与上市的“当红炸子鸡”相比，这一类保险科技公司更应该被作为案例进行深入思考。

三、保险科技第二个5年开启，从狭义到广义，新科技需服务大保险

时光迈入2022年，后疫情时代的影响已渗透到人们生活的方方面面，保险业也不例外。对于几年前如火如荼的保险科技赛道，我们似乎发现“保险科技”这个概念融资越来越难，甚至鲜少被提及了。

在第二个5年，保险科技这个概念是否将变成“伪命题”，还是改变为另一种形式继续存在?

首先需要回答的一个问题是，究竟应该是“保险服务科技”，还是“科技服务保险”?

在“互联网+”的概念刚兴起的那几年，曾有过“互联网+行业”还是“行业+互联网”的讨论，即互联网和行业哪个应当占据主体地位。笔者认为，“保险科技”发展到现在，也应当面临类似的讨论，是保险服务于科技，还是科技服务于保险，这是保险科技未来如何发展的核心问题。

（一）狭义的保险科技是“科技服务保险”

在第一个5年中，“保险科技”是狭义的，主要指的是“科技服务保险”。正如笔者在上文中举例的融资难易程度不同的三类公司，均试图通过科技手段，解决保险业获客难、欺诈多、效率低、合规成本高等痛点。因此，这就导致“科技”被限定在保险的框架内，仅作为“保险”的一个定语和附着属性存在，难以跳出保险这一亩三分地，天花板现象明显，很难走向更广阔的星辰大海。

（二）广义的保险科技是“科技引领保险”

未来5年，“保险科技”将更加广义，更可能体现为“科技引领保险”。即科技

不再依托保险而存在，而是渗透在各行各业发展过程中，在发展到一定阶段后，必然衍生出新的风险管理诉求，诞生更广义的“保险科技”概念。

近日获准上市的圆心科技，在其生态的布局过程中，体现了这个趋势。中国平安在年报发布会上也表示，战略方向将从此前的“综合金融 + 科技”全面转向“综合金融 + 医疗健康服务”。这意味着科技将从手段变为目的，渗透其产业链的方方面面，创造出更多的保险需求。

纵观世界与国内保险科技发展格局，“科技引领保险”的趋势都已经开始显现。

（三）世界范围：财险领域的科技创新公司是投资主流

通过对全球 10 家融资规模最大的保险科技公司分析，不难发现，在成熟的欧美保险市场，财险领域的专业技术型保险科技公司是资本青睐的主要标的。

这一方面与保险市场结构有关，另一方面也反映了随着科技水平的更新迭代，使得保险公司承保智能家财险、智能宠物险、网络安全险等创新型产品成为可能，从而衍生出巨大的蓝海市场。

而印度这种新兴保险市场，正如我国前几年的情况，Digit Insurance 等保险销售公司更容易获得投资。

（四）国内范围：科技服务引领保险发展的趋势初显

因无法获取准确的融资数据，笔者以较权威的《2021 毕马威中国金融科技企业双 50 报告》为研究依据。在入围的 12 家保险科技企业中（众安在线作为保险公司未列在内），可以清晰地看出三个趋势：一是以线上保险销售为主要经营范围的保险科技公司逐渐减少；二是基于 UBI 车险、网络安全险等创新型财险业务的公司逐渐增多；三是有些公司已呈现从服务保险到覆盖生态的发展方向。

以上趋势说明，我国的保险科技企业也正在尝试将科技与生态有机结合，从此衍生更丰富的保险产品。依靠我国巨大的市场规模优势，假以时日必将诞生世界领先的保险科技公司。

四、在更广阔天地寻找爆发点，寿险下沉市场、财险蓝海市场、综合金融服务市场大有可为

无论是 2021 年融资规模最大的 10 家保险科技公司，还是入围毕马威金融科技

双50的保险科技公司，其有着共同的发展趋势，即都是通过更广阔的科技视野、更先进的科技手段，以及更丰富的数据积累，尽可能识别并满足各行各业的风险管理需求。

一方面，保险科技公司将缺乏数据和模型的不可保风险转化为可保风险，创造出更多的保险领域，如曾经的退货运费险，以及近年来出现的已病群体的健康险等；另一方面，将原来画像不充分、定价不精准的风险进行精准承保，如基于物联网的智慧交通保险、基于卫星遥感技术的农业保险等。通过多管齐下、多措并举的科技手段，以实现保险业“开源节流”和“提质增效”的双重目的。

笔者认为，在下一个5年，保险科技公司将以更广义的“保险”和“科技”概念，在更广阔的生态布局中，寻找新的爆发点，以下三大市场最值得期待。

（一）寿险下沉市场

我国幅员辽阔、人口众多，不同地区之间经济发展差异巨大。在一线城市人均GDP已突破2万美元的情况下，很多省份的人均GDP才刚刚达到1万美元的保险消费临界点，因此下沉市场才是寿险营销的蓝海所在。

然而，在二、三线城市以下的下沉市场，有别于人口密集的一线城市，传统的寿险营销方式很难以较低成本获取客户。

这正如西方引爆第一次工业革命的原因，人力成本的高企必然会倒逼科技的进步。可以合理预计，保险科技也将引领下沉市场的寿险营销革命。

在这个赛道，除已上市的水滴和获准上市的圆心科技外，已递交IPO申请的思派健康、镁信健康等，均通过布局“医—患—药—险”的服务闭环和普惠健康保等创新业务，构筑起流量壁垒，占领更大的市场。

（二）财险蓝海市场

相对于“爆款”迭出的寿险，财险一直被作为生存艰难、入不敷出的典型。然而财险市场涉及的行业更加广泛，风险更加多样，三百六十行中，每个都具有独一无二的风险管理需求。特别是大量新兴产业的诞生，更是为保险科技提供了广阔的发展空间。

近年来，出现了很多专注于UBI车险、新能源车险、网络安全险等险种的科技公司，为保险公司更好地提供风险管理服务开辟了通路。

同时，越来越多的实业企业，如新能源车企特斯拉、蔚来、比亚迪纷纷成立了保险经纪公司，凭借深厚的科技研发和数据积累，不仅满足其产业链的风险管理需求，将来还可能做到向行业输送管理能力。

（三）综合金融服务市场

除了以上两类能直接创造保险需求的保险科技外，对于众多以提升行业效率、优化保险流程为目标的保险科技公司来说，破局之路可能在于走综合性金融服务的发展路线。

特别是面对客户更加综合的金融服务需求，不应拘泥于保险这个行业，而是应当勇于突破，不断寻求扩大服务领域。

5 年，对于任何行业来说，都是具有里程碑意义的，都需要每一位从业者能够跳出思维定式，以上帝视角进行深度的自我审视，不光埋头赶路，更要抬头看路。

相信在下一个 5 年，我国将会涌现出更多广义的保险科技企业，让保险成为各个生态中不可或缺的一部分，走进我们生活的方方面面，使生活变得更加美好。

寻找保险业新风口：这一领域资产规模已超100万亿元

慧保天下　2022年4月12日

眼下的低迷，让不少保险从业者感到迷茫，纵然保险深度、密度仍低于国际平均水平，但保险业未来的发展方向究竟在哪里？

实际上，一个规模庞大的行业已经站上风口，而保险业，势必要在其中分一杯羹。

一、保险业与财富管理业开启双向奔赴

不久前，一家中介公司寿险业务负责人选择带领团队离开原来的保险中介公司，加盟了一家颇具实力的第三方财富管理公司，行业转型之下，该财富管理公司相对丰富的高端客户资源，是吸引其离开的最重要原因之一。“高端客户资源 + 专业保险服务团队”已然成为所有寿险业者梦寐以求的黄金组合。

实际上，财富管理公司布局保险并不是新鲜事，早在保险大发展的年代，各式各样的财富管理公司就已经瞄准了保险这一赛道。近年来，在保险业转型加深的背景下，各类资本对于保险业的热情有所减退，但保险依然是很多财富管理公司不可或缺的一大业务板块。

最典型者当如宜信，作为一家财富管理公司，其早在2011年就拿下保险代理牌照，成立宜信博诚保险代理（北京）有限公司，并于2016年正式登陆新三板。虽然由于种种原因，宜信博诚由盈转亏，且于2021年从新三板摘牌，但宜信本身对于保险的热情并没有减退。2020年8月，宜信还正式将保险上升为公司级战略，并作为未来3—5年战略的重中之重；此外，还全资收购湖北武汉合翔保险经纪，进一步

拓展保险业务资质。

当然，保险业对于财富管理领域的兴趣也正变得愈发浓厚，也可以看到，近一两年以来，太平、友邦等头部险企纷纷成立面向高净值客户的家族办公室，目的之一就是要为高净值客户提供更全面的财富管理规划服务等。

从政策层面来看，大资管时代，保险业资产端也正经历一系列新的制度调整，令保险资管机构与银行理财、基金、信托等相比，竞争力进一步增强。

例如，2020 年，保险资管“1+3”体系落地，保险资管三类资管产品的监管标准已实现与其他同类产品的要求拉平，保险资管产品正式开启面向合格个人投资者的增量市场。

而 2021 年末，银保监会发布的《保险资产管理公司管理规定（征求意见稿）》又为保险资管机构开展保险资管产品业务、受托管理其他中长期资金和合格投资者资金等进行了明确规定。

有券商研究报告指出，放眼当前国内各金融机构的资管规模，保险资管已跃居行业第二位。与银行理财、公募、信托等金融机构的资管规模相比，2020 年保险资管的管理规模占比 20.2%，仅次于银行理财。但保险资管的主要资金委托方均为机构客户。以第三支柱养老金市场为主的个人财富管理领域即将开闸，个人养老金市场将给保险资管公司带来新的增长点。

二、房地产配置趋弱，金融资产配置提速

与诸多行业近年来持续承受转型之痛不同，由于出境游骤降，大量客户回流，中国奢侈品市场在同一时期呈现了一种不相称的繁荣景象，甚至有媒体撰文称“中国人拯救奢侈品市场”。

根据贝恩公司发布的《2021 年中国奢侈品市场报告》，中国个人奢侈品市场 2021 年或将实现 36% 的增长，达到近 4710 亿元，整体规模较 2019 年近乎翻番。报告预计，无论未来出境游复苏进展如何，中国在 2025 年有望成为全球第一大奢侈品市场。

奢侈品被中国人爆买的背后原因是国内高净值客户的快速增长。胡润研究院发布的《2021 中国高净值人群家族安全报告》，将富有家庭按净资产规模划分为四档。

根据其统计，截至2020年底，中国拥有600万元人民币净资产的“富裕家庭”数量达到501万户；拥有千万元人民币净资产的“高净值家庭”，全国共有202万户；拥有亿元人民币净资产的“超高净值家庭”，全国共有13万户；净资产超过3000万美元“国际超高净值家庭”，全国共有8.6万户。

在高净值人群快速增长的同时，中产阶级也迅速扩大。根据国家统计局提供的数据，目前我国中等收入群体规模大约为4亿人。在2002年，我国中等收入人数只有735.8万人，不到20年时间，中等收入人数增长了53倍之多。目前，我国已经成为全球中等收入人数最多、规模最大的国家，中等收入人群的数量已达到美国的两倍。

无论是高净值人群，还是中等收入人数，其数量的扩张都为财富管理行业腾飞奠定了基础。

根据高盛研究报告数据显示，截至2020年，中国居民个人可投资资产总规模达31万亿美元（约200万亿元人民币），2021—2025年有望继续保持两位数增长速度，到2025年中国居民可投资资产总规模将达到50万亿美元。与此同时，截至2020年，中国财富管理市场的各类资管产品资产规模已达104万亿元人民币，并仍将保持11%的年均复合增长率，到2025年中国财富管理市场规模将达到25万亿美元的规模。

更重要的是，在“房住不炒”的基调下，房地产在居民资产配置当中的地位已经发生逆转，人们开始更倾向于减少房产投资、增加金融资产配置。

而从国际经验来看，居民非金融资产配置比例与人均GDP呈负相关关系，也就是说，随着人均GDP的进一步提升，包括不动产在内的非金融资产配置反而会受到抑制，而包括保险在内的金融资产配置比例将进一步提升。

也因此，财富管理应该，也必须成为保险业的下一个重要发展方向，中高收入人群对于财富管理服务的需求势必快速增长，而保险在风险保障、长期资产保值增值、财富传承方面的独特作用将在各类理财产品中得以凸显。

麦肯锡最新发布的《大财富管理风口下，探索寿险行业制胜战略》系列报告开篇《风口已至，寿险行业机遇与挑战并存》也指出：“据统计，美国居民整体资产中，保险资产配置约占30%，与之相比，中国市场尤其是富裕及以上群体的保险渗透率仍有很大提升潜力，因此来自富裕及以上客群的保险需求增长将成为市场新增量。”

三、财富管理领域保险业竞争力居中，麦肯锡建议“一守二攻”

与“风险保障”这一保险业的特有功能不同，“财富管理”注定是个宽赛道，保险业需要与银行理财、基金、信托、第三方财富管理等行业展开贴身肉搏。

对于保险业而言，在这种激烈的竞争中，如何发挥自身长期资产配置的优势，赢得一席之地，是重中之重。

麦肯锡在最新报告《风口已至，寿险行业机遇与挑战并存》中，就着重分析了保险公司在财富管理大时代取得竞争优势的关键要素。

麦肯锡全球董事合伙人吴晓薇表示：“各大机构大财富管理转型方向是回归财富管理本质，满足客户对资产流动性、资产保值、增值、传承等需求为出发点，提供一站式资产配置方案，做好客户服务。其中，对客户入口的掌控权，以及基于对客户个人金融资产流向的影响力主导客户核心资产配置，成为大财富管理赛道上两项核心竞争力。”

麦肯锡指出，客户触点、解决方案竞争力、综合服务能力、行业形象这四方面是掌控客户入口、影响客户金融资产流向的关键因素。现阶段寿险行业与银行等其他机构相比，实力居中。主要原因在于：保险业客户触点频率低、黏性弱；单一保险产品难以满足全面财富管理需求；代理人队伍“专业性有待提升”；寿险行业形象和公众信誉有待提升。

不过保险业也并非毫无优势，麦肯锡在报告中就明确指出：“当下保险主体虽然在争夺客户整体资产配置权上不具优势，但其在满足客户保障类需求这一主战场上仍具有得天独厚的优势。”

基于上述分析以及国际实践，麦肯锡认为：“在大财富管理风口下，寿险行业应充分发挥自身禀赋，守住其在保障类需求这一主战场的先发优势，在此基础上，积极拓展大财富管理市场，寻求在客户入口掌控权以及对客户个人金融资产流向的影响力上实现进一步突破。”

具体而言，针对寿险行业主体，麦肯锡在报告中提出了“一守二攻”的三大战略思路，建议保险公司从队伍、产品、服务维度寻求突破，以夯实立足之本。

守：聚焦保障类需求，推进渠道端供给侧改革；

攻（保险产业链纵向延伸）：保险产业链纵向延伸，打造“保险+康/养”；

攻（金融产业横向打通）：横向打通综合金融产业链，打造“保险+财富管理”。

麦肯锡资深行业专家毕强对此解释说：“攻守兼备的基础在于守。守的关键在于推进供给侧改革。对于依赖代理人团队的大型寿险公司，应积极推进代理人专业化升级，并考虑打造综合财富顾问团队。对于有银行资源的寿险公司，可以借助银保政策日益清晰的脉络，与银行渠道实现真正的‘深度绑定’，积极高效赋能银行客户经理，在银行端争取增长动量。对于中小型寿险公司，可以考虑强化自身产品端价值，采用敏捷、轻量运营方式加速产品迭代和创新，与侧重渠道的大型寿险公司错位竞争。”

四、五级机构裁撤上千家，省级分公司不减反增，保险业聚焦中心城市

慧保天下　2022 年 6 月 9 日

退潮，成为近年来保险业的关键词之一。

· 资本退潮。

· 代理人在退潮。

· 互联网保险退潮。

· 保险机构其实也在退潮。

不过，退潮的多为四五级机构，与此同时，行业整体的省级分支机构数量仍在持续扩张中，某种程度上，这意味着，行业整体仍处于扩张状态。

一、退潮抑或精简

2021—2022 年，保险业累计撤销 1055 家分支机构。“分支机构收缩”是近年媒体议论保险行业最多的题目之一。

根据“慧保天下”的统计，2021—2022 年，全国保险业累计撤销了多达 1055 个分支机构。不过，收缩的多是三、四级机构，尤其以四级机构为主。在撤销的机构中，支公司和营销服务部占据绝大部分比例，当然，其中也有少量的中心支公司。

以中国人寿河北分公司为例。2021 年 6 月，旗下 19 家营销服务部同时获批撤销。而中国人寿河北分公司还只是一个缩影。其中，中国人寿撤销机构约占六成。撤销的机构基本上都是支公司以下的营销服务部，且多在三、四线非省会城市。

裁撤三、四级分支机构更多是在出清落后产能——行业发展承压，对于效率、品质的要求提升，入不敷出的机构被裁撤也在逻辑之中。

一边是淘汰落后产能，另一边是确立产能作为核心指标，“产能驱动”的逻辑在保险业愈发清晰。

二、省级分支机构仍在持续开设中，新一线城市成亮点

在分支机构遭遇撤销的同时，其实很多公司仍在继续扩张，统计显示，2020 年至今，一共开设 80 家省级及以上机构。

（一）从公司资本性质来看，外资险企扩张速度要略大于中资险企

在中国不断深化对外开放的大背景下，外资逆势而上。继友邦人寿后，国内外商独资寿险公司不断增加；在财险方面，最大合资险企安盛天平早已转为外商独资；在集团公司方面，也已经诞生了安联中国、华泰保险集团等。

在分支机构设立方面，随着有关限制取消，外资险企分支机构布局也有所提速。例如友邦人寿自“分改子”成功获批以来，已经连续开设筹建三家升级分公司，包括四川、湖北、河南三地。与之类似的还有中银三星人寿，2020 年以来也已经开设福建、安徽、辽宁三家省级分公司。还有几家外资险企在两年多的时间内开设了两家省级分支机构。包括：

招商信诺：安徽、云南；

利宝保险：云南、陕西；

中韩人寿：安徽、浙江；

中航安盟：海南、江西；

现代财险：四川、湖北；

复星联合：重庆，湖北。

此外，中英、中宏、德华安顾、复星保德信也各开设 1 家省级分公司。

整体来看，2020 年至今，11 家外资险企在 3 年时间内累计开设了 9 家省级分公司，在全部 80 家新设机构中占比接近 24%，相较外资险企 10% 左右的市场份额，扩张不可谓不快。

（二）中资小新险企继续扩张，节奏明快

虽然相对来说，中资扩张速度赶不上外资，但中资的扩张也是实实在在的，这

主要体现在一些小新险企方面以及一些专业险公司。

例如，两年多时间，国宝人寿已经先后在四川、重庆、北京设立省级分公司；国寿养老，也在内蒙古、浙江、江西开设分支机构。

爱心人寿、北部湾财险、北京人寿、鼎诚人寿、复星联合健康、国任财险则分别设置了两家分支机构。

光大永明、复星保德信、海保人寿、华贵人寿等则分别开设了一家分支机构。

（三）新一线城市成最大亮点

从分支机构的布局来看，原有的一线城市速度已经有所放缓，与之形成对照的是新一线城市，正成为险企集中加码之地，例如成都市所在的四川省，3 年间设立了 7 家省级分公司。

此外，武汉所在的湖北省，郑州市所在的河南省，以及重庆、陕西、天津、安徽、海南等也都开设了 5—6 家省级分支机构。

此外，北京作为兵家必争之地，也保持了不错的增速，3 年新增 4 家省级分公司（见表 1）。

表 1　2020—2022 年各地新设公司数量

地区	2020—2022 年新设公司数量（家）
全国性	2
北京	4
福建	2
云南	2
天津	5
内蒙古	1
安徽	5
海南	5
广西	2
江苏	2
四川	7
重庆	5
广东	3
湖北	6

续表

地区	2020—2022 年新设公司数量（家）
河南	5
山东	1
河北	2
江西	3
陕西	5
宁夏	3
浙江	2
辽宁	1
湖南	2
青岛	2
贵州	1
深圳	2
合计	80

自 2018 年银保监会成立，大幅减少保险公司批设以来，一批曾经兴冲冲想要布局保险行业的中资机构，在坚持一段时间后纷纷宣布放弃。据不完全统计，自 2020 年以来，已经至少有十几家上市公司宣布退出参与设立保险公司。包括 ST 天成、银江股份、灵康药业、家家悦集团、海汽集团、拓维信息、莱美药业、贝因美、海峡股份等。

此外，一些已经成功入股保险公司的资本也在近年选择退出。

这些都让行业人士感到忧心忡忡，但必须看到，资本退潮之下，泡沫也正逐渐被挤出，一个真正的“保险姓保”的时代，或正在开启。

地方资本增持！国宝、海保、横琴、中韩人寿迎来新股东

慧保天下　2022 年 6 月 13 日

“偿二代”二期工程正式落地，保险公司偿付能力充足率普遍下滑，这对险企，尤其是已经成立若干年，但一直没有增资的新兴险企而言，增资发债以补充偿付能力成为当下头等大事。

值得注意的是，进入 2022 年以来，多家地方系险企都出现了股权转让的情况，一部分股东选择退出，也有一些股东选择进入。

虽然导致这些险企股权变更的原因各不相同，但不难发现，地方资本，尤其是地方国有资本，正逐步加大对于地方系险企的控制力度。

而在当下监管不断收紧公司治理监管、反复强调资本穿透的情况下，这些有着相对良好信誉的地方龙头企业、国有企业，或许就是当下最适合新兴险企的合作方了。

一、国宝人寿：一民营股东退出，地方国有金控平台进场

2022 年，国宝人寿在保险业协会官网披露公司股东变更情况，四川川商发展控股集团有限公司（以下简称“川商发展”）拟将国宝人寿 1.8 亿股（对应持股比例 12%）转让至四川金融控股集团有限公司（以下简称“四川金控”）。该项交易一旦获批，川商发展将不再持有国宝人寿股权，而四川金控持股比例将从 0% 增至 12%，成为国宝人寿的并列第四大股东。

国宝人寿成立于 2018 年 4 月，由四川省政府主导筹建，9 家股东发起设立，是四川省首家全国性寿险法人机构。

决定要退出国宝人寿股东行列的川商发展是一家由四川省省委统战部、四川省工商联商会牵头组织，川内近20家大型民营企业共同出资设立的专业投资公司，是典型的民营企业。

而将要接盘的四川金控是四川省内唯一的省属国有金融资本控股及运营平台，其实际控制人是四川省财政厅。此次股权交易一旦获批，国宝人寿国资股东持股比例将从33.5%提升至45.5%。

对于很多地方的国有金控平台而言，全金融牌照一直是最重要的发展方向之一，四川金控也不例外。

根据其“十四五”规划，到2025年末，四川金控要建成以银行、保险、证券、信托、基金等金融机构和资管、增信、融资担保等类金融机构协同发展、两翼齐飞的综合金融服务平台。

目前，四川金控已经拿下多种金融牌照，但保险板块一直是空白，此前，其曾有意发起设立西部农险，但最终却不了了之。一旦参股国宝人寿成功，意味着，四川金控朝着全金融牌照的目标又迈进了一步。

同样值得关注的是，四川金控在未来或仍存在进一步增持的空间，因为截至2021年第一季度末，国宝人寿9家股东中，有4家所持股份都处于非正常状态，其中2家股权被质押、被冻结，另外2家股权也被质押。其中，2021年1月，雄飞集团因资不抵债无法清偿到期债务，向法院申请破产重整，也曾挂牌转让国宝人寿10%股权，作价3.75亿元，但后来取消转让事宜（见表1）。

表1

序号	股东名称	目前股权结构		变更后的股权结构	
		持有股份（万股）	股份占比（%）	持有股份（万股）	股份占比（%）
1	四川发展（控股）有限责任公司	30000	20	30000	20
2	成都先进制造产业投资有限公司	20250	13.5	20250	13.5
3	中金国泰控股集团有限公司	20250	13.5	20250	13.5
4	上海中九投资（集团）有限公司	19500	13	19500	13
5	四川川商发展控股集团有限公司	18000	12	—	—
6	四川金融控股集团有限公司	—	—	18000	12
7	重庆益阳房地产开发有限公司	18000	12	18000	12

续表

序号	股东名称	目前股权结构		变更后的股权结构	
		持有股份（万股）	股份占比（%）	持有股份（万股）	股份占比（%）
8	四川雄飞集团有限责任公司	15000	10	15000	10
9	成都市天鑫洋金业有限责任公司	7500	5	7500	5
10	新希望六和投资有限公司	1500	1	1500	1
合计		150000	100	150000	100

二、海保人寿：问题股东出清，当地民营龙头企业增持

海南省的首家地方法人险企海保人寿近期也传出重大股权变动。2022 年 6 月 8 日，中国银保监会海南监管局发布公告称，批准舜元建设（集团）有限公司（简称“舜元集团”）将持有海保人寿保险股份有限公司（简称“海保人寿”）的 1.8 亿股股份转让给海马投资集团有限公司（简称“海马投资集团”）。

此次股权转让完成后，舜元集团不再持有海保人寿的股份，海马投资集团持有海保人寿 4.8 亿股股份，占海保人寿总股本的 32%，晋升为单一第一大股东。

与国宝人寿情况不同的是，舜元集团退出海保人寿更多是因为自身现金流紧张。早在 2022 年 3 月 2 日，海保人寿就曾发布一则公告，显示舜元建设在 2020 年 1 月 16 日将其所持海保人寿全部股权进行质押，以借款 2.8 亿元，用于生产经营。虽然其在 2022 年 1 月 18 日完成了解质押登记，但从其变卖股权的操作来看，缓解自身现金流压力或许仍是其最主要的目的。

值得注意的是，在这之前，来自“海马系”的赵树华已经获批出任海保人寿董事长。业内普遍认为，随着赵树华的履新，以及海马投资集团对海保人寿股权的增持，“海马系”对于海保人寿的控制将持续加强。

三、横琴人寿：实施非对等增资，地方国企成单一第一大股东

2022 年 5 月 25 日，横琴人寿发布《关于变更注册资本有关情况的信息披露公告》称，公司将新增注册资本人民币 3.845 亿元，每 1 元注册资本对应 2.26 元，由

公司股东珠海铧创投资管理有限公司（以下简称“珠海铧创”）认缴。

如果本次增资获批，则横琴人寿注册资本将由目前的20亿元增加至约23.85亿元。与之对应地，横琴人寿股东持股比例也将发生重大变动：原来其5个股东各持有20%股权，增资后，珠海铧创持股比例增至32.8%，其余股东股权均稀释至16.775%。

与国宝人寿类似，持股比例将提升的珠海铧创是华发集团旗下全资子公司，而华发集团为地方国企。

其实，横琴人寿早在2019年就曾发布增资计划，但一直未能成行。在公司治理监管不断强化之下，公司股权结构很难准确穿透，成为监管的一大困扰，这也导致很多增资未能及时获批。

此次，地方国有企业出资，采取非等比例增资的形式，无疑能在一定程度上缓解监管对于资金来源真实性的忧虑，或有助于险企尽快获批增资。

四、中韩人寿：地方政府推进国企混改，国企增持，合资变中资

2022年3月25日，上市企业浙江东方金融控股集团发布公告称，经广泛征集，已经有5家意向投资人于3月18日在浙江产权交易所摘牌浙江东方参股的中韩人寿，并在3月23日完成竞争性谈判，于3月24日完成增资协议签署。

根据公告显示，此次中韩人寿拟增加注册资本15亿元，合计释放41.68%股权。其中，中方原股东浙江东方出资3.03亿元，外资股东韩华生命保险株式会社不参与此次增资。

这意味着，一旦该股权变更及增资方案获得监管部门批准，中韩人寿原中资股东浙江东方的持股比例将由目前的50%降至33.33%，但仍为第一大股东；原外资股东韩华生命因为不参与此次增资，其持股比例将按比例下降，由目前的50%降至24.99%，但保留了第二大股东的位置。此外，5家新引入股东，长兴金控、温州国金、温州电力、温州交发、证裕投资持股比例将分别变为20.23%、5.52%、5.49%、5.49%和4.95%。

浙江东方是浙江省属国有上市金控平台，旗下拥有信托、期货、人寿保险、融资租赁、私募基金、财富管理等10多项金融及类金融业务牌照，并参股永安期货、

华安证券等金融机构。

与上述企业不同的是，中韩人寿的引战增资更多是浙江国资委主导下的国企混改标杆性项目。

这情况与2021年完成引战的泰山财险类似，都是地方国资委主导下的混改项目，二者不同的是，中韩人寿选择稀释外方股东股权，而泰山财险则是引进外资股东——德国安顾。

中国银保监会不断强化公司治理监管，提高股东准入门槛，导致满足条件的股东已经为数不多；反过来，对于有意布局保险业的资本而言，其也由于担心公司治理结构、管理团队专业度等，难寻好的投资标的。

在艰难时刻，新险企又面临紧迫的增资需求，地方国企、龙头民营企业出资增持成为最现实的方案。

不过，对于很多有意组建金控平台的地方国企而言，不能忽视的一个现实困境是，按照当下的有关规定，其持股保险公司股权比例不得超过1/3，这意味着，其很难实现并表，实现对于保险公司的绝对控股。

半年千亿元增资发债计划，险企的资金饥渴与那些股东的无奈出局

慧保天下　2022 年 7 月 11 日

业务增长放缓，“偿二代”二期落地，2022 年上半年的保险业面临业务以及偿付能力的双重压力。

但对于很多险企而言，为了提升偿付能力而增资发债并非易事，面对过往暴露出的种种违规关联交易、隐秘实际控制人，以及由此导致的险企危局等，监管前所未有地强化了对于股东资质、资金来源真实性的审查，试图从源头掐灭风险。随之而来的是部分险企股东由于资质无法满足新的监管要求，或自身也面临现金流紧张的情况，增资发债速度有所放缓。

不过进入 2022 年，“偿二代”二期正式落地，属地监管也渐入佳境，险企增资发债规模显著增加；与此同时，那些不再满足监管要求的险企股东们面临着持股比例压缩甚至出清的局面。

一、资金饥渴加剧，上半年保险业增资发债计划规模超千亿元

“慧保天下”统计了 2022 年上半年险企的增资发债情况，包括已经获批的以及等待获批的在内，上半年，整个行业计划增资发债金额已经突破千亿元大关。

对比前两年，2020 年全年保险公司通过市场化方式补充资本 1044 亿元；而 2021 年全年，这一数字也不过 1300 亿元。增资发债计划规模扩充，意味着，2022 年上半年，险企的资金饥渴显著加剧。

具体来看，增资金额达到 309. 12 亿—330. 12 亿元，发债金额则在 691. 5 亿元左右。

即便只看已经获批的增资发债案例：8 家险企获批增资，合计金额达到 80.85 亿元，9 家险企获批发债，金额高达 311.5 亿元，二者合计也将超过了 390 亿元（见表 1）。

相较在原有股东范围内进行增资，通过发债补充偿付能力充足率通常涉及金额较高。例如上半年获批发债的 9 家险企，最低发债金额也达到了 5 亿元，最高则达到了 200 亿元（见表 2）。

表 1　　获批增资险企情况

机构	增资金额（亿元）	增资完成后（亿元）	备注
国寿财险	90	278	待批准
中华联合人寿	8	26	获批
信美人寿	1.76	11.76	获批
复星保德信人寿	10	43.621	待批准
泰康养老	10	50	待批准
中荷人寿	9	35.7	获批
中意资管	3	5	待批准
太平科技	3.55	8.55	待批准
中银三星人寿	24	48.67	待批准
中韩人寿	3.03	30.012	待批准
安联保险资管	4	5	获批
太平人寿（香港）	约 13.69	约 58.17	待批准
平安养老	21.49	70.09	获批
太保寿险	25	86.28	待批准
太保产险	12	199.48	待批准
都邦财险	4	27.4	待批准
太保健康	19	36	获批
渤海财险	0—21	注册资本 19.7347 亿元	待批准
横琴人寿	8.6	23.85	获批
英大财险	30	66	待批准
合计	300.12—321.12	—	—

表 2　　获批发债险企情况

机构	发债金额（亿元）	备注
太平人寿	150	获批
建信人寿	20	获批
工银安盛人寿	50	获批

续表

机构	发债金额（亿元）	备注
国联人寿	10	获批
人保健康	30	获批
北京人寿	5	获批
北部湾财险	5.5	获批
招商局仁和	11	获批
国任财险	30	获批
众安保险	小于等于 70	待批准
中国人保	180	待批准
新华保险	200	待批准
合计	小于等于 691.5	—

二、偿付能力下滑，险企增资发债需求更加迫切

险企对于资金的饥渴，最根本的是源于偿付能力的下滑，而 2022 年险企偿付能力的下滑，甚至是大幅下滑，则主要是源于“偿二代”二期的落地。

根据“慧保天下”的不完全统计，2022 年第一季度末，155 家披露了偿付能力报告的产寿险公司中，127 家都出现了偿付能力充足率的下滑，占比超过 8 成。

其中，在披露了数据的 73 家人身险公司中，相较 2021 年第四季度末，共有 68 家险企核心偿付能力充足率出现了下滑，占比超过 93%。同时，46 家险企综合偿付能力充足率出现下滑，占比 63%。

其中，核心偿付能力充足率方面，仅有中荷人寿、中邮人寿、中华联合、招商局仁和、中德安联人寿 5 家险企出现小幅增加，分别增加了 0.55、12、12.14、13.78、53.71 个百分点，还主要是通过增资实现的。

在披露数据的 82 家财产险企中，相较 2021 年第四季度末，共有 58 家险企核心偿付能力充足率出现了下滑，占比近 70%；56 家综合偿付能力充足率出现下滑，占比约 67%。

伴随着偿付能力充足率的下滑，不难发现，一些公司都纷纷开启了增资、发债计划。

三、非对称增资盛行，部分股东持股比例遭压缩

前文提及，由于监管对于险企公司治理监管全面强化，某些不再符合相应资质要求的险企股东正面临持股比例被压缩，甚至彻底退出保险业的尴尬。

例如，一些险企在增资中采用了非对称式增资，只有一个或部分股东参与增资，进而导致公司股权结构发生变化，某些股东在险企的话语权有所增加，而有些则有变身小股东，话语权减弱的问题。

最典型的是近期宣布获批增资的横琴人寿。根据其发布的《关于变更注册资本有关情况的信息披露公告》，公司将新增注册资本人民币 3.845 亿元，每 1 元注册资本对应 2.26 元，全部由一家股东，即珠海铧创投资管理有限公司认缴。

此次增资获批后，横琴人寿注册资本将由此前的 20 亿元增加至目前的 23.85 亿元。与之对应的，横琴人寿股东持股比例也发生了重大变动：原来其 5 个股东各持有 20% 股权，增资后，珠海铧创持股比例增至 32.8%，其余股东股权均稀释至 16.775%。

在某些股东或因为不符合资质，或因为资金链紧张不得不退出险企增资时，也有另外一些具备资质，且自身发展良好的股东选择逆势加码。其中，国有资本成为非常突出的一支力量。

在横琴人寿的增资中，唯一出资参与增资的珠海铧创投资管理有限公司就是一家国企。近期，国宝人寿也在保险业协会官网披露公司股东变更情况，四川川商发展控股集团有限公司（以下简称“川商发展”）拟将国宝人寿 1.8 亿股（对应持股比例 12%）转让至四川金融控股集团有限公司（以下简称“四川金控”）。该项交易一旦获批，川商发展将不再持有国宝人寿股权，而四川金控持股比例将从 0% 增至 12%，成为国宝人寿的并列第四大股东。

决定要退出国宝人寿股东行列的川商发展是一家由四川省省委统战部、四川省工商联商会牵头组织，川内近 20 家大型民营企业共同出资设立的专业投资公司，是典型的民营企业。

而将要接盘的四川金控是四川省内唯一的省属国有金融资本控股及运营平台，其实际控制人是四川省财政厅。此次股权交易一旦获批，国宝人寿国资股东持股比

例将从33.5%提升至45.5%。

在当下监管不断收紧公司治理监管，反复强调资本穿透的情况下，这些有着相对良好信誉的地方龙头企业、国有企业，或许就是当下最适合新兴险企的合作方了。

银保监会不断强化公司治理监管，提高股东准入门槛，导致满足条件的股东已经为数不多；反过来，对于有意布局保险业的资本而言，其也由于担心公司治理结构、管理团队专业度等，难寻好的投资标的。

在艰难时刻，新险企又面临紧迫的增资需求，国企出资增持成为最现实的方案。

不过，对于很多有意组建金控平台的地方国企而言，不能忽视的一个现实困境是，按照当下的有关规定，其持股保险公司股权比例不得超过1/3，这意味着，其很难实现并表，实现对于保险公司的绝对控股。

银保监会肖远企：一些保险公司认为多元扩张能产生范围经济，这种认识是片面的*

慧保天下　2022 年 9 月 3 日

编者按

2022 年 9 月 3 日，2022 中国保险业高质量发展论坛在京举办，成为服贸会系列金融论坛峰会中首次举办的保险论坛。

据悉，本届论坛在银保监会和北京市政府的指导支持下，由北京市地方金融监督管理局、保险业协会、北京市石景山区政府共同主办。论坛以“护航经济大盘，推动保险业高质量发展”为主题，旨在促进保险业进一步发挥保障作用，更好地服务经济发展与社会治理，助力金融业对外开放和创新发展。

银保监会副主席肖远企在会上表示，当前我国保险密度和深度与欧美发达国家还有较大差距，市场发展潜力十分巨大。而保险公司在投资经营方面一定要审慎稳妥，绝不能滋生“只要有保费注入就没有问题”的侥幸心理。

肖远企还表示，保险公司要紧紧围绕主业，非主业必须是对主业的补充和增强。保险的本质是互助共济，风险保障始终是最基础、最重要的功能，是保险区别于其他金融行业的最根本特征。

他强调，一些保险公司认为多元扩张能产生范围经济，这种认识是片面的，范围经济并不完全适合保险行业，偏离主业，甚至反客为主，都是很危险的。主业向上和向下延伸都应只局限于增强和巩固主业的业务领域。

* 本文摘录自银保监会副主席肖远企在 2022 中国保险业高质量发展论坛上的演讲。

一、保险公司负债端要满足客户真实需求，在资产端坚持审慎经营

2022 年，我国保险密度达 3179 元/人，是北美地区的 6%，欧盟的 16%。保险深度为 3.9%，是北美地区的 1/3、欧盟的 1/2，市场发展潜力十分巨大，保险公司要以客户为中心，分析了解客户究竟需要什么样的保险产品和保险服务，保险供给必须能够直达和满足客户的真实需求，而不是靠营销或抬高渠道手续费，只有客户的需求得到真正满足，保险经营才能实现可持续，保险的负债质量才能真正得到保障。

保险是基于精算和大数法则来定价的，当期收取的保费要靠资产经营来抵御未来支出，保险公司在投资经营方面一定要审慎稳妥，尤其是寿险公司负债久期长，经营不确定性因素比较多，风险偏好选择要相对更低一些，绝不能滋生只要有保费注入就没有问题的侥幸心理。

二、保险公司要紧紧围绕主业，非主业必须是对主业的补充和增强

保险的本质是互助共济，风险保障始终是最基础的、最重要的功能，是保险区别于其他金融行业的最根本的特征。

保险公司必须围绕保障主业，从风险等量管理向风险减量服务转型，为客户提供一揽子保障方案，任何一家公司都不应认为自己是万能的。

保险行业同其他行业一样，隔行如隔山，触类未必旁通，由于保险资金投资范围广泛，很容易涉足不熟悉领域，也容易使一些公司产生无所不能的幻觉，这也是保险公司发生风险的一个重要原因。

一些保险公司认为多元扩张能产生范围经济，这种认识也是非常片面的，实践证明，范围经济并不完全适合保险行业。偏离主业，甚至反客为主，都是很危险的，主业的向上和向下延伸都应该只局限于增强和巩固主业的业务领域。

三、保险属于慢工出细活的行业，保险公司要有工匠精神

保险有些特殊的运行规律，首先从客户需求了解到产品研发、精算厘定、投资经营、理赔服务都是环环相扣的链条，任何一个环节都需要久久为功，出现问题，都会影响整个链条的顺畅运行。其次，保险是一个高度专业化的行业，在不同环节所需要的专业也不完全相同。可以说，保险是多种专业的组合。还有保险产品期限长，跨越不同周期，在不同周期变化比较多，必须要有精细的设计和精确的判断。

这些特征都决定了做保险必须摒弃短期冲动，戒除急躁心理，要有工匠精神，慢一点、细一点，才能够行稳致远。

四、保险公司要细分市场，走特色化发展之路

保险市场大，需求多样，除了极少数公司可以提供全面保险服务外，大多数公司都不能做到包打天下，必须对市场进行细分，根据自身的资源禀赋，选择特色化的经营策略，在特定客户、特定地区、特定产品和特定业务方面精耕细作，提升自身的核心竞争力和市场影响力。

比如，我国60岁以上老年人口已达2.64亿，养老保险市场就非常大，如何针对这部分人的养老需求量身订作养老产品，提供贴心的能够满足其真实需求的养老服务，就是当前保险行业必须认真回答的一个重大课题。

如果一些保险公司在养老保险方面能够真正沉下身子，满足老年人的需求，久久为功，不仅能为自身创造价值，同时也能发挥保险的独特优势，服务好老年人的养老需求，让老年人安享晚年。

如果这样，保险业一定能够实现经济价值与社会价值的完美统一。

五、保险公司要塑造负责任、受尊敬的企业文化

保险是一种基于信任的契约行为，是对未来不确定性的承诺。诚信是行业经营的基本原则和生存基础，保险业要着力塑造负责任、受尊敬的企业问题，凝聚共识，

激发动力，滋养实践。

负责任是前提，要对经济负责任，将大体量、长久期的保险资金投向关键领域，服务好实体经济。要对社会负责任，发挥行业精算技术和服务网络优势，助力防灾减灾和保障体系建设，促进社会稳定。

要对消费者负责任，着力治理销售误导、理赔难等问题，提升保障水平，减轻意外疾病、养老带来的财务负担。

要对未来负责任，将环境、社会和治理纳入业务经营全流程和全面风险管理体系。做受客户、受员工、受社会等各利益相关者尊敬的金融企业，受尊敬既是结果，也是更美好的新的起点。

保险业必答题——“范围经济”热议之后，行业跨界医养合理边界怎么定

李容海　2022 年 9 月 8 日

最近，“范围经济”成了保险行业的热搜词——在行业整体都比较低沉的近年，业绩不好也就算了，连话题都少得可怜。在这种背景下，养老、健康似乎成了行业必答题，第二曲线叫得震天响。有司更是专门成立战略研究部门，准备大显身手，可惜现在要面对还没开始就被质疑的尴尬处境。

养老、医疗等确实是保险行业未来的方向，但是参与方式和程度是需要仔细研究的问题。参与方式和范围实际就是银保监会副主席肖远企在近期讲话中提及的范围经济问题。所以，很有必要看看到底什么是范围经济，保险行业的范围经济现在是什么情况，以及什么才是合理的“范围”能够让保险行业更“经济”。

一、所谓范围经济，即“生产塑料脸盆的厂家通过生产其他塑料制品降低成本提高效率”

范围经济与规模经济一样，原本都源于制造业。

当同时生产两种产品的费用低于分别生产每种产品时，此种情况就被称为范围经济。举个例子说就是，一家生产塑料脸盆的工厂，经过对模具、工艺参数等调整，以很小的转换成本就能生产塑料水杯，这比重新购买设备厂房建立一个塑料水杯工厂要“经济”。

这种“经济”效果的一个前提是“都生产塑料产品”，如果生产玻璃或金属水杯，对于一个塑料工厂来说是否“经济”就需要具体讨论了。

经常被同时提到的另一个概念是规模经济，指在一定的产量范围内，随着产量

的增加，平均成本不断降低的情况。规模经济与范围经济不同之处在于生产的是否为同一种产品。同样，上面的例子就变成：一家生产塑料脸盆的工厂随着生产中积累的经验和知识，从而实现降低成本和提高效率的作用——这种“经济”效果的前提往往基于同一产品的知识的积累或者技术进步等。

二、透视范围经济，在保险行业早已有之，本质就是挖掘渠道更多价值

对于金融行业来说，范围经济早已有之，一个更通俗的名字实际上就是“混业经营”。

金融业混业经营由于具有服务项目多样化、规模效率高、调整灵活、易顺应环境变化以及金融创新空间大等客观优势，已被世界上越来越多的金融机构所采用，但混业经营客观上也使得金融非协同效应显著超越经营协同效应。

过度的金融创新使交易对手、信贷机构、评级机构、监管机构都无法准确地评价新业务独立风险，诸如“次级按揭贷款”、信用违约掉期（CDS）等创新工具最终脱离了金融监管的能力范围和现有框架，使得经营复杂金融产品的金融机构杠杆率过高，最终导致金融风险集中爆发。而危机一旦发生，资本纽带和担保关系将引发新老业务的风险串联，将进一步推动金融风险扩大化。

2008 年以金融危机等为代表的混业经营导致穿透困难，风险无法评估和隔离等问题同样也在国内引起重视，目前金融行业对于穿透的要求越来越高也是来自于此。

对于保险行业来说，规模经济和范围经济同样早已有之，并不单纯局限在养老和医疗等所谓“第二曲线”业态的引入中。以渠道建设为核心的发展模式，随着代理人队伍的壮大，人力驱动模式在不断扩大代理人数量、扩大产能的同时，平摊代理人队伍的组织、培训等成本本身就是规模效应的体现。同样，对于银保渠道来说，不断增加签约合作的网点数量同样是平摊成本的必然选择。电销等其他渠道也是如此。因此，保险行业成为马太效应愈发明显的行业，头部保险公司占据市场大半江山，中小险企则挣扎求生。

过去以渠道为核心建设的保险业，形成的最重要资产其实就是渠道资源。

头部公司在巅峰时刻动辄 100 万人以上的人力队伍，与保险销售低频属性显然存在矛盾，充分发挥渠道优势、创造价值就成了保险公司、代理人自身增加收入的

重要方式。以综合金融为代表的范围经济应运而生，人力队伍不仅销售保险，健康、养老等金融产品，甚至洗发水等生活用品都可以成为保险队伍的销售对象。

在保险主业高涨的时候，范围经济更多起到的是锦上添花的作用——毕竟很难找到如保险这种同时具备现金流和利润的业务（寿险尤甚）——但随着主业下行，经过几十年发展，在传统模式驱动下的保险深度难以继续快速提升的今天，传统人力队伍驱动下的保险行业面临新的转型升级压力，维持业绩高增长或者创造新的价值点而挖掘渠道价值，就成了必然选择。

同时，随着国内主要工作转向“满足人民日益增长的对幸福生活的要求”，且积极应对人口老龄化上升至国家战略的高度，养老和健康这一赛道迎来新的、前所未有的政策机遇，又进一步助推保险业加大关注力度。

三、激辩范围经济，对于保险行业而言，其利弊都是显而易见的

保险业大力下注康养深受特定的社会环境因素影响，某种程度上甚至可以说，是有其历史必然性的。但各方的忧虑也事出有因，前面举例已经说了，范围经济的前提是通过生产相关的东西（塑料盆和塑料杯）才能实现“经济”，那么保险业利用保险渠道和人力队伍销售健康、养老，甚至洗发水等产品，必须思考的一个问题就是：

这种“范围”是否真的“经济”？这种“经济”是否会产生额外的风险？

范围经济对于保险行业来说，存在的最大理由是差异化。

我们反复提及的一个观点就是：过去20年，寿险行业基本是依赖广义利差驱动的。利差驱动就必然带来一个结果：产品高度同质化。无论什么“福”、什么“宝”，本质上并没有太大差别。在已经杀成红海的寿险市场来说，唯一驱动销售的就是佣金或者渠道手续费，一方面侵蚀了保险公司利益，另一方面也产生诸多行业乱象。

而通过销售其他领域产品（健康、养老甚至洗发水），或多或少都会产生差异化，通过与保险产品的组合销售，产生新的竞争优势。这相当于在同业竞争中实施降维打击。这也是为什么保险公司普遍会将建立“第二曲线”作为重要选项。

眼下对于负债投资两端承压的保险业而言，发力范围经济的动力看起来依然是

相当充足的，但与之相伴随的诸多风险也必须予以高度重视。

（一）经营风险分散与投资能力制约

保险是一种金融产品，而养老、健康乃至日用品，均属于其他领域（公共事业或者制造业等）。从投资组合的理论看，通过开展不同的业务，可以分散经营风险，业务属性相关性越低，则分散风险的效果越好。所以理论上看，范围经济有助于险企分散经营风险。

但事实上却并不是这样，行业内几个投资其他领域的“大手笔”均不同程度地出现了问题，有的甚至成为行业“爆雷”的导火索，恐怕这也是本次监管发声的原因之一——毕竟不管什么“大手笔”，最终用的都是保费。

投资能力不仅仅体现在收益率上，同样体现在对项目的筛选和识别上。事实已经证明，一些保险公司不仅是收益率难以与其他金融行业竞争，而且在投资项目的筛选和识别上同样能力不足。

对于监管而言，与传统保险主业绑定在一起的其他业态，无论资金使用还是长期收益的评估，均会给险企带来新的风险，更遑论有意为之的资金转移了，而此类风险部分已经超出了传统险资监管框架，更加长期化和隐蔽化。随着经济增速减速，潮水退去，最终结果很有可能还是消费者买单。

（二）创造更多渠道价值与制造更多市场乱象

虽然有组训、组会等强制度约束下的“打鸡血”，但事实上，行业代理人的平均状态（毕竟精英代理人占比是极少数，我们讨论的是多数情况）仍然是躺平，转化率长期处于很低的水平。对于险企而言，与其让这些卖不出去保险的庞大人力队伍回家躺平，还不如让他们卖卖别的东西，榨取更多的渠道价值，毕竟传统模式下保险公司最核心的资源就是人力队伍或者说渠道。

但卖保险都很难称得上专业的代理人队伍（人际单子仍然是代理人多数业绩的来源），让他们去销售其他行业的产品，尤其是更加复杂的金融产品，如何保证专业性？

同时，利差驱动时代的保险业驱动力就是佣金和手续费，在直接物质奖励的刺激下，又有多少乱象是人为甚至销售误导产生的？虽然利用积分兑换等擦边球规避了返佣等问题，但以销售为核心的发展逻辑本质不变，市场乱象就很难停止。

（三）输出管理能力的宏愿与隔行如隔山的现状

范围经济成立的还有一种合理性就是输出管理能力。不可否认，保险行业经过几十年发展，确实发展出了一批头部企业，积累了优秀的管理经验，如果能够将现有的管理经验输出到其他行业，提升效率，那么范围经济同样可以成立。

但“隔行如隔山”的风险依然不同小觑，例如，医疗这种高度专业化的领域，无论从业人员还是管理方式，都与金融行业相差甚远，通过顶级咨询公司战略规划（咨询公司也没真干过）+行业内重金挖角（基本都是退休或临近人员）+天量资金投入（拐弯抹角使用保费资金）是否真的能快速砸出一家高于行业水平管理能力的新公司，从而形成范围经济，是要画上一个大大的问号的。

尤其是，过去所谓“成功的经验”到底是“强大管理能力的结果”还是“宏观经济大势所趋”依然值得思考？

有险企曾经信誓旦旦表示未来要在全国接管大量医疗机构，但问题是如果连一家医院都没有管理过、管理好过，凭什么认定自己能同时管理好大量医疗机构？

四、适用范围经济，这四大方向依然值得探索

（一）能推动主业创新的范围经济

从根本上看，范围经济本质就是要产生“一加一大于二”的效果，而实现“大于二”的目标需要源于创新，而非源于乱象。

结合前面讨论的行业高度同质化问题，保险行业开展的范围经济应该是能够推动主业创新的业务，推动改变行业同质化等痼疾的业务。

例如，可以考虑与医疗行业合作，推动区域高发疾病的专病保险等产品的研发，在回归主业的同时，通过创新找到新的细分市场，创造新的价值，甚至成立新的区域化保险公司。

对比海外，区域化服务的公司或许正是未来一个重要的发展方向。

（二）推动解决“政府失灵”和“市场失灵”的范围经济

结合目前老龄化和增加人民福祉的现状，险资通过赔付，天然地与养老、健康

等领域可能形成良性互动。而养老和健康领域又是“政府失灵”和“市场失灵”的重灾区。

所谓“市场失灵”指由于养老、健康等产业具有一定的公共属性，因此难以通过完全市场化机制进行供应；所谓“政府失灵”是指具有公共属性的产品如果完全依赖政府财政方式提供，则会遇到资金使用效率低下、服务水平劣质化等问题。

如果险企能够配合政府（这个是前提，不是险企自行其是），推动解决养老和健康等公共或准公共服务领域的需求，真正找到满足最广大人民群众需求的场景和产品，诸如探索中国语境下的 HMO，那么险企的盈利也会不成问题。

当然，其中存在着数据、医疗体制、资金使用等很多限制，这就更需要政策支持，这也是为什么说“配合政府”是前提。

（三）良好投资能力支撑的范围经济

我们在以往分析框架中一直强调的一个观点就是“拼投资”。目前保险行业困顿由很多原因造成，但是险企自身投资能力不足、投资不够审慎等问题仍然很突出。尤其在专业性强、行业属性特殊、投资体量大的领域，更需要有投资能力支撑，尊重行业属性，更加审慎地开展投资。

险企应该从“练内功”开始，加强研究能力和投资能力，而不是人云亦云地贸然开展“第二曲线”。

（四）避免新行业乱象的范围经济

“保险是卖出的”反映了保险业高度依赖营销渠道的行业属性，这种属性也使得行业乱象一直如影随形。

开展范围经济的前提一定是依法合规经营，其“经济”性体现在创新，而不是通过不专业的渠道、不专业的人，不专业地推销不合适的产品而短期获利。

附录

2022年监管政策梳理

此部分的附表是“慧保天下”对2022年监管政策的汇总整理，资料来源于中国银保监会及其派出机构官网、媒体公开报道等。经统计，2022年，银保监系统累计发布各类政策94项，其中，公司治理方面12项，人身险方面13项，养老方面13项，财产险及再保险方面15项，保险中介方面13项，保险资管方面7项，其他方面21项。

附表　　2022 年监管政策分类表

时间	文件名称	主要内容
公司治理		
2022 年 1 月 14 日	《银行保险机构关联交易管理办法》	保险机构投资全部关联方的账面余额，合计不得超过上一年度末总资产的 25% 与上一年度末净资产二者中的金额较低者；投资权益类资产、不动产类资产、其他金融资产和境外投资的账面余额中，对关联方的投资金额不得超过上述各类资产投资限额 30%。此外，持有银行保险机构 5% 以上股权的股东质押股权数量超过其持有该银行保险机构股权总量 50%，监管可以限制其与银保机构开展关联交易
2022 年 1 月 20 日	《保险公司非现场监管暂行办法》	明确了保险公司非现场监管的职责分工，规范了保险公司非现场监管的工作流程，并于 2022 年 3 月 1 日起施行。其中提到，监管机构原则上每年至少对保险公司法人机构和分支机构的整体风险状况进行一次非现场监管评估，评估结果将作为市场准入、产品审批时的重要考虑因素。对于未按照非现场监管工作要求报送信息的，可视情节严重程度，依法对保险公司及责任人实施行政处罚
2022 年 1 月 28 日	《保险保障基金管理办法（征求意见稿）》	与 2008 年颁布施行的《保险保障基金管理办法》相比，此次征求意见稿主要修订三大内容： 一是对固定费率进行了调整，明确保险保障基金费率由基准费率和风险差别费率构成，缴纳保险保障基金的保险业务纳入保险保障基金救助范围，基准费率和风险差别费率的确定和调整，报经国务院批准后执行。 二是建立财产保险与人身保险保障基金之间的融通机制。 三是强化法律责任。险企股东、实控人、董监高以及相关管理人员，对保险保障基金公司负有报告、说明、配合相关工作等义务，如未按照规定履行义务将会被处罚

续表

时间	文件名称	主要内容
2022 年 1 月	《银行保险机构关联交易管理办法实施工作的通知》	明确了《银行保险机构关联交易管理办法》过渡期安排为一年，自施行之日起计算。同时也对《银行保险机构关联交易管理办法》的部分内容加以明确和强调，银行保险机构须在过渡期内按新规要求调整部分指标
2022 年 4 月 6 日	《中华人民共和国金融稳定法（草案征求意见稿）》	央行就《中华人民共和国金融稳定法（草案征求意见稿）》公开征求意见。共 6 章 48 条，对金融风险事前防范、事中化解、事后处置作出安排。其中，国务院金融委统筹金融稳定和改革发展，指挥开展重大金融风险防范、化解和处置工作，有关部门和地方按照职责分工，依法履行金融风险防范化解处置职责。此外，国家还将成立金融稳定保障基金，作为应对重大金融风险的后备资金
2022 年 6 月	《关于开展 2022 年度保险公司偿付能力风险管理能力监管评估工作的通知》	24 地监管局将对 70 家险企开展 2022 年度偿付能力风险管理能力监管评估工作（“SARMRA 评估”）。其中，涉及财险 27 家，寿险 31 家，再保 8 家，集团 4 家。银保监会将于 12 月 15 日前对评估工作进行总结并反馈
2022 年 7 月 8 日	《系统重要性保险公司评估办法（征求意见稿）》	明确了我国系统重要性保险公司（D－SII）的评估范围、方法流程和门槛标准，规定了系统重要性保险公司的评估范围为我国资产规模排名前 10 位的保险集团公司、人身保险公司、财产保险公司和再保险公司，以及曾于上一年度被评为系统重要性保险公司的机构。在评估指标和权重上，设计了规模、关联度、资产变现和可替代性 4 个维度计 12 项二级评估指标

续表

时间	文件名称	主要内容
2022 年 8 月 30 日	《金融控股公司关联交易管理办法（征求意见稿）》	央行发布《金融控股公司关联交易管理办法（征求意见稿）》。其中明确，金融控股公司应当建立有效关联交易管理制度，对关联交易管理信息系统、定价、审计和内部问责提出要求；建立健全关联交易管理、报告和披露制度，强化金融控股公司本级和附属机构关联交易、集团内部交易和集团对外关联交易管理
2022 年 11 月 10 日	《保险保障基金管理办法》	自 2022 年 12 月 12 日起实施。其中，调整了保险保障基金暂停缴纳上限，将财产险公司、人身险公司的暂停缴纳上限分别由占公司总资产的 6%、1% 调整为占行业总资产的 6%、1%；进一步允许财险和人身险保障基金之间可相互拆借；完善保险保障基金的救助规定
2022 年 11 月 30 日	《银行保险机构公司治理监管评估办法》	公司治理监管评估总分为 100 分，评估等级分为五级。公司治理监管评估原则上每年开展一次。对评估结果为 B 级及以上的机构可适当降低评估频率，但至少每 2 年开展一次。监管机构应当将公司治理监管评估等级为 D 级及以下的银行保险机构列为重点监管对象，根据其存在的公司治理问题，提出明确的监管措施和整改要求，对其存在的重大公司治理风险隐患要及时纠正，坚决防止机构“带病运行”，防止风险发酵放大
2022 年 12 月	《关于进一步做好保险机构员工履职回避工作的通知》	从明确范围、严格期限、审慎豁免、压实责任、强化监督五方面入手，要求各银保监局、各保险公司压实保险法人机构主体责任，做好保险机构员工履职回避工作。其中，对关键人员、重点业务、重要岗位、本人成长地及特殊情况方面明确范围。各保险机构内部轮岗原则上不得超过 7 年

续表

时间	文件名称	主要内容
2022 年 12 月 30 日	《保险公司偿付能力监管规则（Ⅱ）》	对 2015 年原保监会下发的《保险公司偿付能力监管规则（1—17 号）》进行了修订，并新增 3 项规则。根据通知，保险业自编报 2022 年第一季度偿付能力报告起全面实施规则Ⅱ。同时，对受影响较大的险企，银保监会将根据实际情况确定过渡期政策，允许在部分监管规则上分步到位，最晚于 2025 年起全面执行到位
	人身险	
2022 年 1 月 16 日	《关于印发商业健康保险发展问题和建议报告的通知》	目前健康险存在三大主要问题：一是风险保障能力不足；二是专业经营水平不高；三是存在不容忽视的业务风险。对此，提出四点建议：一是加强多方协作；二是深化供给侧改革；三是保证城市定制医疗项目持续性；四是推进长效机制建设
2022 年 2 月 9 日	《人身保险产品信息披露管理办法（征求意见稿）》及《长期人身保险产品信息披露规则（征求意见稿）》	其中提到，人身险公司不仅需要在官网披露产品目录、条款，还需要披露费率表、现金价值示例、产品说明书等。此外，保险公司对分红险、万能险及投连险进行保单利益演示时，将不再按照高、中、低三档假设投资回报率进行，分红险、万能险的利益演示从原来的三档降为两档，投连险要如实告知实际投资收益可能出现负值，分红险须逐年披露现金红利实现率
2022 年 2 月	《人身保险产品“负面清单”（2022 版）》	相较 2021 年新增 9 条内容，还有 2 条有所微调，共计调整 11 项内容。其中包括“增额终身寿险的保额递增比例超过定价利率，存在严重误导隐患；增额终身寿的减保比例涉及不合理；加保设计存在变相突破利率风险；短期健康险保险产品条款中关于不保证续保的表述不符合监管规定，存在较为严重的误导隐患；医疗险费率厘定年龄区间跨度过大，存在不公平定价风险”等均被列入“负面清单”

续表

时间	文件名称	主要内容
2022 年 4 月	《人身保险销售行为管理办法（征求意见稿）》	拟对保险代理人和保险产品实施分级管理。自发布之日起，保险公司、保险中介机构应逐步实施保险代理人分级管理，新增保险代理人于 2023 年 12 月 31 日前达到要求，现有保险代理人于 2024 年 12 月 31 日前全部达到规定要求。另外，保险公司应当根据人身保险产品的不同类型、复杂程度和风险水平，对人身保险产品进行分级分类管理
2022 年 5 月 25 日	《人身保险公司法人机构风险监测和非现场监管评估办法（征求意见稿）》	拟通过六大维度、数十个要点，全方位透视人身保险法人机构综合风险水平。其中，人身保险法人机构风险监测和评估指标体系包含公司治理、业务经营、资金运用、资产负债管理、偿付能力管理和其他方面 6 个维度，在每一个监测和评估维度又细分多个评估要点，并针对每一个评估要点设计相应的风险监测和评估指标，实现风险的全流程监测。该评估办法仅适用于人身险公司，银保监会及相关派出机构结合定期监测情况，对法人机构至少每年开展一次非现场监管评估
2022 年 6 月 8 日	《关于进一步明确商业健康保险个人所得税优惠政策适用保险产品范围的通知》	银保监会、财政部、税务总局联合印发《关于进一步明确商业健康保险个人所得税优惠政策适用保险产品范围的通知》，明确今后税优健康险的产品范围、指引框架和示范条款的修订由银保监会商财政部、税务总局确定，将面向行业公开征求意见。这次税优健康险改革，一是扩大产品保障范围；二是允许投保人为其本人和家庭成员投保，鼓励非纳税人群投保；三是优化产品设计，在核保核赔等风险管控措施、账户设计方面进行创新

续表

时间	文件名称	主要内容
2022 年 8 月 2 日	《人身保险产品信息披露管理办法（征求意见稿）》	保险公司及其保险销售人员、保险中介机构及其从业人员应当准确描述与产品相关的信息，无重大遗漏，不得对投保人、被保险人、受益人及社会公众进行隐瞒和欺骗；对于决定停止销售的保险产品，保险公司应当自作出停售的决定后 10 个工作日内，披露停售产品名称、停止销售的时间、停止销售的原因，以及后续服务措施等相关信息
2022 年 10 月 25 日	《关于开展人寿保险与长期护理保险责任转换业务试点的通知（征求意见稿）》	为加快发展商业长期护理保险等，决定开展人寿保险与长期护理保险责任转换业务试点。据了解，转换业务是指通过科学合理的责任转换方法，将人寿保险保单的死亡或生存给付责任转换为护理支付责任，支持被保险人在因特定疾病或意外伤残等原因进入护理状态时提前获得保险金赔付
2022 年 11 月 3 日	《关于进一步推动完善人身保险行业个人营销体制的意见（征求意见稿）》	计划用三至五年的时间，推动个人营销体制机制不断健全完善，压实保险机构主体责任，加强佣金费用管控，优化激励分配机制；发挥行业协同作用，建立销售资质分级体系，完善保险公司销售从业人员诚信管理，夯实行业发展基础；完善监管制度体系
2022 年 11 月	《关于扩大商业健康保险个人所得税优惠政策适用产品范围有关事项的通知（征求意见稿）》	扩大产品范围、扩大被保险人范围、扩大保险公司选择范围、扩大既往症人群投保条件、不再出台标准化条款、不再要求赔付不足时返还保费、从所有者权益和偿付能力充足率等方面明确保险公司经营条件等方式。在产品扩容方面，将税优健康险产品范围扩展到健康险主要险种，即扩展到医疗保险、长期护理保险和疾病保险

续表

时间	文件名称	主要内容
2022 年 11 月	《关于深入整治“代理退保”黑产乱象的通知》	保险行业协会、银保信公司、各人身保险公司要将整治“代理退保”黑产乱象作为当前和未来一段时期的重点工作，成立专项工作组，聚焦违规主动开展向保险活动当事人推介保险退保业务咨询代办等经营活动、误导投保人退保、扰乱市场秩序的组织或个人，深挖“代理退保”背后可能涉及的侵犯隐私、佣金诈骗、敲诈勒索等问题，明确工作任务，细化工作措施，加强协同配合，深入开展整治工作
2022 年 11 月 17 日	《人身保险产品信息披露管理办法》	自 2023 年 6 月 30 日起施行。明确要求，保险产品的费率表和一年期以上的人身保险产品现金价值全表首次作为产品信息披露材料主动公开。保险公司作为产品信息披露的主体，应当完善内部产品信息披露管理机制，披露材料由保险公司总公司统一负责管理，保险公司不得授权或委托个人保险代理人自行修改保险产品的信息披露材料。保险公司及其保险销售人员、保险中介机构及其从业人员不得违规收集、使用、加工、泄露客户信息。保险公司应当加强客户信息保护管理，建立客户信息保护机制
2022 年 12 月	《关于推进普惠保险高质量发展的指导意见》	明确到 2025 年，普惠保险高质量发展体系更加完备，保障范围和覆盖面不断扩大，产品体系更加丰富；普惠保险政策制度、服务标准和评价体系基本建立，普惠保险发展环境明显改善。在规范普惠保险代理、代办行为方面，明确规定，支持保险公司探索委托邮政等承担国家普遍服务义务的社会基础设施（企业）在符合政策要求的情况下协助办理普惠保险服务

续表

时间	文件名称	主要内容
		养　老
2022 年 2 月 21 日	《“十四五”国家老龄事业发展和养老服务体系规划》	国务院发布《“十四五”国家老龄事业发展和养老服务体系规划》，全文共计 36 次提及“保险”二字，为“十四五”期间保险业的发展提出了发展方向。其中，包括促进和规范发展第三支柱养老保险、构建长期护理保险制度政策框架、不断扩大基本养老保险覆盖面、推动助餐机构投保食品安全责任保险、引导商业保险机构加快研究开发适合居家护理、社区护理、机构护理等多样化护理需求的产品等
2022 年 2 月	《关于扩大专属商业养老保险试点范围的通知》	自 2022 年 3 月 1 日起，将专属商业养老保险试点区域扩大到全国范围。同时，在原有 6 家试点公司基础上，允许养老保险公司参与专属商业养老保险试点
2022 年 2 月 25 日	《关于扩大养老理财产品试点范围的通知》	自 2022 年 3 月 1 日起，养老理财产品试点地区扩大至北京、沈阳、长春、上海、武汉、广州、重庆、成都、青岛、深圳十地，试点机构扩大至工银理财、建信理财、交银理财、中银理财、农银理财、中邮理财、光大理财、招银理财、兴银理财和信银理财 10 家公司。此外，针对已开展试点的 4 家理财公司，单家机构养老理财产品募集资金总规模上限由 100 亿元提高至 500 亿元；对本次新增的 6 家理财公司，单家机构养老理财产品募集资金总规模上限为 100 亿元
2022 年 4 月 21 日	《关于推动个人养老金发展的意见》	国务院办公厅发布《关于推动个人养老金发展的意见》。明确制度模式采用个人账户制度，缴费完全由参加人个人承担，进行完全积累，每年缴纳上限为 1.2 万元。此外，个人养老金可以购买各类养老金融产品，并享受税收优惠。根据意见安排，制度将在部分城市先试行一年，再逐步推开

续表

时间	文件名称	主要内容
2022 年 5 月 10 日	《关于规范和促进商业养老金融业务发展的通知》	提出 13 项规范性要求。其中鼓励银行保险机构合规发展商业养老储蓄、商业养老理财、商业养老保险、商业养老金等养老金融业务；支持和鼓励银行保险机构向客户提供长期直至终身的养老金领取服务，加强商业养老资金投资管理
2022 年 6 月 10 日	《〈关于推动个人养老金发展的意见〉宣传提纲》	人社部、银保监会等五部门联合发布《〈关于推动个人养老金发展的意见〉宣传提纲》，从个人养老金制度建立原因、重要意义、基本原则、主要政策四大方面进行说明，通过多种方式加强宣传，引导人民群众积极参与
2022 年 7 月 29 日	《关于开展特定养老储蓄试点工作的通知》	银保监会、央行发布《关于开展特定养老储蓄试点工作的通知》。其中明确，由工、农、中、建四家大型银行在合肥、广州、成都、西安和青岛 5 个城市开展特定养老储蓄试点，单家银行试点规模不超过 100 亿元，试点期限为一年
2022 年 9 月 29 日	《关于促进保险公司参与个人养老金制度有关事项的通知（征求意见稿）》	根据规定，参与企业方面，粗略计算，目前只有 28 家险企符合条件。产品方面，符合监管规定的年金保险、两全保险，以及银保监会认定的其他产品可被纳入税收优惠产品范围，或将助力相关保险产品销售
2022 年 11 月 4 日	《个人养老金实施办法》	银保监会等五部门联合发布《个人养老金实施办法》，对个人养老金参加流程、资金账户管理、机构与产品管理、信息披露、监督管理等方面作出具体规定。其中明确，个人养老金实行个人账户制，缴费完全由参加人个人承担，年缴纳上限 12000 元

续表

时间	文件名称	主要内容
2022 年 11 月 18 日	《关于印发商业银行和理财公司个人养老金业务管理暂行办法的通知》	对于开展个人养老金业务的商业银行和理财公司要求包括：截至 2022 年第三季度末，一级资本净额超过 1000 亿元、主要审慎监管指标符合监管规定的全国性商业银行和具有较强跨区域服务能力的城市商业银行，以及截至 2022 年第三季度末已纳入养老理财产品试点范围的理财公司。银保监会相关负责人表示，可以开办个人养老金业务的主要包括 6 家大型银行、12 家股份制银行、5 家城市银行和 11 家理财公司
2022 年 11 月 22 日	《关于保险公司开展个人养老金业务有关事项的通知》	明确保险公司开展个人养老金业务可提供的保险产品种类。具体有年金保险、两全保险，以及银保监会认定的其他产品。同时，保险公司参与个人养老业务须满足七大参与条件，依据“慧保天下”此前的粗略计算，目前只有 29 家险企符合这一条件
2022 年 11 月 28 日	《关于加强养老机构非法集资防范化解工作的意见》	民政部等四部门发布《关于加强养老机构非法集资防范化解工作的意见》。明确要求养老机构签订服务协议、告知预付费风险，保障老年人知情权。根据“红橙黄绿”风险隐患等级，做好线索通报和分类处置工作。加强信用监管力度，对从事非法集资的机构和人员实施惩戒措施
2022 年 12 月 1 日	《关于开展养老保险公司商业养老金业务试点的通知》	提出创新发展养老保险公司商业养老金业务，提供包括养老账户管理、养老规划、资金管理和风险管理等服务。明确自 2023 年 1 月 1 日起，在北京、上海、江苏、浙江、福建、山东、河南、广东、四川、陕西 10 个省（市）开展商业养老金业务试点，试点期限暂定一年，参与试点的养老保险公司包括人保养老、国寿养老、太平养老、国民养老

续表

时间	文件名称	主要内容
财产险及再保险		
2022 年 1 月 6 日	《中央财政农业保险保费补贴管理办法》	财政部网站发布《中央财政农业保险保费补贴管理办法》。其中提到，农业保险保费补贴工作实行财政支持、分级负责、预算约束、政策协同、绩效导向、惠及农户的原则，要求承保机构应当公平、合理拟订农业保险条款和费率，保险费率应当按照保本微利原则厘定，综合费用率不高于 20%
2022 年 2 月	《农业保险承保理赔管理办法》	保险机构应当集中核保，原则上由总公司或省级分公司集中核保，特殊情形可临时授权中心支公司进行核保；保险机构应当对损失情况进行拍摄，并确保影像资料清晰完整、未经任何修改；保险机构应当加强服务能力建设，建立符合农业保险高质量发展需要的基层服务网络体系。于 4 月 1 日起施行
2022 年 2 月	《“十四五”推进农业农村现代化规划》	国务院印发《“十四五”推进农业农村现代化规划》。其中提到，扩大稻谷、小麦、玉米三大粮食作物完全成本保险和种植收入保险实施范围，完善新型农业经营主体金融保险；实施优势特色农产品保险奖补政策，鼓励各地因地制宜发展优势特色农产品保险；有序推进农产品收入保险，健全农业再保险制度
2022 年 3 月 9 日	《保险公司非寿险业务准备金管理办法实施细则（1—7 号）》	进一步完善非寿险业务准备金监管制度，健全保险公司准备金管理内控机制。其中提到，明确准备金评估的原则和方法，规范保险公司准备金评估使用合理的方法及假设；规定准备金评估的内控流程；规范准备金风险边际和折现的处理；加强对保险公司分支机构准备金的管理，要求保险公司对分支机构的准备金评估应客观、公允地反映分支机构的经营情况；规范准备金回溯分析工作；明确准备金评估报告的内容

续表

时间	文件名称	主要内容
2022年4月6日	《关于2022年银行业保险业服务全面推进乡村振兴重点工作的通知》	提升保险保障水平，支持重点帮扶县发展农业保险；力争832个脱贫县各项贷款余额、农业保险保额持续增长，各脱贫县优势特色农产品保险品种稳中有增，各重点帮扶县至少有1款特色农产品保险产品；努力保持脱贫地区农业保险保额增长；推动开展防止返贫保险
2022年4月	《安全生产责任保险实施细则》	黑龙江出台《安全生产责任保险实施细则》。其中明确辖内高危行业领域的生产经营单位应当依法投保安全生产责任保险。投保单位在安全生产责任保险合同有效期内发生事故，造成合同约定赔偿范围内的损失，保险机构应当及时予以赔偿，涉及从业人员和第三者死亡的最低赔偿限额，不得低于30万元/人。该细则将于6月1日起施行
2022年5月16日	《〈网络安全保险服务规范〉团体标准征求意见稿》	上海保险同业公会发布《〈网络安全保险服务规范〉团体标准征求意见稿》。其中提出，保险公司应专门设置网络安全保险业务管理部门，以便对该类业务的服务进行全流程管理。其中，在理赔服务方面，保险人应设立24小时×365天的报案热线电话，在接到报案30分钟内完成查勘调度
2022年5月	《加快非车险高质量发展推动广东财产保险业转型升级的实施意见》	广东银保监局发布《加快非车险高质量发展推动广东财产保险业转型升级的实施意见》。按照规划，到2023年底，将提升广东非车险业务占比至47%以上。数据显示，2021年，广东非车险业务规模占全险种比例为40.69%，支付各类保险赔款245亿元。其中，责任险、农险、货运险、意外健康险均实现两位数增长。以农险为例，2021年广东农险保费收入47.77亿元，同比增长79.12%

续表

时间	文件名称	主要内容
2022 年 7 月	《重庆市农业保险保费补贴管理办法》	重庆市财政局修订出台《重庆市农业保险保费补贴管理办法》，重点对补贴标准、补贴范围、保障水平、绩效管理等方面进行调整优化。在补贴标准和范围上，将对种植业、养殖业、林业等分类分档实施差异化补贴，建立农业保险绩效奖励机制。在保障水平及费率上，明确了补贴险种的保险金额、费率、保险责任等内容，并强调承保机构综合费用率不得高于 20%
2022 年 8 月 29 日	《关于机动车辆安全统筹的风险提示》	保险业协会发布《关于机动车辆安全统筹的风险提示》。其中提到，机动车辆安全统筹业务并非保险业务，社会上部分安全统筹公司的业务模式不可持续，相关承诺履行和资金安全难以得到有效保障，当此类公司出现撤销、破产等重大危机时，消费者的合法权益无法得到充分保障。一般来说，机动车辆安全统筹业务经营者以“××统筹”“××互助”“××联盟”为名与广大车主所签订的安全统筹业务合同不是保险合同，不适用《中华人民共和国保险法》
2022 年 9 月	《关于提供财产保险业风险减量管理有关情况的函》	要求各公司提交社会公众对财产保险业开展风险减量服务的预期、已开展的风险减量服务及采取的主要形式、相关费用支出的账务处理规则及依据、相关费用支出占保费收入的比例等 10 项内容
2022 年 9 月	《关于共同推进上海国际再保险中心建设的合作备忘录》	上海银保监局与市地方金管局签署《关于共同推进上海国际再保险中心建设的合作备忘录》，双方围绕深化落实银保监会和市政府联合印发《关于推进上海国际再保险中心建设的指导意见》，共同牵头建立上海国际再保险中心建设工作推进机制

续表

时间	文件名称	主要内容
2022 年 11 月 7 日	《关于促进网络安全保险规范健康发展的意见（征求意见稿）》	工信部发布《关于促进网络安全保险规范健康发展的意见（征求意见稿）》，其中提出，完善网络安全保险政策制度，加强网络安全产业政策对网络安全保险的支持；推动健全完善财政政策，鼓励提供保险减税、保险购买补贴等政策；将鼓励网络安全企业、保险公司积极参与网络安全保险生态建设，培育一批专业能力突出的保险公司、再保险公司，发展一批技术支撑能力领先的网络安全企业、专业测评机构等
2022 年 11 月 8 日	《财产保险灾害事故分级处置办法》	明确财险灾害事故的含义和财产保险灾害事故处置的工作原则，并对财产保险灾害事故等级进行划分，明确各级灾害事故的统筹应对主体和工作措施，具体将财产保险灾害事故按照事件性质、损失程度和影响范围等因素划分为特别重大、重大、较大 3 个等级，对应Ⅰ级、Ⅱ级、Ⅲ级响应，由银保监会及其派出机构统筹启动响应、开展应对处置并适时终止响应
2022 年 11 月 25 日	《关于调整青岛市政策性农业保险有关内容的通知》	青岛银保监局印发《关于调整青岛市政策性农业保险有关内容的通知》，建立农险与扶贫工作联动机制，对农村低收入群体参加政策性农业保险自负保费部分实行补贴。推动放宽投保条件，下调保险费率，提升保险金额。建立争议协调处理机制，规范灾害定损管理，完善农业保险信息化监管，提升农业保险线上化服务水平
保险中介		
2022 年 1 月 10 日	《上海银行保险机构从业人员监管信息管理办法》	上海银保监局发布《上海银行保险机构从业人员监管信息管理办法》。上海银保机构从业人员处罚信息、流动信息的报送和查询将通过上海银行保险机构从业人员监管信息管理系统实现。同时，要求银行保险机构应建立从业人员监管信息相关管理制度，明确专门部门、人员负责各类信息的管理和使用，及时查看从业人员监管信息系统信息状态并进行维护

续表

时间	文件名称	主要内容
2022年1月	《四川省保险中介机构信息化工作监管办法实施细则（试行）》	四川银保监局发布《四川省保险中介机构信息化工作监管办法实施细则（试行）》。保险中介机构可采取自主开发、合作开发、定制开发、外包开发和购买云服务等形式建设信息系统，要求能够完成记录保险业务详细数据情况，实现与合作保险公司的系统互通、业务互联、数据对接
2022年2月	《广东保险专业中介机构合规管理办法》	广东银保监局印发《广东保险专业中介机构合规管理办法》。其中明确保险中介合规管理的组织架构，以及明确对董事会/执行董事、总经理、合规负责人的合规管理职责，并对合规管理部门、岗位、人员的设置与配备提出分类要求
2022年2月22日	《保险中介机构信息化审查结果的通知》	青海银保监局公布《保险中介机构信息化审查结果的通知》。其中提到，辖内保险公司与未经验收的保险中介机构合作开展中介业务，要履行中介渠道主体管理责任，开展保险中介业务合作前要核查其是否具备经营保险中介业务条件，符合条件的可正常与之开展合作，不得与“不及格”机构合作开展保险中介业务合作
2022年6月	《关于保险中介机构“多散乱”问题整治工作方案的通知》	要求有序出清无法正常经营的保险中介机构。一要清理、清退“无人员、无场所、无业务”的保险中介机构；二要清退不符合现行监管要求的保险中介机构；三要清理对分支机构管控失序、存在“加盟”“挂靠”等行为的法人保险中介机构，并清退相关分支机构。同时，严肃整治虚挂中介业务、虚列费用等违法违规行为，打击通道过单业务

续表

时间	文件名称	主要内容
2022 年 6 月 22 日	《云南保险中介监管实务问答》	云南银保监局发布《云南保险中介监管实务问答》。其中提到，保险专业中介机构应与其高级管理人员建立劳动关系，订立书面劳动合同；退休人员不能担任保险专业中介机构高级管理人员；严禁招录监管规定不允许从事保险业务的人员；严禁授权个人发布招录广告或单独招录人员；严禁恶意挖角、怂恿同业从业人员频繁无序流动；严禁利用互联网无序发展从业人员
2022 年 7 月 5 日	《关于印发北京地区保险专业中介机构经营异常信息协同联动工作机制的通知》	北京银保监局发布《关于印发北京地区保险专业中介机构经营异常信息协同联动工作机制的通知》。其中明确保险专业中介机构经营异常信息的主要情形，包括保险专业中介机构违法违规或存在经营风险、无法正常经营等信息，并规定监管部门、保险公司、保险专业中介机构及行业组织均是经营异常信息的来源方，通过多方参与形成系统合力，保证收集和传递经营异常信息的时效性和完整性
2022 年 7 月 19 日	《保险销售行为管理办法（征求意见稿）》	共 6 章 49 条，对保险销售前行为、保险销售中行为和保险销售后行为进行了规定，保险销售前行为管理规定了保险销售资质条件、业务范围、保险产品信息披露、保险营销宣传行为以及保险销售的技术准备、人员准备、渠道准备等；保险销售中行为管理主要规定保险公司告知义务、说明义务、询问义务、禁止强制搭售、禁止代签名等；保险销售后行为管理主要规定保险合同订立后保险公司保单送达、回访、信息通知、档案管理等

续表

时间	文件名称	主要内容
2022年8月	《北京地区保险机构销售从业人员信息化管控工作指引（征求意见稿）》	北京银保监局下发《北京地区保险机构销售从业人员信息化管控工作指引（征求意见稿）》。其中提到，将现代信息技术应用于销售从业人员招募、入职、在职、离职的全周期管理，建立有效的信息化风控模型工具和风险控制体系；保险机构应当建立销售从业人员线上作业系统、建立销售从业人员信息管理系统、建立互联网舆情监测能力；在投保流程中对达到“双录”要求的业务增加系统提示和校验，通过信息系统核查投保信息，控制从业人员代客填写信息、代客回访等问题
2022年8月	《支持和规范管理型保险中介业务发展工作方案（征求意见稿）》	北京银保监局下发《支持和规范管理型保险中介业务发展工作方案（征求意见稿）》，将培育发展一批专业特色鲜明、专业优势领先、专业价值突出，在全国乃至国际相关领域有一定知名度和影响力的保险专业中介机构。根据相关安排，北京地区将争取用三年时间探索形成一批可复制、可推广、高价值、高质量的管理型保险中介业务新模式，加快推动保险中介转型升级为“专业型、科技型、管理型”
2022年9月29日	《北京地区保险专业中介机构销售从业人员信息化管控工作指引》	北京银保监局发布《北京地区保险专业中介机构销售从业人员信息化管控工作指引》。其中提到，将现代信息技术应用于销售从业人员招募、入职、在职、离职的全周期管理；保险专业中介机构应当逐步建立销售从业人员线上作业系统、信息管理系统，全面记录和管理从业人员基本信息、入职离职、用工合同、执业登记、人力薪酬、培训和奖惩等情况

续表

时间	文件名称	主要内容
2022 年 11 月	《保险销售从业人员销售能力资质分级体系建设规划》	保险业协会发布《保险销售从业人员销售能力资质分级体系建设规划》，力争用三年左右的时间，实现以行业自律的形式实施销售人员销售产品授权与销售能力等级相匹配的销售分级管理，并逐步推动销售能力资质分级纳入国家职业技能等级认定体系，将销售能力资质由低到高划分为四个等级
2022 年 12 月 31 日	《关于做好银行代理保险业务整改工作有关事项的通知》	将给予银保业务整改期，网销或电销遵循此前规定，可不受“1+3”物理网点限制，必须“双录”，但有条件的机构可远程“双录”，在维护消费者合法权益的基础上，支持行业稳发展
保险资管		
2022 年 1 月 19 日	《关于精简保险资金运用监管报告事项的通知》	主要规定取消、合并报送的监管报告事项，进一步规范保险资金运用监管报告的报送行为。一是取消 34 项监管报告；二是将 6 项监管报告合并为 1 项；三是进一步规范监管报告报送行为，要求保险公司严格按照监管规定报送监管报告，杜绝迟报、错报、漏报、瞒报等情形
2022 年 4 月	《关于保险资金存款银行有关重大违法违规行为监管口径的函》	保险资金应该选择最近 3 年未发现重大违法违规行为的商业银行作为存款银行。据悉，“重大违法违规行为”指存在被监管部门通报的重大违法违规股东；无故拖延、拒绝支付存款本金和利息；非法查询、冻结、扣划存款；工作人员贪污、挪用、侵占本银行或者客户的资金；商业银行及其工作人员因犯金融诈骗罪、破坏金融管理秩序罪被判处刑罚

续表

时间	文件名称	主要内容
2022 年 5 月 13 日	《保险资金委托投资管理办法》	对近年来盛行的保险资金委托投资行为进行了细化规范：一是明确委托投资适用主体和投资范围，并对受托人开展相关投资提出了明确的投资能力管理要求；二是压实委托人责任，要求保险公司开展委托投资应当充分履行制定资产配置计划和委托投资指引、选择受托人、监督受托人执行情况、评估受托人投资绩效等职责；三是强化受托人主动管理责任
2022 年 5 月 13 日	《关于保险资金投资有关金融产品的通知》	共 17 条内容，核心变化之一是拓宽了保险资金可投资金融产品的范围，将理财公司理财产品、单一资产管理计划、债转股投资计划等纳入可投资金融产品范围，即“保险业外金融产品”，包括投资商业银行或理财公司、信托公司、证券公司、证券资产管理公司、证券投资基金管理公司、金融资产投资公司等金融机构依法发行的资产管理产品和资产证券化产品
2022 年 6 月 2 日	《关于加强保险机构资金运用关联交易监管工作的通知》	明确要求保险机构开展资金运用业务，不得存在以下行为： 一是通过隐瞒或者掩盖关联关系、股权代持、资产代持、抽屉协议、阴阳合同、拆分交易、互投大股东等隐蔽方式规避关联交易审查或监管要求。 二是借道不动产项目、非保险子公司、第三方桥公司、信托计划、资管产品投资、银行存款、同业拆借，或其他通道、嵌套方式变相突破监管限制，为关联方或关联方指定方违规融资。 三是通过各种方式拉长融资链条、模糊业务实质、隐匿资金最终流向，为关联方或关联方指定方违规融资、腾挪资产、空转套利、隐匿风险等。 四是其他违法违规关联交易行为

续表

时间	文件名称	主要内容
2022年8月5日	《保险资产管理公司管理规定》	相较此前的规定，新规恢复了设立分支机构的规定，还明确了保险资产管理公司投资设立子公司的条件，银保监会按照保险资金重大股权投资有关规定受理、审查并作出决定。此外，新规不再限制外资保险公司持有保险资产管理公司股份的比例上限，同时设置境内外股东统一适用的股东资质条件。新规将于2022年9月1日起施行
2022年8月12日	《关于保险公司发行无固定期限资本债券有关事项的通知》	央行、银保监会联合发布《关于保险公司发行无固定期限资本债券有关事项的通知》，其中要求，保险集团（控股）公司不得发行无固定期限资本债券；保险公司发行的无固定期限资本债券，赎回后偿付能力充足率不达标的，不能赎回；支付利息后偿付能力充足率不达标的，当期利息支付义务应当取消。保险公司无法如约支付利息时，无固定期限资本债券的投资人无权向人民法院申请对保险公司实施破产
	其　他	
2022年1月7日	《关于银行业、保险业和证券期货业监管费收费标准有关问题的通知》	国家发改委官网发布的《关于银行业、保险业和证券期货业监管费收费标准有关问题的通知》指出，自2021年1月1日起，银保监会恢复征收银行业监管费、保险业监管费，证监会恢复征收证券期货业机构监管费；对北京证券交易所自开市之日起收取证券业务监管费
2022年1月21日	《银行保险机构信息科技外包风险监管办法》	正式提出要求银行保险机构应对信息科技外包活动及相关服务提供商进行“分级管理”，对重要外包和一般外包采取差异化管控措施。具体来看，银行保险机构在实施信息科技外包时应当坚持以下原则：（1）不得将信息科技管理责任、网络安全主体责任外包；（2）以不妨碍核心能力建设、积极掌握关键技术为导向；（3）保持外包风险、成本和效益的平衡；（4）保障网络和信息安全，加强重要数据和个人信息保护；（5）强调事前控制和事中监督；（6）持续改进外包策略和风险管理措施

续表

时间	文件名称	主要内容
2022 年 1 月 26 日	《关于银行业保险业数字化转型的指导意见》	工作目标为：到 2025 年，银行业保险业数字化转型取得明显成效。数字化金融产品和服务方式广泛普及，基于数据资产和数字化技术的金融创新有序实践，个性化、差异化、定制化产品和服务开发能力明显增强，金融服务质量和效率显著提高
2022 年 2 月 8 日	《金融标准化“十四五”发展规划》	央行、银保监会等 4 部门联合印发《金融标准化“十四五”发展规划》。其中提到要拓展升级保险市场标准，聚焦满足消费者需求与服务社会民生，重点加快保险产品、保险资产管理产品与服务、保险管理标准研制。围绕人身保险方面，制定商业医疗、长期护理、养老服务、健康管理等方面标准，支撑发展多层次、多支柱养老保险体系
2022 年 2 月 25 日	《银行保险机构支持保障性租赁住房发展的指导意见》	银保监会、住建部发布《银行保险机构支持保障性租赁住房发展的指导意见》。其中提到，支持保险资金通过直接投资或认购债权投资计划、股权投资计划、保险私募基金等方式，为保障性租赁住房项目提供长期资金支持；鼓励保障性租赁住房项目业主在项目建设期为在建工程投保工程保险，在项目经营期为租赁经营的财产投保企业财产保险
2022 年 3 月 4 日	《关于加强新市民金融服务工作的通知》	银保监会、央行联合下发《关于加强新市民金融服务工作的通知》，针对新市民在创业、就业、住房、教育、医疗、养老等重点领域的金融需求，鼓励引导银行保险机构积极做好与现有支持政策的衔接，对新市民较为集中的行业开展保险产品创新，发展适合新市民职业特点的雇主责任险、意外险等业务，提高新市民创业就业保险保障水平

续表

时间	文件名称	主要内容
2022年4月20日	《关于银行业保险业支持公路交通高质量发展的意见》	银保监会和交通运输部联合印发《关于银行业保险业支持公路交通高质量发展的意见》。其中，鼓励保险机构通过债权、股权、股债结合、资产支持计划和私募基金等形式，参与重大公路交通基础设施、新型交通基础设施等项目建设；鼓励保险机构推出合适的公路交通项目灾毁保险产品和服务；鼓励保险资金在风险可控前提下通过购买地方政府债券方式合法合规参与公路发展
2022年5月13日	《关于银行业保险业支持城市建设和治理的指导意见》	鼓励保险机构支持公共医疗卫生和养老服务，参与定制型商业医疗保险业务；探索面向老年人、残疾人、罕见病和慢性病患者、有辅助生殖需求人群、有既往症人群等的保险服务，积极参与长期护理保险试点
2022年5月	《中国保险业标准化“十四五”规划的通知》	提出，到2025年，要建立结构清晰、覆盖全面、效用突出的保险标准体系，形成保险标准体系动态优化的工作模式。其中包括推动农业保险标准建设，加快完善绿色保险相关标准建设，加强养老和健康保险领域标准建设等
2022年5月19日	《银行保险监管统计管理办法（征求意见稿）》	共6章33条内容，重点就以下予以规范：一是明确归口管理要求；二是明确数据质量责任，提出银行保险机构法定代表人或主要负责人对监管统计数据质量承担最终责任；三是强调数据安全保护；四是对接数据治理要求；五是重视数据价值实现
2022年5月19日	《银行保险机构消费者权益保护管理办法（征求意见稿）》	明确银行保险机构须保护消费者八大项基本权利。其中，要求银行保险机构不得违反监管规定针对普通消费者提供多层嵌套、结构复杂的产品，贷款类产品应明示年化综合息费成本，不得发布夸大产品收益、掩饰产品风险等虚假或引人误解的宣传。此外，在销售过程中，不得强制捆绑搭售、强制收取费用

续表

时间	文件名称	主要内容
2022 年 6 月 2 日	《银行业保险业绿色金融指引》	要求银行保险机构应将环境社会治理要求纳入管理流程和全面风险管理体系，鼓励银行保险机构提升绿色金融管理水平，采取差异化、便捷化的管理措施。此外，要求银行保险机构应在 1 年内建立和完善相关管理制度和流程
2022 年 6 月	《关于规范涉及保险理赔司法鉴定工作的实施意见》	青岛司法局、青岛银保监局联合下发《关于规范涉及保险理赔司法鉴定工作的实施意见》。其中提到，要健全涉保司法鉴定机构选择机制，提倡“就近择优”选择，防止部分机构违规异地设点执业，与“司法黄牛”勾结；要求司法鉴定机构充分保障保险机构到场见证权利，保险机构到场人员必须遵守相关规定，不得干扰或干预司法鉴定人独立、公正执业
2022 年 7 月 11 日	《关于进一步推动金融服务制造业高质量发展的通知》	保险机构要提升制造业企业风险保障水平，完善科技保险服务，加大知识产权、科研物资设备和科研成果质量的保障力度；要完善费率调节机制，降低优质制造业企业保险费率；保险机构要加强资本管理和资本约束，提高偿付能力风险管理水平，健全审慎稳健资金运作机制
2022 年 7 月 12 日	《关于印发〈商业保险公司绩效评价办法〉的通知》	财政部发布《关于印发〈商业保险公司绩效评价办法〉的通知》。据悉，本次绩效评价指标体系从改革前的盈利能力、经营增长、资产质量、偿付能力四类，调整为改革后的服务国家发展目标和实体经济、发展质量、风险防控、经营效益四类，每类权重均为 25%。绩效评价结果包括绩效评价得分、绩效评价档次和绩效评价级别，评价档次分为优、良、中、低、差五档

续表

时间	文件名称	主要内容
2022 年 8 月	《关于开展银行保险机构侵害个人信息权益乱象专项整治工作的通知》	要求全面摸排自 2021 年以来与消费者个人信息处理活动相关的经营行为和管理情况。对于整治发现的问题，银行保险机构要逐一建档，确保整改到位、问责到位。对违反银行业保险业规章制度的问题，要依规处理；对不当操作行为，要立即叫停或纠正，出现泄露个人信息等严重侵害消费者信息安全问题的，要问责到人；对涉及违法犯罪的问题，要移送司法机关惩处
2022 年 9 月 29 日	《关于进一步加强消费投诉处理工作的通知》	各银行保险机构应当加强消费投诉处理制度机制建设，明确各部门及各级分支机构的职责，完善内部沟通协调、信息共享、协同处理等机制，优化消费投诉处理流程；应当积极扩充消费投诉渠道，进一步完善电话、来信、来访等渠道；制定全面客观、科学合理的投诉考核制度，将消费投诉及处理工作情况，作为消费者权益保护内部考核重要内容，纳入各级机构综合绩效考核指标体系
2022 年 11 月 11 日	《绿色保险业务统计制度的通知》	要求各公司应高度重视绿色保险业务统计工作，于 2022 年 12 月起按月开展试报送，自 2023 年 7 月起正式报送。同时要求各公司强化绿色保险业务数据治理，优化信息系统建设，建立健全对绿色保险产品、绿色产业客户和绿色保险标的的识别及管理机制
2022 年 11 月 14 日	《关于商业银行出具保函置换预售监管资金有关工作的通知》	银保监会、住建部、央行联合发布《关于商业银行出具保函置换预售监管资金有关工作的通知》。其中提到，监管账户内资金达到住建部规定的监管额度后，房地产企业可向商业银行申请出具保函置换监管额度内资金，保函置换金额不得超过监管账户中确保项目竣工交付所需的资金额度的 30%，置换后的监管资金不得低于监管账户中确保项目竣工交付所需的资金额度的 70%。商业银行可在充分评估房地产企业风险基础上进行自主决策，与优质房地产企业开展保函置换预售监管资金业务

续表

时间	文件名称	主要内容
2022年12月13日	《企业安全生产费用提取和使用管理办法》	财政部官网发布修订后的《企业安全生产费用提取和使用管理办法》。安全生产责任保险、承运人责任险等与安全生产直接相关的法定保险支出被纳入企业安全生产费用。对比修订前版本，此次修订首次将保险费支出纳入企业的安全生产费用项目范围
2022年12月15日	《扩大内需战略规划纲要（2022—2035年）》	中共中央、国务院印发《扩大内需战略规划纲要（2022—2035年）》，其中提到，推进基本养老保险由制度全覆盖到法定人群全覆盖，发展企业年金、职业年金，规范发展第三支柱养老保险，支持商业健康保险发展，健全退役军人工作体系和保障制度。此外，还提到实施渐进式延迟法定退休年龄